中国科学院规划教材

新编会计学原理

（第二版）

主　编　樊彩霞

副主编　刘欣华　刘小军

科学出版社

北京

内 容 简 介

　　本书是依据我国最新会计法规编写的一本教材，内容共包括六部分，第一部分主要是会计核算的基本理论，为读者学习本课程构建理论平台。第二部分和第三部分是复式会计核算与借贷记账法的原理及应用，介绍会计核算的精髓内容。第四部分是会计核算的组织形式，介绍会计凭证、账簿和会计核算的组织程序。第五部分是财务报表的编制与分析，介绍会计信息的生成与应用。第六部分是会计的基础工作，以帮助读者全面系统的理解与认识会计工作。

　　本书作为学习会计专业知识的入门教材，可作为高等院校经济管理、会计等相关专业的教材，也可作为从事经济管理和会计工作相关人员的培训教材和参考用书。

图书在版编目（CIP）数据

新编会计学原理/樊彩霞主编. —2版. —北京：科学出版社，2013
　中国科学院规划教材
　ISBN 978-7-03-036529-3

Ⅰ. ①新… Ⅱ. ①樊… Ⅲ. ①会计学-教材 Ⅳ. ①F230

中国版本图书馆 CIP 数据核字（2013）第 012734 号

责任编辑：刘俊来 张 宁/责任校对：刘亚琦
责任印制：阎 磊/封面设计：蓝正设计

科 学 出 版 社 出版
北京东黄城根北街16号
邮政编码：100717
http://www.sciencep.com

源海印刷有限责任公司 印刷
科学出版社发行 各地新华书店经销

*

2008 年 8 月第 一 版　　开本：787×1092 1/16
2013 年 1 月第 二 版　　印张：22 1/4
2016 年 1 月第八次印刷　　字数：507 000

定价：**42.00 元**
（如有印装质量问题，我社负责调换）

第二版前言

《新编会计学原理》自 2008 年出版以来，有幸受到广大读者的厚爱。为了进一步满足广大读者与教学的需要，为大家提供更好的服务和更为适用的教材，本次修订在保持第一版教材特色的基础上，根据最新的会计与税收法规，对本书进行了全面的更新、补充与完善，本次修订主要包括了以下几个方面的内容：

1. 按照 2013 年将要实施的《小企业会计准则》，对教材第 1 章和第 9 章的相关内容进行了更新。我国财政部于 2011 年 10 月 18 日，发布了《小企业会计准则》，要求自 2013 年 1 月 1 日起在小企业范围内施行，鼓励小企业提前执行，2004 年 4 月 27 日发布的《小企业会计制度》同时废止。因此本教材附录中，还增加了小企业会计准则中的会计科目表和一套会计报表，以满足读者学习小企业会计准则的需求。

2. 按照最新的税收法规，更新和补充了有关经济业务的内容，如更新了第 9 章中小规模纳税人的税率，补充完善了消费型增值税的相关内容，如第 6 章中的相关例题。

3. 增加了本章知识点小结。本次修订在每章正文之后都增加了本章知识点小结的内容，主要是在提炼本章主要内容的基础上，方便读者一目了然地回顾与掌握本章的重要内容和相关的知识点。

另外，在细节方面，我们进一步斟酌了有关文字的表述，并进行了相应的调整与修改。

本次修订由第一版作者共同完成，具体分工是：胡志颖负责第一篇和第六篇；刘小军负责第二篇和第 7 章；刘欣华负责第 5 章和第 6 章；樊彩霞负责第四篇；崔文娟负责第五篇；全书最后由樊彩霞负责总纂定稿。

本教材的编写得到了"十二五"期间高等学校本科教学质量与教学改革工程建设项目和北京科技大学教材建设经费资助。感谢北京科技大学、科学出版社对本教材出版的大力支持。

限于作者水平，教材中一定还存在疏漏和不当之处，欢迎读者批评指正。

编　者

2012 年 12 月

北京科技大学东凌经济管理学院

第一版前言

《新编会计学原理》是根据新时期会计教学的需求，结合近年来我们在教学实践中的经验与体会，严格按照 2007 年实施的《企业会计准则》，全面修订、补充和完善的一本用于学习会计专业知识的入门教材。本次修订的宗旨是：突出会计专业知识的基本架构，为后续课程作好引导，注重学习者的认知规律，由浅入深、循序渐进，引导读者对会计专业知识精髓的认识与理解，修订后的《新编会计学原理》主要有以下三个特点：

第一，结构的新颖性。本教材结构的新颖性首先体现在总体结构的安排上，共分为六篇，各篇之间的关系是：以会计核算基本理论为先导（第一篇），以复式会计核算为起点（第二篇），介绍借贷记账法的应用（第三篇），然后选用会计核算程序将会计专业语言描述在凭证与账簿中（第四篇），再根据账簿等资料编制和分析财务报表（第五篇），最后介绍完成以上会计核算需要关注的会计基础工作（第六篇）。通过循序渐进的六篇内容的叙述，可以使读者更直观地感受本教材包括的基本内容及其之间的相互关系，既便于教师的教学，又利于读者的自学。本教材结构的新颖性还体现在篇内结构的安排上，例如，在教材的第二篇，先以一个案例贯穿了第 3 章的全部内容，由浅入深地阐述了会计核算簿记发展过程中的三种模式，使读者自然地领悟运用复式会计核算簿记的必然性。然后在第四章全面、系统地介绍了复式借贷记账法的相关内容，通过精心构思各章之间的相互关系，使读者感悟会计知识的系统性与连续性。

第二，内容的拓展性。以本教材的第三篇为例，首先将借贷记账法应用于企业的资金筹集、资产购置与产品生产、资产换取收益等生产经营活动中，以此反映会计与企业经济活动之间的密切关系，并使读者对用会计语言描述企业的经济活动有一个全面的认识。在此基础上，将该方法进一步应用于会计要素的核算中，不仅强化了读者对资产负债表和利润表的认识，而且对进行后续会计课程的学习给予了引导和铺垫。考虑到我国证券市场的迅速发展，银行等金融类企业对会计知识与人才的需求，本教材还增加了银行主要业务的会计核算内容。

第三，描述的通俗性。本教材在编写过程中充分考虑到初学者的需要，尽量用通俗的语言描述会计专业知识，以引起读者的注意和兴趣，引导初学者轻松、牢固地掌握会计基本原理的精髓内容。

本书由北京科技大学经济管理学院财务与会计系的六位教师编写完成，其中修订大纲由樊彩霞、刘欣华、刘小军共同研究确定，具体编写分工是：胡志颖负责第一篇和第六篇的编写；刘小军负责第二篇和第 7 章的编写；刘欣华负责第三篇的编写；樊彩霞负责第四篇的编写；崔文娟负责第五篇的编写；刘应文参与了第一篇和第六篇的修改；全书最后由樊彩霞负责协调和总纂定稿。

在编写过程中，我们参考了大量书籍，在此也特向各位作者表示诚挚的谢意。

作为编者，尽管我们一直努力地追求《新编会计学原理》教材的新颖与完善，但限于作者的水平，书中难免有疏漏、错误与不足之处，欢迎读者批评指正。

编　者

2008 年 8 月

目　　录

第一篇　会计学导论

第二篇　复式会计核算

第三篇　借贷记账法的应用

第五篇　财务报表的编制与分析

第六篇　会计基础工作

第一篇 会计学导论

本篇内容要点

◇ 会计的特点与职能
◇ 会计学的两大分支
◇ 会计规范体系
◇ 会计基本假设
◇ 会计信息质量要求
◇ 会计核算方法

第1章

会计概述

内容提要

为了对会计的内涵有所了解，本章阐述了会计的本质、会计的特点和会计功能；在此基础上，介绍会计产生和发展的动因以及发展历程、会计学的两大分支、会计对象与目标；并进一步总结了我国现行的会计规范体系，重点讲述了会计法律、会计准则和会计制度。

1.1 会计的含义

1.1.1 会计的本质

会计的本质是什么？无论是我国，还是西方国家的会计理论界，这个问题都曾经是长期争论的焦点之一。

美国会计界对"会计是什么"的理解经历了会计是"艺术"还是"科学"的认识过程。在早期，人们认为会计是经验性的，而经验的积累形成艺术，因此在那个时期人们认为会计是一门艺术。在中期，因为科学会计簿记方法的出现，人们倾向于将会计与科学联系起来。到20世纪70年代后期，随着会计与信息提供相联系得到认可后，会计是一门科学就成为较主流的认识，大部分人认为会计提供的是"一种特殊的信息服务"，是"传递信息的过程"。1977年，西德尼·戴维森主编的《现代会计手册》明确指出："会计是一个信息系统——一个预定向利害关系方面输送关于一家企业或其他个体的有意义的经济信息的系统，这个经济信息的输送过程包括输出者和接受者两个方面"。

20世纪80年代，我国的会计学者借鉴西方的观点，综合自身的理解，在这个问题上百花齐放、百家争鸣，提出了很多的不同见解。其中最具代表性的观点有"信息系统论"和"管理活动论"两种。

1. 信息系统论

信息系统论观点是在对美国会计界将会计理解成信息系统的相关理论继承、过滤的基础上，综合考虑信息论、系统论和控制论的新发展，并结合我国的实际经济环境形成的。在这个观点下，会计在企业和各单位的范围内，主要由若干具有内在联系的程序、方法和技术组成，用于处理价值运动所形成的数据，产生与此有关的信息，并利用所产生的信息对相关的各种经济活动加以监督、预测、规划和分析评价。

根据信息系统的内在含义，会计应该首先是反映性的，其将不同企业和单位的经济活动以特殊的信息搜集、处理和输出方式加以总结和归纳，使用会计特有的语言反映出来。在此基础上，总结归纳输出的会计信息被用于对相关的各种经济活动的控制。

2. 管理活动论

管理活动论认为"无论从理论上还是实践看，会计不仅仅是管理经济的工具，它本身就具有管理的职能，是人们从事管理的一种活动。"因此会计不仅是指会计工作，也包括从事会计工作的会计人员，也就是会计同时包括了会计的客体和主体。会计主体和客体综合在一起，就形成了一种活动，这种活动的最终目的是进行经济管理，因此会计是一种经济管理活动。

与信息系统论观点相反，相对于会计的反映性，这种观点强调会计的管理控制性，它认为，反映是管理控制的基础，目的在于管理控制；管理控制为反映指明了目标和意义。一个单位内部的管理控制是微观的经济管理，从更宏观的层面出发的管理控制最终将导致更宏观的经济管理。

事实上，上述对会计本质最主流的两种论述在实质上相类似，只是在具体理解的过程中强调的重点不同而已。我们认为，会计在本质上是一个经济信息系统，其通过对相关经济信息的搜集、处理和报告，从而达到向信息使用者提供有用信息的目的，并最终影响相关决策，在某种意义上进行经济管理。

1.1.2 会计的特点

作为一个提供经济信息，从而最终达到间接经济管理目的的系统，会计有着其固有的特点，主要表现为：

1. 以货币为主要计量单位

会计是一个经济信息系统，因此会计处理的信息是有关价值的信息，同时为了便于汇总和比较，会计选择以货币为主要计量单位。一般情况下，对事物的衡量有三种指标，即实物、时间和货币。由于不同的实物计量单位难以进行综合比较，因此它们的加总毫无意义；而如果想把相关事物换算成凝结在其中的劳动时间加以度量，这也是非常困难的；所以会计处理相关业务的经济方面信息，关注价值，最终选择货币作为主要计量单位。但这样并不意味着就抛弃其他的度量单位，因为在用货币计量的同时，也要借助实物指标，从而更好地达到对实物资产等进行内部管理的目的，如财产物资账既要反映货币价值，也要反映实物数量，以便于账实核对。

2. 按经济活动的时间顺序连续、系统、全面、综合的反映

连续性是指对单位所发生的经济活动按照发生时间的顺序依次进行反映；系统性是指对经济活动的内容按照科学的方法进行分类，以提供经济管理所必需的资金、成本、利润等会计资料；全面性是指对单位的经济事项全部给予记录，不能出现任何遗漏；综合性是指利用货币计量尺度，把经济活动的内容进行记录、汇总或比较，以综合反映各种价值指标。

3. 以合法的凭证为依据

整个会计信息系统对相关信息处理的可靠性和公允性，有赖于系统的输入。信息系统的输入一旦出现问题，最终的输出结果对决策的作用必将受到影响。因此信息系统的输入要以合法的凭证为依据，这意味着，进入会计信息系统的数据必须是"收有凭，付有据"的，不能凭口头语言或其他传播媒介作记录，并且相关凭证必须是符合会计法规的。

1.1.3 会计的职能

会计的职能，是指会计本身所具有的功能。从上面对会计本质的讨论中可以看出，无论把会计理解成信息系统，还是理解成管理活动，会计都具有两个最基本的职能：核算与监督。也正如马克思曾经指出的，会计是对生产"过程的控制和观念总结"，所谓"过程的控制"一般理解为控制，所谓"观念总结"一般理解为反映。

1. 反映职能

会计的反映职能是指会计运用一套专门的方法，对各单位的经济业务及其成果给予连续、系统、全面地反映，这是会计作为一个人造的信息系统的基本使命。其中专门的方法是指会计特有的确认、计量、记录和报告等程序，经济业务包括企业的融资、投资、生产经营、利润分配等。会计在履行反映职能过程中，主要的是利用货币，并辅以其他度量方法进行量度，通过价值量的核算综合反映经济活动的过程和结果。

2. 控制职能

会计的控制职能也称会计的监督职能，是指会计按一定的目的和要求，利用会计反映职能所提供的资料和信息，对各单位的经济活动进行控制或监督，对实际活动结果脱离规定目标的偏差进行干预和校正。会计控制具体分为事前控制、事中控制和事后控制，其控制的依据是国家的财经政策、法令、制度和各单位的合同、计划和定额。事前控制是指通过审核相关原始凭证、编制财务计划、费用预算等会计方法对单位的各种决策以及相关的各项计划和费用预算进行可行性、合理性和合法性的审查；事中控制是通过将实际状况和计划、预算相比，对正在执行的各种财务计划、决策等利用有关资料进行测算、修正，对已发现的问题提出建议，促使有关部门和人员采取改进措施，以保证计划、预算和决策的顺利实现；事后控制是指通过企业经营业绩评价、责任考核等会计方法对已发生的各种会计事项进行分析与评价，为下一次的财务计划和费用预算的编制提供有用的、可参考的会计资料，同时也可用以预测未来经济活动的发展趋势。

从不同的角度理解会计本质，会计的上述两项基本职能之间的关系就不相同，有些观点认为会计的反映职能是第一位，而有些观点则认为控制职能是第一位的。根据前面对会计本质的界定，本书认为会计的这两项职能是相辅相成、紧密相连的。反映是控制的前提或基础，如果没有反映职能所提供的有关会计资料，会计控制也就无从谈起；同时会计控制职能是会计反映职能的延伸或发展，没有科学、严格的会计控制，会计信息的提供就会失去方向，会计反映也就失去了存在的意义。

1.2　会计的产生和发展

1.2.1　会计产生和发展的动因

从有私有产品开始，会计就以不同的方式在人类的经济生活中发挥着作用。翻阅史料可以发现，早在 2000 多年前，会计就已经产生了，并从此处于不断地发展完善之中，且在会计的发展过程中，其重要性也在逐渐凸显。如今的会计更成为经济运行中不可或缺的部分。那么究竟是什么动因促使会计产生和发展的呢？

从生产力发展的角度出发考虑，会计有助于生产力发展。在人类生产的过程中，用以生产的资源是有限的。所以资源如何在使用者之间配置，就显得尤为重要。如果能够将资源分配给生产效率更高的使用者，将获得更大的产出和财富。因而需要有一种合理的低成本机制帮助进行资源配置，使资源能够流向其使用最有效的地方，最大地增加全社会的财富。历史证明，会计就是这样的一种机制，其通过其独有的确认、计量、记录和报告等技术方法，计量出可供分配的总体资源和不同使用情况下的资源配置效果，从而帮助资源流向更高效率的配置。概而言之，会计和生产管理之间这种密不可分的关系使得生产管理愈发展，对会计的需求愈强烈，这也构成了会计产生和发展的动因。

还有些学者从制度安排的角度考虑，认为会计是维护信任的一种低成本的机制。在现代社会中，无论任何经济实体或活动都离不开人的主导和参与，为了更好地把这些经济人组织起来，减少内耗，增加效率，就需要有某种信任机制，使得他们之间能够达到均衡。同时出于成本效率原则考虑，所选用的信任机制的成本必须尽量低，从而保证因采用此种信用机制所产生的收益最大化。历史证明会计正是这样一种维系信任的低成本机制。因此从这个角度看，因为维系信任的需要，会计产生并发展起来。

综上所述，无论是从促进生产力发展，还是从维护信任机制的角度出发，会计的产生和发展都与其所处的环境变化密不可分。因此从更宏观的角度出发，会计的外在经济环境的变化是真正促进会计的产生和发展的动因。

1.2.2　会计的发展历程

1. 古代会计

这个时段始于原始社会，终于复式簿记的出现。

在人类社会发展过程中，对劳动过程耗费与成果的记录和计算，是人们力求以较少的劳动耗费，取得尽可能多的劳动成果所采用的手段之一。会计史学者认为，人类进入旧石器时代的中、晚期，发生了原始的计量、记录行为，如原始社会末期因为生产力发展而出现了剩余产品，人们使用"结绳记事"和"刻契记数"来对剩余产品加以记录，但这些简单的计量与记录行为在当时并不是一项独立的工作，只是生产职能的附带部分，在会计发展史上被称做"会计萌芽期"或"原始计量与记录时代"。到了奴隶社会的时期，随着私人财富的日益增加，生产需要专门的管理，因此作为生产管理一个组成部分的会计就从生产中分离出来，形成一项独立的职能。这个时期的会计主流是以单式记账法为特点的官厅会计，因为在这个时期，国家或皇室的宫廷经济规模较大，会计的主要任务是保证官府财产的完整。而且当时英国的庄园会计中出现的代理会计为今天会计的受托责任理念和稳健主义原则奠定了基础。

在这个时期，我国的会计是非常发达的。根据《周礼》记载，在西周奴隶社会，就已经建立了一套完整的会计工作组织系统，有"司书"、"司会"等官吏专门从事会计工作。"司书"是记账的，主要对财物收支进行登记；"司会"是进行会计监督的；并建立了"日成"、"月要"和"岁会"等报告文书，初步具备了旬报、月报、年报等会计报表的雏形。在秦汉时代，会计核算时开始使用"入、出"作为记账符号，并创立了记录会计事项的账簿。在唐宋时期，逐步形成了"四柱结算法"，亦称"四柱清册"。四柱是指：旧管、新收、开除和实在，四者之间的关系是："旧管＋新收＝开除＋实在"（即：上期结存＋本期收入＝本期支出＋本期结存）。这一平衡公式是我国古代会计的一个杰出成就，至今仍应用于现代会计的全过程。明末清初，会计核算中出现了"龙门账"，即把账目分为四大类："进"、"缴"、"存"、"该"，其之间的关系为："进－缴＝存－该"（即：收－付＝资产－负债），并以此编制"进缴表"和"存该表"（即损益表和资产负债表），在两表上计算求出的盈亏数应当相等，称为合"龙门"。后来在资本主义萌芽阶段，又出现了"四脚账"，又称天地合账，其主要内容是对每一笔经济业务既登记"来账"，又登记"去账"，以反映同一账项的来龙去脉。

同时，在这个阶段，现代审计理论也开始萌芽。中世纪晚期，英国的庄园经济严重依赖于大片土地的丰产，但因为庄园主并不亲自管理在庄园中劳作的人们，所以是否丰产还依赖于管家对劳动者的管理。这样在庄园主和管家之间形成了一种委托代理关系。庄园主要求管家记账，目的是为了要检查管家的诚实度，防止损失和盗窃，而管家记账则是为了表明自己忠心地履行了责任。一般在最大的庄园中，每年的账要通过庄园主和家庭议会的检查，而且常常由选定的审计官员进行。这便是现代审计的雏形。

2. 近代会计

这个阶段指从复式簿记到 20 世纪 50 年代以前。

随着社会的发展，A. C. 利特尔顿（A. C. Littleton）在《20 世纪以前的会计发展》（*Accounting Evolution to* 1900）一书中，提出了系统的复式簿记产生的七项必要条件，即书法、算术、私有财产、货币、信用、商业和资本。1494 年，意大利数学家卢卡·帕乔利（Luca Paciolio）在其《算术·几何·比与比例概要》一书中，系统地介绍了复式簿记的内容。有了复式簿记，才带动了其他会计方法的发展。至此，会计不再是完全的经验艺术，而成了一门有数学依据的科学。

19 世纪的工业革命大大增强了英国的生产力。随着股份公司的出现，公司的股东人数有所增加，同时由于大部分股东不参加公司的管理，只是为了获取因投入资本而产生的资本利得，公司一般由股东委托的管理层经营，由此形成了委托代理关系，这种关系类似于前面所述的庄园主和管家之间的关系。因为管理层的利益并不完全与股东的利益一致，尽管会计天生对维护股东和管理层之间的信任关系有一定的作用，但因为会计毕竟是公司的内部行为，很容易受到管理层的操纵，所以为了更好地监督管理层，公司的股东将会计账目交与公司外部的公正第三方鉴证，鉴证的结果将作为股东衡量工作努力程度的依据之一。随着鉴证需求的不断增加，1854 年，世界上第一个会计师协会——英国的爱丁堡会计师公会成立，这被认为是近代会计发展史上的又一个里程碑。

3. 现代会计

20 世纪中叶至今是现代会计的发展阶段。

股份公司所带来的股东和管理层之间委托代理关系在这个阶段更加深刻地影响会计的发展，因为日益发达的资本市场进一步强化了股东的所有权和管理层的经营权的两权分离。由此股权分散程度进一步增加，股东和管理层之间的委托和受托关系变得模糊。在这种情况下，所有者对管理层的监督要求进一步加强，作为股东监督管理层的一种途径，会计对外报告信息的功能得到进一步强化。但是如前述，因为管理层和股东的目标并不一致，在完全没有外部约束的情况下，会计很容易受到管理层的操纵，偏向管理层的会计信息很容易使得信息的使用者在利用信息决策时，受到误导，做出错误的判断；而且使用者在决策时，并不仅仅面对单个企业，而是在不同企业之间进行比较，因此受到管理层操纵的会计信息更有可能使得企业之间信息的不可比性增加。所以，为了更好地规范资本市场，以便减少企业会计信息受到管理层操纵的程度，不同的企业对外提供的会计信息之间具有更多的可比性，资本市场的监管者制定了"公认会计原则"，作为对资本市场上各企业的约束。从此，各相关企业要根据公认会计原则的要求对外提供财务报告，这就形成了财务会计。

另一方面，在企业外部对会计信息的需求增加时，因为经济的快速发展，企业在不断增强的竞争压力下，内部也对会计信息提出了新的需求，从而能够建立更科学的管理体制和方法。基于这一需求，逐渐产生了服务于企业内部信息需求的管理会计，形成了与财务会计相对独立的领域。管理会计的产生与发展是现代会计的一个重要标志。

现代会计的发展还表现在会计的工艺与现代电子和信息技术相结合，会计由手工簿记系统发展成为电子数据处理系统和网络系统。会计处理的电算化，是会计在记录与计算技术方面的重大革命。会计信息的网络化，大大促进了会计信息的传递，有助于提高会计信息的使用效率。

综上所述，会计是适应外在的经济环境需要而产生、发展和不断完善的。经济越发展，会计越重要。会计对生产过程的反映与监督，取决于经济的要求，同时会计的方法与技术也随着经济的发展和管理的要求不断发生变化和完善。

1.2.3　会计学的两大分支

自 20 世纪 50 年代后，会计发展步入了现代会计的阶段，在这个阶段中，因为外部环境和内部管理需求的变动，会计由传统的形式分解成了两个重要的方向，即财务会计和管理会计。这可以认为是传统会计的两大分支。

1. 财务会计

传统的会计主要是以货币形式，运用复式记账原理，按照规定的程序，对单位的经济活动进行反映和控制。财务会计是以传统会计为主要内容，通过定期编制会计报表，向企业外部以及与企业有利害关系的集团和个人提供企业经营成果、财务状况及现金流量等信息。一般来说，财务会计主要是对企业已经发生的经济业务进行事后的记录和总结，对过去的生产经营活动进行反映和监督。在财务会计工作中，必须严格遵守"公认会计原则"(在我国为企业会计准则和各种宏观会计制度),以保证所提供会计信息的可比性和一贯性。财务会计工作的目标主要是为企业外界服务,所以财务会计又称为"外部会计"。

2. 管理会计

在 20 世纪 50 年代后期,会计的环境发生了巨大的变化,特别是现代科学技术突飞猛进并大规模地用于生产和企业的规模增大,面临外部竞争加剧,都对企业内部管理提出了新的要求。这包括要求企业有更合理和科学的内部管理,以及有灵活反应和高度适应的能力,因此也对会计提出了更新、更高的要求。最终的结果是管理科学也逐渐渗透进会计学科,使传统的会计获得了发展的动力,逐步形成了管理会计。管理会计是利用财务会计提供的会计信息和其他有关资料,运用数学、统计等方法,通过计算、对比和分析向企业内部经营管理人员提供有关决策、计划和控制用的信息。一般而言,管理会计主要由决策与计划会计和执行会计两部分构成,其中决策会计以长短期决策的效益评价为核心,而计划则是决策所选定的有关方案的加工、汇总;执行会计则是以责任会计为核心,着重于对经营活动的进程和效果进行评价与控制。与财务会计相比,管理会计侧重于企业未来的生产经营活动,如经营目标的确定、决策的制定和预算的编制等。由于管理会计的主要目标是为企业内部服务,所以又称为"内部会计",内部会计所提供的信息完全取决于内部管理的需要,既没有固定的工作程序,也不必受公认会计原则的约束,提供信息的多样性决定了所使用方法的灵活性。

财务会计与管理会计的主要区别如表 1-1 所示。

表 1-1 管理会计与财务会计的区别

不同点	财务会计	管理会计
主要使用者	外部人员,如投资者、政府机构,也有企业内部管理人员	企业内部管理人员
遵循原则	严格遵守公认会计原则	除考虑相关收益成本外,不受任何约束
时间焦点	面向过去,报告经济现象	面向未来,预测经济现象
时间跨度	固定不变,通常提供月报表和年报表	灵活多变,一项投资决策可能是数月或数年完成
报告内容	总括报告,涉及企业整体状况	详细报告,涉及某一产品或某一事项的详细内容
业务范围	相对固定,资金运动过程中的各项业务	不固定,适应管理的需要不断发生变化

1.3 会计目标与对象

1.3.1 会计的目标

会计的目标,是指会计工作所要达到的目的,即会计为哪些人服务和应提供哪些会计信息。由于会计工作主要是以财务会计报告形式提供信息,因此会计目标也可称为财务会计报告的目标。

我国基本会计准则规定:财务会计报告是指企业对外提供的反映企业某一特定日期

的财务状况和某一会计期间的经营成果、现金流量等会计信息的文件。财务会计报告包括会计报表及其附注和其他应当在财务会计报告中披露的相关信息和资料，会计报表至少应当包括资产负债表、利润表、现金流量表等报表。财务会计报告的目标是向财务会计报告使用者提供与企业财务状况、经营成果和现金流量等有关的会计信息，反映企业管理层受托责任履行情况，有助于财务会计报告使用者作出经济决策。财务会计报告使用者包括投资者、债权人、政府及其有关部门和社会公众等。这意味着：

1. 会计要为国家宏观经济调控和管理提供信息

企业是国民经济的细胞，是宏观经济的微观个体。国家通过对各单位所提供的会计信息进行汇总分析，可以了解和掌握国民经济整体运行情况，从而制定正确、合理、有效的调控和管理措施，促进国民经济协调有序地发展。在我国，会计信息是宏观经济决策所需要的大部分信息的重要来源之一。如果没有会计提供的信息，要对国民经济做出准确的分析与判断，是完全不可能的。这也说明会计为宏观经济调控和管理提供信息的重要性和必要性。

2. 会计要为企业外部各有关方面了解其财务状况和经营成果提供信息

在生产经营活动中，企业与政府、投资者、债权人和社会公众等方面存在着密切的联系。由于这些外部利益相关者不能直接参与企业的生产经营活动，对企业的财务状况、经营成果等的了解只能依靠企业所提供的会计信息，所以满足社会各有关方面对会计信息的需求，是会计工作的目标之一。

此外，由于会计是企业内部的一个经济信息系统，会计提供的信息有利于领导者或决策者评价过去和预测未来。为企业内部经营管理提供信息，是会计发展的一个重要方向，也是会计目标的一项重要内容。在市场经济中，强化企业管理，增强企业在市场中的竞争力，是会计服务于企业内部经营管理的一个重要方面。

1.3.2 会计对象

会计的对象是引起资金运动的经济业务。经济业务事项的范围包括社会再生产过程中的生产、分配、交换和消费环节的相关交易和事项。由于性质不同的单位实体在再生产过程中所处的地位不同，所以构成会计对象的经济业务的内容有很大差异，最终会计对象的具体表现也有所不同。

1. 制造业企业的会计对象

制造业企业亦称工业企业，主要的经济业务为生产和销售工业产品，其再生产过程是以生产过程为中心的供应、生产和销售过程的统一。上述主要的经济业务引起了如下的资金运动：①在供应过程，企业购买原材料、支付货款及采购费用，购买生产所必需的机器设备等，这时企业的一部分货币资金开始转化为储备资金；②在生产过程，对原材料等进行加工，这时企业的一部分储备资金就转化为生产资金，同时一部分货币资金由于支付职工工资和其他生产费用、机器设备、房屋建筑物的磨损价值同样转化为生产资金；③当产品制造完工时，随着产成品的入库，生产资金开始转化为成品资金，成品资金表示着完工产品的成本；④在销售过程，企业成品资金占用减少，货币资金随着货款的收回而增加，这时一部分成品资金重新转为货币资金。从货币资金开始，依次经过储备资金、生产资金、成品资金，最后又回到货币资金，称为资金循环。周而复始的资金循环，称为资金周转。工业企业的资金周转，标志着工业企业再生产过程的延续，使千变万化的经济业务呈现规律性变化。因此，工业企业的会计对象就是引起工业企业的资金运动的经济业务。图 1-1 描述了全面的制造业企业的资金运动，上述的供产销构成了整体资金运动的一个部分。

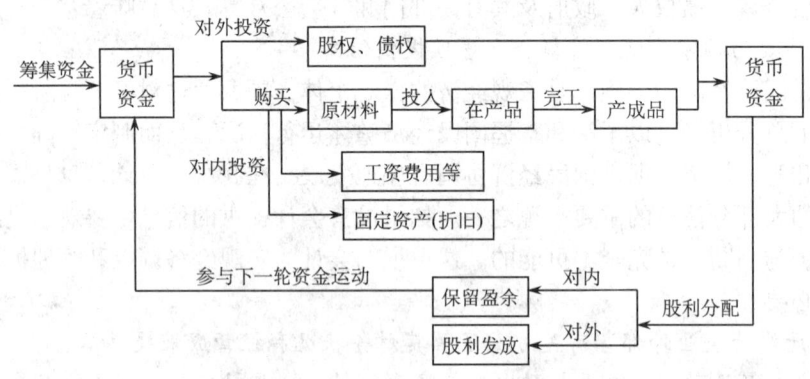

图 1-1　制造业企业资金运动全过程

2. 商品流通企业的会计对象

商品流通企业的基本职能是组织商品流通，其主要经济业务可分为购进和销售两大类。在购进过程，采购商品、支付货款等，货币资金转化为商品资金；在销售过程，卖出商品、收回货款，商品资金又转化为货币资金。此外，在经营业务过程中，还会发生人力、物力和财力的消耗，这些都表现为商品流通过程中的费用。因此，商品流通企业的资金同样处于不断的循环之中，引起商品资金和货币资金循环运动的经济业务即构成了商品流通企业的会计对象。

3. 行政事业单位的会计对象

行政事业单位的资金来源主要是国家投入的，它们是社会再生产过程中生产、分配、交换和消费活动的组织者或服务单位。这些单位通常包括：国家行政机关、司法机关、各党派团体组织机构和科研、教育文化、医疗卫生等。一般来说，行政事业单位的主要经济业务活动非常简单，此类单位的一方面按预算向国家取得资金，另一方面又按预算支付工资和其他费用，其由经济业务引起的资金运动只是表现为资金收入和资金支出。所以说，行政事业单位的会计对象是引起该单位的收支资金运动的经济业务。

1.4　会计规范体系

为了规范财务会计行为，保证财务会计资料的真实与完整，加强经济管理和财务管理，提高经济效益，维护社会主义市场经济秩序，目前我国的会计法规建设已基本形成了比较完整的规范体系。其中最重要的规范有会计法律、会计准则和会计制度。

1.4.1　会计法律

会计法律是专门针对会计工作制订的法律。在我国，这类型法律为《中华人民共和国会计法》（简称《会计法》）。我国的《会计法》于 1985 年颁布，1993 年 12 月第一次修订，1999 年 10 月 31 日第二次修订后，于 2000 年 7 月 1 日起执行。《会计法》是我国会计工作的根本大法，是从事会计工作、制定其他各种会计法规的依据。它规定了会计工作的基本目的、会计管理权限、会计责任主体、会计核算和会计监督的基本要求、会计人员和会计机构的职责权限，并对会计法律责任做了详细的规定。

我国的《会计法》包括七章五十二条，主要内容有：①总则，规定了包括立法宗旨、适用范围、对各单位设置账簿的要求、单位负责人的职责、会计机构和会计人员的权利等基本问题；②会计核算，阐述了会计核算的基本要求和内容、会计年度和记账本位币、会计资料以及会计记录的文字及档案管理等方面的规定，并对公司、企业会计核算作出了特别的规定；③会计监督，规定了会计监督的类型和会计监督的主要原则；④会计机构和会计人员，规定了会计机构的设置、会计人员的配备及人员所必须具备的素质；⑤法律责任，主要规定了违反《会计法》的行为所应承担的法律责任。

1.4.2　会计准则

从 2007 年 1 月 1 日起在上市公司实行的《企业会计准则》，它是我国会计核算工作的基本规范，是企业经济业务进行会计处理、提供财务报告所应遵循的原则。企业会计准则由基本会计准则和具体会计准则构成。

1. 基本会计准则

基本会计准则是指《企业会计准则——基本准则》，该准则类似美国的"财务会计概念结构"和国际会计准则中的"编制财务报表的框架"。其作用有两个方面，一是用来指导具体会计准则的制订，二是用来指导没有具体会计准则规范的交易的处理。所以在内容上基本会计准则主要是针对会计核算的一般要求、主要的信息质量特征、会计核算和报告的主要方面做出了原则性规定。

2. 具体会计准则

具体会计准则是针对企业具体交易或者事项，就其会计处理及其信息披露等做出的具体规定。2007 年企业执行的具体会计准则共有 38 项，其中新制订的有 22 项，如职工薪酬、政府补助等具体会计准则；修订的有 16 项，如债务重组、借款费用等具体会计准则。

1.4.3　小企业会计准则

为了规范小企业会计确认、计量和报告行为，促进小企业可持续发展，发挥小企业在国民经济和社会发展中的重要作用，我国财政部于 2011 年 10 月 18 日，发布了《小企业会计准则》，要求自 2013 年 1 月 1 日起在小企业范围内施行，鼓励小企业提前执行，2004 年 4 月 27 日发布的《小企业会计制度》同时废止。

1. 小企业会计准则的适用范围

《小企业会计准则》适用于在中华人民共和国境内依法设立的、符合《中小企业划型标准规定》所规定的小型企业标准的企业。下列三类小企业除外：①股票或债券在市场上公开交易的小企业。②金融机构或其他具有金融性质的小企业。③企业集团内的母公司和子公司。

《小企业会计准则》采用章节体例，分为总则、资产、负债、所有者权益、收入、费用、利润、外币业务、财务报表、附则，共十章。其中，在第十章附则中指出：符合《中小企业划型标准规定》所规定的微型企业标准的企业参照执行本准则。

《小企业会计准则》中提及的《中小企业划型标准规定》，是在 2011 年 6 月 18 日，由工业和信息化部、国家统计局、国家发展和改革委员会、财政部四部门联合发布的，具体划型标准是分为 16 个行业，按照从业人数、营业收入和资产总额等指标，将我国中小企业划分为中型、小型和微型企业三种类型。

2. 小企业的财务报表

《小企业会计准则》主要是从会计要素和财务报表方面规定了小企业的会计确认、计量和报告的相关内容。小企业的财务报表包括资产负债表、利润表、现金流量表和附注，编报期都为月报和年报。其会计报表的格式见附录 1。

1.4.4　会计制度

会计制度是在会计准则规定的框架下，对企业会计实现的具体处理进行规定。相对于准则来说，更具体和详细。我国的会计制度有《企业会计制度》、《金融企业会计制度》。

（1）《企业会计制度》适用于非上市公司和不执行《金融企业会计制度》、《小企业会计制度》的企业。其主要内容分两部分：第一部分是一般规定，包括制度制定目的与依据、适用范围等内容；第二部分是关于会计科目和会计报表的说明，主要由会计科目的名称和编码、会计科目的使用说明、会计报表格式、会计报表编制说明、会计报表附注等内容组成。

（2）《金融企业会计制度》适用于我国境内依法成立的各类金融企业，具体有银行、保险公司、证券公司、信托投资公司、期货公司、基金管理公司、租赁公司、财务公司等。

此外，除了上述会计准则和会计制度外，财政部还根据我国会计实务的需求，就相关会计业务做出暂行规定或补充规定。如《企业所得税会计处理的暂行规定》、《合并会计报表暂行规定》、《企业以非现金资产抵偿债务有关会计处理规定》等。这些补充规定和前面三个层次的会计法规共同构成了我国会计法规的完整体系，其对规范会计行为，提高会计信息质量起着非常重要的作用。

📖 本章知识点小结

一般情况下，会计被视为一个信息系统，其通过对相关经济信息的收集、处理和报告，从而达到向信息使用者提供有用信息的目的。因此，会计的特点主要表现为：①以货币为主要计量单位；②按经济活动的时间顺序连续、系统、全面、综合的反映；③以合法的凭证为依据。会计具有两个最基本的职能：反映和控制。其中，反映是指会计运用一套专门的方法，对各单位的经济业务及其成果给予连续、系统、全面的反映；控制则是会计按一定的目的和要求，利用会计反映职能所提供的资料和信息，对各单位的经济活动进行控制或监督，对实际活动结果脱离规定目标的偏差进行干预和校正。

自20世纪50年代以来，因为外部环境和内部管理需求的变动，会计由传统的形式分解成了两个重要的方向：财务会计和管理会计。这可以认为是传统会计的两大分支。一般来说，财务会计主要是对企业已经发生的经济业务进行事后的记录和总结，对过去的生产经营活动进行反映和监督，其工作的目标主要是为企业外界服务。管理会计主要由决策与计划会计和执行会计两部分构成，其中决策会计以长短期决策的效益评价为核心，而计划则是决策所选定的有关方案的加工、汇总；执行会计则是以责任会计为核心，着重于对经营活动的进程和效果进行评价与控制，其主要目标是为企业内部服务。

会计规范体系由会计法律、会计准则和会计制度组成。会计法律是专门针对会计工作制订的法律，如我国的《中华人民共和国会计法》。会计准则是为企业经济业务的会计处理和财务报告提供所应遵循的原则，如我国的《企业会计准则》和《小企业会计准则》。会计制度是在会计准则规定的框架下，对企业会计的具体处理所进行的相关规定，如我国的《企业会计制度》和《金融企业会计制度》。

➢ **思考题**

1. 会计的本质是什么？
2. 会计有哪些特点？
3. 你如何理解会计的基本职能？
4. 你认为会计的发展与经济的发展有何关系？
5. 会计的发展经历了几个时期，在每个时期中，各有什么特点？
6. 会计学的两大分支各有什么特点？
7. 什么是会计对象？该如何理解工业企业的会计对象？
8. 我国目前的会计规范体系如何？

第 2 章

会计核算基本理论与方法

内容提要

本章系统介绍了会计核算基本理论中的四个基本假设、两个会计基础、八个会计信息质量要求和五种会计计量属性，最后还介绍了会计核算的专门方法。通过本章学习，使读者对会计核算基本理论的主要内容和会计核算的专门方法有所了解。

2.1 会计基本假设与会计基础

2.1.1 会计基本假设

在市场经济中，经济成分的多元化以及企业生产经营活动的不稳定性，带来了会计核算环境的不确定性。而会计核算要通过连续、系统、全面的记录和反映，为社会提供有价值的信息，就必须首先解决一些基本问题，以消除环境上的一些不确定性。例如，会计核算的空间范围是否有限制，会计给谁核算，会计核算是否存在着时间的限制，是否可以一直核算下去，会计的记账、算账和报账多长时间为一个期间，会计核算的单位应该是什么，会计的确认时间选择应该是怎样，等等。为此，会计必须以一定的假设为前提条件，这些假设来自于市场经济的环境、客观成分多于主观和不言自明的规律性知识。一般情况下，会计基本假设包括四项内容，即会计主体假设、持续经营假设、会计期间假设和货币计量假设。

1. 会计主体假设

会计主体又称会计实体是指会计为之服务的特定单位。会计信息系统不能漫无目的地处理和提供信息，而是要严格限定在某一具有相对独立的经营或经济能力的空间实体范围内；换言之，会计在进行会计核算时，都应该确定所处理和提供信息的空间实体范围。这就是会计主体假设的主要内容。因此会计主体假设明确了谁核算、核算谁的经济业务。只有确定了这一前提假设，会计核算才能独立地反映企业本身的财务状况和经营成果，从而为企业管理人员和会计报表的使用者提供有价值的会计信息。因而，可以说，会计假设所规定的空间范围不但将会计反映和控制的对象限于某个微观会计主体，从而将不同的会计主体区分开来，同时也区分了会计主体和主体的所有者。

此外，应注意区分会计主体和法律主体这两个不同的概念。法律主体指的是所有注册登记的企业。一般来说，具有独立经济意义的法律主体都是会计主体。但是如果法律主体的规模小、不需要账务处理，则不能称为会计实体。反过来，会计主体则不一定是法律主体，因为很多大规模企业中设有独立核算的部门，这些部门是会计主体，却没有经过注册登记，所以不是法律主体。

2. 持续经营假设

持续经营是指企业在可以预见的将来，不会面临破产、清算，将会按照既定目标持续不断地经营下去。虽然在市场经济中运动的企业，都面临着破产、清算的风险，但从企业经营实践来看，绝大多数企业还是能够持续经营的。因此这条假设有两层含义：其一，各会计主体在可预见的将来不是预期破产或清算的；其二，在持续经营的前提下，企业至少将保持现有的经营活动，且经营活动终止的时间将不确定。

这意味着，企业在可预期的未来将按既定的用途使用现有的资产，同时也按原来承诺的条件去清偿债务，这为会计核算提供了时间上的假设。也正因为如此，企业的会计核算才能建立在非清算的基础上，而不采用破产清算时的会计方法和程序，从而使得最终提供的会计信息具有一致性和稳定性。

3. 会计期间假设

会计期间是指将企业的连续经营期间人为地划分为若干个相等的时期，分期反映各会计期间的财务状况、经营成果和现金流量等会计信息，并编制各会计期间的财务报告。企业在持续经营的情况下，要计算收益和反映经营成果。从理论上讲，只有在企业最终结束它的全部经营业务时，才可以通过营业收入和费用的归集而精确地加以计算。但是，因为信息的使用者需要及时地了解相关信息，以便于做出决策与控制，所以企业的财务报告需按较短的期限编制。为了达到这一目的，可选择的方法是人为地把持续不断的经营过程分割成相等的会计期间，设定企业的经营过程是可以间断的，进而定期地反映企业的财务状况、经营成果和现金流量。

理论上，会计期间划分应越短越好，甚至短到可以进行实时报告，但由于实时报告需要有很强的信息技术支撑，所以一般情况下，会计报告期间的长度都以年为单位，会计年度的起始不一定与日历年度一致。根据实际情况，企业也可以在年的基础上更加细分，以季或月为单位长度。我国的会计期间，划分为年度、季度和月份，并且与公历日期相同；即按年、按季和按月分期结算账目，编制会计报表。

4. 货币计量假设

货币计量是指企业的会计核算以货币作为基本计量单位。也可以说，会计核算的内容仅限于能够用货币计量的经济业务。

货币计量假设有两层次的含义。首先，陈述了会计核算所采用的是名义货币单位。根据各国采用的货币不同，采用不同的货币作为记账本位币，并以不同的货币单位作为基本度量单位。我国的货币为人民币，单位为"元"，因此我国会计货币计量的本位币就是人民币，同时计量单位是"元"。但对于业务收入以外币为主的企业，也可以选定某种货币为本位币，但在编制会计报表时要折算为人民币。其次，假设货币本身的价值是相对稳定的，也就是说币值本身保持稳定不变，或少量上下波动，并趋于相互抵消。

有了这条假设，各期会计资料可以对比，会计的各种跨期的资料处理也才可实施，也只有币值不变或币值变动对会计资料的影响很小时，会计报告中的金额加总、比较和分析才会有意义。

如果在物价严重变动的情况下，货币计量假设将被打破，取而代之的将是物价变动条件下的会计计量，而这正是会计理论的难题之一。

总而言之，会计假设是进行企业会计核算的基本依据。只有在这些假设之下，会计核算才得以顺利进行。有了会计主体这一基本假设，才明确了会计核算的空间范围，即为谁核算和核算谁的经济业务；有了持续经营，会计的核算才能连续；有了会计期间，信息使用者才能及时地了解企业的经营状况；有了货币计量，并假定币值稳定，会计才有了其计量的基本单位。

2.1.2　会计基础

会计基础具体是指会计确认、计量和报告的基础，依据我国基本会计准则中的相关规定，可归纳为权责发生制和收入费用配比两项会计基础。

1. 权责发生制

信用经济的产生，促使附在相关交易之上的权利和义务的产生可以同实际收付现金的行为相分离。因此，会计将相关交易记入会计信息系统，是选择在相应权利和义务产生之时，还是选择在实际现金收付之时？相应地产生了权责发生制和收付实现制两种方式。目前会计界所普遍接受的是权责发生制。

权责发生制也叫应计制，是指企业在发生相关交易时，按收入的权利和支出的义务是否发生而将其归属入某一期间，而不是以现金的收付行为是否发生为标志。具体内容为，凡是当期已经实现的收入和已经发生或应当负担的费用，无论款项是否收付，都应当作为当期的收入和费用；凡是不属于当期的收入和费用，即使款项已在当期收付，也不应当作为当期的收入和费用。权责发生制的重要意义在于：①权责发生制使得每个期间的会计利润得到公正、准确的计量，较为可靠地反映企业管理当局对资源营运的受托责任；②因为有权责发生制，才有各种应收款项、应付款项、递延款项（包括借项和贷项）等项目的产生，而这些项目对未来现金流的预测更加有利，因为应收款项将导致未来现金流的增加，应付款项将导致未来现金流的减少。所以，我国基本会计准则明确规定，企业在会计确认、计量和报告中应当以权责发生制为基础。

收付实现制是与权责发生制相对应的一种会计基础，它以收到或支付的现金作为确认收入和费用等的依据。目前，我国的行政单位会计采用收付实现制，事业单位会计除经营业务可以采用权责发生制外，其他大部分业务采用收付实现制。

2. 收入与费用配比

我国基本会计准则规定，企业为生产产品、提供劳务等发生的可归属于产品成本、劳务成本等的费用，应当在确认产品销售收入、劳务收入等时，将已销售产品、已提供劳务的成本等计入当期损益。企业发生的支出不产生经济利益的，或者即使能够产生经济利益、但不符合或者不再符合资产确认条件的，应当在发生时确认为费用，计入当期损益。企业发生的交易或者事项导致其承担了一项负债而又不确认为一项资产的，应当在发生时确认为费用，计入当期损益。根据以上内容可知，收入与费用配比要求企业在进行会计核算时，收入与其成本、费用应当相互配比，同一会计期间内的各项收入和与其相关的成本、费用，应当在该会计期间内确认。

可见，收入与费用配比是根据二者之间的内在联系，将一定时期内的收入与为取得收入所发生的费用在同一期间进行确认和计量。具体来讲，收入与费用配比有两层含义：一是因果配比，即将收入与其对应的成本配比，如将主营业务收入与主营业务成本配比、将其他业务收入与其他业务成本配比；二是期间配比，将一定时期的收入与同时期的费用配比，如将当期的收入与管理费用、财务费用、销售费用的配比等。

2.2　会计信息质量要求

会计信息质量要求是对企业财务报告中所提供会计信息质量的基本要求，是使财务报告中所提供会计信息对投资者等使用者决策有用应具备的基本特征，主要包括可靠性、相关性、可理解性、可比性、实质重于形式、重要性、谨慎性和及时性等。

1. 可靠性

可靠性要求会计核算应当以实际发生的经济业务为依据，进行确认、计量和报告，如实反映财务状况和经营成果。具体来说，包括三方面的内容：其一，要求对于经济业务的记录和报告，应当以实际发生的事实为依据，而不受主观意志的左右，力求会计信息可靠；其二，要求会计人员在进行会计处理时，应保持客观中立的态度，不允许带有主观情绪，不允许弄虚作假和隐瞒谎报；其三，要求会计提供的数据有可靠的凭证可据以复查，以便高度保证会计数值可反映它意在反映的东西。要使会计信息足够可靠，就必须在会计记录和会计报告过程中做到真实准确，既要可靠不存在偏见，又要计算准确经得起验算。

2. 相关性

相关性要求会计所提供的信息能够与各方面的使用者进行的决策需要相关。有助于投资者等财务报告使用者对企业过去、现在或者未来的情况作出评价或者预测。

有时候可靠性和相关性是相互矛盾的。为了加强相关性而改变会计方法，可靠性可能会有所削弱，反之亦然。例如有一项法律诉讼，对损失的赔偿要求是否成立及其金额都处于争议当中，虽然企业披露赔偿要求的金额和情况可能是适宜的，却可能不宜在资产负债表内确认索偿的全部金额。因此在提供会计信息时，应在二者之间进行权衡。

3. 可理解性

可理解性原则是指企业提供的会计信息应当清晰明了，便于会计信息使用者理解和利用，也称明晰性。在美国财务会计准则委员会的会计信息质量特征中，这一原则是所有会计信息必须满足的最基本的标准，是承认会计信息对信息使用者有用的最基本要求。

4. 可比性

这一原则要求企业提供的会计信息应当具有可比性。这条原则一般包括两种含义：第一，会计核算按照规定的会计处理方法进行，会计指标应当口径一致、相互可比。具体说，不同企业、尤其是同一行业的不同企业之间，应使用相类似的会计程序和方法，将不同企业的会计报表编制建立在相同的会计程序和会计方法上，便于报表的使用者进行横向比较，从而准确判断企业的经营成果，据以进行决策。

第二，会计核算在不同的会计期间所采用的会计方法应当一致，以便各期财务报告数据具有可比性，会计实务中的某些事项，常有不同的会计方法可供选择，若企业前期采用使用年限法计提折旧，本期采用余额递减法计提折旧，必然会因前后期计入产品成本或期间费用的折旧费不同而导致本期净利润发生不应有的变动。所以，对已经选定的会计方法，不能随意变动，如果的确需要变动时，应当将变动的情况和原因以及变动后对企业的财务状况和经营成果的影响，在会计报表中予以说明。

因此，上述两个方面相辅相成，使得企业提供的会计信息不但具有横向的可比性，同时也具有纵向的可比性。

5. 实质重于形式

实质重于形式是指企业应当按照交易或者事项的经济实质进行会计确认、计量和报告，而不应仅以交易或事项的法律形式为依据。因为交易或事项的实质，并不总是与其法律形式的外在面貌相一致，而法律形式有时无法真正地反映经济业务的实质内容。

如对融资租赁业务的确认和计量。在法律形式上，固定资产的所有权仍属于出租方，承租方企业只拥有控制权。但根据租赁和约的规定，该租赁资产在其有效使用寿命内的绝大部分时间属于承租方，一般超过 75% 的使用寿命，在租赁期末承租方一般有权收购该固定资产的剩余价值，而且承租方企业所付出的租金代价占了该固定资产市值的大部分，因此在实质上，该项固定资产属于承租方，应在承租方得到确认和计量。

6. 重要性

重要性是指企业提供的会计信息应当全面反映企业的财务状况、经营成果和现金流量等有关的所有重要交易或事项。

判断经济事项是否重要，在很大程度上取决于会计人员的职业判断。一般可以从两个方面考虑：第一是从项目的性质上判断，只要所发生的经济事项的性质足以影响到报表使用者的决策，就是重要的，例如，不论一个新分部在报告期内取得的经营成果如何，关于新分部的报告都可能影响对企业面临的风险和机遇的评估；第二是从项目的金额上判断，当发生的经济事项产生的金额达到了对报表使用者的决策有所影响时，也就是重要事项。有时候，需要兼顾性质和金额加以判断，如所持有的、与经营业务相适应的各主要类别的存货的金额等。

7. 谨慎性

谨慎性也称稳健性。这一原则的核心内容是企业在对交易或者事项进行会计确认、计量和报告时应当保持应有的谨慎，不高估资产、不预计利润、不低估负债，而充分预计损失。谨慎性原则是会计对其反映和控制对象的不确定性做出的反应，意在充分地考虑企业经营中的所有固有风险和不肯定因素。

例如，企业将预计不可收回的货款计提坏账准备，在坏账真正发生之时，冲销坏账准备；又如采用加速折旧法进行固定资产折旧计提等。

8. 及时性

及时性是指企业对于已经发生的交易或事项，应当及时确认、计量和报告。这具体包括三方面的含义：一是要及时收集会计信息，即在经济业务发生后，及时收集整理各种原始凭证；二是要及时处理会计信息，即按照会计准则的规定，及时对业务活动进行会计处理、编制财务报告；三是要及时地传递会计信息，即按照国家规定的有关时限，及时地将财务报告传递给使用者，便于其及时使用和决策。由于及时传递是以及时会计处理为前提的，所以必须将二者统一起来，才能提高会计信息的价值。

2.3　会计计量属性

会计计量是财务会计的一个基本特征，它在财务会计的理论和方法中占有重要的地位。因为会计信息系统是一个量化的经济信息系统，因此资产、负债、所有者权益、收入、费用和利润等会计要素，都要经过计量才能在财务会计中得到反映。

会计计量就是根据被计量对象的属性，选择一定的计量基础和计量单位，确定应记录项目金额的会计处理过程。会计计量活动贯穿于会计系统的全过程，具体表现在：首先原始数据进入信息系统时，在确认过程中需要可量化，在量化的基础上，进行分类并确认金额，在系统运行过程中对初始的量化加以调整、修正，并在各期之间进行计提和摊配，最终在将相关信息通过财务报表的形式输出系统时，涉及再确认，同时也涉及再计量。

计量属性是指被计量客体的特性或外在表现形式。具体到会计要素，就是指资产、负债、收入、费用等要素可以用货币进行量化表述的方面。我国的基本会计准则在"会计计量"一章提出了五种计量属性。

（1）历史成本。在这种计量属性下，资产按照购置时支付的现金或现金等价物的金额，或者按照购置资产时所付出的对价的公允价值计量。负债按照因承担现时义务而实际收到的款项或资产的金额，或承担现时义务的合同金额，或者按照日常活动中为偿还负债预期需要支付的现金或者现金等价物的金额计量。

这一计量属性要求会计核算的各项财产物资或义务应当按取得时或发生时的实际成本计价。当物价发生变动时，除国家另有规定外，不得调整账面价值。

（2）重置成本。在重置成本计量下，资产按照现在购买相同或相似资产所需支付的现金或者现金等价物的金额计算。负债按照现在偿付该项债务所需支付的现金或现金等价物的金额计量。这是一种以现在的流入价格计量的属性。

（3）可变现净值。在这种计量属性下，资产按照其正常对外销售所能收到的现金或现金等价物的金额扣减估计该资产至完工时将要发生的成本、估计的销售费用以及相关税费后的金额计量。这种属性以未来流出价格计量。

（4）现值。在这种计量属性下，资产按照预计从其持续使用和最终处置中所产生的未来净现金流入量的折现金额计量。负债按预计期内需要偿还的未来净现金流出量的折现金额计量。可见，这是一种以未来的预计收益计量的属性。

（5）公允价值。在公允价值计量下，资产和负债按照在公平交易中，熟悉情况的交易双方自愿进行资产交换或债务清偿的金额计算。也就是说，这项交易不是被迫的或清算的，交易是公平的、双方都认可的。因此，公允价值是一个很广义的概念。事实上，最能代表公允价值的，是在市场经济中可以观察到的、由市场价格机制所决定的市场价格，市场价格是交易各方承认和接受的。但是如果某项资产或者负债没有可观察到的、由市场直接决定的市场价格，却有合约规定的或可以预期的未来现金流入可用以估计的，就可以运用现值技术对公允价值进行确定。

2.4 会计核算方法

会计核算的方法，是对会计对象进行连续、系统、全面记录、计算、反映和日常监督所应用的方法。由于会计核算对象所包括的内容比较复杂，决定了会计核算必须应用一系列的专门方法，以便对会计对象进行连续、系统、完整地反映和控制。会计核算方法具体表现为下列各种专门方法。

1. 设置会计科目

设置会计科目是根据会计对象的内容和管理的要求，对企业经济业务中所涉及的具体项目的分类。为了保证会计核算指标的口径一致，会计科目的名称、编号、核算内容和对应关系都由国家统一规定。会计科目分为一级科目和明细科目。其中：一级科目由国家统一规定，明细科目企业可视具体情况自行规定。企业在进行会计核算时，首先应设定好适合自身需要的会计科目，正确、科学地设置会计科目及账户，还是满足经营管理需要、完成会计核算任务的基础。

2. 复式记账

复式记账是指每一项经济业务的发生，必须至少使用两个会计科目进行记账。如用银行存款购买原材料，一方面使用银行存款科目，记入银行存款账户的减少；另一方面使用原材料科目，记入原材料账户的增加。复式记账法对发生的任何一项经济业务，都要求用相等的金额在两个或两个以上的账户中相互联系地进行记录，以反映经济业务的来龙去脉。这种会计记账方法有助了解和掌握经济业务的全部内容，检查会计记录的正确性。目前我国企业所使用的记账方法统一为复式"借贷记账法"。

3. 审核和填制凭证

审核和填制凭证是为了审查经济业务是否合理、合法，保证登记账簿记录正确、完整而采用的一种方法。会计凭证是记录经济业务和明确经济责任的书面证明，是登记账簿的依据。对于企业发生的每一项经济业务，都应该认真审核，只有经过审核无误的原始凭证，运用复式记账法将经济业务反映在记账凭证上，才能作为登记账簿的依据。

4. 登记账簿

登记账簿是对审核和填制无误的记账凭证，按经济业务发生的时间顺序，记入有关账簿。通过账簿记录，将会计凭证中分散记录的经济业务作进一步的分类和汇总，账簿记录的各种数据是编制会计报表的重要依据。

5. 成本计算

成本计算主要是指产品成本的计算。生产型企业在生产过程中的每一个阶段，都会发生各种费用。成本计算是将各阶段所发生的费用，按成本计算对象和标准进行归集和分配，并同实物量相联系，确定各个对象的实际总成本和单位成本。成本计算为正确地核算企业经营成果和进行各项管理活动提供了重要的数据。

6. 财产清查

财产清查是通过实物盘点和核对往来款项的办法，来查明企业在一定时期内的财产和资金的实有数额。在清查中发现的账实不符，应查明原因，并调整账簿记录，使账存数与实存数相一致。同时，对清查过程中发现的资产、负债的管理问题，要及时处理，以加速资金的周转。

7. 编制会计报表

编制会计报表是在账簿记录基础上对会计核算资料进一步的加工整理，所编制的会计报表主要有资产负债表、利润表和现金流量表等，这些报表综合反映了会计主体在一定时期内的财务状况、经营成果和现金流量等情况。

上述会计核算的各种方法相互联系、相互配合，构成了一个完整的方法体系。在会计实务中，对于企业在日常经营活动中发生的每一项经济业务，都要按规定使用会计科目，通过复式记账，填制和审核凭证，并登记有关账簿，最后通过财产清查加以核对，在账实相符的基础上，根据账簿记录，定期编制报表。这些专门方法是会计学科的基本内容，也是本书以后章节要重点介绍的内容。

📖 本章知识点小结

会计主体假设、持续经营假设、会计期间假设和货币计量假设构成了会计的四大基本假设。其中，会计主体假设是指会计为之服务的特定单位；持续经营假设则指企业在可以预见的将来，不会面临破产、清算，将会按照既定目标持续不断地经营下去，这为会计核算提供了时间上的假设；会计期间假设是指将企业的连续经营期间人为地划分为若干个相等的时期，分期反映各会计期间的财务状况、经营情况及结果，并编制各会计期间的财务报告；货币计量假设是指企业的会计核算以货币作为基本计量单位。

权责发生制和收入与费用的配比是会计确认、计量和报告的基础，其中，权责发生制也叫应计制，是指企业在发生相关交易时，按收入的权利和支出的义务是否发生来将其归属入某一期间，而不是以现金的收付行为是否发生为标志；收入与费用配比是根据二者之间的内在联系，将一定时期内的收入与为取得收入所发生的费用在同一期间进行确认和计量。

会计信息质量要求是对企业财务报告中所提供会计信息质量的基本要求，是使财务报告中所提供会计信息对投资者等使用者决策有用应具备的基本特征，这些基本特征从可靠性、相关性、可理解性、可比性、实质重于形式、重要性、谨慎性和及时性等方面对会计信息提出了要求。

会计核算的方法，是对会计对象进行连续、系统、全面记录、计算、反映和日常监督所应用的方法。会计核算方法具体包括：设置会计科目、复式记账、审核和填制凭证、登记账簿、成本计算、财产清查以及编制会计报表。

➢**思考题**

1. 会计基本假设有哪些？为什么要假设？
2. 什么是权责发生制和收付实现制？
3. 收入与费用配比包含哪些内容？
4. 会计信息质量要求有哪些？
5. 会计计量属性有哪些？分别是什么？
6. 会计核算的专门方法有哪些？

第二篇　复式会计核算

本篇内容要点

　　◇ 会计核算的三种模式
　　◇ 会计等式与会计报表
　　◇ 复式会计核算原理
　　◇ 借贷记账法的基本内容
　　◇ 会计要素与会计等式
　　◇ 会计科目与会计账户
　　◇ 会计循环

第3章

会计核算模式

内容提要

会计的主要工作和职能是提供信息、描述会计主体的经济活动。本章通过一个案例，介绍了三种会计核算模式之间的关系，通过三种模式的逻辑递推，重点介绍目前会计核算模式——借贷复式记账法的框架及其原理的形成过程。

3.1 会计核算模式概述

3.1.1 会计需要提供的信息

人类所从事的绝大多数社会活动，都是通过一定的组织来完成的。凡是组织（企业或单位），无论是营利性的还是非营利性的，都需要对其进行有效的管理；而管理就需要信息，这些信息中，有些是定量的，有些是定性的。会计信息是管理所需要的定量信息中的一种，它通常是以货币计量的，企业或单位的财务报告中也可能包含一些非货币信息或定性信息。

会计信息的使用者主要有国家及有关政府部门、企业管理当局、投资者、债权人以及与企业有相关利益的各个集团（如职工、客户、供应商等），这些信息的使用者可以概括为两大类，即"内部人"和"外部人"。各种会计信息使用者需要的会计信息的侧重点是不同的，但一般而言，以下三方面的会计信息是他们所共同关注的。

（1）企业目前有多少经济资源、这些资源从何而来，即企业目前有多少家底、有哪些家底，也就是企业目前的财务状况。这是企业未来生产经营活动、参与市场竞争的基础，是过去生产经营活动的结果。在会计中，这一信息是通过资产负债表来提供的。

（2）企业过去一段时间的获利能力，即企业过去一段时间的经营成果。这一信息反映了企业过去一段时间的生产经营能力，也在一定程度上预示着未来的获利能力。这一信息是通过利润表或损益表来提供的。

（3）企业过去一段时间获取现金的能力，即企业过去一段时间现金的流量情况。人们常常发现一个获利很好的企业，结果却倒闭了：原来是这家企业获取现金的能力出现了问题，现金流中断导致了企业的倒闭。这一信息是通过现金流量表来提供的。

会计提供的信息体现在资产负债表、利润表和现金流量表这三张基本的会计报表之中。为了提供这些信息，会计要通过一系列程序和专门方法，如设置账户、复式记账、审核和填制凭证、登记账簿、成本计算、财产清查和编制会计报表等。本章简单介绍资产负债表和利润表的形成，以便于读者了解不同会计核算模式提供信息的基本原理，并对会计提供的最终信息有初步的认识。

3.1.2 经济活动及会计核算模式简介

3.1.2.1 经济活动的基本形态

从会计核算模式的角度来分析，可用图 3-1 来描述经济活动的基本形态。现实中的经济活动表现为图 3-1（A）的样子，也就是说经济活动表现为一种事物转变为另外一种事物，或者说一种事物来自另外一种事物，这可以类比于物理学中的能量守恒定律。经济活动不应该是图 3-1（B）的样子，也就是说现实的经济活动中，我们不认为有某事物是凭空变化的。

(A)   (B)

图 3-1　经济活动的基本形态

对于表现为图 3-1（A）的经济活动，个人等经济个体一般用单式簿记来进行描述，即仅对这一经济活动中其所关注的事物进行描述，而将另一事物的变化情况没有进行描述和登记。在企业会计核算中，为了全面反映所发生的经济活动，需要对经济活动进行复式簿记，对经济活动所影响的两种事物都予以记录和反映，在此基础上，才可以编制和提供会计报表。

3.1.2.2 会计核算模式简介

会计通过不同的方式提供信息，从而形成了不同的会计核算模式。会计提供信息的主要模式有三种。

1. 会计核算模式一：单式簿记

在这种模式下，人们使用"增加"和"减少"来描述自己所关心的某一个或多个事项的增减变化。由于只需要记录某一个或多个事项的增减变化，所以在记录经济业务时，一般只对经济业务中涉及该事项变化的这一方面予以记录，而另一方面其他事项的变化则因为不需要而没有进行记录。因此，这种核算模式被称为单式簿记。这种模式，简单明了，是人们很自然就会想到的核算模式。但是因为在平时记录时遗漏了信息，这种模式不能够全面反映会计主体的经济活动，不能够提供会计报表。

2. 会计核算模式二：用会计等式进行复式簿记

复式簿记要求对每一项经济业务中变化的两个方面都予以记录。这样不仅解决了模式一中遗漏信息的问题，而且能够全面反映会计主体的经济活动和提供会计报表。在模式二中，人们仍然用日常的语言——"增加"和"减少"，来描述经济业务的变化，并用会计等式来检验会计记录是否正确。

3. 会计核算模式三：用借贷等式进行复式簿记

模式三是在模式二的基础上，将描述变化的日常语言——"增加"和"减少"，转化为会计的语言——"借"和"贷"，用来描述经济业务的变化。这种改变的主要目的，是解决用增减和会计等式很难查错的问题，从而提高了模式三中会计资料的可靠程度。这种模式，就是常见的借贷复式记账法，简称借贷记账法。

目前，我国会计法规要求具有一定规模的企业和个体工商户必须设置账户，采用"借"和"贷"，也就是采用借贷复式记账法，对其经济业务进行核算。而模式一中的单式簿记，则是个人和其他个体经济所采用的一种最原始的记账方法。

3.1.2.3　所用案例的基本信息

本章主要以案例 3-1 中旭日商店 20×7 年 1 月的经济业务为例，分别用三种会计核算模式对旭日商店的经济业务进行会计核算，编制会计报表。在三种会计核算模式介绍之后，用借贷复式记账法对案例 3-2 中旭日商店 20×7 年 2 月的经济业务进行了系统完整的核算。课后，我们可以用本章后习题七中旭日商店 20×7 年 3 月的经济业务进行练习。

【案例 3-1】　　王某 20×7 年 1 月 1 日投资办了一个旭日商店，其 20×7 年 1 月份的业务如下：

（1）1 月 1 日王某给商店投资 20 000 元。

（2）1 月 1 日商店支付 10 000 元租了一间门面，其中 1 000 元为押金，另外 9 000元为以后六个月的房租。

（3）1 月 1 日支付 6 000 元购买一批柜台，估计可使用 5 年。

（4）1 月 1 日取得银行借款 8 000 元，年利率 12%，利息半年支付一次，两年后还本。

（5）1 月 6 日购买商品一批，价值 10 000 元，款项已付。

（6）1 月 15 日出售商品一批，该批商品的进价为 5 000 元，售价为 9 000 元，款项已收。

（7）1 月 31 日支付工资 1 000 元。

（8）1 月 31 日支付水电费 100 元。

（9）1 月 31 日支付给股东王某股利 500 元。

注：案例中的收款与付款均为现金，案例中略去了所有的税金。

3.2　会计核算模式一：单式簿记

3.2.1　案例的核算

单式簿记，也称单式记账法，是最简单的一种记账方法。采用单式记账法，旭日商店 20×7 年 1 月份的业务描述见表 3-1。

表 3-1　会计核算模式一：一列（栏）式账户（1）

序号	变化金额/余额
期初余额	0
1	+20 000
2	−10 000
3	−6 000
4	+8 000
5	−10 000
6	+9 000
7	−1 000
8	−100
9	−500
期末余额	9 400

在按照表 3-1 来描述旭日商店 20×7 年 1 月份的业务时，实际上是在给旭日商店算账，即旭日商店是会计主体。以业务 1 为例，王某给商店投资 2 万元，这一业务中涉及三个主体：王某、旭日商店以及王某和旭日商店组成的整体。如果以王某作为会计主体，其现金减少 2 万元；以旭日商店作为会计主体，其现金增加 2 万元；以王某和旭日商店组成的整体作为会计主体，其现金没有变化。因为这个案例中没有王某的个人消费等信息，会计主体显然不是王某，也不可能是王某和旭日商店组成的整体。所以，这个案例的会计主体只能是旭日商店。

表 3-1 中描述了旭日商店现金的期初余额、本期的增减变化以及期末余额。会计中对于会计主体发生的经济业务中需要记录其增减变化的具体项目名称，称为会计科目。对该具体项目的增减变化所作的记录，称为会计账户。会计科目是会计账户的名称，会计账户是对会计科目所代表的具体项目的增减变化所作的记录。记录一个或多个账户的那一本账，称为会计账簿。在模式一的案例中，会计核算的会计科目是"现金"；会计核算中使用的账户只有一个，即"现金"账户；这本只登记现金增减变化的记录，就构成了旭日商店的账簿，这本账簿中只有一个账户"现金"。

表 3-1 告诉了我们旭日商店现金的变化情况，但是不能告诉我们旭日商店的其他情况，诸如 1 月份利润是多少、现在还有多少商品、旭日商店欠别人多少钱，等等，更不能提供前面所说的会计报表。原因在于，任何经济业务的发生，都有其来龙去脉，自然就会有两个方面的事项在变化。而我们这里采用的是单式簿记，也即在经济业务发生

时，只记录了经济业务的一个方面，无意或故意遗漏了经济业务的另一方面。

模式一的案例核算中，对于发生的经济业务，只记录了各项业务中"现金"的增减变化情况，不涉及现金的业务没有记录，涉及现金业务的另一方面信息也没有记录。例如，业务 5 中，旭日商店的现金减少了 10 000 元，同时商品增加了 10 000 元，但是在模式一的核算中我们只记录现金的变化情况，商品的变化没有记录。在小商店的实际会计核算中，为了加强管理，除了需要设置现金科目登记现金变化外，一般根据业务需要还需设置商品、应收、应付等科目，用来反映其增减变化情况。当商店设置了商品账后，对于业务 5 来说，经济业务的两个方面都分别记录到了"现金"、"商品"这两个账户中，该业务的来龙去脉得到了全面反映。由于并没有根据该商店的全部需要记载的事项设置会计科目和账户，虽然部分业务的两方面变化得到了全面反映，但是商店中还是有业务没有得到记录或全面记录，这时商店采用的仍然是单式簿记。

由于单式簿记在描述经济业务时只记录了经济业务的一个方面，遗漏了至少50%的信息，从而这种方法不能全面反映会计主体的经济活动，不能提供会计报表。对这种方法改进的关键点是在每笔经济业务发生时，对业务中变化的两个方面都予以记录，这样就不会遗漏信息，就可以提供会计报表。这就是模式二和模式三中采用的复式簿记。复式簿记要求对会计主体的经济业务所涉及的所有具体项目都设置会计科目和账户，这样在对经济业务进行记录时，就能够全面反映各项经济业务的来龙去脉。

模式一的核算原理简单、易于理解和掌握，主要应用于会计主体只需要了解某一事项或多个事项的增减变化，以便对其加强管理，而不需要提供会计报表的情况。相反，如果这时对会计主体的经济业务所涉及的所有事项都给予记录，不仅会加重会计核算的工作量，而且记录了一些会计主体并不太关注的事项。这样会造成会计信息和会计工作的浪费，并且没有实际意义。

3.2.2 会计账户的形式演变

表 3-1 的记录方式，虽然较为常见，但由于过于简单，不便于信息使用者的查阅与理解。所以人们在表 3-1 的基础上，增加了一些描述性内容，如日期和摘要，见表 3-2；再加上计算出的余额，见表 3-3。

表 3-2　会计核算模式一：一列（栏）式账户（2）

账户名称：现金

序号	日期	摘要	变化金额/余额
	1月1日	期初余额	0
1	1月1日	王某投资	+20 000
2	1月1日	租房子	−10 000
3	1月1日	购买柜台	−6 000
4	1月1日	收到借款	+8 000
5	1月6日	采购商品	−10 000
6	1月15日	出售商品	+9 000

序号	日期	摘要	变化金额/余额
7	1月31日	计算并支付工资	−1 000
8	1月31日	支付水电费	−100
9	1月31日	给股东分红	−500
	1月31日	期末余额	9 400

表 3-3　会计核算模式一：一列（栏）式账户（3）

账户名称：现金

序号	日期	摘要	变化金额	余额
	1月1日	期初余额		0
1	1月1日	王某投资	+20 000	20 000
2	1月1日	租房子	−10 000	10 000
3	1月1日	购买柜台	−6 000	4 000
4	1月1日	收到借款	+8 000	12 000
5	1月6日	采购商品	−10 000	2 000
6	1月15日	出售商品	+9 000	11 000
7	1月31日	计算并支付工资	−1 000	10 000
8	1月31日	支付水电费	−100	9 900
9	1月31日	给股东分红	−500	9 400
	1月31日	本月合计	+9 400	9 400

表 3-1、表 3-2 和表 3-3，都是把变化金额写在同一列，这样处理的缺点是，计算过程中容易出现差错。为了避免这一问题，人们在算账时已较多采用表 3-4 的做法，将增加和减少分成两列来列示，这种账户人们常称为（增、减、余）三栏式账户。会计核算中用会计语言的"借"、"贷"替代了日常语言的"增"、"减"，于是形成了表 3-5 的（借、贷、余）三栏式账户。

表 3-4　会计核算模式一：（增、减、余）三栏式账户

账户名称：现金

序号	日期	摘要	增加	减少	余额
	1月1日	期初余额			0
1	1月1日	王某投资	20 000		20 000
2	1月1日	租房子		10 000	10 000
3	1月1日	购买柜台		6 000	4 000
4	1月1日	收到借款	8 000		12 000
5	1月6日	采购商品		10 000	2 000

续表

序号	日期	摘要	增加	减少	余额
6	1月15日	出售商品	9 000		11 000
7	1月31日	计算并支付工资		1 000	10 000
8	1月31日	支付水电费		100	9 900
9	1月31日	给股东分红		500	9 400
	1月31日	本月合计	37 000	27 600	9 400

表3-5　会计核算模式一：（借、贷、余）三栏式账户

账户名称：现金

序号	日期	摘要	借方	贷方	余额
	1月1日	期初余额			0
1	1月1日	王某投资	20 000		20 000
2	1月1日	租房子		10 000	10 000
3	1月1日	购买柜台		6 000	4 000
4	1月1日	收到借款	8 000		12 000
5	1月6日	采购商品		10 000	2 000
6	1月15日	出售商品	9 000		11 000
7	1月31日	计算并支付工资		1 000	10 000
8	1月31日	支付水电费		100	9 900
9	1月31日	给股东分红		500	9 400
	1月31日	本月合计	37 000	27 600	9 400

教学中为了方便描述，我们常使用简化形式的账户，即包括三栏式账户主要信息的丁字账或 T 型账，如表3-6。

表3-6　会计核算模式一：丁字账或 T 型账

现金

期初余额：	0		
(1)	20 000	(2)	10 000
(4)	8 000	(3)	6 000
(6)	9 000	(5)	10 000
		(7)	1 000
		(8)	100
		(9)	500
本期增加额：	37 000	本期减少额：	27 600
期末余额：	9 400		

3.2.3　会计核算模式一小结

模式一（单式簿记）是选择会计主体的某一事项或多个事项，设置账户予以登记其增减变化，反映该事项的增减余情况。一般选择的记录事项（会计科目）有：现金、银行存款、应收款项、应付款项、商品及其他物资等。选择这些事项的目的，主要是为了对其加强管理。

模式一的核算程序是直接根据经济业务来登记反映某一个事项或多个事项变化的账户，如图 3-2 所示。

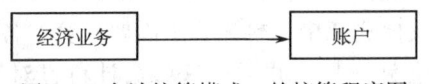

图 3-2　会计核算模式一的核算程序图

模式一（单式簿记）的优点是：简单明了，易学、易操作。其缺点是：在记录经济业务时，遗漏了至少 50% 的信息，不能完整地反映会计主体的经济活动，不能提供我们所需要的会计信息——会计报表。该模式适用于：不需要提供会计报表，但需要加强对某一或多个事项管理的会计主体，譬如个人、小商店等对自身经济业务的核算。

在模式一的讲解中，本部分还讲解了会计主体假设、会计科目、会计账户、会计账簿、借贷余三栏式账户、丁字账（或 T 型账）等内容，请结合第一章和第四章相关内容进行阅读。

3.3　会计核算模式二：用会计等式进行复式簿记

3.3.1　会计核算模式二（A）：不设损益项目

3.3.1.1　会计等式及会计科目

为了弥补模式一（单式簿记）遗漏信息的缺点，模式二、模式三采用复式簿记来对经济业务进行核算。复式簿记在核算中需要对经济业务中变化的两个方面都进行描述，这样就不会遗漏信息，能够全面地反映会计主体的经济活动，提供我们所需要的会计报表。

每项经济业务的发生都有其来龙去脉，会计主体的某两个方面也会因此发生变化。为了进行复式簿记，我们需要将会计主体的经济业务所涉及的所有可能方面都列示出来。为了保证列出会计主体所有需要记录的方面，我们从资金等式开始，逐一分析会计主体需要记录的所有方面，也即会计主体的所有会计科目。

对于任何会计主体的资金都适用公式（3-1），即所运用的资金和所取得的资金永远相等。

$$资金运用 = 资金来源 \hspace{4em} (3-1)$$

会计中将资金运用的各种形式称为资产。作为会计主体的企业的资金来源，无外乎两个方面，即股东投入资金（所有者权益）和向债权人借入资金（负债）。对公式（3-1）两边的名称进行替换，就形成了会计等式——式（3-2）。显然，会计等式永恒成立。

$$资产 = 负债 + 所有者权益 \qquad (3-2)$$

企业的资产，即企业的各种经济资源，一般有货币形态的货币资金、实物形态的存货和固定资产、资金往来形态的应收款项、知识权力形态的无形资产以及对外的投资。企业中有些资源因为很难计量或者因为权力所属关系，会计并没有作为资产处理，比如企业的人力资源等。企业的负债，包括欠债权人的本金和利息。企业的所有者权益，包括股东投入的本金（资本），以及用资本赚取的收益又留在企业的这部分资金（留存收益）。

经过分析我们可以发现，案例 3-1 中旭日商店的资产有：现金、商品、固定资产、应收款项；旭日商店的负债有：借款、应付利息；旭日商店的所有者权益有：资本、留存收益。因此，在模式二及模式三中，事先确定需要核算的各类事项并列于表 3-7 和表 3-15 中，形成会计主体的会计科目，并运用这些会计科目对旭日商店的各项业务进行核算。为了使如下的分析简单易懂，本章没有完全采用企业会计准则中规定的会计科目名称，而是使用了更易理解的名词。

表 3-7　模式二（A）下：旭日商店的会计科目表

序号	会计科目	科目类别
1	现金	资产类
2	商品	
3	应收款项	
4	固定资产	
5	借款	负债类
6	应付利息	
7	资本	所有者权益类
8	留存收益	

3.3.1.2　案例的核算

为了对旭日商店 20×7 年 1 月份的经济业务，进行复式簿记核算，我们采用表 3-7 的会计科目，并据此设计了表 3-8。

首先对旭日商店 20×7 年 1 月份的经济业务进行如下分析，并依次记入表 3-8：

业务 1：1 月 1 日王某给商店投资 2 万元。商店的现金增加 2 万元，资本增加 2 万元（表 3-8 中第 [1] 行记录）。

$$资产 \qquad = \qquad 负债 \qquad + \qquad 所有者权益$$
$$现金 \quad +20\,000 \qquad\qquad\qquad\qquad 资本 \quad +20\,000$$

在对业务 1 进行描述时，以及按照表 3-8 描述旭日商店 20×7 年 1 月份的经济业务时，是以货币作为计量单位。会计之所以选用货币来作为计量单位，是由于经济生活中人们已经习惯性地使用货币来衡量各种不同物品的价值。因此，货币也就成为会计的天然计量单位。

表 3-8　会计核算模式二 A（不设损益类账户）下旭日商店的业务计算表

序号	资产				负债		所有者权益	
	现金	商品	应收	固定资产	借款	应付利息	资本	留存收益
期初余额	0	0	0	0	0	0	0	0
[1]	+20 000						+20 000	
[2]	−10 000		+10 000					
[3]	−6 000			+6 000				
[4]	+8 000				+8 000			
[5]	−10 000	+10 000						
[6]		−5 000						−5 000
[7]	+9 000							+9 000
[8]	−1 000							−1 000
[9]	−100							−100
[10]	−500							−500
[11]			−1 500					−1 500
[12]				−100				−100
[13]						+80		−80
期末余额	9 400	5 000	8 500	5 900	8 000	80	20 000	720

业务 2：1 月 1 日商店支付 10 000 元租了一间门面，其中 1 000 元为押金，另外 9 000元为以后六个月的房租。商店现金减少 10 000 元，应收增加 10 000 元（表 3-8 中第 [2] 行记录）。这笔业务使得商店每天都要发生房租费用。

　　　　　　　资产　　　　　　＝　　　负债　　＋　　所有者权益
　　现金　　−10 000
　　应收　　+10 000

业务 3：1 月 1 日支付 6 000 元购买一批柜台，估计可使用 5 年。商店现金减少 6 000元，固定资产增加 6 000 元（表 3-8 中第 [3] 行记录）。这笔业务使得商店每天要发生柜台的磨损费用，即折旧费用。

　　　　　　　资产　　　　　　＝　　　负债　　＋　　所有者权益
　　现金　　　−6 000
　　固定资产　+6 000

业务 4：1 月 1 日借款 8 000 元，利率 12%，利息半年支付一次，两年后还本。商店现金增加 8 000 元，借款增加 8 000 元（表 3-8 中第 [4] 行记录）。这笔业务使得商店每天都要发生利息费用。

　　　　　　　资产　　　　　　＝　　　负债　　　＋　　所有者权益
　　现金　　+8 000　　　　借款　+8 000

1 月 2 日，商店已经发生了 1 天的房租费用、利息费用和柜台折旧费用。

一天的房租费用为：9 000/(6×30)＝50 元

一天的折旧费用为：6 000/(5×360)≈3.33 元

一天的利息费用为：8 000×12%×1/360≈2.67 元

房租费用的发生，引起商店的应收和留存收益的减少；折旧费用的发生，引起商店的固定资产和留存收益的减少；利息费用的发生，引起商店的应付利息增加和留存收益的减少。

$$资产 \qquad = \qquad 负债 \qquad + \qquad 所有者权益$$

| 应收 | −50 | | 留存收益 | −50 |

| 固定资产 | −3.33 | | 留存收益 | −3.33 |

| | | 应付利息 +2.67 | 留存收益 | −2.67 |

此时，我们就可以编制旭日商店的会计报表。假设我们需要了解旭日商店截至 1 月 10 日的财务状况及经营成果，我们就可以编制旭日商店的资产负债表和利润表，见表 3-9 和表 3-10。

表 3-9　资产负债表

单位：旭日商店　　　　　　　　　20×7 年 1 月 10 日　　　　　　　　　　单位：元

项目	金额	项目	金额
资产：		负债：	
现金	12 000.00	借款	8 000.00
商品		应付利息	26.70
应收	9 500.00	所有者权益	
固定资产	5 966.70	资本	20 000.00
		留存收益	−560.00
资产总计	27 466.70	负债和所有者权益总计	27 466.70

注：固定资产余额 5966.7＝6000−3.33×10

　　应付利息余额 26.7＝2.67×10

　　留存收益余额 560＝（50＋3.33＋2.67）×10

表 3-10　利润表

单位：旭日商店　　　　　　　　　20×7 年 1 月 1～10 日　　　　　　　　　单位：元

项目	金额
收入	0
减：费用	560
利润	−560
加：期初留存收益	0
减：给股东分红	0
期末留存收益	−560

由此可见，在采用模式二（A）进行核算时，如果需要的话，我们可以每天编制出相应的资产负债表和利润表。那么到底应该何时编制呢？很显然，人们可能说在经济业

务结束时。那么这个商店的经济业务何时结束呢？是在企业商品都卖出去的时候？是在两年后利息支付完之时？是在 5 年后柜台全部磨损完之时？通常在企业会计核算中，假设企业将持续经营下去。当作出企业持续经营的假设之后，会计就能将利息、折旧等费用合理地记入各期的利润中去。

由于假设了企业持续经营，我们就不能等到经济业务全部结束后来编制会计报表。通常在会计核算中，人为地把企业经营过程划分成若干相等的时间段，在每一时间段结束时，编制会计报表。一般我们以年度作为会计核算的基本期间，年末准确计算全年利润，并向股东分配利润。另外每月向会计信息使用者提供会计报表，并办理纳税申报等事宜。

如果确定在月末编制会计报表，那么案例中的旭日商店，对于房租费用、利息费用和折旧费用等，就没有必要在每天结束时分别计算与处理，只需在编制报表前统一计算和处理就可以了。定期编制会计报表，可以减少会计的工作量。表 3-8 中的第 ［11］ 行至 ［13］ 行，就是将这三项费用在月末时统一计算和处理所作的记录。

业务 5：1 月 6 日购买商品一批，价值 10 000 元，款项已付。现金减少 10 000 元，商品增加 10 000 元（表 3-8 中第 ［5］ 行记录）。

$$资产　＝　负债　＋　所有者权益$$
现金　　−10 000
商品　　＋10 000

业务 6：1 月 15 日出售商品一批，该批商品的进价为 5 000 元，售价为 9 000 元，款项已收。这项业务的发生，对会计主体旭日商店的最终影响是商品减少 5 000 元，现金增加 9 000 元，股东留存收益增加 4 000 元。

如表 3-11 所示，旭日商店和甲企业都因为销售业务使得所有者权益增加 4 000 元，即利润增加 4 000 元。但是仅看这 4 000 元利润无法体现两者的获利能力。为此，我们将销售业务往往拆解为两类业务：①换入资产增加，所有者权益增加，这种所有者权益增加称为收入，即收入增加；②换出资产减少，所有者权益减少，这种所有者权益减少称为费用，即费用增加。

表 3-11　销售业务描述　　　　　　　　单位：元

	换入资产及其价值	换出资产及其价值	利润	收入	费用
旭日商店	现金 9 000	商品 5 000	4 000	9 000	5 000
甲企业	现金 6 000	商品 2 000	4 000	6 000	2 000

业务 6 的商品销售业务在会计核算中就拆解为两个业务，如图 3-3 所示。

业务 6 具体描述为：商品减少 5 000 元，费用增加 5 000 元，留存收益减少 5 000 元；现金增加 9 000元，收入增加 9 000 元，留存收益增加 9 000 元（表3-8 中第 ［6］、［7］ 行记录）。

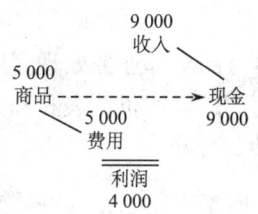

图 3-3　销售业务核算示意图

$$资产　＝　负债　＋　所有者权益$$

［6］商品　−5 000　　　　　　　　　　［6］留存收益　−5 000

［7］现金　＋9 000　　　　　　　　　　［7］留存收益　＋9 000

业务7：1月31日支付工资1 000元。现金减少1 000元，留存收益减少1 000元（表3-8中第［8］行记录）。

$$资产　＝　负债＋　所有者权益$$

现金　　−1 000　　　　　　　　　留存收益　−1 000

业务8：1月31日支付水电费100元。现金减少100元，留存收益减少100元（表3-8中第［9］行记录）。

$$资产　＝　负债＋　所有者权益$$

现金　　−100　　　　　　　　　留存收益　−100

业务9：1月31支付给股东王某股利500元，现金减少500元，留存收益减少500元（表3-8中第［10］行记录）。

$$资产　＝　负债＋　所有者权益$$

现金　　−500　　　　　　　　　留存收益　−500

需要注意的是：业务9中的留存收益减少500元与前面业务中的留存收益减少是不同的，前面业务中的留存收益减少是为了赚取收入必须支付的费用，而业务9中留存收益减少500元是对股东的回报，是从收入减去费用计算出的利润中分配给股东的。其区别是：一个是在计算利润之前的扣除，一个是在计算利润之后的扣除。

1月31日，还需要计算旭日商店本月的房租费用、折旧费用和利息费用：

一月份的房租费用为：9 000/6＝1 500元

一月份的折旧费用为：6 000/(5×12)＝100元

一月份的利息费用为：8 000×12％×1/12＝80元

一月份房租费用的发生，引起商店的应收和留存收益的减少；一月份折旧费用的发生，引起商店的固定资产和留存收益的减少；一月份利息费用的发生，引起商店的应付利息增加和留存收益的减少。见表3-8中第［11］、［12］和［13］行的记录。

$$资产　＝　负债　＋　所有者权益$$

［11］应收　−1 500　　　　　　　　　　［11］留存收益　−1 500

［12］固定资产−100　　　　　　　　　　［12］留存收益　−100

　　　　　　　　　　　　［13］应付利息+80　　［13］留存收益　　−80

本月的全部业务处理完毕，并登记到表3-8中后，就可以根据表3-8编制出一月份旭日商店的资产负债表和利润表，见表3-12和表3-13。

表 3-12 资产负债表

单位：旭日商店　　　　　　　　　　　　　20×7 年 1 月 31 日　　　　　　　　　　　　　单位：元

项目	金额	项目	金额
资产：		负债：	
现金	9 400	借款	8 000
商品	5 000	应付利息	80
应收	8 500	所有者权益：	
固定资产	5 900	资本	20 000
		留存收益	720
资产总计	28 800	负债和所有者权益总计	28 800

表 3-13 利润表

单位：旭日商店　　　　　　　　　　　　　20×7 年 1 月　　　　　　　　　　　　　单位：元

项目	金额
收入：	9 000
减：费用	7 780
利润	1 220
加：期初留存收益	0
减：给股东分红	500
期末留存收益	720

通过上面会计报表的编制我们可以发现两个问题：

（1）利润表编制的间接性。编制利润表（表 3-13）时，需要从表 3-8 中的留存收益这一列去查找并分析收入类、费用类等项目的具体数后，然后才能编制利润表。当企业销售业务和费用消耗业务较多时，利润表编制的工作量就很大；而且如此编制时，容易将 500 元的股东分红和其他的费用相混淆。

（2）固定资产信息的综合性。旭日商店的固定资产在报表上列示为 5 900 元。从表 3-14 可以看出，旭日商店和甲企业的固定资产实际价值都是 5 900 元，但是两者的固定资产在固定资产的新旧程度、规模大小等方面有很大的不同。假设这两个企业都是商店，且这两个固定资产都是柜台，那么显而易见，旭日商店是一家小商店，是一家新商店；另一个企业则是一家比较大的超市或商场，是一家比较老的企业。所以说，将固定资产简单地列示为 5 900 元，这一对固定资产的信息披露过于综合，进而直接影响到了人们对企业规模和固定资产成新率的判断。

表 3-14 固定资产价值的描述　　　　　　　　　　　　　　　　　　　　单位：元

	固定资产原始价值	固定资产的累积磨损	固定资产目前实际价值
旭日商店	6 000	100	5 900
甲企业	105 900	100 000	5 900

3.3.1.3　会计核算模式二（A）小结

会计核算模式二（A）是根据会计等式确定会计主体的各个具体核算项目（会计科目），编制计算表，利用会计等式对各项经济业务进行复式簿记，计算各项目的余额，编制期末会计报表。

会计核算模式二（A）的核算程序是：分析经济业务，根据经济业务所影响的会计科目，登记计算表，并用会计等式检验查错，最后根据检查无误并结计余额的计算表编制会计报表，如图 3-4 所示。

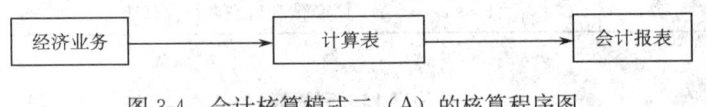

图 3-4　会计核算模式二（A）的核算程序图

会计核算模式二（A）的优点是：能够清晰、完整地反映经济业务的来龙去脉，不遗漏会计信息，能够提供会计报表。其缺点是：利润表不能直接依据计算表编制；固定资产等信息的综合性，影响了信息使用者的分析与判断。

在模式二（A）的讲解中，还讲解了资产、负债、所有者权益、收入、费用、利润等概念，讲解了货币计量假设、持续经营假设、会计分期假设，并介绍了会计科目表。

3.3.2　会计核算模式二（B）：设损益项目

3.3.2.1　改进思路

为了弥补会计核算模式二（A）中利润表不易直接编制的缺点，我们在表3-8的右边增加收入、费用和利润三列，使得收入和费用在经济业务发生时能够单独列示，见表3-16。这样就可以直接依据计算表编制利润表，不过在会计期末时需要将收入和费用结转至利润，再将利润结转到留存收益中去。会计期末通过如此结转，就能方便地提供利润表上的数据了。会计期末收入、费用、利润等的结转，见表 3-16 中的第［14］、［15］、［16］行的记录。

收入、费用、利润这三类会计科目的设置，是为了详细地核算会计主体的利润情况而单独从留存收益类科目中移出，予以单独核算的会计科目。这些科目是过渡性的会计科目，当期末核算出利润之后，就需要将这些科目结清。

这好比一个生产线，随机生产红色、蓝色、黄色三种颜色的球，现在要求得到生产过程中这三种球的数量。为此我们可以借用三个筐子，分别将不同颜色的球装入不同的筐子，然后数清楚每种颜色的球的数量后，再将这些筐子倒空。收入、费用、利润这三列，就是这三个筐子，通过这三个过渡性的筐子，我们核算清楚了留存收益的变化情况。

同样为了弥补会计核算模式二（A）中固定资产信息反映较为综合的缺点，我们可以采用类似的方法，即通过增加会计科目、增加信息量来解决这一问题。为此，需要在资产中增加累计折旧这一列。折旧就是固定资产的磨损，由于这种磨损是每天都在发生的，所以命名为累计折旧，这一科目用来反映固定资产的磨损程度。

在模式二（B）及模式三中，旭日商店核算使用的会计科目表如表 3-15 所示。

表 3-15 模式二（B）和模式三下：旭日商店的会计科目表

序号	会计科目	科目类别
1	现金	
2	商品	
3	应收款项	资产类
4	固定资产	
5	累计折旧	
6	借款	负债类
7	应付利息	
8	资本	所有者权益类
9	留存收益	
10	收入	
11	费用	损益类
12	利润	

3.3.2.2 案例的核算

下面我们使用表 3-15 所列示的会计科目，对旭日商店 20×7 年 1 月份的经济业务通过增设损益项目的方式进行具体分析，并依次登记到表 3-16 中。

业务 1～5 的具体分析同模式二（A）中的分析。

业务 6：1 月 15 日出售商品一批，该批商品的进价为 5 000 元，售价为 9 000 元，款项已收。商品减少 5 000 元，费用增加 5 000 元；现金增加 9 000 元，收入增加 9 000 元（表 3-16 中第［6］、［7］行记录）。

业务 7：1 月 31 日支付工资 1 000 元。现金减少 1 000 元，费用增加 1 000 元（表 3-16 中第［8］行记录）。

业务 8：1 月 31 日支付水电费 100 元。现金减少 100 元，费用增加 100 元（表 3-16 中第［9］行记录）。

业务 9：1 月 31 日支付给股东王某股利 500 元。现金减少 500 元，留存收益减少 500 元（表 3-16 中第［10］行记录）。

会计期末，为了正确核算企业的经营成果，旭日商店需要对房租费用、折旧费用和利息费用进行期末调整：

（1）商店的房租费用，使得应收减少 1 500 元，费用增加 1 500 元（表 3-16 中第［11］行记录）。

（2）商店的折旧费用，使得固定资产的磨损增加，累计折旧增加 100 元（也就是固定资产减少 100），费用增加 100 元（表 3-16 中第［12］行记录）。

（3）商店的利息费用，使得应付利息增加 80 元，费用增加 80 元（表 3-16 中第［13］行记录）。

表 3-16　模式二（B）（设损益类账户）下旭日商店业务计算表

序号	资产					负债		所有者权益			损益		
	现金	商品	应收	固定资产	累计折旧	借款	应付利息	资本	留存收益	收入	费用	利润	
期初余额	0	0	0	0	0	0	0	0	0	0	0	0	
[1]	+20 000							+20 000					
[2]	−10 000		+10 000										
[3]	−6 000			+6 000									
[4]	+8 000					+8 000							
[5]	−10 000	+10 000											
[6]		−5 000									+5 000		
[7]	+9 000									+9 000			
[8]	−1 000										+1 000		
[9]	−100										+100		
[10]	−500								−500				
[11]			−1 500								+1 500		
[12]					+100						+100		
[13]							+80				+80		
[14]										−9 000	−7 780	−7 780	
[15]									+1 220			+9 000	
[16]									720			−1 220	
期末余额	9 400	5 000	8 500	6 000	100	8 000	80	20 000		0	0	0	

处理完所有业务之后，需要将收入、费用和利润这三列结清。首先将收入、费用科目结转到利润科目，其次将利润科目结转到留存收益科目。收入、费用和利润结转后，这三列的余额为 0。具体到旭日商店 20×7 年 1 月份的业务，应做如下结转：

结转 1：结转费用，费用这一列的数字加总计算出的结果为 +7 780 元，将 7 780 元从费用转入到利润中，费用的转入意味着利润的减少，最终导致所有者权益的减少。因此该项结转的结果是费用减少 7 780 元，利润减少 7 780 元（表 3-16 中第 ［14］ 行记录）。

结转 2：结转收入，收入这一列的数字加总计算出的结果为 +9 000 元，将 9 000 元从收入转入到利润中，收入的转入意味着利润的增加，最终导致所有者权益的增加。因此该项结转的结果是收入减少 9 000 元，利润增加 9 000 元（表 3-16 中第 ［15］ 行记录）。

结转 3：结转利润，利润这一列的数字加总计算出的结果是 +1 220 元，将其转出，即利润减少 1 220 元，利润减少相当于所有者权益减少，为保持会计等式平衡，留存收益增加 1 220 元（表 3-16 中第 ［16］ 行记录）。

处理完上述事项后，就可以根据表 3-16 中列示的数据直接编制利润表，见表 3-13。另外在表 3-12 的资产负债表中增加了累计折旧的信息，调整为表 3-17 的资产负债表。

表 3-17　资产负债表

单位：旭日商店　　　　　　　　　　　20×7 年 1 月 31 日　　　　　　　　　　　单位：元

项目	金额	项目	金额
资产：		负债：	
现金	9 400	借款	8 000
商品	5 000	应付利息	80
应收	8 500	负债合计	8 080
固定资产	6 000	所有者权益	
减：累计折旧	100	资本	20 000
固定资产净值	5 900	留存收益	720
		所有者权益合计	20 720
资产总计	28 800	负债和所有者权益总计	28 800

3.3.2.3　会计核算模式二（B）小结

会计核算模式二（B）具有模式二（A）的优点，并通过增加计算表的项目（累计折旧、收入、费用和利润），解决了模式二（A）利润表不易直接编制和固定资产信息过于综合的问题。

模式二（B）虽然能够满足我们对企业或单位的会计核算，但是模式二（B）仍然存在如下的缺陷：①企业业务涉及会计科目较多的情况下，计算表应用时会出现表格过宽的问题。②每一项经济业务分析后直接在计算表中进行登记很容易发生错误，如增减号写反、错记金额、漏记等情况，且使用会计等式查错有一定的难度。③每一项经济业务在计算表中逐笔登记，不便于会计人员的分工。所以，当企业业务量较大时，这一模式难以实施。

在模式二（B）的讲解中，还讲解了通过增加会计科目来增加信息量，使得描述更加清楚；讲解了收入、费用、利润这三个临时性账户，以及这三个账户在期末的结转。

3.4　会计核算模式三：用借贷等式进行复式簿记

3.4.1　改进思路

3.4.1.1　设置账户

对于会计核算模式二（B）中存在计算表过宽的问题，我们通过开设账户来解决。以计算表中涉及的每一个会计科目为名称单独开设账户，用一定的格式对经济业务的发生或完成情况进行记录。账户的格式，见表 3-5 或表 3-6，教学中采用表 3-7 的简化形式。

账户的基本要素包括：名称、增加、减少、余额；日期、序号、摘要。作为账户简化形式的丁字账，通常采用左右结构，账户分为左右两方，其中一方登记增加，另一方登记减少，余额登记在增加方。那么丁字账就有图 3-5 所示的两种可能形式，由于任何账户在确定了一方登记增加时，另一方就必然登记减少，所以图 3-5 可以进一步简化为图 3-6 的形式。

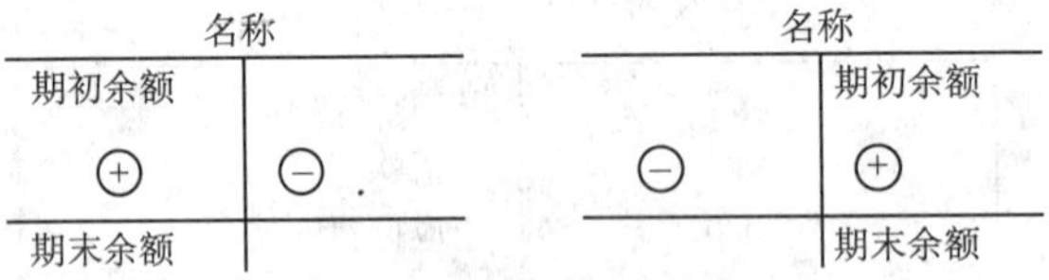

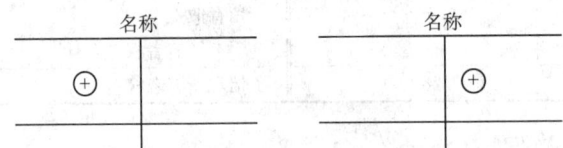

图 3-5　丁字账的两种可能格式

图 3-6　丁字账的两种可能格式（简化形式）

3.4.1.2　借贷规则与账户的关系

我们将会计等式：资产＝负债＋所有者权益，与上述的两种账户格式作一对照，或者把丁字账和会计等式相重叠放置，就可以将会计等式转化为左右等式（即借贷等式）。

为此，我们规定资产账户采取图 3-6 中左边的格式，即在账户的左方登记资产的增加；负债和所有者权益类账户采取图 3-6 中右边的格式，即在账户的右方登记其增加。我们规定所有账户的左方为借方，右方为贷方。

　　若经济业务引起等式两方同增，一方面记入等式左边账户的借方，另一方面记入等式右边账户的贷方；若经济业务引起等式两边同减，则一方面记入等式左边账户的贷方，另一方面记入等式右边账户的借方；若经济业务引起等式任何一边的一增一减，则一方面记入有关账户的借方，另一方面记入有关账户的贷方。总之企业经济业务的发生，必然会有金额登记在账户的左方（借方），也必然有金额登记在账户的右方（贷方），并且左方（借方）和右方（贷方）登记的金额相等。这样我们就可以将会计等式转化为左右等式或借贷等式。

　　企业每一项经济业务的发生，都会引起两个或两个以上账户的增减变化，从而可能引起资产和权益总量的增减变化，但是会计等式的平衡关系始终不会发生变化。按照经济业务对会计等式影响的不同，我们可以将企业发生的经济业务概括为表 3-18 所示的九种类型。

表 3-18　经济业务的九种类型

经济业务类型	资产	负债	所有者权益
1	⊕	⊕	
2	⊖	⊖	
3	⊕		⊕
4	⊖		⊖
5	⊕, ⊖		
6		⊕, ⊖	
7			⊕, ⊖
8		⊕	⊖
9		⊖	⊕

　　根据前述的借贷转换规则：资产类账户的增加登记在左方（借方），则其减少必然登记在右方（贷方）；负债和所有者权益类账户的增加登记在右方（贷方），则其减少必然登记在左方（借方），分别见表 3-19、表 3-20。从两表中我们可以发现，任何经济业务的发生，按照这个规定，则必然有一个金额登记在账户左方（借方），也必然有一个金额登记在账户右方（贷方），左方登记的金额和右方登记的金额相等，也即任何业务均符合"有借必有贷，借贷必相等"的借贷规则。这样就很容易解决了会计等式不易查错的问题。

　　当然我们也可以做出相反的借贷转换规则：资产类账户的增加登记在右方，也即贷方；负债和所有者权益类账户的增加登记在左方，也即借方。这样也能起到同样的作用，只不过现实中人们已经习惯于前面的借贷转化规则了。这也正如在我国汽车靠右行一样，这样可以解决交通问题，在别的国家汽车靠左行也能解决交通问题，不过开车一定要遵守当地的交通惯例，否则就肯定出问题。

表 3-19   九种类型经济业务与账户左右方的关系

经济业务类型	资产	负债	所有者权益
1	⊕左边	⊕右边	
2	⊖右边	⊖左边	
3	⊕左边		⊕右边
4	⊖右边		⊖左边
5	⊕左边，⊖右边		
6		⊕右边，⊖左边	
7			⊕右边，⊖左边
8		⊕右边	⊖左边
9		⊖左边	⊕右边

表 3-20   九种类型经济业务与账户借贷方的关系

经济业务类型	资产	负债	所有者权益
1	⊕借方	⊕贷方	
2	⊖贷方	⊖借方	
3	⊕借方		⊕贷方
4	⊖贷方		⊖借方
5	⊕借方，⊖贷方		
6		⊕贷方，⊖借方	
7			⊕贷方，⊖借方
8		⊕贷方	⊖借方
9		⊖借方	⊕贷方

按照"资产增加记借方，权益增加记贷方"的借贷转换规则，我们可以得出各类账户的基本结构如图 3-7 所示。

3.4.1.3   模式三的核算程序

在会计核算模式三中，通过对计算表中的每一个会计科目单独开设账户，解决了会计核算模式二中计算表过宽、无法进行人员分工的问题，其会计核算程序就变为：经济业务→会计账簿→会计报表。

	资产		负债和所有者权益	
期初余额				期初余额
(+)	(−)	(−)		(+)
借方发生额	贷方发生额	借方发生额		贷方发生额
期末余额				期末余额

	费用		收入	
期初余额				期初余额
(+)	(−)	(−)		(+)
借方发生额	贷方发生额	借方发生额		贷方发生额
期末余额				期末余额

图 3-7　各类账户的结构

　　根据会计恒等式，企业每项经济业务至少影响两个账户，如果经济业务发生后直接在有关账户中进行登记，虽然能够清晰地核算各个账户的增减变化情况，但是很难反映每项经济业务的来龙去脉，也难以把握企业在一段时间内发生的经济业务整体情况。例如，在图 3-9 的会计账簿中就很难查找第 5 笔业务或第 7 笔业务。为此，在登记账簿之前，首先应对每项经济业务进行分析，通过编制会计分录（即对每笔经济业务列示其应借记或贷记的账户及其金额的一种记录）至少从两个方面记录经济业务，然后再根据会计分录登记账簿，这样不仅解决了模式二中存在的问题，而且也使得模式三的会计核算程序更为完整和科学。因此，会计核算模式三的核算程序就演变为图 3-8。

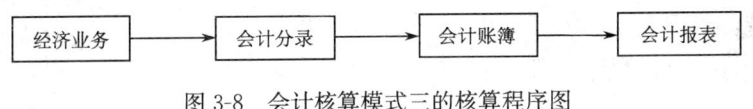

经济业务 → 会计分录 → 会计账簿 → 会计报表

图 3-8　会计核算模式三的核算程序图

3.4.2　案例的核算

3.4.2.1　编制会计分录

　　根据借贷转换规则，对旭日商店 20×7 年 1 月份的经济业务应编制如下的会计分录。

　　业务 1 中，王某给商店投资 20 000 元。商店的现金增加 20 000 元，现金属于资产，其增加应记入现金的借方；另一方面，资本增加 20 000 元，资本属于所有者权益，其增加应记入资本的贷方。对业务 1 编制的分录，具体书写如下：

　　[1] 借：现金　　　　　　　　　　　　　　　　　　　　　20 000
　　　　　贷：资本　　　　　　　　　　　　　　　　　　　　　　　20 000

其他业务的分录编制，基本相同，只需要将前面分析中的"增"、"减"，转换成"借"、"贷"就可以了。

[2] 借：应收   10 000
　　贷：现金   10 000
[3] 借：固定资产   6 000
　　贷：现金   6 000
[4] 借：现金   8 000
　　贷：借款   8 000
[5] 借：商品   10 000
　　贷：现金   10 000
[6] 借：费用   5 000
　　贷：商品   5 000
[7] 借：现金   9 000
　　贷：收入   9 000
[8] 借：费用   1 000
　　贷：现金   1 000
[9] 借：费用   100
　　贷：现金   100
[10] 借：留存收益   500
　　贷：现金   500
[11] 借：费用   1 500
　　贷：应收   1 500
[12] 借：费用   100
　　贷：累计折旧   100
[13] 借：费用   80
　　贷：应付利息   80
[14] 借：利润   7 780
　　贷：费用   7 780
[15] 借：收入   9 000
　　贷：利润   9 000
[16] 借：利润   1 220
　　贷：留存收益   1 220

在上述核算中，分录 [1] — [10] 用来描述日常业务，分录 [11] — [13] 用来
描述期末调账业务，分录 [14] — [16] 用来描述期末结账业务。

3.4.2.2　登记账簿

将编制的各个会计分录的内容分别登记到相应的账户中，如图 3-9 所示。

现金

期初余额:	0	(2)	10 000
(1)	20 000	(3)	6 000
(4)	8 000	(5)	10 000
(7)	9 000	(8)	1 000
		(9)	100
		(10)	500
借方发生额	37 000	贷方发生额	27 600
期末余额:	9 400		

商品

期初余额:	0		
(5)	10 000	(6)	5 000
借方发生额	10 000	贷方发生额	5 000
期末余额:	5 000		

应收

期初余额:	0		
(2)	10 000	(11)	1 500
借方发生额	10 000	贷方发生额	1 500
期末余额:	8 500		

固定资产

期初余额:	0		
(3)	6 000		
借方发生额	6 000	贷方发生额	0
期末余额:	6 000		

资本

		期初余额:	0
		(1)	20 000
借方发生额	0	贷方发生额	20 000
		期末余额:	20 000

累计折旧

		期初余额:	0
		(12)	100
借方发生额	0	贷方发生额	100
		期末余额:	100

留存收益

		期初余额:	0
(10)	500	(16)	1 220
借方发生额	500	贷方发生额	1 220
		期末余额:	720

借款

		期初余额:	0
		(4)	8 000
借方发生额	0	贷方发生额	8 000
		期末余额:	8 000

费用

(6)	5 000		
(8)	1 000		
(9)	100		
(11)	1 500		
(12)	100		
(13)	80	(14)	7 780
借方发生额	7 780	贷方发生额	7 780

应付利息

		期初余额:	0
		(13)	80
借方发生额	0	贷方发生额	80
		期末余额:	80

利润

(14)	7 780	(15)	9 000
(16)	1 220		
借方发生额	9 000	贷方发生额	9 000

收入

(15)	9 000	(7)	9 000
借方发生额	9 000	贷方发生额	9 000

图 3-9　旭日商店的账簿

3.4.2.3　试算平衡及编制会计报表

在编制会计报表之前，为了检查在编制会计分录和登记账户过程中有无错误，我们可以编制如表 3-21 的试算平衡表。经检验期初余额借贷方相等、本期发生额借贷方相等、期末余额借贷方相等后，再编制会计报表。

根据图 3-9 的账户记录，编制的资产负债表和利润表，见表 3-17 和表 3-13。

表 3-21　旭日商店 20×7 年 1 月份的试算平衡表

账户名称	期初余额		本期发生额		期末余额	
	借方	贷方	借方	贷方	借方	贷方
现金	0		37 000	27 600	9 400	
商品	0		10 000	5 000	5 000	
应收	0		10 000	1 500	8 500	
固定资产	0		6 000		6 000	
累计折旧		0		100		100
借款		0		8 000		8 000
应付利息		0		80		80
资本		0		20 000		20 000
留存收益		0	500	1 220		720
收入			9 000	9 000		
费用			7 780	7 780		
利润			9 000	9 000		
合计	0	0	89 280	89 280	28 900	28 900

3.4.3　旭日商店 20×7 年 2 月份的经济业务及其核算

下面运用会计核算模式三的核算程序，对案例 3-2 中旭日商店 20×7 年 2 月份发生的经济业务进行会计核算，具体内容包括分析经济业务、编制会计分录、登记账簿、月末试算平衡和编制会计报表。

【案例 3-2】　旭日商店 20×7 年 2 月份发生的经济业务如下，所有经济业务均通过现金收与付。

（1）2 月 4 日，出售商品一批，该批商品的进价为 3 000 元，售价为 5 000 元，款项已收。

（2）2 月 10 日，购买商品一批，价值 12 000 元，款项已付。

（3）2 月 18 日，出售商品一批，该批商品的进价为 10 000 元，售价为 18 000 元，款项已收。

（4）2 月 28 日，支付工资 2 000 元。

（5）2 月 28 日，支付水电费 100 元。

3.4.3.1　编制会计分录

根据旭日商店 20×7 年 2 月份的业务编制如下会计分录：

(1) 借：现金　　　　　　　　　　　　　　5 000 ✓
　　　贷：收入　　　　　　　　　　　　　　　5 000 ✓
(2) 借：费用　　　　　　　　　　　　　　3 000 ✓
　　　贷：商品　　　　　　　　　　　　　　　3 000 ✓
(3) 借：商品　　　　　　　　　　　　　12 000 ✓
　　　贷：现金　　　　　　　　　　　　　　12 000 ✓
(4) 借：现金　　　　　　　　　　　　　18 000 ✓
　　　贷：收入　　　　　　　　　　　　　　18 000 ✓
(5) 借：费用　　　　　　　　　　　　　10 000 ✓
　　　贷：商品　　　　　　　　　　　　　　10 000 ✓
(6) 借：费用　　　　　　　　　　　　　　2 000 ✓
　　　贷：现金　　　　　　　　　　　　　　　2 000 ✓
(7) 借：费用　　　　　　　　　　　　　　　100 ✓
　　　贷：现金　　　　　　　　　　　　　　　　100 ✓
(8) 借：费用　　　　　　　　　　　　　　1 500 ✓
　　　贷：应收　　　　　　　　　　　　　　　1 500 ✓
(9) 借：费用　　　　　　　　　　　　　　　100 ✓
　　　贷：累计折旧　　　　　　　　　　　　　　100 ✓
(10) 借：费用　　　　　　　　　　　　　　　80 ✓
　　　 贷：应付利息　　　　　　　　　　　　　　80 ✓
(11) 借：收入　　　　　　　　　　　　　23 000 ✓
　　　 贷：利润　　　　　　　　　　　　　　23 000 ✓
(12) 借：利润　　　　　　　　　　　　　16 780 ✓
　　　 贷：费用　　　　　　　　　　　　　　16 780 ✓
(13) 借：利润　　　　　　　　　　　　　　6 220 ✓
　　　 贷：留存收益　　　　　　　　　　　　　6 220 ✓

注："✓"是登账记号，表示已登记入账。

在上述核算中，分录 [1] — [7] 用来描述日常业务，分录 [8] — [10] 用来描述期末调账业务，分录 [11] — [13] 用来描述期末结账业务。

3.4.3.2　登记账簿

将编制的各个会计分录的内容分别登记到相应的账户中，如图 3-10 所示。

3.4.3.3　编制试算平衡表

根据图 3-10 的账户记录，编制试算平衡表，见表 3-22。

现金			
期初余额：	9 400	(3)	12 000
(1)	5 000	(6)	2 000
(4)	18 000	(7)	100
借方发生额	23 000	贷方发生额	14 100
期末余额：	18 300		

商品			
期初余额：	5 000	(2)	3 000
(3)	12 000	(5)	10 000
借方发生额	12 000	贷方发生额	13 000
期末余额：	4 000		

累计折旧			
		期初余额：	100
		(9)	100
借方发生额	0	贷方发生额	100
		期末余额：	200

借款			
		期初余额：	8 000
借方发生额	0	贷方发生额	0
		期末余额：	8 000

应付利息			
		期初余额：	80
		(10)	80
借方发生额	0	贷方发生额	80
		期末余额：	160

资本			
		期初余额：	20 000
借方发生额	0	贷方发生额	0
		期末余额：	20 000

应收			
期初余额：	8 500		
		(8)	1 500
借方发生额	0	贷方发生额	1 500
期末余额：	7 000		

固定资产			
期初余额：	6 000		
借方发生额	0	贷方发生额	0
期末余额：	6 000		

留存收益			
		期初余额：	720
		(13)	6 220
借方发生额	0	贷方发生额	6 220
		期末余额：	6 940

费用			
(2)	3 000	(12)	16 780
(5)	10 000		
(6)	2 000		
(7)	100		
(8)	1 500		
(9)	100		
(10)	80		
借方发生额	16 780	贷方发生额	16 780

收入			
(11)	23 000	(1)	5 000
		(4)	18 000
借方发生额	23 000	贷方发生额	23 000

利润			
(12)	16 780	(11)	23 000
(13)	6 220		
借方发生额	23 000	贷方发生额	23 000

图 3-10　旭日商店 20×7 年 2 月份的账簿

表 3-22　旭日商店 20×7 年 2 月份的试算平衡表

账户名称	期初余额		本期发生额		期末余额	
	借方	贷方	借方	贷方	借方	贷方
现金	9 400		23 000	14 100	18 300	
商品	5 000		12 000	13 000	4 000	
应收	8 500			1 500	7 000	
固定资产	6 000				6 000	

续表

账户名称	期初余额		本期发生额		期末余额	
	借方	贷方	借方	贷方	借方	贷方
累计折旧		100		100		200
借款		8 000				8 000
应付利息		80		80		160
资本		20 000				20 000
留存收益		720		6 220		6 940
收入			23 000	23 000		
费用			16 780	16 780		
利润			23 000	23 000		
合计	28 900	28 900	97 780	97 780	35 300	35 300

3.4.3.4　编制会计报表

依据图 3-10 的账户记录，编制的资产负债表和利润表，见表 3-23 和表 3-24。

表 3-23　资产负债表

单位：旭日商店　　　　　　　　　　20×7 年 2 月 28 日　　　　　　　　　　单位：元

项目	金额	项目	金额
资产：		负债：	
现金	18 300	借款	8 000
商品	4 000	应付利息	160
应收	7 000	负债合计	8 160
固定资产	6 000	所有者权益	
减：累计折旧	200	资本	20 000
固定资产净值	5 800	留存收益	6 940
		所有者权益合计	26 940
资产总计	35 100	负债和所有者权益总计	35 100

表 3-24　利润表

单位：旭日商店　　　　　　　　　　20×7 年 2 月　　　　　　　　　　　　　单位：元

项目	金额
收入	23 000
减：费用	16 780
利润	6 220
加：期初留存收益	720
减：给股东分红	0
期末留存收益	6 940

3.4.4　会计核算模式三小结

会计核算模式三中，首先是根据复式记账的要求，为会计主体系统、全面地设置会计科目和会计账户，在对发生的经济业务分析后，使用记账符号"借"和"贷"编制会计分录，依据会计分录登记会计账簿，最后根据账簿记录编制会计报表。这种方法称为借贷复式记账法或借贷记账法。

会计核算模式三的核算程序如图 3-8 所示，其中核算的难点在于分析经济业务、编制正确的会计分录。对于登记账簿和编制会计报表，在使用财务软件的情况下，均可以通过计算机直接完成。

会计核算模式三的优点是：能够反映经济业务的来龙去脉；能够提供会计报表；能够比较容易地查找错误。所以我国会计法规要求企事业单位采用借贷复式记账法进行会计核算。该模式的缺点是：核算工作较为复杂，不太容易理解和掌握。为此我国会计法规要求从事会计工作的人员，必须取得会计从业资格证书，并且每年要参加继续教育、接受有关部门的年检，以督促会计人员及时掌握会计专业的新知识和熟知国家对会计工作的新要求。

在模式三的讲解中，还讲解了资产、负债、所有者权益、收入、费用等账户的基本结构，根据这些借贷转换规则，可以将经济活动用借贷进行描述。

3.5　会计核算模式的关系及案例小结

3.5.1　会计核算模式的关系

通过案例 3-1 和案例 3-2，我们叙述了三种会计核算模式的主要内容，以及三种会计核算模式之间的逻辑演进关系。对于这些内容，可以汇总归集如图 3-11 所示。

3.5.2　案例小结

本章除了通过案例讲解借贷复式记账法的基本原理和形成过程外，还涉及了如下的重要会计知识点，这些内容将在第 4 章及以后章节中系统地予以介绍。

(1) 会计科目和会计分录；

(2) 会计账户和会计账簿；

(3) 会计等式与试算平衡表；

(4) 借贷记账法；

(5) 资产负债表和利润表的编制。

会计核算模式一：单式簿记

会计科目：设置所关注的会计科目
业务记录：只登记所设置会计账户的变化
记账符号：增/减
记录程序：经济业务→会计账簿
会计信息：所设会计账户的增减变化情况
缺　　点：遗漏信息，不能提供会计报表

↓ 转换为复式簿记
设置业务所需要的会计科目

会计核算模式二：用会计等式进行复式簿记

会计科目：设置经济业务所涉及的全部会计科目
业务记录：登记经济业务所涉及的全部账户
记账符号：增/减
记录程序：经济业务→计算表→会计报表
会计信息：会计报表
缺　　点：不易查错和实施，不利于人员分工

↓ 增减转换为借贷
计算表转换为会计账簿

会计核算模式三：用借贷等式进行复式簿记

会计科目：设置经济业务所涉及的全部会计科目
业务记录：登记经济业务所涉及的全部账户
记账符号：借/贷
记录程序：经济业务→会计分录→会计账簿→会计报表
会计信息：会计报表
优　　点：能够全面反映经济业务的来龙去脉，并提供会计报表，便于查错等。
缺　　点："借""贷"二字不容易理解

图 3-11　三种会计核算模式及其关系

本章知识点小结

会计核算有单式簿记和复式簿记两种模式。在不需要提供会计报表的情况下，会计主体采用单式簿记，可以简化工作量，迅速得到其所需要的信息。在单式簿记模式下，会计主体仅对其所关注的方面，如现金、应收、应付、商品等，予以记录，而将经济业务的其他方面变化予以忽视，没有记录。

具有一定规模的经济组织，往往因为税收、筹资等方面因素需要提供会计报表，此时会计主体需要采用复式簿记，也即对每一经济活动，都去记录其变化的两个方面，避免单式簿记遗漏信息的问题。采用复式簿记时，会计主体需要首先确定需要记录的全部

事项，也即会计科目表，然后对每一经济活动涉及的两个方面都予以记录。对经济活动记录时，可以采用普通语言：增加、减少，但更多采用便于检查差错的会计语言：借、贷。会计账户需要记录某一会计科目的增减变化情况，其中一方登记增加，另一方登记减少，借方是会计账户的左方，贷方是会计账户的右方。通过将账户的左右和会计等式的左右相联系，即得到借贷转换规则：资产的增加记入借方，负债、所有者权益的增加记入贷方，减少记入相反方。进而每一笔业务发生后，必然符合"有借必有贷，借贷必相等"的借贷规则。

复式簿记下的记账程序是根据经济业务编制会计分录，将会计分录登记到相应账簿，根据账簿编制会计报表。会计分录便于我们记录经济活动，会计账簿便于我们记录特定科目的增减变化情况，会计报表则提供会计主体的整体情况。

为了提供更详尽的信息和描述更加复杂的经济活动，就有必要增加所需要记录的会计科目，如收入、费用等损益类科目，如累计折旧等。一般来说，会计主体用于会计核算的会计科目都要比旭日商店的会计科目多很多。

➤ 思考题

　　1. 单式簿记有何优缺点？
　　2. 会计等式有哪些？它们之间有何关系？
　　3. 用会计等式进行复式簿记有何优缺点？
　　4. 举例说明企业资产、负债和费用的形成。
　　5. 为什么会计需要提供三大会计报表？
　　6. 为什么期末需要调账？
　　7. 为什么需要损益类科目并需期末结转？
　　8. 什么是累计折旧？它与固定资产有何关系？
　　9. 会计中如何增加和减少提供的信息？
　　10. 试说明借贷二字的含义，其与增减有何关系。
　　11. 举例说明四个会计基本假设的含义。
　　12. 三种会计核算模式的发展过程说明了哪些问题？

➤ 练习题

习题一

一、目的：熟悉会计等式。

二、资料：某诊所20×7年6月30日的部分财务数据为：拥有医疗设备25 000元；办公家具6 000元；库存现金3 200元；欠光明家具公司2 000元；借款3 000元。

三、要求：根据会计等式确定资产、负债及所有者权益的数额。

习题二

一、目的：熟悉会计等式。

二、资料：某宾馆20×7年3月31日的财务状况汇总表见表1。

表1

序号	项目内容	项目名称
1	所有者投入资金 210 000 元	
2	银行账户存款额 151 000 元	
3	库存现金 6 000 元	
4	应收环保部门会议费等 32 000 元	
5	客房电视、家具等 184 000 元	
6	尚未支付职工工资 13 000 元	
7	欠电视机厂 90 000 元	
8	借入款项 60 000 元	

三、要求：

1. 根据表1中的资料确定项目名称。

2. 分别计算资产、负债和所有者权益的合计数。

3. 检验会计等式的平衡关系。

习题三

一、目的：练习会计等式之间的数量关系。

二、资料：

某企业 20×7 年 3 月 1 日开业，所有者初始投资为 60 000 元，在 20×7 年 3 月和 4 月既未追加投资，也未撤减资本，其资产和负债数据见表 2。

表2

日期	资产总额	负债总额	所有者权益	
			总额	其中：当期利润
3 月 31 日	170 690	85 400		
4 月 30 日	265 670	90 600		

三、要求：

1. 计算该企业 3 月 31 日和 4 月 30 日的所有者权益总额。

2. 计算该企业 3 月份和 4 月份实现的利润额。

习题四

一、目的：练习经济业务对会计等式的影响。

二、资料：某公司收到所有者投入资金 40 000 元，增加了资产和所有者权益。之后又发生了以下八项业务：

1. 以现金 600 元购买办公用品，已交付使用；

2. 为顾客提供服务收到现金 1 200 元；

3. 以现金支付半年的租金 1 800 元；

4. 购买办公设备 5 000 元，款项尚未支付；

5. 为顾客提供咨询应收服务费 3 000 元；

6. 借入资金 6 000 元，已存入银行；

7. 某客户以现金预交服务费定金 800 元；

8. 月末应计员工薪金 8 000 元。

三、要求：

1. 分别说明各项业务对会计等式的影响。

2. 列出八项业务结束后会计等式各个项目的合计数。

3. 检验会计等式的平衡关系。

习题五

一、目的：练习经济业务类型。

二、资料：

(1) 资产的增加、负债的增加；

(2) 资产的增加、所有者权益的增加；

(3) 资产的增加、资产的减少；

(4) 负债的减少、资产的减少；

(5) 负债的减少、负债的增加；

(6) 所有者权益的减少、资产的减少。

三、要求：根据上述经济业务类型，举例加以说明。

习题六

一、目的：练习账户的基本结构。

二、资料：B公司 20×7 年 4 月有关账户资料见表 3。

表 3

账户名称	期初余额	本期借方发生额	本期贷方发生额	期末余额
现金	6 800	？	3 200	4 900
应收	4 600	3 500	？	2 600
商品	？	73 000	47 000	59 000
借款	3 700	？	4 200	2 500
资本	50 000	0	30 000	？

三、要求：根据各类账户的基本结构，计算并填写表格中的未知数。

习题七

一、目的：用本章简单会计科目练习借贷记账法。

二、资料：本章中旭日商店 20×7 年 3 月份的业务如下：

(1) 3 月 1 日，取得现金借款 10 000 元，借款期限两年，半年付息一次，利率 12%。

(2) 3 月 1 日，购入计算机系统一套，用于销售记录及管理，价值 12 000 元，估计可使用 5 年。

(3) 3 月 4 日，出售商品一批，该批商品的进价为 3 000 元，售价为 5 000 元，款项已收。

(4) 3 月 10 日，购买商品一批，价值 10 000 元，款项已付。

(5) 3 月 18 日，出售商品一批，该批商品的进价为 9 000 元，售价为 17 000 元，款项已收。

(6) 3 月 28 日，支付工资 2 500 元。

(7) 3 月 28 日，支付水电费 120 元。

三、要求：

1. 根据本章案例和上述业务开设账户，并登记期初余额；

2. 根据资料采用借贷记账法编制会计分录（注意题目中未明确列出的房租、折旧、利息、收入费用结转等业务）；

3. 根据所编会计分录登记账户；

4. 计算各账户的本期发生额和期末余额，并编制试算平衡表；

5. 编制旭日商店 20×7 年 3 月份的资产负债表和利润表。

第 4 章

借贷复式记账法

内容提要

本章介绍会计等式、会计要素、会计科目和会计账户及其之间的相互关系，以及借贷记账法的基本原理、会计循环与期末账项调整、企业常用会计科目等内容。通过本章的学习使读者对借贷记账法的核心内容有一个系统的认识。

4.1 借贷复式记账法概述

4.1.1 复式记账法

复式记账法是会计核算的一种重要的方法，它是与单式记账法相对应的。单式记账法对应于会计单式簿记系统，其特点是对企业发生的每一项经济业务，只是单方面记录业务所涉及的现金、银行存款的收付以及应收账款、应付账款的结算等。采用单式记账法不能够系统反映企业经济业务的全貌，且由于账户之间不存在对应关系，也不便于检查账户记录的正确与完整。因此，随着经济和社会的不断发展，人们已更多地采用复式记账法来核算经济业务。

复式记账法对应于会计复式簿记系统，是指对发生的任何一项经济业务，都必须用相等的金额在两个或两个以上的账户中相互联系地进行登记，以反映会计对象具体内容增减变化的一种记账方法。

与单式记账法相比，复式记账法具有以下三个特点：

(1) 必须根据会计等式来设置完整的账户体系。只有这样，在每项经济业务发生时，才能够登记经济业务涉及的两个或两个以上方面的变化。

(2) 能够反映经济业务的全貌。由于复式簿记对每一项经济业务都必须同时登记其涉及的两个或两个以上方面的变化，从而不仅反映资金的来龙去脉，而且全面、系统地反映资金运动的过程和结果。

(3) 便于检查账户记录的正确性。由于复式记账法对每一项经济业务都按照会计等式登记了变化的两个或两个以上的账户，因此每项经济业务都应该符合会计等式的平衡关系，便于通过试算平衡检查账户记录的正确性。

复式记账法根据其记账符号的不同，可以分为借贷记账法、增减记账法和收付记账法等。我国基本会计准则中规定："企业应当采用借贷记账法记账"。因此，借贷记账法成为我国通用的记账方法。

4.1.2　借贷记账法的基本内容

目前企业、政府、非营利组织等组织的会计核算，主要采用的是借贷记账法，其基本内容如下：

（1）借贷记账法的记录模式：复式簿记。借贷记账法下采用复式簿记对企业的各项经济业务进行记录和核算。在经济业务发生时，经济业务来龙去脉的两个方面都得到反映，经济业务得到了全面的记录，在需要会计信息时就可以提供所需的信息。在复式簿记下，能否提供所需信息，关键点在于对所需记录事项进行的分类是否完整、是否详细。

（2）借贷记账法的记录事项：总分类科目和明细分类科目。复式记账法要求根据会计等式，对会计主体全面、系统地设置需要记录事项的名称，即设置会计科目。会计科目有报表层次的总分类科目，还有管理层次的明细分类科目。明细分类科目，往往有多个层次，以满足不同层次的报告和管理需要。众多的总分类科目之上，根据不同需要也有各种不同的分类。会计要素是会计主体需要记录事项的基本分类。同一会计要素下的会计科目，具有某些共同的特征。

在经济业务发生时，借贷记账法需要记录总分类科目和明细分类科目这两个层次的增减变化情况，以满足编制报表的需要，满足对内对外报告和对内管理的需要。

（3）借贷记账法的记录符号：借、贷。借贷记账法采用"借"、"贷"作为记账符号，替代了日常生活语言中的增、减，用以记录总分类科目和明细科目的变化情况。与增减相比，借贷作为记账符号的优点在于，能够非常方便地查找错误，进而保证会计记录的正确性。

（4）借贷记账法的记录程序：经济业务→会计分录→会计账簿→会计报表。借贷记账法的基本记录程序是：①经济业务发生时，取得或编制原始凭证；②根据审核无误的原始凭证编制会计分录，填制记账凭证；③根据记账凭证，登记总分类账和明细分类账；④根据账簿编制会计报表。

借贷复式记账法的基本内容如图 4-1 所示。

4.2　会计等式与会计要素

永恒成立的资金平衡等式，通过名称的转换，形成了会计等式。会计等式的两边，形成了对会计对象的基本分类，即会计要素。会计要素和会计等式是同一层次同时出现的两个概念。

4.2.1　会计等式

会计等式，又称为会计方程式或会计恒等式，是表明各会计要素之间基本关系的恒等式。会计等式以公式的形式揭示了会计要素之间的数量关系以及数量变化规律。

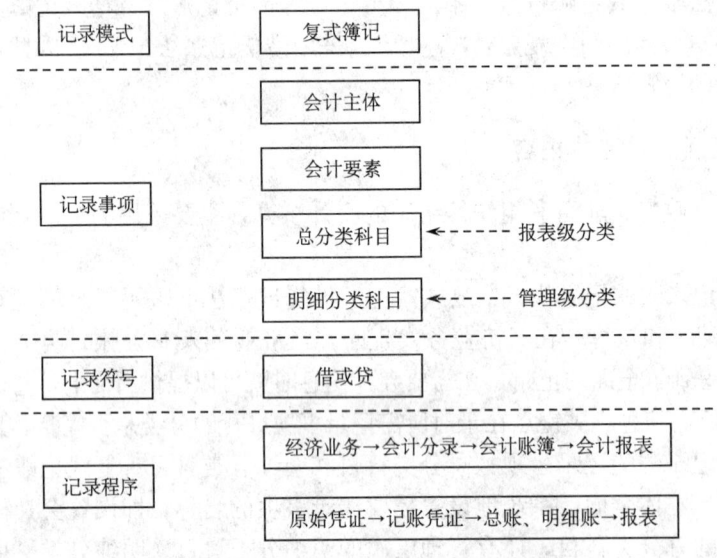

图 4-1　借贷复式记账法的基本内容

4.2.1.1　会计等式一：资产＝负债＋所有者权益

企业的任何一笔资金，无论从哪个渠道获得，在进入企业之后，总是以一定的形态存在着，这就是资金的运用。对于任何一个会计主体来说，其所运用的资金（资金占用），必然等于其所取得的资金（资金来源）。这就是永恒成立的资金平衡等式：

$$资金占用 = 资金来源 \qquad\qquad (4-1)$$

企业的资金会运用于各种形态的经济资源上，这些资源在会计上称为资产。资产可以是货币形态、资金往来形态、实物形态、知识权力形态等。企业的资产，不外乎来自于两个方面：企业投资者的投资和向债权人取得的借款。因此，企业投资者和债权人对企业的资产拥有权益。权益是资金的提供者对企业资产具有的索取权。来源于债权人的权益，我们称为负债。来源于投资者的权益，我们称为所有者权益。一个企业拥有的资产和权益，是同一资金的两个不同的侧面，两者之间的关系用公式表示如下：

$$资产 = 权益 \qquad\qquad (4-2)$$

$$资产 = 负债 + 所有者权益 \qquad\qquad (4-3)$$

负债是债权人对企业资产的"外部索取权"，受到法律的保护，债权人有权要求企业承诺按期还本付息。所有者权益是企业所有者拥有的对企业剩余资产的"内部索取权"，所有者向企业提供资产的目的是分享高于利息的经营利润，没有规定偿还期限，投资报酬率由企业的经营情况决定。企业的资产必须首先清偿债务，清偿债务后企业的剩余财产就是净资产，所有者权益是对企业净资产的所有权。

这一会计等式，反映了企业在某一时点资产、负债和所有者权益之间的关系，是复式记账法和编制资产负债表的理论基础。

4.2.1.2　会计等式二：利润＝收入－费用

企业的资产投入营运后，随着企业经济活动的进行，企业一方面会取得收入，另一方面，企业会发生各种各样的费用。合理地比较一定期间的收入与费用，便可确定企业在该期间所实现的经营成果。收入与费用之差即为利润，收入大于费用的差额称为盈利，收入小于费用的差额称为亏损。这就形成了另外一个会计等式：

$$利润 ＝ 收入－费用 \tag{4-4}$$

这一等式反映了企业某一时期收入、费用和利润之间的关系，它是编制利润表的理论依据。

4.2.1.3　会计等式三：资产＋费用＝负债＋所有者权益＋收入

企业利润的取得，表明企业资产总额和净资产的增加，由于企业的利润归属于所有者，利润的实现意味着企业所有者权益的增加；若企业发生亏损，就意味着所有者权益的减少。用等式表示如下：

$$资产 ＝ 负债＋（所有者权益＋利润） \tag{4-5}$$
$$资产 ＝ 负债＋所有者权益＋收入－费用 \tag{4-6}$$

会计等式三动态地反映了等式一和等式二之间的关系。将式（5-6）中的费用移至资产一侧时可得：

$$资产＋费用 ＝ 负债＋所有者权益＋收入 \tag{4-7}$$

收入、费用和利润本身就是所有者权益的一部分，只不过是为了更清楚地反映企业的获利情况，而从所有者权益中单独提出来的项目。收入、费用和利润需要在期末结转到所有者权益中去，待期末结账后，会计等式三又恢复成会计等式一。可见，会计等式一反映了企业在特定时点资产、负债和所有者权益之间的恒等式，这一特定时点是某一会计期间的期初或期末。

从会计等式中，我们可以观察到资产、负债、所有者权益、收入、费用和利润等六个项目，这六个项目构成了会计核算的六大要素。

4.2.2　经济业务对会计等式的影响

企业每一项经济业务的发生都会引起会计要素的有关项目发生增减变动，但是任何经济业务的发生，都不会影响会计等式的平衡。

企业发生的经济业务虽然复杂繁多，但就其对资产和权益的影响来看，不外乎下列四种类型。当将权益具体区分为负债和所有者权益时，企业的经济业务按其对会计恒等式的影响可以进一步划分为九种类型（详见本书 3.4 节表 3-18）。

第一种类型：资产和权益同时等额增加，会计等式保持平衡。包括资产与负债同时增加、资产与所有者权益同时增加等两种情况。

第二种类型：资产和权益同时等额减少，会计等式保持平衡。包括资产与负债同时减少、资产与所有者权益同时减少等两种情况。

第三种类型：企业资产内部相关项目一增一减，增减金额相等，会计等式保持平衡。

第四种类型：企业权益内部相关项目此增彼减，增减金额相等，会计等式保持平衡。包括负债增加、所有者权益减少和负债减少、所有者权益增加以及负债内部项目一增一减、所有者权益内部项目一增一减总共四种情况。

4.2.3　会计要素

会计要素，又称为财务会计报告要素，是对会计对象所作的基本分类，是用于反映企业财务状况、确定经营成果的基本单位。会计要素不仅是构成会计报表的大类项目，也是建立会计科目体系的基本依据。

会计要素包括资产、负债、所有者权益、收入、费用和利润。其中，资产、负债和所有者权益要素侧重于反映企业的财务状况，构成了资产负债表的基本项目，是财务状况类会计要素；收入、费用和利润侧重于反映企业一定时期的经营成果，构成了利润表的基本项目，是经营成果类会计要素。

4.2.3.1　资产

1. 资产的定义

资产是指企业过去的交易或者事项形成的、由企业拥有或者控制的、预期会给企业带来经济利益的资源。根据资产的定义，资产具有以下几个方面的特征：

(1) 资产预期会给企业带来经济利益。这是指资产直接或者间接导致现金和现金等价物流入企业的潜力。资产预期能否会为企业带来经济利益是资产的重要特征。如果某一项目预期不能给企业带来经济利益，那么就不能将其确认为企业的资产。

(2) 资产应为企业拥有或者控制的资源。企业享有资产的所有权，通常表明企业能够排他性地从资产中获取经济利益。在有些情况下，资产虽然不为企业所拥有，但企业控制了这些资产，同样表明企业能够从资产中获取经济利益，符合会计上对资产的定义。如果企业既不拥有也不控制资产所能带来的经济利益，就不能将其作为企业的资产予以确认。

(3) 资产是由企业过去的交易或者事项形成的。过去的交易或者事项包括购买、生产、建造行为或者其他交易或事项。换言之，只有过去的交易或者事项才能产生资产，企业预期在未来发生的交易或者事项不形成资产。例如，企业有购买某存货的意愿或者计划，但是购买行为尚未发生，就不符合资产的定义，不能因此而确认存货资产。

2. 资产的确认条件

将一项资源确认为资产，需要符合资产的定义，还应同时满足以下两个条件：

(1) 与该资源有关的经济利益很可能流入企业。如果根据编制财务报表时所取得的证据，与资源有关的经济利益很可能流入企业，就应当将其作为资产予以确认；反之，不能确认为资产。

(2) 该资源的成本或价值能够可靠地计量。在实务中，企业取得的许多资产都是发生了实际成本的，对于这样的资产，只要其发生的成本能够可靠计量，就视为符合了资产确认的可计量性。在某些情况下，企业取得的资产没有发生或发生的实际成本很小，但如果其公允价值能够可靠计量，也被认为符合了资产可计量性的确认条件。显然，企业员工这个重要的资源，因为所有权和计量的问题，一般不作为企业资产来处理。

4.2.3.2　负债

1. 负债的定义

负债是指企业过去的交易或者事项形成的，预期会导致经济利益流出企业的现时义务。负债具有以下特征：

(1) 负债是企业承担的现时义务。其中，现时义务是指企业在现行条件下已承担的义务，未来发生的交易或者事项形成的义务，不属于现时义务，不应当确认为负债。这里所指的义务可以是法定义务，也可以是推定义务。其中，法定义务是指具有约束力的合同或者法律法规规定的义务，通常在法律意义上需要强制执行；推定义务是指根据企业多年来的习惯做法、公开的承诺或者公开宣布的政策而导致企业将承担的责任，这些责任也使有关各方形成了企业将履行义务解脱责任的合理预期。

(2) 负债预期会导致经济利益流出企业。只有企业在履行义务时会导致经济利益流出企业的，才符合负债的定义，如果不会导致企业经济利益流出的，就不符合负债的定义。在履行现时义务清偿负债时，导致经济利益流出企业的形式多种多样，例如，用现金偿还或以实物资产形式偿还；以提供劳务形式偿还；部分转移资产、部分提供劳务形式偿还等。

(3) 负债是由企业过去的交易或者事项形成的。负债应当由企业过去的交易或者事项所形成。换言之，只有过去的交易或者事项才形成负债。企业将在未来发生的承诺、签订的合同等交易或者事项，不形成负债。

2. 负债的确认条件

将一项现时义务确认为负债，需要符合负债的定义，还需要同时满足以下两个条件：

(1) 与该义务有关的经济利益很可能流出企业。在实务中，履行义务所需流出的经济利益带有不确定性，尤其是与推定义务相关的经济利益通常需要依赖于大量的估计。因此，负债的确认应当与经济利益流出的不确定性程度的判断结合起来，如果有确凿证据表明，与现时义务有关的经济利益很可能流出企业，就应当将其作为负债予以确认；反之，如果企业承担了现时义务，但导致企业经济利益流出的可能性很小，就不能被确认为负债。

(2) 未来流出的经济利益的金额能够可靠地计量。负债的确认在考虑经济利益流出企业的同时，对于未来流出的经济利益的金额应当能够可靠计量。对于与法定义务有关的经济利益流出金额，通常可以根据合同或者法律规定的金额予以确定，考虑到经济利益流出的金额通常在未来期间，有时未来期间较长，有关金额的计量需要考虑货币时间价值等因素的影响。对于与推定义务有关的经济利益流出金额。企业应当根据履行相关义务所需支出的最佳估计数进行估计，并综合考虑有关货币时间价值、风险等因素的影响。

4.2.3.3　所有者权益

1. 所有者权益的定义及来源

所有者权益是指企业资产扣除负债后，由所有者享有的剩余权益。企业的所有者权益又称为股东权益。所有者权益是所有者对企业资产的剩余索取权，它是企业资产中扣除债权人权益后应由所有者享有的部分，既可反映所有者投入资本的保值增值情况，又体现了保护债权人权益的理念。

所有者权益的来源包括所有者投入的资本、直接计入所有者权益的利得和损失、留存收益等，通常由股本（或实收资本）、资本公积（含股本溢价或资本溢价、其他资本公积）、盈余公积和未分配利润构成。

所有者投入的资本是指所有者所有投入企业的资本部分，它既包括构成企业注册资本或者股本部分的金额，也包括投入资本超过注册资本或者股本部分的金额，即资本溢价或者股本溢价。所有者投入的资本溢价或股本溢价这部分投入资本，在我国企业会计准则体系中计入资本公积，并在资产负债表中的资本公积项目下反映。

直接计入所有者权益的利得和损失，是指不应计入当期损益、会导致所有者权益发生增减变动的、与所有者投入资本或者向所有者分配利润无关的利得或者损失。其中，利得是指由企业非日常活动所形成的、会导致所有者权益增加的、与所有者投入资本无关的经济利益的流入。损失是指由企业非日常活动所发生的、会导致所有者权益减少的、与向所有者分配利润无关的经济利益的流出。直接计入所有者权益的利得和损失主要包括可供出售金融资产的公允价值变动额、现金流量套期中套期工具公允价值变动额（有效套期部分）等。

留存收益是企业历年实现的净利润留存于企业的部分，包括盈余公积和未分配利润。

2. 所有者权益的确认条件

所有者权益体现的是所有者在企业中的剩余权益，因此，所有者权益的确认主要依赖于其他会计要素，尤其是资产和负债的确认；所有者权益金额的确定也主要取决于资产和负债的计量。例如，企业接受投资者投入的资产，在该资产符合企业资产确认条件时就相应地符合了所有者权益的确认条件；当该资产的价值能够可靠计量时，所有者权益的金额也就可以确定。

4.2.3.4　收入

1. 收入的定义

收入是指企业在日常活动中形成的、会导致所有者权益增加的、与所有者投入资本无关的经济利益的总流入。根据收入的定义，收入具有以下几方面的特征：

（1）收入是企业在日常活动中形成的。日常活动是指企业为完成其经营目标所从事的经常性活动以及与之相关的活动。明确界定日常活动是为了将收入与利得相区分，因为企业非日常活动所形成的经济利益的流入不能确认为收入，而应当计入利得。

（2）收入是与所有者投入资本无关的经济利益的总流入。收入应当会导致经济利益的流入，从而导致资产的增加。例如，企业销售商品，应当收到现金或者在未来有权收到现金，才表明该交易符合收入的定义。

（3）收入会导致所有者权益的增加。不导致所有者权益增加的经济利益的流入不符合收入的定义，不应确认为收入。如企业向银行借入款项，尽管也导致了企业经济利益的流入，但该流入并不导致所有者权益的增加，反而使企业承担了一项现实义务，因此借入款项不应确认为收入，应确认为负债。

2. 收入确认的条件

一般而言，收入只有在经济利益很可能流入从而导致企业资产增加或负债减少、且经济利益的流入额能够可靠计量时才予以确认。即收入的确认至少应满足三个条件：一是与收入有关的经济利益应当很可能流入企业；二是经济利益流入企业的结果会导致资产增加或负债减少；三是经济利益的流入额能够可靠地计量。

4.2.3.5　费用

1. 费用的定义

费用是指企业在日常活动中发生的、会导致所有者权益减少的、与向所有者分配利润无关的经济利益的总流出。费用具有以下几方面的特征：

（1）费用是企业在日常活动中形成的。这些日常活动的界定与收入定义中涉及的日常活动的界定相一致。将费用界定为日常活动所形成的，目的是为了将其与损失相区分，企业非日常活动所形成的经济利益的流出不能确认为费用，而应当计入损失。

（2）费用是与向所有者分配利润无关的经济利益的总流出。费用的发生应当会导致经济利益的流出，从而导致资产的减少或者负债的增加（负债变化最终也会导致资产的减少）。

（3）费用会导致所有者权益的减少。与费用相关的经济利益的流出应当会导致所有者权益的减少，不会导致所有者权益减少的经济利益的流出不符合费用的定义，不应确认为费用。

2. 费用的确认条件

费用的确认除了应当符合定义外，也应当满足严格的条件，即费用只有在经济利益很可能流出从而导致企业资产减少或者负债增加、且经济利益的流出额能够可靠计量时才能予以确认。因此，费用的确认至少应当符合以下条件：一是与费用相关的经济利益应当很可能流出企业；二是经济利益流出企业的结果会导致资产的减少或者负债的增加；三是经济利益的流出额能够可靠计量。

4.2.3.6　利润

1. 利润的定义

利润是指企业在一定会计期间的经营成果。如果企业实现了利润，表明企业的所有者权益将增加，业绩得到了提升；反之，表明企业的所有者权益将减少，业绩下滑。

2. 利润的来源构成

利润包括收入减去费用后的净额、直接计入当期利润的利得和损失等。其中前者反映的是企业日常活动的业绩，后者反映的是企业非日常活动的业绩。

3. 利润的确认条件

利润反映的是收入减去费用、利得减去损失后的净额的概念，因此，利润的确认主要依赖于收入和费用以及利得和损失的确认。其金额的确定也主要取决于收入、费用、利得和损失金额的计量。

4.3 会计科目与会计账户

会计核算首先必须确定会计科目，还必须根据会计科目设置账户予以登记经济业务。会计科目和账户的设置，分为报表层面上的总分类科目（一级科目）、总分类账户（总账）和管理层面上的明细分类科目、明细分类账户，以满足编制报表、对内对外报告和对内管理的需要。

4.3.1 会计科目

4.3.1.1 会计科目设置的意义

在会计要素这个层面上进行会计核算显然是无法进行的，需要对会计要素做进一步的分类。会计科目，就是对会计要素进行分类核算的具体标志或名称。通过会计科目的设置，可以将经济业务按其反映的经济内容直接归到相应的会计科目进行核算。这样，会计科目不仅能更清楚地提示所核算经济业务的性质，而且以会计科目为名称开设具有一定记录格式的账户，还能够实现对经济业务分类、连续地记录和反映，最终为编制会计报表提供数据。

4.3.1.2 会计科目设置的原则

会计科目的设置一般应遵循以下基本原则：

（1）合法性原则。当国家法规制度规定有统一的会计科目时，会计主体应尽量使用该会计科目。只有当这些不能满足自身需要时，才可以适当地增加或减少会计科目。

（2）完整独立原则。企业设置会计科目应当以会计恒等式中的会计要素为理论依据。一方面，所有会计科目形成的科目体系应该能够系统地反映各个会计要素所涵盖的全部经济业务内容，即每一项经济业务都能归入特定的会计科目进行核算；另一方面，每一个会计科目的核算内容必须明确，不同会计科目分别核算不同的经济内容，保持相互独立，同时依据会计等式，又表现出一定的对应关系。

（3）满足需要原则。会计科目的设置应能够满足企业内部管理的需要，满足企业外部会计报表使用者的信息需要。

（4）经济效率原则。企业应该在满足其经济管理所需信息的前提下，尽量简化明确，以提高会计核算的效率，降低会计核算的工作成本。

（5）相对稳定原则。每个会计科目的核算内容一经确定，应该保持相对稳定，从而使前后各期的会计核算资料具有可比性。

4.3.1.3　会计科目的名称

财政部 2006 年颁布的《企业会计准则—应用指南》中，对会计科目作出了明确规定，并将会计科目划分为六类：即资产类、负债类、所有者权益类、共同类、成本类和损益类，为了便于学习，摘录的上市公司常用的会计科目表和其余的会计科目表见附录 2。财政部 2011 年颁布的《小企业会计准则》中的会计科目表见附录 3。表中的会计科目编号供企业填制会计凭证、登记会计账簿、查阅会计账目等，企业可结合实际情况自行确定更进一步的会计科目编号。

企业在不违反会计准则中确认、计量和报告规定的前提下，可以根据本单位的实际情况自行增设、分拆、合并会计科目。企业不存在的交易或者事项，可不设置相关会计科目。

4.3.1.4　会计科目的级次及编码

会计科目按照核算的详细程度分为一级科目、二级科目、三级科目、……n 级科目。其中一级科目，又称为总分类科目或总账科目；最后一级科目，是会计核算必须记载的最底级科目，通常称为明细科目。

总分类科目又称为一级科目或总账科目，是对会计要素按具体经济内容进行总括性分类形成的、用以提供总体核算指标的会计科目；这些科目往往是构成会计报表的基本项目。总分类科目一般由企业会计准则中统一规定，二级、三级科目和明细科目等除企业会计准则中有明确规定的以外，企业可根据管理的需要自行设置。

二级、三级等中间级科目也称为子目或类目，是总分类科目之下的再分类科目；二级、三级等科目不直接用于核算经济业务，而是介于总分类科目与明细科目之间、统驭明细科目的过渡性科目。一般情况下，只有在总分类科目统驭的明细分类科目过多时，才需要设置二级、三级等中间级科目。

明细科目简称细目，是根据管理的需要，对总分类科目的内容进行再分类形成的、用以提供详细核算指标的科目。比如，商业企业为了分别核算库存商品中的电视、冰箱等家电商品，可根据需要在"库存商品"这一总分类科目之下设置"家用电器"二级科目，在"家用电器"二级科目下按照品种分别设置"电视"、"冰箱"等三级分类科目，在电视下面再按照具体的品牌和型号设置明细科目。以表 4-1 为例，四级科目就是明细科目。

在实际会计工作中，为了方便核算，往往需要对每一层次的会计科目予以编号。以表 4-1 中列示的会计科目为例，可以采用"4＋2＋2＋2"的 10 位数字编码。对于总分类科目，企业会计准则规定了名称和 4 位编码（见附录 2 和附录 3）。这四位编码的第 1 位为会计科目的大类，其中 1 表示资产类，2 表示负债类，3 表示共同类，4 表示所有者权益类，5 表示成本类，6 表示损益类。这四位编码的第 2 位为更进一步的分类，第 3～4 位为科目在所属类别中的编号。对于明细分类科目，企业可以预留适当位数予以体现各级分类情况。表 4-1 中，家电商品的科目代码就是 140501，冰箱的科目代码就是 14050102，美的冰箱 BCD-188ACM 的科目代码就是 1405010202。

表 4-1　各级会计科目之间的关系及科目编码

总分类科目	明细分类科目		
一级科目	二级科目	三级科目	四级科目（明细科目）
1405 库存商品	01 家电商品	01 电视	01 TCL LCD37B66-P 液晶电视
			02 TCL L46M61R 彩电
			……
		02 冰箱	01 海尔冰箱 BCD-196FWL
			02 美的冰箱 BCD-188ACM
			03 海信冰箱 BCD-198H
			……

4.3.1.5　会计科目的分类

对会计科目进行分类可以采用多种标准，常见的分类标准有以下三种。

1. 按会计科目核算的经济内容分类

每个会计科目分别用于核算不同的经济内容，归属于不同的会计要素，由此可将会计科目分为资产类、负债类、所有者权益类、损益类、成本类、共同类等六类，如附录2A 和附录 2B 所示。其中，成本类会计科目，用来核算正在生产、加工的在产品，实质上属于资产类；共同类科目，用来核算余额的借贷方向不固定的资产或负债项目，金融机构一般用共同类科目核算金融往来等业务。

2. 按会计科目提供核算指标的详细程度分类

按照这一标准分类，会计科目可分为总分类科目、二级科目、明细科目。具体见前述内容中会计科目的级次。二级科目常指称二级、三级等中间级科目。

3. 按会计科目是否列入会计报表分类

会计科目表中的总分类科目一般与会计报表中的项目相对应。根据会计期末是否列入会计报表之内，会计科目可分为表内科目和表外科目。表内科目一般采用借贷复式记账法予以核算，表外科目一般采用单式记账法并设置相应备查簿予以核算。

表内科目根据列入报表种类的不同，又分为资产负债表科目和损益表科目。资产负债表科目包括会计科目表中资产、负债和所有者权益三类科目，这三类科目对应于资产负债表中的资产、负债和所有者权益项目。利润表科目包括会计科目表中的所有损益类科目。成本类会计科目，用于核算正在加工的在产品，实质上属于资产负债表科目。

4.3.2　会计账户

4.3.2.1　会计账户与会计科目的关系

设置会计科目只是规定了对会计对象具体内容进行分类核算的项目。而为了序时、连续、系统地记录经济业务，提供各种会计信息，还必须根据规定的会计科目在账簿中开设账户。

账户是按照规定的会计科目在账簿中对各项经济业务进行的分类、系统、连续记录的一种手段，其实质是按照会计科目的规定开设的、以特定的记录结构对经济业务进行分类、连续地记录和反映的具体记载载体。

会计科目和账户是两个不同的概念，两者既相互区别又彼此依存、不可分割。会计科目和账户的联系在于：会计科目是账户的名称，账户是按照会计科目设置的；会计科目与账户都是对会计主体经济业务及其会计要素所做的分类；账户以会计科目为名称，用来记录会计科目所界定的核算内容；设置会计科目是开设账户的前提，账户则是实现会计科目设置目的的专门方法。在实际工作中，两者往往是互通使用的。

会计科目和账户的区别在于：会计科目作为对会计要素再分类的标志，只有分类的名称，用以界定该科目所核算的经济内容，而无实际的记录格式，不能真正记录经济业务的发生或完成情况。而账户是以会计科目为名称，按照会计规定的核算内容，用一定的格式对经济业务的发生或完成情况进行的分类、连续记录，通过账户的记录，可以真正掌握会计要素的增减变动情况以及变动的结果信息。

4.3.2.2　会计账户的结构

经济活动所引起的具体核算项目的变动，从其数量方面看，只有"增加"和"减少"两种情况。为了反映各个会计要素的变动情况，账户必须反映该核算项目的增加数和减少数这两个部分。因此账户除了其名称之外，都包括两个最基本的方面，即登记增加或减少。在实际工作中，通常采用左右结构，将账户分为左右两方，一方记录增加额，另一方记录减少额。

在借贷记账法下，账户的左方被命名为"借方"，相应地，账户的右方被命名为"贷方"。每一个账户，其借方就是账户的左方，其贷方就是账户的右方，分别用来登记增加数与减少数。具体到每一个账户，到底是借方登记增加数或减少数，还是贷方登记增加数或减少数，要取决于账户的性质。

通过对每个会计期间内账户的记录进行汇总、整理，可以反映出该账户的本期发生额和期末余额。本期发生额是指一个期间内账户所登记金额的合计数，具体又分为本期增加额和本期减少额。余额按反映的时点不同，分为期初余额和期末余额。一个账户的本期发生额和余额之间的关系用公式表示为：

$$期初余额 ＋ 本期增加额 － 本期减少额 ＝ 期末余额$$

账户本期的期末余额即为下期的期初余额，余额一般记录在增加方。

在实际会计工作中，记账时不仅要登记会计要素增减变化的金额，同时为了明确经济责任，便于查账、对账，从而确保账户记录的准确性，账户中还应登记记账的日期、记账的依据（通常指凭证号）、业务内容的简要说明（摘要）等信息。在我国会计实务中，总分类账户一般只进行金额登记，多采用三栏式格式，如表 4-2 所示。

表 4-2　三栏式账户的格式

账户名称：

日期	凭证号	摘要	借方	贷方	余额

在教学中常用简化格式的丁字账来替代实际业务中的账户格式。这时，账户就省略了其他栏次，仅从增加和减少两个方向反映经济业务。丁字账户的格式见图 4-2。

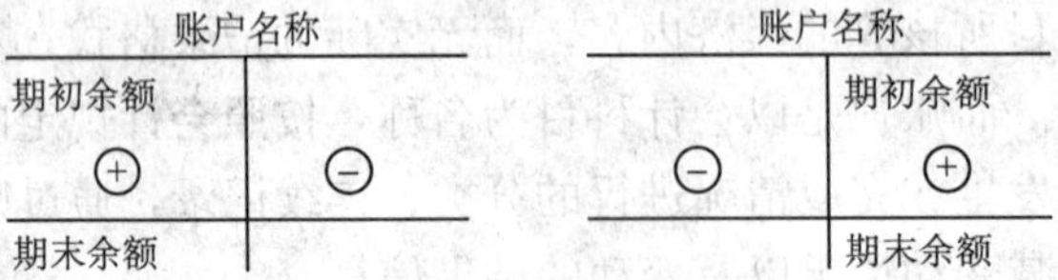

图 4-2　丁字账户的两种格式

4.3.3　借贷记账法下的账户结构

根据"资产＝负债＋所有者权益"以及"收入－费用＝利润"这两个会计等式，我们知道资产类账户与负债类、所有者权益类账户之间存在着对称关系，而"收入类"账户也与"费用类"账户存在着对应关系。联系会计等式"资产＋费用＝负债＋所有者权益＋收入"，可以看出，资产类与费用类账户的结构基本一致（差别在于费用类账户可能没有余额），而负债类、所有者权益类和收入类账户的结构基本相同。在此基础上，规定资产类与费用类账户的增加额记入借方，减少额记入贷方，那么相应地由于对称关系的存在，负债类、所有者权益类和收入类账户的增加额就必须记入账户的贷方，减少额记入账户的借方。则资产类账户的余额一般在借方，负债类、所有者权益类账户的余额一般在贷方。

根据上述规定，将账户的结构以及发生额、余额的登记方向按照账户类别图示如下，分别见图 4-3、图 4-4、图 4-5、图 4-6。

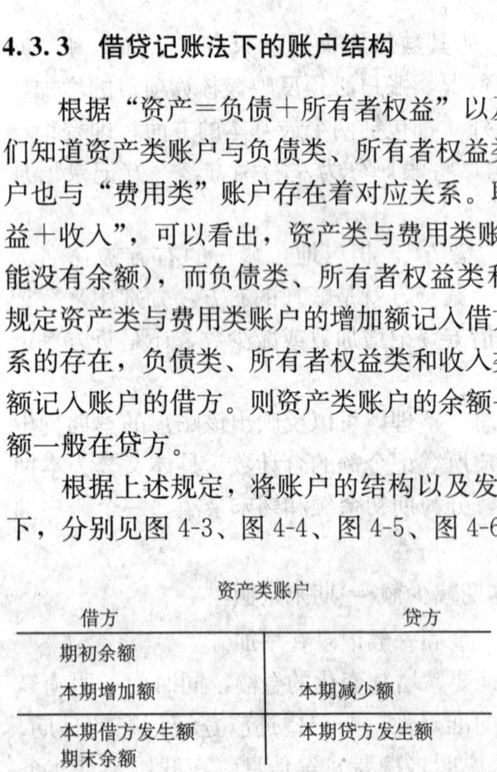

图 4-3　资产类账户的基本结构 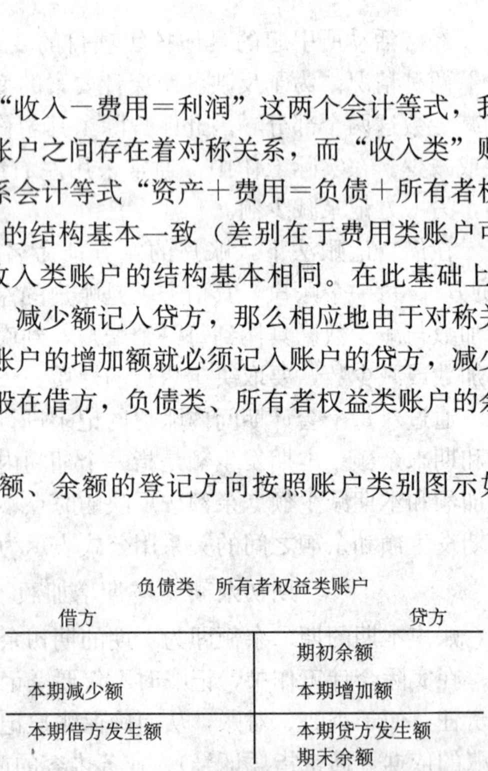　　　　图 4-4　负债类、所有者权益类账户的基本结构

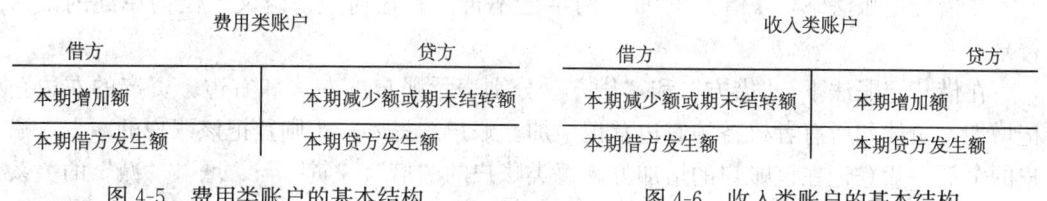

	费用类账户	
借方		贷方
本期增加额		本期减少额或期末结转额
本期借方发生额		本期贷方发生额

图 4-5 费用类账户的基本结构

	收入类账户	
借方		贷方
本期减少额或期末结转额		本期增加额
本期借方发生额		本期贷方发生额

图 4-6 收入类账户的基本结构

4.3.4 会计等式、会计要素、会计科目、会计账户间的关系

会计核算的对象是企业的经济活动。通过对会计核算对象的分类，永恒成立的资金平衡等式，就转换成了会计等式。对会计核算对象按其特征进行的分类，形成了会计要素。会计要素是对会计核算对象的初步分类。对会计要素进一步分类形成会计科目（一级会计科目或总账会计科目），在实际会计核算中往往要对一级会计科目进行更进一步的分类，这就形成了二级会计科目、三级会计科目……n 级会计科目，其中最后一级会计科目称作明细会计科目。具体核算中需要分类到哪个级次，主要取决于企业经营管理的需要。报表中列示的项目，基本上是在一级会计科目这个层次。

会计人员对每一个不同级次的会计科目分别开设账户，用以登记该会计科目的增减变化情况。不同的账户装订成的账本就称为账簿。因此，会计等式、会计要素、会计科目和会计账户之间就形成了如图 4-7 所示的关系。

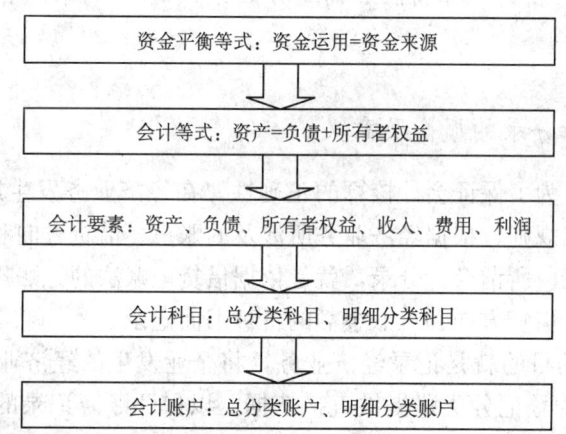

图 4-7 会计等式、会计要素、会计科目、会计账户间的关系

4.4 借贷记账法的基本原理

4.4.1 借贷记账法的记账规则

借贷记账法是以"借"和"贷"作为记账符号，以会计等式为理论依据，对每项经济业务都在两个或两个以上的账户中以相等的金额全面地、相互联系地记录经济业务的一种复式记账法。

在借贷记账法下，"借"、"贷"两字已不再具有任何经济含义，仅为单纯的记账符号。

在借贷记账法下，"借方"和"贷方"分别表示账户的左边和右边。资产的左边登记增加，负债和所有者权益的右边登记增加。账户的另外一边则登记该账户的减少，账户的余额一般登记在该账户的增加方。每类账户的"借"、"贷"与"增"、"减"的关系及余额方向如表 4-3 所示。

表 4-3 借贷记账法对应的各类账户结构表

账户类别	借方	贷方	余额
资产、费用	增加	减少	在借方
负债、所有者权益、收入	减少	增加	在贷方

根据借贷记账法账户结构的特点，企业发生的每项经济业务都要按借贷的方向，同时记入两个或两个以上相互联系的账户，同时，记入借方的金额合计一定等于记入贷方的金额合计。因此，总结出借贷记账法下的记账规则：有借必有贷，借贷必相等。

【例 4-1】 企业从银行取得了 100 000 元的三个月期限的贷款。这项经济业务的发生，使企业资产要素中的银行存款增加了 100 000 元，同时使得负债要素中的短期借款也增加了 100 000 元，运用借贷记账法予以记录，应在"银行存款"账户的借方记录 100 000 元，在"短期借款"的贷方记录 100 000 元。

4.4.2 会计分录

4.4.2.1 会计分录的概念及意义

在实际工作中，为了保证会计核算的正确性，在经济业务发生后，登记账户之前，按借贷记账法的记账规则，根据经济业务所涉及的账户、借贷方向和金额，首先在记账凭证中编制会计分录。所谓会计分录，就是依据借贷记账法的记账规则，明确经济业务所涉及的账户名称、借贷方向和入账金额的一种书面记录。

编制会计分录的目的就是记录经济业务，将企业发生的经济业务原始数据转换为初始的会计信息，为登记分类账提供直接依据，以保证账簿记录的正确性。

编制会计分录，可以明确账户间的对应关系，便于查阅、审核经济业务；根据会计分录登记分类账，可以有效地避免将经济业务直接入账可能导致的错误，确保了账簿记录的正确性；而且编制会计分录，可以对经济业务的发生与完成情况进行监督。可以说，编制会计分录是会计核算工作的第一步。

4.4.2.2 会计分录的编制步骤及书写格式

编制会计分录的步骤是：第一步，确定经济业务发生后所影响的账户的名称；第二步，确定这些账户的变动方向（是增加还是减少）和金额；第三步，根据账户结构判断应记入账户的借方还是贷方。

在书写会计分录时，一般应遵循以下要求或习惯：

（1）以"借"、"贷"分别代表"借方"、"贷方"；

（2）上行书写借方记录，下行书写贷方记录，并且下一行书写的贷方记录应右错一两格，特别是借贷方金额应完全错开，相互不交叉；

（3）账户名称必须规范，不能简写；

（4）每笔会计分录均需写摘要，以简单说明经济业务内容（课堂作业和考试时摘要可以省略不写）。

【例4-2】　企业用银行存款偿还前欠甲企业的购货款 50 000 元。

分析　这项经济业务涉及资产类"银行存款"、负债类"应付账款"两个账户，企业的银行存款和应付账款同时减少 50 000 元；应付账款的减少记在借方，银行存款的减少记在贷方，金额均为 50 000 元，应编制如下会计分录：

借：应付账款　　　　　　　　　　　　　　　　　　　　　　50 000

　　贷：银行存款　　　　　　　　　　　　　　　　　　　　　　50 000

（摘要：支付甲企业货款 50 000 元）

4.4.2.3　简单会计分录和复合会计分录

运用借贷记账法的记账规则编制会计分录，有关账户之间就形成一种相互对应的关系：一个账户的借方与另一个账户的贷方相互对应，或者一个（或几个）账户的借方与几个（或一个）的贷方相互对应。账户之间的这种相互对应关系，称为账户对应关系。账户的对应关系可以清楚地反映各账户增减变动的来龙去脉，通过账户的对应关系，可以知道每项经济业务的内容。

会计分录可以分为简单会计分录和复合会计分录。简单会计分录是指经济业务只涉及两个账户的会计分录，其账户间的对应关系为一借一贷，这种分录最为普遍，适于反映简单的经济业务。复合会计分录则是指一项经济业务涉及两个以上账户的会计分录，其账户间的对应关系表现为一借多贷、多借一贷或多借多贷。复合分录适于反映比较复杂的经济业务和会计结账转账工作。事实上，一笔复合分录可以用多笔简单分录来表示。

【例4-3】　企业收到李某投资 300 000 元，其中 200 000 元以货币方式出资，已存入企业的开户银行，100 000 元以无形资产方式（专利技术）出资，企业将其作为无形资产管理。

分析　该项经济业务表示企业的无形资产增加 100 000 元，银行存款增加 200 000 元，实收资本增加 300 000 元，应在"无形资产"账户的借方登记 100 000 元，在"银行存款"账户的借方登记 200 000 元，在"实收资本"账户的贷方登记 300 000 元，应编制如下会计分录：

借：无形资产　　　　　　　　　　　　　　　　　　　　　　100 000

　　银行存款　　　　　　　　　　　　　　　　　　　　　　200 000

　　贷：实收资本　　　　　　　　　　　　　　　　　　　　　　300 000

（摘要：收到李某投资 300 000 元，其中 200 000 元的银行存款，100 000 元的专利

技术)

这是一个两借一贷的复合会计分录，借方账户金额合计数与贷方相等。也可以将这笔复合会计分录用两笔简单会计分录表示如下：

借：无形资产　　　　　　　　　　　　　　　　　　　　100 000
　　贷：实收资本　　　　　　　　　　　　　　　　　　　　100 000
借：银行存款　　　　　　　　　　　　　　　　　　　　200 000
　　贷：实收资本　　　　　　　　　　　　　　　　　　　　200 000

与简单会计分录相比，复合会计分录中借贷方的对应关系不是特别明显。在描述经济业务时，尽量不要编制复合会计分录。在有些情况下，将一些分录合并成复合会计分录，这样可能更好理解。但是合并的前提是，这两个会计分录必须同时发生，而且合并之后的复合会计分录，不能影响人们对经济业务的理解；否则，不宜合并成复合会计分录，应该以多个简单会计分录来列示。

4.4.3　试算平衡

4.4.3.1　试算平衡的原理

编制会计分录，并登记相应账户之后，我们就可以编制会计报表。为了保证会计报表的真实、完整，在编制会计报表之前，往往需要检查一下前续的核算工作有无差错，会计工作中通过编制试算平衡表来做到这一点。

账户的发生额是以会计分录为依据登记的，会计分录的编制符合借贷记账法的记账规则即"有借必有贷，借贷必相等"，那么每一笔会计分录的借贷方的金额都是相等的，综合本期间涉及的所有账户的借方与贷方的发生额，也依然会出现平衡，期初、期末借方余额合计数应等于相应的贷方余额合计数。即有以下三个平衡关系成立：

期初借方余额合计数 = 期初贷方余额合计数

本期借方发生额合计数 = 本期贷方发生额合计数

期末借方余额合计数 = 期末贷方余额合计数

定期对所有账户记录进行上述平衡关系的检查工作，称为"试算平衡"。如果上述的三个平衡关系均成立，则可以认定所有账户的记录基本正确；反之，如果经过试算，上述三个等式中出现了不平衡，那么肯定在账户的登记或发生额、余额计算等过程中存在错误。在这种情况下，则需要运用逆向检查的方法，即按照从试算表→账户→会计分录→经济业务原始记录（原始凭证）的顺序逐步查明错误，并予以纠正，直至试算平衡为止。

4.4.3.2　试算平衡的基本方法

试算平衡工作可以根据需要在一个会计期间的任意一个时点（如每5天、每10天、每15天、每月末）进行，一般在月末结账前必须进行试算平衡。

试算平衡工作一般是通过编制试算平衡表来进行的。试算平衡表常用格式一般有三种：①本期发生额两栏式格式，简称两栏发生额式，如表4-4所示；②期末余额两栏式格式，简称两栏余额式，如表 4-5 所示；③本期发生额、余额六栏式格式，简称六栏式，如表 4-6 所示。在实际工作中可以根据实际需要加以选择。本书第 3 章表 3-20 就是旭日商店 2 月份月末的六栏式试算平衡表。

表 4-4　××单位试算平衡表

××年×月×日

账户名称	本期发生额	
	借方	贷方
合计		

（两栏发生额式）

表 4-5　××单位试算平衡表

××年×月×日

账户名称	期末余额	
	借方	贷方
合计		

（两栏余额式）

表 4-6　××单位试算平衡表

××年×月×日

账户名称	期初余额		本期发生额		期末余额	
	借方	贷方	借方	贷方	借方	贷方
合计						

（六栏式）

　　在编制试算平衡表之前，要检查是否所有的会计分录都已经过入总账，然后要计算出各个总分类账户的借方发生额、贷方发生额和期末余额。

　　试算平衡表的编制方法是：①将总分类账户中所使用的账户，按其在账簿中的编制顺序，依次填入试算平衡表的"账户名称"栏中。②将总分类账户的期初余额、本期发生额及期末余额依次填入试算平衡表的相应栏目中。③计算出借方和贷方的金额合计，检查双方是否平衡。④在表头处填上日期，这个日期指表内所反映的总分类账户记录的截止日期或会计期间。

一般在月末结账前，虽然账户经过试算平衡，会计上仍需通过对账来进一步确认账户记录的正确性。"试算平衡"是用以初步判断账户记录是否正确的最有效的必要手段，但并不能确保账户记录完全正确。比如，在一笔业务发生后，会计分录中将借贷写反了，或者会计分录登账过程中将借贷登反了，或者在登账过程中以错误的金额同时登记了相关账户的借方和贷方，等等。这些错误，并不影响上述三个等式的平衡关系，试算平衡就无法发现。对于不影响借贷平衡的错误，试算平衡是发现不了的，为了避免这些错误，会计人员一般在试算平衡之后，仍需要继续采取其他的一些对账措施，如账实核对等，来进一步确认账户记录的正确性，然后才能结账和编制会计报表。

4.5　会计循环与期末账项调整

4.5.1　会计循环

会计循环是指企业在一个会计期间内，从发生经济业务、编制会计分录开始，到编成会计报表为止，连续、完整、全面、综合地进行会计处理的程序和步骤。由于这些程序和步骤在企业经济活动中周而复始地进行，因此将之称为会计循环。会计工作步骤也称为会计循环的步骤。

会计循环的步骤，往往会因为会计工作组织和工作习惯的不同而有所差异，但一个完整的会计循环，如图 4-8 所示，应包括如下步骤：

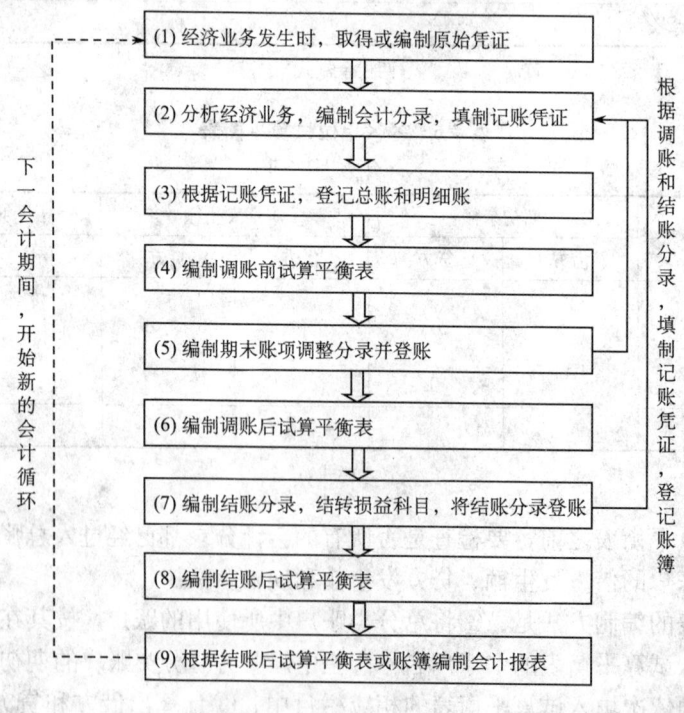

图 4-8　会计循环示意图

（1）分析企业发生的经济业务，取得或编制原始凭证，其目的是收集会计信息；

（2）根据原始凭证编制会计分录，填制记账凭证，其目的是将企业发生的经济业务用会计的语言表达出来；

（3）根据记账凭证，登记总分类账和明细分类账，其目的是将会计信息进行分类整理；

（4）编制调账前试算平衡表，其目的是检查前面的步骤中是否存在错误；

（5）编制期末账项调整分录，并登记账簿，其目的是合理确定各期的收入和费用，使之相互配比；

（6）编制调账后试算平衡表，其目的是进一步检查账项调整之后借贷是否平衡；

（7）编制结账分录，结转损益，并登记账簿。由于损益类账户反映的是企业一个会计期间的经营成果，每个会计期末，将损益类账户结清，以便于下期重新登记损益事项，反映下一会计期间的经营成果（对于编制结账分录结转损益的详细处理，见本书第5章）；

（8）编制结账后试算平衡表，其目的是检查结账后的借贷是否平衡；

（9）根据结账后试算平衡表及账簿编制会计报表。

需要说明的是，会计循环的各个步骤并不是都有相同的频率，通常情况是，前三个步骤在会计期间内随时都要进行，构成企业会计每天都要处理的主要的日常工作；第（4）～（9）步一般发生在企业的会计期末。在会计循环中，编制试算平衡表并非必需的会计循环步骤。会计循环各环节比较齐全的企业，常常在日常会计记录工作完毕之后、账项调整完毕之后以及结账业务处理完毕之后都要编制试算平衡表。

前三个步骤与最终编制出的会计报表（共四个步骤）即可构成一个简单的会计循环，如图 4-9 所示。这里的记账凭证，包括对日常业务、调账业务、结账业务编制分录所填写的记账凭证，即包括图 4-8 中的（3）、（5）、（7）。

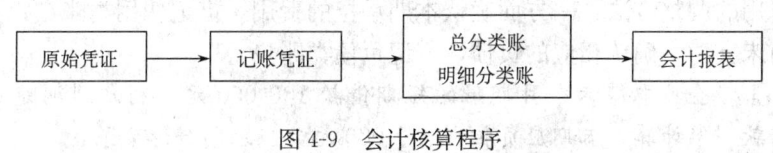

图 4-9　会计核算程序

4.5.2　期末账项调整

4.5.2.1　期末账项调整的必要性

账项调整是指为了准确计量当期收入、费用以及资产和负债，在会计期末，依照权责发生制对有关的会计事项进行调整的过程。

期末进行账项调整，虽然主要是为了在利润表中正确地反映本期的经营成果，但是，在收入和费用的调整过程中，必然会影响到资产负债表有关项目的增减变动。因此，账项调整有助于正确地反映企业期末的财务状况。

4.5.2.2　期末账项调整的内容

概括地说，企业期末账项调整主要调整那些收支期与归属期不一致的收入和费用，主要包括应计项目、递延项目和成本分配项目三种类型。

1. 应计项目

应计项目是由于收入或费用的归属期先于其款项收支期所引起的，它包括应计收入和应计费用两种。

（1）应计收入。应计收入又称应收收入，它的发生是由于该项收入应当在本期予以确认、但其款项尚未收讫，所以在会计期末应编制调整分录。

应计收入的调整方法：一方面登记收入增加，贷记收入类账户；另一方面登记债权增加，借记应收项目资产类账户。

【例 4-4】　某企业 4 月 30 日计算以前购入债券的本月应收利息为 20 000 元，该批债券的利息半年支付一次。该企业为了准确核算每月收益，按月计算该批债券的利息，应编制会计分录：

借：应收利息　　　　　　　　　　　　　　　　　　　　　　20 000
　　贷：投资收益　　　　　　　　　　　　　　　　　　　　　　20 000

【例 4-5】　某企业 5 月 31 日计算本月对外出租固定资产的收入为 6 000 元，款项尚未收到，应编制会计分录：

借：其他应收款　　　　　　　　　　　　　　　　　　　　　6 000
　　贷：其他业务收入　　　　　　　　　　　　　　　　　　　　6 000

（2）应计费用。应计费用一般是指归属期在前、实际支付在后的费用，是一种负债性的应付未付的费用。这类费用由于未在本期支付，在日常核算中未登记入账，但它能使本期受益，应确认为当期费用，在期末通过调整分录入账。

应计费用的调整方法：一方面确认本期承担的费用，借记费用类账户；另一方面因有关款项尚未支付，确认相应的负债，贷记负债类账户。

【例 4-6】　企业取得六个月期限的短期借款 100 000 元，利息到期随本金一起支付。根据借款利率计算，本期应负担利息 1 000 元，应编制会计分录：

借：财务费用　　　　　　　　　　　　　　　　　　　　　　1 000
　　贷：应付利息　　　　　　　　　　　　　　　　　　　　　　1 000

2. 递延项目

递延项目是指由于收入或费用的收付先于其归属期所引起的经济业务，包括递延收入和递延费用两种。

（1）递延收入。递延收入又称预收收入，一般是指本期款项已收妥入账、但不应全部计入本期的收入。不属于本期收入的预收款项，是一种负债。但在会计期末应按照合同等的规定，将应属于本期的收入由预收款项转为收入，即期末进行账项调整。递延收入主要有预收的政府补助和租金等。

【例 4-7】　某企业 4 月初收到政府拨入第二季度补助款 60 000 元，款项已存入银行。

企业收到款项时，应编制会计分录：

借：银行存款　　　　　　　　　　　　　　　　　　　　　60 000
　　贷：递延收益　　　　　　　　　　　　　　　　　　　　　60 000

月末账项调整时，应编制会计分录：

借：递延收益　　　　　　　　　　　　　　　　　　　　　20 000
　　贷：营业外收入　　　　　　　　　　　　　　　　　　　　20 000

（2）递延费用。递延费用又称预付费用，一般是指本期已付款入账、但应由本期和以后各期分别负担的费用。包括预付的财产保险费、预付租金、预付固定资产修理费等。按照权责发生制的要求，预付费用的支付期在前、负担期在后，这类费用由于不属于或不完全属于本期，因此不能直接全部记入本期的有关费用账户，而应在支付时先作为一种资产处理，以后各会计期的期末，再分别将该期应负担的费用从相应的资产类账户转入当期的有关费用账户。

【例 4-8】　某企业将租住的办公室进行了装修，用银行存款支付了 120 000 元的装修费，该房屋的租赁期 5 年。

支付装修款时，应编制会计分录：

借：长期待摊费用　　　　　　　　　　　　　　　　　　120 000
　　贷：银行存款　　　　　　　　　　　　　　　　　　　　120 000

月末账项调整时，计算本月应负担的装修费，计 2 000 元，作为当期管理费用，应编制会计分录：

借：管理费用　　　　　　　　　　　　　　　　　　　　　2 000
　　贷：长期待摊费用　　　　　　　　　　　　　　　　　　　2 000

3. 成本分配项目

成本分配项目是指会计期末将与取得当期收入有关的资产成本，按一定估计的金额摊配为费用。成本分配项目主要有计提折旧、无形资产摊销、计提坏账准备等。会计期末，企业应为有关成本分配项目编制调整分录。

【例 4-9】　某企业所购入的办公用设备 18 000 元，本期应计提折旧 300 元，应编制会计分录：

借：管理费用　　　　　　　　　　　　　　　　　　　　　300
　　贷：累计折旧　　　　　　　　　　　　　　　　　　　　　300

企业生产部门的很多费用，如工资、水电费等，一般在月末才能确定本月的实际消耗金额，所以产品成本只能在月末计算出来。在会计期间之内对于产品完工入库、已售产品成本的结转等业务就无法处理，只能在月末计算出产品成本之后才能处理。

【例 4-10】　某企业 5 月 31 日计算出本月完工产品成本为 362 000 元，应编制会计分录：

借：库存商品　　　　　　　　　　　　　　　　　　　　362 000
　　贷：生产成本　　　　　　　　　　　　　　　　　　　　362 000

【例 4-11】　某企业 5 月 31 日计算出本月已售商品成本为 657 000 元，应编制会计分录：

借：主营业务成本　　　　　　　　　　　　　　　657 000
　　贷：库存商品　　　　　　　　　　　　　　　　　　657 000

4.6　上市公司常用会计科目简介

会计科目是会计法规中的一项重要内容，我国《企业会计准则——应用指南》中规定的会计科目为六类，即资产类、负债类、共同类、所有者权益类、成本类和损益类。下面对上市公司常用会计科目（见附录 2A）的核算内容予以分类介绍。

4.6.1　资产类会计科目

资产是企业的经济资源，按照各项资源的具体形态可以分为货币形态的货币资金、债权形态的应收款项、实物形态的存货和固定资产、知识权力形态的无形资产以及对外权益形态的对外投资。

4.6.1.1　货币资金类会计科目

货币资金是以货币形态存在的资产。根据其存放地点的不同分为以下三个会计科目：

（1）"库存现金"科目，核算存放在企业的货币资金，具体是指存放于企业财务部门的现金。对于存放于企业其他部门的现金，在会计中一般作为备用金处理。该科目按照货币种类、存放地点进行明细核算。

（2）"银行存款"科目，核算企业存入银行或其他金融机构的各种款项。该科目按照开户银行的名称、货币种类、存款种类进行明细核算。

（3）"其他货币资金"科目，核算企业的银行汇票存款、银行本票存款、信用卡存款、信用证保证金存款、存出投资款、外埠存款等其他货币资金。该科目按照开户银行的名称、货币种类、存款种类进行明细核算。

4.6.1.2　应收款项类会计科目

应收款项是企业在提供商品、劳务等过程中所形成的债权。按照债权形成的不同性质主要分为以下几类。

1. 销售商品或提供劳务过程中形成的债权

这类债权通过两个会计科目核算：①"应收票据"科目，核算企业因销售商品和提供劳务等而收到的商业汇票，包括银行承兑汇票和商业承兑汇票。该科目按照开出、承兑商业汇票的单位进行明细核算。②"应收账款"科目，核算企业因销售商品和提供劳务等经营活动应收取的款项。该科目按债务人进行明细核算。

2. 对外投资定期结算中形成的债权

这类债权通过两个会计科目核算：①"应收股利"科目，核算企业在对外股权投资活动中，应向被投资方收取的现金股利和应收取其他单位分配的利润。该科目按被投资单位进行明细核算。②"应收利息"科目，核算企业在对外债权投资活动中，应向被投资方收取的利息。该科目按被投资单位进行明细核算。

3. 其他活动形成的债权

这类债权通过三个会计科目核算：①"预付账款"科目，核算企业按照合同规定预先支付的款项。该科目按照供货单位进行明细核算。②"其他应收款"科目，核算企业在生产经营过程中，除了应收票据、应收账款和预付账款以外的其他各种应收、暂付款项。该科目按照对方单位（或个人）进行明细核算。③"长期应收款"科目，核算企业一个会计年度以上的其他各项应收款项，包括融资租赁产生的应收款项、采用递延方式具有融资性质的销售商品和提供劳务等产生的应收款项等。该科目按债务人进行明细核算。

4.6.1.3　存货类会计科目

存货，是指以实物形态存在的生产经营对象和其他待消耗的物料等，具体包括以下五类。

1. 仓库中存放的原材料和商品

这类存货用两个会计科目核算：①"原材料"科目，核算企业库存的各种材料，包括原料及主要材料、辅助材料、外购半成品（外购件）、修理用备件（备品备件）、包装材料、燃料等。②"库存商品"科目，核算企业库存的各种待售商品。这两个科目可以按照保管地点（仓库）、材料或商品的种类、品种和规格等进行明细核算。

2. 在库和在用的周转材料

这类存货用"周转材料"科目核算，企业的周转材料包括：包装物、低值易耗品以及企业（建造承包商）的钢模板、木模板、脚手架等。该科目按周转材料的种类，分别"在库"、"在用"和"摊销"进行明细核算。

3. 在采购途中或已入库尚未办理入库手续的存货

这类存货用两个会计科目核算：①"在途物资"科目，核算企业采用实际成本（或进价）进行材料、商品等物资的核算时，货款已付尚未验收入库的在途物资。②"材料采购"科目核算企业采用计划成本法进行材料日常核算而购入材料的采购成本。这两个科目可按供应单位和物资（材料）品种进行明细核算。

4. 正在加工中的在产品

这类存货用两个会计科目核算：①"生产成本"科目，核算正在企业生产部门加工的产品。该科目可按具体的成本计算对象（品种、类别、批别、生产步骤等）进行明细核算，并按照规定的成本项目设置专栏。②"制造费用"科目，核算企业生产车间（部门）为生产产品和提供劳务而发生的各项间接费用。该科目可按不同的生产车间、部门和费用项目进行明细核算。

5. 存放于企业之外的商品或物资

这类存货用"发出商品"和"委托加工物资"科目核算。

4.6.1.4　固定资产类会计科目

固定资产是以实物形态存在的生产经营设备和建筑物等。具体可分为以下三类。

1. 正在使用中的固定资产

这类固定资产用两个会计科目核算：①"固定资产"科目，反映固定资产的原始价值。②"累计折旧"科目反映固定资产已经累计计提的折旧额。这两个科目可以按照固定资产的类别或项目进行明细核算。

2. 正在建设中的固定资产

这类固定资产用两个会计科目核算：①"在建工程"科目，核算企业正在进行基建、更新改造等的在建工程。该科目可按"建筑工程"、"安装工程"、"在安装设备"、"待摊支出"以及单项工程等进行明细核算。②"工程物资"科目，核算企业为在建工程准备的各种物资等。该科目可按物资种类、存放地点等来进行明细核算。

3. 正在清理中的固定资产

这类固定资产用"固定资产清理"科目，核算企业因出售、报废、毁损、对外投资、非货币性资产交换、债务重组等原因正在清理过程中的固定资产。该科目可按被清理的固定资产项目进行明细核算。

4.6.1.5 无形资产类会计科目

无形资产是企业拥有的不具有实物形态的知识或权利，包括专利权、非专利技术、商标权、著作权、土地使用权等。

1. 正在使用的可辨认的无形资产

这类无形资产通过两个科目来核算：①"无形资产"科目，核算企业持有的可辨认无形资产的原始价值。②"累计摊销"科目，核算企业对使用寿命有限的无形资产计提的累计摊销。这两个科目可以按无形资产项目确定明细分类。

2. 正在研发过程的无形资产

这类无形资产通过"研发支出"科目，核算企业正在进行研究与开发无形资产过程中的无形资产，该科目可按研究开发项目，分别"费用化支出"、"资本化支出"进行明细核算。费用化的研发支出期末转入管理费用，资本化的支出在项目结束后转入无形资产。

4.6.1.6 对外投资类会计科目

在企业生产经营过程中，为了一定的目的，企业往往会购买其他企业的债券、股票、股权或其他金融资产。根据对外投资的目的和期限分为以下两类。

1. 准备持有期间短于一个会计年度的短期投资

这类投资通过"交易性金融资产"科目，核算企业为交易目的所持有的债券投资、股票投资、基金投资等交易性金融资产。该科目采用公允价值计量，按交易性金融资产的类别和品种，分别"成本"、"公允价值变动"等进行明细核算。

2. 准备持有期间长于一个会计年度的长期投资

这类投资分别通过"持有至到期投资"科目、"长期股权投资"科目、"可供出售金融资产"科目、"投资性房地产"科目进行核算。

4.6.1.7　其他资产类会计科目

这一类会计科目主要分为以下三类：

（1）等待摊销的费用类：主要通过"长期待摊费用"科目，核算企业已经发生但应由本期和以后各期负担的摊销期限在 1 年以上的各种费用，如以经营租赁方式租入的固定资产发生的改良支出等，该科目可按费用项目进行明细核算。

（2）盘盈和盘亏等待处理类：主要通过"待处理财产损溢"科目，核算企业在清查财产过程中发现盘盈、盘亏和毁损而等待处理的各种财产，该科目可按盘盈、盘亏的资产种类和项目进行明细核算。

（3）期末价值调整类：主要包括："坏账准备"、"存货跌价准备"、"固定资产减值准备"等科目。

4.6.2　负债类会计科目

按照企业负债形成的具体方式可分为以下五类。由于负债是一个企业的债务，相对应的另一个企业即为债权。所以在企业的经营过程中，既可能发生债务，也可能形成债权，但具体到相互对应的债务与债权会计科目时，二者所核算的内容是一致的，所不同的是一个反映应付，另一个反映应收。如"应付账款"债务科目，核算企业因购买商品和接受劳务等经营活动应支付的款项。"应收账款"债权科目，核算企业因销售商品和提供劳务等经营活动应收取的款项。为此以下内容不再介绍与债权类科目相对应的债务类科目。

1. 向银行或金融机构借入的资金

这类负债通过两个科目核算：①"短期借款"科目，核算企业向银行或其他金融机构等借入的期限在 1 年以下（含 1 年）的各种借款。②"长期借款"科目，核算企业向银行或其他金融机构借入的期限在 1 年以上（不含 1 年）的各项借款。这两个科目可按借款种类、贷款人和币种进行明细核算。

2. 定期结算形成的负债

这类负债通过两个科目核算：①"应付职工薪酬"科目，核算企业根据有关规定应付给职工的各种薪酬。该科目可按"工资"、"职工福利"、"社会保险费"、"住房公积金"、"工会经费"、"职工教育经费"、"非货币性福利"、"辞退福利"、"股份支付"等进行明细核算。②"应交税费"科目，核算企业按照税法等规定计算应交纳的各种税费，包括增值税、消费税、营业税、所得税、资源税、土地增值税、城市维护建设税、房产税、土地使用税、车船使用税、教育费附加、矿产资源补偿费等。企业代扣代交的个人所得税等，也通过该科目核算。该科目可按应交的税费项目进行明细核算。应交增值税还应分别"进项税额"、"销项税额"、"出口退税"、"进项税额转出"、"已交税金"等设置专栏。

3. 购销过程中形成的负债

这类负债通过"应付票据"、"应付账款"和"预收账款"科目进行核算。

4. 债权和股权融资定期结算中形成的负债

这类负债通过"应付利息"和"应付股利"科目进行核算。

5. 其他活动形成的负债

这类负债通过"其他应付款"和"长期应付款"科目进行核算。

4.6.3　所有者权益类会计科目

按照所有者权益来源的渠道，可以分为以下两类。

1. 投资形成的所有者权益

这类权益通过两个科目核算：①"实收资本"科目，核算企业接受投资者投入的实收资本。股份有限公司为"股本"科目。该科目可按投资者进行明细核算。②"资本公积"科目，核算企业收到投资者出资额超出其在注册资本或股本中所占份额的部分，以及直接计入所有者权益的利得和损失。该科目应当分别"资本溢价（股本溢价）"、"其他资本公积"进行明细核算。

2. 经营活动形成的所有者权益

这类权益一般称为留存收益，主要通过两个科目核算：①"盈余公积"科目，核算企业从净利润中提取的盈余公积，该科目分别"法定盈余公积"和"任意盈余公积"进行明细核算。②"利润分配"科目，主要核算企业利润分配的情况，期末余额反映已经获得但尚未分配的利润。该科目分别"提取法定盈余公积"、"提取任意盈余公积"、"应付现金股利或利润"、"转作股本的股利"、"盈余公积补亏"和"未分配利润"等进行明细核算。

此外为了综合核算企业的利润，单独设置"本年利润"科目，核算企业当期实现的净利润（或发生的净亏损）。

4.6.4　损益类会计科目

损益类科目设置的主要目的是为了核算影响利润的各项因素，所以在会计要素收入与费用下设置两大类会计科目。

4.6.4.1　收入类会计科目

收入类科目主要有五个：

（1）"主营业务收入"科目，核算企业确认的销售商品和提供劳务等主营业务的收入。该科目按主营业务的种类进行明细核算。

（2）"其他业务收入"科目，核算企业确认的除主营业务活动以外的其他经营活动实现的收入，包括销售材料、出租固定资产、出租无形资产、出租包装物等的收入。该科目按其他业务的种类进行明细核算。

（3）"投资收益"科目，核算企业确认的投资收益或投资损失。该科目按投资项目进行明细核算。

（4）"营业外收入"科目，核算企业发生的各项营业外收入，主要包括非流动资产处置利得、非货币性资产交换利得、债务重组利得、政府补助、盘盈利得、捐赠利得等。该科目按营业外收入项目进行明细核算。

(5)"公允价值变动损益"科目，核算企业交易性金融资产、交易性金融负债，以及采用公允价值模式计量的投资性房地产、衍生工具、套期保值业务等公允价值变动形成的应计入当期损益的利得或损失。

4.6.4.2 费用类会计科目

费用类科目主要有九个。

1. 营业成本类科目

(1)"主营业务成本"科目，核算企业确认的主营业务活动所发生的支出时，应结转的成本。该科目按主营业务的种类进行明细核算。

(2)"其他业务成本"科目，核算企业确认的除主营业务活动以外的其他经营活动所发生的支出，包括销售材料的成本、出租固定资产的折旧、出租无形资产的摊销额、出租包装物的成本或摊销额等。该科目按其他业务的种类进行明细核算。

2. 税金类科目

(1)"营业税金及附加"科目，核算企业经营活动发生的营业税、消费税、城市维护建设税、资源税和教育费附加等相关税费。

(2)"所得税费用"科目，核算企业确认的应从当期利润总额中扣除的所得税费用。该科目按"当期所得税费用"、"递延所得税费用"进行明细核算。

3. 期间费用类科目

(1)"销售费用"科目，核算企业销售商品和材料、提供劳务的过程中发生的各种费用，包括保险费、包装费、展览费和广告费、商品维修费、预计产品质量保证损失、运输费、装卸费等以及为销售本企业商品而专设的销售机构（含销售网点、售后服务网点等）的职工薪酬、业务费、折旧费等经营费用。该科目按费用项目进行明细核算。

(2)"管理费用"科目，核算企业为组织和管理企业生产经营所发生的管理费用，包括企业在筹建期间内发生的开办费、董事会和行政管理部门在企业的经营管理中发生的或者应由企业统一负担的公司经费（包括行政管理部门职工工资及福利费、物料消耗、低值易耗品摊销、办公费和差旅费等）、工会经费、董事会费（包括董事会成员津贴、会议费和差旅费等）、聘请中介机构费、咨询费（含顾问费）、诉讼费、业务招待费、房产税、车船使用税、土地使用税、印花税、技术转让费、矿产资源补偿费、研究费用、排污费等。该科目按费用项目进行明细核算。

(3)"财务费用"科目，核算企业为筹集生产经营所需资金等而发生的筹资费用，包括利息支出（减利息收入）、汇兑损益以及相关的手续费、企业发生的现金折扣或收到的现金折扣等。该科目按费用项目进行明细核算。

4. 期末价值调整科目

期末资产发生减值时，通过"资产减值损失"科目，核算企业计提各项资产减值准备所形成的损失。该科目可按资产减值损失的项目进行明细核算。

5. 其他支出科目

企业发生的不属于以上的支出，通过"营业外支出"科目，核算企业发生的各项营业外支出，包括非流动资产处置损失、非货币性资产交换损失、债务重组损失、公益性捐赠支出、非常损失、盘亏损失等。该科目按支出项目进行明细核算。

此外"以前年度损益调整"科目，核算企业本年度发生的调整以前年度损益的事项以及本年度发现的重要前期差错更正涉及调整以前年度损益的事项。企业在资产负债表日至财务报告批准报出日之间发生的需要调整报告年度损益的事项，也可以通过该科目核算。

📖 本章知识点小结

借贷复式记账法是采用借、贷作为记账符号的一种复式簿记。复式簿记，避免了单式簿记不能全面反映会计主体财务状况和经营成果的问题，能够提供会计报表。记账符号"借"和"贷"，比普通语言的"增加"和"减少"要好，便于查错。因为经济业务发生之后，可能有两个增加、或两个减少、或一增一减，但是用借贷之后，则每笔经济业务，必然符合"有借必有贷、借贷必相等"的借贷规则。

采用借贷记账法之前，需要确定所需记录的会计科目。为了系统的列出需要记录的全部会计科目，往往根据"资产＝负债＋所有者权益"和"利润＝收入—费用"这两个会计等式，确立这六个会计要素，并进一步确立具体的报表级会计科目和其他各级会计科目。企业根据确立的会计科目表，建立相应的总分类账和明细分类账，供登记业务使用。

借贷记账法的基本程序，是根据经济活动编制会计分录，将会计分录的信息登记到相应的总分类账簿和明细分类账簿，然后根据账簿编制会计报表。在更为详细的核算程序中，也即会计循环中，会计主体在对日常经济业务核算后，期末需要调账，期末需要结账（关闭损益类科目），在调账前后需要编制试算平衡表检查错误，这样就形成了更为详尽的会计循环。

企业常用的会计科目比较多，分类掌握会计科目是一个很好的方法。在采用借贷记账法进行会计核算时，熟练掌握这些会计科目的名称及其核算内容，是非常重要的一个基本功。

➤ 思考题

1. 什么是会计要素，各要素之间有何关系？
2. 确认会计要素的条件有哪些？
3. 试说明会计科目与会计账户之间的关系。
4. 试说明总分类账户和明细分类账户之间的关系。
5. 我国会计法规要求企业运用何种记账方法进行会计核算？
6. 借贷记账法的账户结构有何特点？
7. 借贷记账法的记账规则是什么？
8. 什么是会计分录？为什么要编制会计分录？
9. 期末为什么需要进行账项调整和损益结转？
10. 什么是会计循环？其基本步骤有哪些？

➤ 练习题

习题一

一、目的：熟悉会计科目及其分类。

二、资料：某公司 20×7 年 9 月 30 日有关资料见表 1。

表 1

项目	金额	会计科目	资产	负债	所有者权益
1. 投资人投入的资本金	2 000 000				
2. 生产车间的厂房	380 000				
3. 储存材料的仓库	440 000				
4. 向银行借入的短期借款	200 000				
5. 货运汽车	120 000				
6. 库存材料	80 000				
7. 库存产成品	750 000				
8. 出纳员保管的现金	4 000				
9. 存在银行的款项	446 000				
10. 尚未收回的销货款	160 000				
11. 尚未缴纳的税金	16 000				
12. 员工出差预借的差旅费	12 000				
13. 尚未支付的购货款	128 000				
14. 提取的盈余公积金	48 000				
合　计					

三、要求

1. 确定应计入的会计科目名称（见附录 2A 上市公司常用会计科目表）。

2. 将其数据归入对应的资产、负债或所有者权益项目中。

3. 汇总各类会计科目的金额，检验其平衡关系。

习题二

一、目的：练习借贷记账法。

二、资料：A 公司 20×7 年 3 月有如下经济业务：

(1) 收到股东投入的资金 200 000 元，存入银行。

(2) 从银行提取现金 3 000 元，以备报销使用。

(3) 通过银行转账缴纳上月税金 2 400 元。

(4) 购买材料一批，取得增值税发票，发票上注明价格 30 000 元，税额 5 100 元，材料已入库，款项已付。

(5) 车间生产产品领用材料 32 000 元。

(6) 车间产品生产完工，经计算完工产品成本为 38 000 元。

(7) 收到客户偿付的前欠货款 6 000 元，存入银行。

(8) 向银行借入流动资金贷款 30 000 元，存入银行。

三、要求：根据以上经济业务编制会计分录。

习题三

一、目的：练习登记账户和试算平衡。

二、资料：A公司20×7年3月初各账户余额见表2。

表 2

账户名称	期初余额	账户名称	期初余额
库存现金	2 000	固定资产	98 000
银行存款	42 000	短期借款	10 000
应收账款	80 000	应交税费	2 400
原材料	56 000	实收资本	400 000
库存商品	62 000	盈余公积	3 600
生产成本	76 000		

三、要求：

1. 根据表2设立丁字账户并填写余额；

2. 将习题二中的会计分录登入相应账户，并计算本期发生额和月末余额；

3. 根据账户记录编制六栏式试算平衡表。

习题四

一、目的：练习借贷记账法下账户记录的试算平衡。

二、资料：某公司20×7年5月末各账户的有关资料见表3。

三、要求：根据借贷记账法下账户记录的试算平衡原理，将正确的数据填入表3的空格中。

表 3

账户名称	期初余额		本期发生额		期末余额	
	借方	贷方	借方	贷方	借方	贷方
库存现金	1 500		4 600		2 530	
银行存款	253 800			88 000	221 000	
应收账款			63 500	23 100	51 900	
库存商品	5 800			2 300	6 200	
固定资产	351 000		3 000	0		
累计折旧		32 300	0			33 100
短期借款			30 000	0		
应付账款		15 600	10 000			25 890
实收资本		500 000				500 000
本年利润				65 800		48 640
合　计	623 600		203 860		635 630	635 630

习题五

一、目的：练习经济业务类型。

二、资料：

(1) 借资产、贷负债；

(2) 借资产、贷所有者权益；

(3) 借资产、贷资产；

(4) 借负债、贷资产；

(5) 借负债、贷负债；

(6) 借所有者权益、贷资产。

三、要求：根据上述经济业务类型，举例加以说明

习题六

一、目的：练习通过账户对应关系逆向了解经济业务的内容。

二、资料：C 企业 20×7 年 3 月份的部分账簿记录如下：

库存现金			
期初余额：	2 000		
(2)	3 000	(9)	2 000

固定资产			
期初余额：	500 000		
(4)	250 000		

银行存款			
期初余额：	300 000	(1)	1 000
(3)	200 000	(2)	3 000
(6)	100 000	(4)	250 000
(7)	70 000	(5)	30 000
		(8)	150 000

短期借款			
(8)	150 000	期初余额：	400 000
		(6)	100 000

应收账款			
期初余额：	70 000	(7)	70 000

应付账款			
(5)	30 000	期初余额：	70 000
		(10)	150 000

其他应收款			
期初余额：	1 000		
(9)	2 000		

应交税费			
(1)	1 000	期初余额：	1 000

原材料			
期初余额：	200 000		
(10)	150 000		

实收资本			
		期初余额：	1 000 000
		(3)	200 000

三、要求：根据账户记录以及各账户的对应关系，用文字叙述以上账户中登记的 (1)～(10) 项经济业务的内容，并写出对应的会计分录。

第三篇　借贷记账法的应用

本篇内容要点

◇ 企业筹资活动的核算

◇ 资产购置与产品生产活动的核算

◇ 资产换取收益活动的核算

◇ 企业期末事项的核算

◇ 资产的核算

◇ 负债的核算

◇ 所有者权益的核算

◇ 收入、费用和利润的核算

◇ 银行主要业务的核算

第 5 章

企业经济活动核算（一）

内容提要

本章以案例的方式，详细介绍了借贷记账法在企业经济活动中的具体运用，包括筹资活动、资产购置与产品生产活动、资产换取收益活动、利润分配活动等。通过本章的学习，使读者对用会计语言描述企业的经济活动有一个系统的认识。

5.1 企业经济活动概述

5.1.1 企业经济活动

企业要进行生产经营，首先必须筹集到所需要的资金，企业将资金投入到企业的生产经营过程后，其形态不断发生变化，转化为企业可供出售的资产，企业再将可供出售的资产对外出售以获取利润，从而实现对投资者的回报。企业的主要经济活动可以用图5-1描述，具体可以分为四大类。

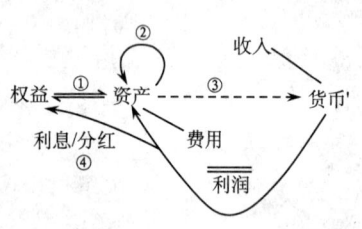

图 5-1 企业生产经营活动简图

第一类是企业筹资活动，企业必须通过一定渠道筹集相应的资金以满足生产经营的需要。在这个过程中，资金从外部进入企业。

第二类是资产购置与产品生产活动，是企业将现有的资产通过生产经营活动转换为企业可供出售资产的过程。在资产购置活动中，企业购入商品、固定资产、无形资产以及股票、债券等其他资产以进行其所计划的经营活动，制造企业要采购生产所需的原材料、购入或自行建造固定资产、购入或自行研发无形资产等为产品的生产做准备。在产品生产活动中，企业通过消耗人的劳动以及原材料、设备等各种资源，生产出企业可供出售的产品。在资产购置与产品生产活动中，资金的形态变化引起价值量的相应等量增加和减少，由一种形态的资产变化为另一形态的资产。

第三类是资产换取收益活动，是企业向客户提供资产的使用权或所有权从而获取收益的过程。其中，提供资产的使用权是出租行为，提供资产的所有权是出售行为。在这类活动中，资金的形态变化引起价值量的增值，产生了利润。

第四类是利润分配活动。企业经营的目标是不断地获取利润，企业要定期计算其经营成果并对实现的利润（或发生的亏损）进行分配（或弥补）。

上述四类业务在企业生产经营过程中循环往复，构成了企业的主要经济活动。

5.1.2 案例企业资料

本章将以天宇公司 20×7 年 12 月份的业务为主，介绍企业各类经济活动的核算。天宇公司 20×7 年 12 月初各账户的资料见表 5-1 和表 5-2（本章表中金额的单位均为：元）。

表 5-1 天宇公司 20×7 年 12 月初各账户余额表

项目	借方余额	项目	贷方余额
库存现金	8 000	短期借款	200 000
银行存款	1 970 000	应付职工薪酬	1 980 000
交易性金融资产	20 000	应交税费	420 000
应收账款	603 327	实收资本	4 000 000
其他应收款	3 000	资本公积	260 000
原材料	600 000	盈余公积	1 238 000
库存商品	600 000	利润分配	257 867
生产成本（甲）	428 000	本年利润	1 689 660
生产成本（乙）	260 000	累计折旧	1 646 800
固定资产	7 130 000	累计摊销	30 000
无形资产	100 000		
资产总计	11 722 327	权益总计	11 722 327

表 5-2 天宇公司 20×7 年 1～11 月各损益账户累计发生额

项目	1～11 月累计发生额
主营业务收入	41 200 000
其他业务收入	1 515 000
主营业务成本	37 275 000
其他业务成本	1 272 000
营业税金及附加	35 803
财务费用	47 250
管理费用	1 102 600
销售费用	755 940
投资收益	16 480
营业外收入	30 000
营业外支出	20 000
所得税费用	563 227

5.2 筹资活动的核算

5.2.1 筹资活动概述

资金是企业的"血液",企业所需的资金来源于两个方面:一是以股权方式筹资,二是以债权方式筹资。企业可以通过向债权人借款或发行债券方式筹集资金,通过这种方式筹集的资金形成企业负债,企业需要按期还本付息,利息一般提前约定,利率有固定利率也有浮动利率。企业还可以向企业所有者(股东)以股权方式筹集资金,通过这种方式筹集资金形成企业所有者权益(股东权益),企业在有盈利的情况下需要向股东分配红利,股东对企业的重大问题有经营决策权。红利的多少无法提前约定,往往受到企业生产经营情况的影响。

在筹资活动中,一方面,企业需要根据企业战略发展的需要和投资计划来确定各个时期企业总体的筹资规模,以保证投资所需的资金;另一方面,要通过筹资渠道、筹资方式或工具的选择,合理确定筹资结构,降低筹资成本和风险,提高企业价值。

5.2.2 以股权方式筹资的核算

企业所有者投入资本的形式有多种,可以用货币资金投资,也可以用存货、固定资产、无形资产等非现金资产投资,具体的出资方式以及各种出资方式之间的比例应该符合国家规定。

企业接受所有者投资时,一方面企业的资产增加,即企业的"银行存款"、"原材料"、"固定资产"或"无形资产"等账户增加,记入借方;另一方面,企业的所有者权益增加,即企业的"实收资本"、"资本公积"等账户增加,记入贷方。

现以 20×7 年 12 月天宇公司发生的增加注册资本业务为例,说明以股权方式筹资的核算。天宇公司经股东会决议通过了增资方案:原有股东追加投资,并吸收新股东加入。具体如下:

【例 5-1】 20×7 年 12 月 2 日,天宇公司收到原股东李某的 200 000 元投资款,存入银行。应做会计分录(1):

(1) 借:银行存款   200 000

        贷:实收资本——李某   200 000

【例 5-2】 20×7 年 12 月 2 日,天宇公司收到原股东天飞公司投入的价值 300 000 元的全新设备,应做会计分录(2):

(2) 借:固定资产   300 000

        贷:实收资本——天飞公司   300 000

【例 5-3】 20×7 年 12 月 2 日,天宇公司收到新股东王某的 800 000 元投资款,存入银行,按照修订后的公司章程,王某在天宇公司的注册资本中占 500 000 元。应做会计分录(3):

(3) 借:银行存款   800 000

| 贷：实收资本——王某 | 500 000 |
| 资本公积——资本溢价 | 300 000 |

5.2.3 以债权方式筹资的核算

企业可以向银行或非银行金融机构借入资金，也可以通过在证券市场发行债券来筹集资金。企业向银行或非银行金融机构借入的资金，一方面，企业的资产增加，即"银行存款"账户增加，记入借方；另一方面，企业的负债增加，即"长期借款"或"短期借款"账户增加，记入贷方。

如果借款的利息是按季支付或是在借款到期时一次支付，且金额较大，为了合理计算各月损益，企业应当按照应计的金额，借记"财务费用"账户，贷记"应付利息"等账户。

【例 5-4】 20×7 年 12 月 1 日，天宇公司向银行借入 300 000 元，期限为三个月，利率为 6%，到期一次还本付息，应做会计分录（4）：

| (4) 借：银行存款 | 300 000 |
| 贷：短期借款 | 300 000 |

【例 5-5】 20×7 年 12 月 31 日，天宇公司计算当月短期借款应负担的利息。

每月应计提的利息＝300 000×6%÷12＝1 500（元），应做会计分录（5）：

| (5) 借：财务费用 | 1 500 |
| 贷：应付利息 | 1 500 |

天宇公司在 20×8 年 1 月底和 2 月底也要做同样的会计处理。

【例 5-6】 20×8 年 3 月 1 日，天宇公司向银行还本付息。

借：短期借款	300 000
应付利息	4 500
贷：银行存款	304 500

当然，若这笔利息支出相对于企业来说数额较小时，会计上可以简化处理。也就是在各月末不用计算利息，只是在到期还本付息时作如下会计处理：

借：短期借款	300 000
财务费用	4 500
贷：银行存款	304 500

完整的借款及归还会计处理见图 5-2。

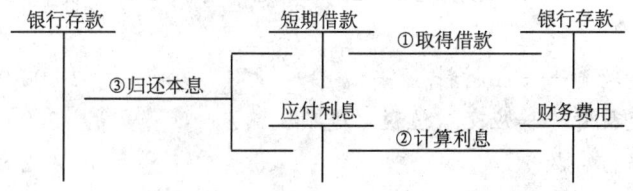

图 5-2 借款及归还的会计处理

5.3 资产购置与产品生产活动的核算

5.3.1 资产购置与产品生产活动概述

企业筹集到所需要的资金后，要将筹集的资金投入到一定的用途中。在资产购置活动中，制造业为了进行产品生产，不仅要购买生产所需用的原材料，还必须建造厂房、建筑物，购置机器设备，为企业的生产经营活动创造必要的条件；为了在市场竞争中求生存，提升企业的竞争力，企业必须不断地创新自己的产品，开发自己的专利和商标等，即进行无形资产投资。另外，企业在生产经营活动过程中，还可能进行对外投资，如购买各种债券和股票等有价证券。

企业在产品生产活动过程中，通过利用机器设备等劳动工具对各种材料进行加工，生产出符合市场需要的产品，这就要发生材料、人工和机器设备磨损等方面的耗费。企业在一定时期内发生的，用货币表现的生产耗费，叫做生产费用。企业为了准确记录和及时反映生产活动，正确计算产品成本，先将生产经营活动中发生的生产费用分为直接材料、直接人工和制造费用进行归集，然后在不同产品以及本期完工产品和在产品之间进行分配。因此，生产活动过程中生产费用的发生、归集和分配以及产品成本的计算，构成产品生产活动业务核算的主要内容。

5.3.2 资产购置活动的核算

企业购入的资产一般有原材料、固定资产、无形资产、股票、债券等。购入时，如果支付了款项，则"银行存款"账户减少，记入贷方；如果款项没有支付，则"应付账款"或"应付票据"账户增加，记入贷方；同时"原材料"、"固定资产"、"无形资产"等资产类账户增加，记入借方。如购入的原材料尚未入库，则记入"在途物资"账户的借方。

【例5-7】 20×7年12月10日，天宇公司以银行存款购入一项专利权，价值100 000元，应做会计分录（6）：

（6）借：无形资产　　　　　　　　　　　　　　　　　　100 000

　　　　贷：银行存款　　　　　　　　　　　　　　　　　　100 000

【例5-8】 20×7年12月12日，天宇公司购入一批A材料，取得了增值税专用发票，发票注明价格2 000 000元，税额340 000元，货款已付，货物尚未入库，应做会计分录（7）：

（7）借：在途物资——A材料　　　　　　　　　　　　　2 000 000

　　　　　应交税费——应交增值税（进项税额）　　　　　　340 000

　　　　贷：银行存款　　　　　　　　　　　　　　　　　2 340 000

【例5-9】 20×7年12月13日，上述材料入库，应做会计分录（8）：

（8）借：原材料——A材料　　　　　　　　　　　　　　2 000 000

　　　　贷：在途物资——A材料　　　　　　　　　　　　2 000 000

5.3.3　产品生产活动的核算

企业应设置"生产成本"和"制造费用"账户来核算产品的生产活动。

"生产成本"账户核算企业为生产而发生的各项生产费用。借方登记为进行产品生产而发生的各种成本费用，包括直接材料、直接人工和制造费用；贷方登记企业已完工并已验收入库的产成品成本；期末借方余额，反映尚未完工的产品成本。

"制造费用"账户核算企业为生产产品和提供劳务而发生的各项间接费用。借方登记生产车间发生的机物料消耗、车间管理人员工资等职工薪酬、生产车间计提的固定资产折旧、生产车间支付的办公费、水电费、修理费、劳动保护费、季节性和修理期间的停工损失等，贷方登记分配计入有关成本核算对象的制造费用，期末一般无余额。

现以天宇公司 20×7 年 12 月甲、乙产品的生产过程为例说明产品生产活动的核算。

1. 生产过程中消耗各种资源：如材料、薪酬、折旧、其他等

【例 5-10】　20×7 年 12 月 10 日，天宇公司的生产车间生产甲产品领用 A 材料894 000 元，生产乙产品领用 B 材料 852 600 元，车间一般消耗领用 A 材料 240 000 元，应做会计分录（9）：

（9）借：生产成本——甲产品		894 000
——乙产品		852 600
制造费用		240 000
贷：原材料——A 材料		1 134 000
——B 材料		852 600

【例 5-11】　20×7 年 12 月 31 日，天宇公司计算出本月的工资，其中：生产甲产品的人员工资为 900 000 元，生产乙产品的人员工资为 600 000 元，车间管理人员的工资为 180 000 元，行政管理人员的工资 86 000 元，销售人员的工资 27 000 元，应做会计分录（10）：

（10）借：生产成本——甲产品		900 000
——乙产品		600 000
制造费用		180 000
管理费用		86 000
销售费用		27 000
贷：应付职工薪酬——工资		1 793 000

【例 5-12】　20×7 年 12 月 31 日，天宇公司计算出本月工资应代扣代缴的个人所得税 60 000 元，应做会计分录（11）：

（11）借：应付职工薪酬——工资		60 000
贷：应交税费——应交个人所得税		60 000

【例 5-13】　20×7 年 12 月 5 日，天宇公司支付上月工资 1 980 000 元，应做会计分录（12）：

（12）借：应付职工薪酬——工资		1 980 000
贷：银行存款		1 980 000

【例5-14】 20×7年12月31日，天宇公司计算出本月生产甲产品消耗的动力费用为560 800元，生产乙产品消耗的动力费用为460 000元，车间一般消耗的动力费用为120 000元，行政管理部门消耗的动力费用为6 000元，销售部门消耗的动力费用为5 000元。款项通过银行转账支付，应做会计分录（13）：

（13）借：生产成本——甲产品		560 800
——乙产品		460 000
制造费用		120 000
管理费用		6 000
销售费用		5 000
贷：银行存款		1 151 800

【例5-15】 20×7年12月31日，天宇公司计算出本月车间使用的固定资产应计提的折旧额是32 000元，行政管理部门使用的固定资产应计提的折旧额是8 000元，销售部门使用的固定资产应计提的折旧额是6 000元。应做会计分录（14）：

（14）借：制造费用	32 000
管理费用	8 000
销售费用	6 000
贷：累计折旧	46 000

2. 期末分配间接费用，结转完工产品成本

制造费用应按成本核算办法的规定，分配计入有关的成本核算对象。在生产一种产品的车间，制造费用可以直接计入该种产品生产成本。在生产多种产品的车间，制造费用应当采用适当的标准分配计入各种产品生产成本。制造费用的分配标准通常有生产工人工资、生产工人工时、机器工时、耗用原材料的数量或成本、产品产量等。

【例5-16】 20×7年12月31日，天宇公司按照生产工人工资比例将本月发生的制造费用在甲乙产品之间进行分配，应做会计分录（15）：

应分配的制造费用总额：240 000＋180 000＋120 000＋32 000＝572 000（元）

甲产品应分配的制造费用：572 000÷（900 000＋600 000）×900 000＝343 200（元）

乙产品应分配的制造费用：572 000÷（900 000＋600 000）×600 000＝228 800（元）

（15）借：生产成本——甲产品		343 200
——乙产品		228 800
贷：制造费用		572 000

【例5-17】 20×7年12月31日，天宇公司结转本月完工产品成本。本月生产的甲产品全部完工入库，乙产品尚有1 330 700元在产品未完工，应做会计分录（16）：

甲产品完工产品成本：428 000＋894 000＋900 000＋560 800＋343 200＝3 126 000（元）

乙产品完工产品成本：260 000＋852 600＋600 000＋460 000＋228 800－1 330 700＝1 070 700（元）

（16）借：库存商品——甲产品		3 126 000
——乙产品		1 070 700

贷：生产成本——甲产品　　　　　　　　　　　3 126 000
　　　　　　——乙产品　　　　　　　　　　　1 070 700

以上天宇公司产品生产活动的核算可用图 5-3 表示。

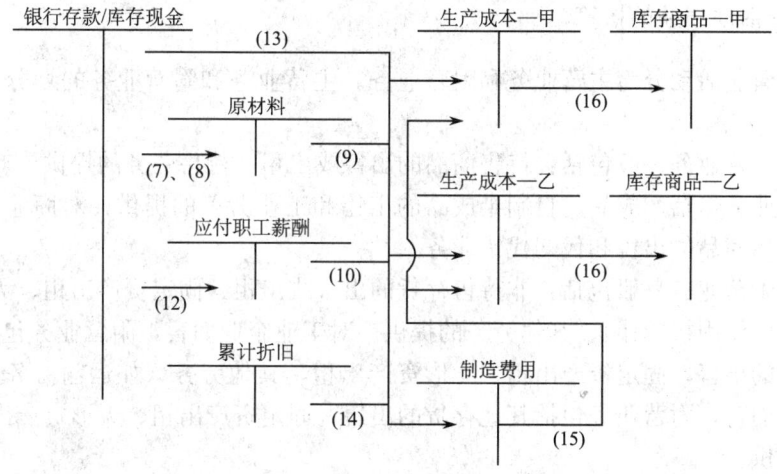

图 5-3　天宇公司产品生产活动的核算

5.4　资产换取收益活动的核算

5.4.1　资产换取收益活动概述

在资产换取收益活动中，从公允价值来说是等价交换，换入资产和换出资产的市场价值相等。但是换出资产的账面成本一般低于换入资产的价值，因此形成了利润。

经营的实质是运用资产去换取收入，而企业为取得收入所耗费资产的货币数额称为费用，收入与费用之间的差额被称为利润。

我们可以将费用进一步分类为：销售成本（换出资产的价值）、销售费用（销售过程中发生的费用）、销售税金及附加（销售过程中产生的税金及附加）。这样，任何资产换取收益的活动都可能涉及四个方面，即销售收入、销售成本、销售费用和销售税金及附加。

例如，某人购入了 300 元的商品，在市场摆摊将这些商品以 500 元的价格销售出去，支付摊位费 60 元，假设需要交 10 元的税金。在这个销售过程中，500 元是销售收入，300 元是销售成本，60 元是销售费用，10 元是销售税金及附加。

在资产换取收益活动中，销售费用和销售税金及附加可能为零。销售收入和销售费用一般在销售当时就能够处理，而销售成本和销售税金及附加一般需要在会计期末才能计算和处理。

为了更好地体现企业的获利能力，还需要根据业务活动对企业利润的贡献程度和类别，将企业的资产换取收益活动划分为营业活动、投资活动和其他活动，营业活动又分为主营业务和附营业务。这些活动产生的利润之和，需要计算和缴纳企业所得税。

会计在进行核算时，对主营业务和附营业务收益的核算较为详细，而投资活动和其他活动收益的核算则相对简单。

5.4.2　营业活动损益的核算

企业的营业活动分为主营业务和附营业务。主营业务和附营业务的划分是相对的，因企业而异。

企业的主营业务一般包括：待售商品的出售或出租、待售劳务的提供。对工业企业而言，主营业务包括产成品、自制半成品的出售和工业劳务的提供；对商业企业而言，主营业务包括商品的出售和代购代销业务。

企业的附营业务一般包括：非待售存货的出售或出租、固定资产出租、无形资产出租（无形资产使用权转让）、其他劳务的提供。对工业企业而言，附营业务包括原材料、周转材料等的出售，固定资产出租、无形资产出租，其他劳务（如运输劳务）的提供；对商业企业而言，附营业务包括其他存货的出售、固定资产出租、无形资产出租以及其他劳务的提供。

企业应分别设置"主营业务收入"和"其他业务收入"账户核算主营业务和附营业务取得的收入，并设置"主营业务成本"和"其他业务成本"账户核算主营业务和附营业务应结转的成本。

企业发生的其他与经营活动有关的费用，分别设置"营业税金及附加"、"销售费用"、"管理费用"、"财务费用"等账户来核算。

【例 5-18】　20×7 年 12 月 12 日，天宇公司出售甲产品一批，不含税售价 3 000 000 元，增值税率 17%，货款已存入银行，应做会计分录（17）：

(17) 借：银行存款　　　　　　　　　　　　　　　　　3 510 000
　　　　贷：主营业务收入——甲产品　　　　　　　　　　　3 000 000
　　　　　　应交税费——应交增值税（销项税额）　　　　　　510 000

【例 5-19】　20×7 年 12 月 13 日，天宇公司向兴业公司出售乙产品一批，不含税售价 1 000 000 元，增值税率 17%，货款尚未收到，应做会计分录（18）：

(18) 借：应收账款——兴业公司　　　　　　　　　　　1 170 000
　　　　贷：主营业务收入——乙产品　　　　　　　　　　　1 000 000
　　　　　　应交税费——应交增值税（销项税额）　　　　　　170 000

【例 5-20】　20×7 年 12 月 13 日，天宇公司以银行存款向某运输企业支付销售产品发生的运输费用 26 000 元，应做会计分录（19）：

(19) 借：销售费用　　　　　　　　　　　　　　　　　　　26 000
　　　　贷：银行存款　　　　　　　　　　　　　　　　　　　26 000

【例 5-21】　20×7 年 12 月 31 日，天宇公司计算出 12 月 12 日所销售甲产品和乙产品的成本分别为 2 676 850 元、790 000 元，应做会计分录（20）：

(20) 借：主营业务成本——甲产品　　　　　　　　　　2 676 850
　　　　　　　　　　　——乙产品　　　　　　　　　　　　790 000

| 贷：库存商品——甲产品 | 2 676 850 |
| ——乙产品 | 790 000 |

【例5-22】　20×7年12月2日，天宇公司向华纶公司出售A材料一批，不含税售价150 000元，增值税率17%，货款尚未收取。该材料成本为120 000元，应做会计分录（21）（22）：

(21) 借：应收账款——华纶公司	175 500
贷：其他业务收入——A材料	150 000
应交税费——应交增值税（销项税额）	25 500
(22) 借：其他业务成本——A材料	120 000
贷：原材料——A材料	120 000

【例5-23】　20×7年12月2日，天宇公司以银行存款向运输部门支付销售A材料发生的运输费用1 200元，应做会计分录（23）：

| (23) 借：销售费用 | 1 200 |
| 贷：银行存款 | 1 200 |

【例5-24】　20×7年12月31日，天宇公司计算本月营业活动应缴纳的增值税。

本月销项税额＝510 000＋170 000＋25 500＝705 500元

本月进项税额＝340 000元

本月应交增值税＝705 500－340 000＝365 500元

在会计实务中，本月应交的税金，一般是在次月10日之前交纳，所以在月末形成了对国家的负债。为了对企业的增值税相关事项进行管理，在会计期末需要将应该缴纳的增值税由"应交税费——应交增值税（转出未交增值税）"转入"应交税费——未交增值税"。应做会计分录（24）：

| (24) 借：应交税费—应交增值税（转出未交增值税） | 365 500 |
| 贷：应交税费——未交增值税 | 365 500 |

【例5-25】　20×7年12月31日，根据税法规定，按应交增值税的7%计算应交城市维护建设税和按3%计算应交的教育费附加。即：

应交城市维护建设税＝365 500×7%＝25 585元

应交教育费附加＝365 500×3%＝10 965元

本月应交的城市维护建设税和教育费附加应借记"营业税金及附加"账户，未交之前形成了企业对国家的负债，贷记"应交税费"账户，应做会计分录（25）：

(25) 借：营业税金及附加	36 550
贷：应交税费——应交城市维护建设税	25 585
——应交教育费附加	10 965

【例5-26】　20×7年12月10日，天宇公司购买办公用品一批，用现金支付，价值3 580元，应做会计分录（26）：

| (26) 借：管理费用 | 3 580 |
| 贷：库存现金 | 3 580 |

5.4.3 投资活动损益的核算

企业对外投资活动赚取的收益主要有：买卖价差收益、持有期间利息及分红、股权投资权益法下的收益，通过设置"投资收益"账户来核算。

【例 5-27】 20×7 年 6 月 10 日，天宇公司由于资金暂时过剩，购入一批债券，价值 20 000 元，应做会计分录：

借：交易性金融资产——×债券　　　　　　　　　20 000
　贷：银行存款　　　　　　　　　　　　　　　　　　20 000

【例 5-28】 20×7 年 12 月 10 日，天宇公司从债券发行公司收到该债券半年利息 600 元，应做会计分录（27）：

（27）借：银行存款　　　　　　　　　　　　　　　600
　　　贷：投资收益　　　　　　　　　　　　　　　　　600

【例 5-29】 20×7 年 12 月 15 日，天宇公司因资金短缺，将该批债券出售，售价为 21 000 元，其中已扣除交易手续费和证券交易税（印花税）30 元，应做会计分录（28）：

（28）借：银行存款　　　　　　　　　　　　　　21 000
　　　贷：交易性金融资产——×债券　　　　　　　　20 000
　　　　　投资收益　　　　　　　　　　　　　　　　1 000

5.4.4 其他活动损益的核算

企业的其他业务活动，通过"营业外收入"和"营业外支出"两个账户来核算，营业外收入与营业外支出之间无对应关系，两者都是净损益科目。

营业外收入，核算非流动资产（固定资产、无形资产）处置利得、非货币性资产交换利得、债务重组利得、政府补助、盘盈利得、捐赠利得等。

营业外支出，核算非流动资产（固定资产、无形资产）处置损失、非货币性资产交换损失、债务重组损失、公益性捐赠支出、非常损失、盘亏损失等。

【例 5-30】 20×7 年 12 月 10 日，天宇公司出售一项无形资产，该无形资产账面余额 100 000 元，累计摊销 30 000 元，售价为 80 000 元，款项已收到，另支付中介费 1 000元。计算应交的营业税、城市维护建设税、教育费附加，并做会计分录（29）：

应缴纳营业税税额＝80 000×5%＝4 000 元

应缴纳城市维护建设税税额＝4 000×7%＝280 元

应缴纳教育费附加金额＝4 000×3%＝120 元

（29）借：银行存款　　　　　　　　　　　　　　79 000
　　　　　累计摊销　　　　　　　　　　　　　　30 000
　　　贷：无形资产　　　　　　　　　　　　　　　100 000
　　　　　应交税费——应交营业税　　　　　　　　　4 000
　　　　　　　　　　——应交城市维护建设税　　　　　280
　　　　　　　　　　——应交教育费附加　　　　　　　120

　　　　营业外收入 4 600

　　【例5-31】 20×7年12月15日，天宇公司以银行存款支付罚款20 000元，应做会计分录（30）：

　　（30）借：营业外支出 20 000
　　　　　贷：银行存款 20 000

　　从例5-18到例5-31，我们可以计算出天宇公司20×7年12月主营业务的毛利是533 150元（主营业务收入4 000 000元与主营业务成本3 466 850元之差），附营业务的毛利是30 000元（其他业务收入150 000元与其他业务成本120 000元之差），投资活动产生的投资收益1 600元，其他活动产生的营业外收入4 600元、营业外支出20 000元。

　　由此可见，会计核算将资产获取收益活动划分成营业活动、投资活动和其他活动等三类活动，分别对其获利情况进行了不同详细程度的反映。这体现了会计核算的重要性原则，也清晰地揭示了企业的获利能力。

5.4.5 所得税的核算

　　根据税法的规定，企业取得利润后，应先向国家缴纳企业所得税，企业的利润总额减去所得税后的净利润才是企业当年可供分配的利润。

　　根据税法的规定，应交所得税计算公式如下：

$$应交所得税 = 应纳税所得额 \times 所得税税率$$

其中，应纳税所得额 = 利润总额 ± 税法规定应予调整的金额

　　公式中的应纳税所得额是按照企业所得税法中对收入和费用的规定计算得到的，它与会计计算的利润总额存在一些差异。所以在具体计算时，不能直接依据利润总额计算，而应当依据税法规定调整二者之间的差异，根据应纳税所得额计算。当然，调整后的应纳税所得额也可能与企业的利润总额相等。现行企业所得税税率为25%。天宇公司企业所得税的计算（计算过程略）和缴纳的会计核算如下：

　　【例5-32】 20×7年12月31日，天宇公司按月向税务机关预缴所得税，经计算12月份应交纳的企业所得税为85 600元，则应做会计分录（31）：

　　（31）借：所得税费用 85 600
　　　　　贷：应交税费——应交企业所得税 85 600

　　【例5-33】 20×7年12月5日，天宇公司以银行存款缴纳11月份应交的各项税费420 000元，其中增值税300 000元、城市维护建设税21 000元、教育费附加9 000元、个人所得税7 000元、企业所得税83 000元，应做会计分录（32）：

　　（32）借：应交税费——未交增值税 300 000
　　　　　　　　　　——应交城市维护建设税 21 000
　　　　　　　　　　——应交教育费附加 9 000
　　　　　　　　　　——应交个人所得税 7 000
　　　　　　　　　　——应交企业所得税 83 000
　　　　　贷：银行存款 420 000

5.5 资产期末价格调整的核算

通过以上经济活动的会计核算，在会计期末，各个账户的余额反映的是其历史成本。为了提高会计信息的相关性，需要在会计期末对某些账户的账面价值进行调整。

5.5.1 以成本计价的资产期末价格的调整

1. 企业会计准则对以成本计价的资产期末价格调整的相关规定

我国企业会计准则规定，一般情况下，对于会计要素的计量应当采用历史成本计量属性，例如企业购入存货、购入固定资产、建造厂房、生产产品等，应当以所购入资产发生的实际成本作为资产计量的金额。然而，在市场经济条件下，资产的价值应该由市场来决定，而市场的不断变化，导致企业的资产面临着跌价或减值的风险，历史成本已经不能真实地反映资产的实际价值。

资产是企业过去的交易或者事项形成的、由企业拥有或者控制的、预期会给企业带来经济利益的资源。资产的主要特征之一是它必须能够为企业带来经济利益的流入，如果资产不能够为企业带来经济利益或者带来的经济利益低于其账面价值，那么，该资产就不能再予以确认，或者不能再以原账面价值予以确认，否则不符合资产的定义，也无法反映资产的实际价值，其结果会导致企业资产虚增和利润虚增。因此，当企业资产的可收回金额低于其账面价值时，企业应当及时加以确认和计量。

为了客观、真实、准确地反映资产的实际价值，会计期末，企业在对资产进行减值测试后，如果可收回金额的计量结果表明资产的可收回金额低于其账面价值，应当将资产的账面价值减记至可收回金额。减记的金额确认为资产减值损失，计入当期损益，同时，计提相应的资产减值准备。这样，企业当期确认的减值损失应当反映在其利润表中，而计提的资产减值准备应当作为相关资产的备抵项目，反映于资产负债表中。从而夯实企业资产价值，避免利润虚增，如实反映企业的财务状况和经营成果。

考虑到固定资产、无形资产、商誉等资产发生减值后，一方面价值回升的可能性比较小，通常属于永久性减值；另一方面从会计信息稳健性要求考虑，为了避免确认资产重估增值和操纵利润，对于资产减值损失一经确认，在以后会计期间不得转回。以前期间计提的资产减值准备，需要等到资产处置时才可转出。

企业计提坏账准备、存货跌价准备、持有至到期投资减值准备、贷款损失准备等，相关资产的价值又得以恢复的，应在原已计提的减值准备金额内，按恢复增加的金额，增加相关资产的价值。

2. 账务处理

为了正确核算企业确认的资产减值损失和计提的资产减值准备，企业应当设置"资产减值损失"账户，按照资产类别进行明细核算，反映各类资产在当期确认的资产减值损失金额；企业的应收款项、存货、长期股权投资、持有至到期投资、固定资产、无形资产等资产发生减值的，按应减记的金额，借记"资产减值损失"账户，贷记"坏账准备"、"存货跌价准备"、"长期股权投资减值准备"、"持有至到期投资减值准备"、"固定资产减值准备"、"无形资产减值准备"等。

下面以存货为例说明以成本计价的资产期末价格调整的会计处理。

【例 5-34】　20×7 年 12 月 31 日，天宇公司对存货进行减值测试，发现存货中 B 材料的账面价值为 221 000 元，其市场价值为 210 000 元，则天宇公司应编制会计分录（33）：

（33）借：资产减值损失　　　　　　　　　　　　　　　　11 000

　　　　　贷：存货跌价准备　　　　　　　　　　　　　　　　　11 000

经过上述会计处理，企业当期确认的减值损失 11 000 元反映在利润表中，而计提的 11 000 元存货跌价准备则作为存货的备抵项目，反映于资产负债表中的存货价值是 210 000 元（即存货的账面价值 221 000 元减去存货跌价准备 11 000 元后的存货净值）。

如果在下一期期末，该存货尚未出售而市价有所回升，总回升金额为 16 000 元，则甲公司应将原来计提的存货跌价准备金额转回，但是转回的金额不能超过原来已计提的金额。会计分录编制如下：

借：存货跌价准备　　　　　　　　　　　　　　　　　11 000

　　贷：资产减值损失　　　　　　　　　　　　　　　　　11 000

5.5.2　以公允价值计价的资产期末价格的调整

1. 会计准则对以公允价值计价的资产期末价格调整的相关规定

我国现行会计准则适度和有条件地引入公允价值计量属性进行会计计量，以弥补历史成本计量属性的缺陷。

在引入公允价值过程中，我国充分考虑了国际财务报告准则中公允价值应用的三个级次，即：第一，存在活跃市场的资产或负债，活跃市场中的报价应当用于确定其公允价值；第二，不存在活跃市场的，参考熟悉情况并自愿交易的各方最近进行的市场交易中使用的价格或参照实质上相同的其他资产或负债的当前公允价值；第三，不存在活跃市场，且不满足上述两个条件的，应当采用估值技术等确定资产或负债的公允价值。

我国现行准则规定，存在活跃市场、公允价值能够取得并可靠计量的投资性房地产和交易性金融资产、可供出售金融资产等可以采用公允价值计量。

2. 账务处理

企业应设置"公允价值变动损益"账户，核算以公允价值计量的资产或负债由于公允价值变动形成的利得或损失。

以交易性金融资产为例，资产负债表日，企业应按交易性金融资产的公允价值高于其账面余额的差额，借记"交易性金融资产——公允价值变动"账户，贷记"公允价值变动损益"账户；公允价值低于其账面余额的差额做相反的会计分录。

出售交易性金融资产时，应按实际收到的金额，借记"银行存款"等账户，按该金融资产的账面余额，贷记"交易性金融资产"账户，按其差额，借记或贷记"投资收益"账户。同时，将原计入该金融资产的公允价值变动转出，借记或贷记"公允价值变动损益"账户，贷记或借记"投资收益"账户。

可供出售金融资产持有期间取得的利息或现金股利，应当计入投资收益。资产负债表日，可供出售金融资产应当以公允价值计量，且公允价值变动计入资本公积（其他资本公积）。

【例 5-35】　20×7 年 12 月 15 日，天宇公司以银行存款购买了两种不同的金融资产，相关信息如下（单位：元）：

证券名称	投资类别	购入成本	20×7/12/31 公允价值
A	交易性金融资产	85 000	80 000
B	可供出售金融资产	68 000	71 000

20×7 年 12 月 15 日投资购入时，应做会计分录（34）：

（34）借：交易性金融资产　　　　　　　　　　　　　　　85 000
　　　　可供出售金融资产　　　　　　　　　　　　　　　68 000
　　　　贷：银行存款　　　　　　　　　　　　　　　　　　　153 000

【例 5-36】　20×7 年 12 月 31 日，例 5-35 中交易性金融资产的公允价值为 80 000 元，即减少了 5 000 元，则应做会计分录（35）：

（35）借：公允价值变动损益　　　　　　　　　　　　　　5 000
　　　　贷：交易性金融资产　　　　　　　　　　　　　　　　5 000

交易性金融资产在资产负债表上披露的金额是 80 000 元，即交易性金融资产（成本）85 000 元减去交易性金融资产（公允价值变动）5 000 元。

【例 5-37】　20×7 年 12 月 31 日，例 5-35 中可供出售金融资产的公允价值为 71 000 元，即增加了 3 000 元，则应做会计分录（36）：

（36）借：可供出售金融资产　　　　　　　　　　　　　　3 000
　　　　贷：资本公积——其他资本公积　　　　　　　　　　　3 000

5.6　期末财产清查的核算

5.6.1　财产清查概述

在期末编制会计报表之前，为了保证会计账簿记录的正确性，需要对企业的财产进行清查。财产清查，是指通过对货币资金、实物资产和往来款项等财产物资的盘点和核对，查明账存数与实存数是否相符的一种专门方法。

造成账实不符有两个方面的因素。一是自然因素：如财物保管运输过程中发生的自然损耗，如柴油的挥发；不可抗力而导致的非常损失；由于有关凭证未到，形成未达账项，造成结算双方账实不符。二是人为因素：如在财物收发过程中，由于计量或检验不准确而造成多收或少收的差错；由于保管不善或制度不严造成的财物损坏、丢失、被盗等；在账簿记录中发生的重记、漏记、错记；由于取得财产、领用财产等经济业务发生后没有填制或取得凭证而造成账簿无记录等。由于以上原因的存在，企业必须对各项财产物资进行定期或不定期的清查，以加强企业管理，充分发挥会计的监督作用。

对于财产清查结果的处理，需要报请上级主管部门审批。所以，在账务处理上财产清查事项通常分两步进行。第一步，根据"清查结果报告表"、"盘点报告表"等已经查实的数据资料，编制记账凭证，通过"待处理财产损溢"账户，登记有关账簿，使账簿记录与实际盘存数相符，同时根据企业的管理权限，将处理建议上报股东大会或董事会，或经理（厂长）会议等类似机构。第二步，在主管部门审批后，再根据批准的处理意见，从"待处理财产损溢"账户转入有关账户。

5.6.2　实物资产清查的核算

5.6.2.1　实物资产的清查方法

实物资产清查主要包括对各种存货、固定资产等财产物资的清查。实物资产可能存在不同的形态、体积、堆放方式以及重量等，因此在实际工作中清查的方法主要有两种：一是实地盘点法，也就是在物资堆放的现场逐一清点或者用计量仪器来确定实存数；二是技术推算盘点法，这种方法适宜于一些很难逐一清点的物品，但应注意利用技术方法对其实存数进行技术推算和估计，可能会存在一定的误差。

在盘点时物资保管人员和盘点人员必须同时在场，参加盘点工作，并且最后要把盘点的结果编报"盘点表"，"盘点表"由参加盘点的人员和物资保管人员共同签章才能生效。"盘点表"的作用主要有两个：一是作为财产物资盘点的书面证明；二是作为财产清查工作的一个原始凭证。"盘点表"的格式如表 5-3 所示。

表 5-3　盘点表

单位名称：　　　　　　　　盘点时间：　　　　　　编　　号：
财产类别：　　　　　　　　存放地点：　　　　　　金额单位：

编号	名称	计量单位	数量	单价	金额	备注

盘点人签章：　　　　　　　　　　　　　　　　保管人：

盘点结束后，根据"盘点表"所记载的实存数和账面上所记载的账存数进行对比。如果发生账实不相符的情况，编制"实存账存对比表"，来记载盘盈和盘亏的数量。"实存账存对比表"的两个作用是：①财产清查工作中记载盘盈、盘亏数额的一个重要报表，是调整账面记录的原始凭证；②该表是管理人员分析盈亏原因，查明盈亏责任的重要依据。"实存账存对比表"的格式如表 5-4 所示。

表 5-4　实存账存对比表

编号	类别及名称	计量单位	单价	对比结果								备注
				实　存		账　存		盘　盈		盘　亏		
				数量	金额	数量	金额	数量	金额	数量	金额	

主管人员：　　　　　　　　会计：　　　　　　制表：

5.6.2.2　实物资产清查结果的账务处理

对于财产清查中各种材料、在产品和产成品的盘亏，按管理权限报经批准后处理时，按残料价值，借记"原材料"等账户，按可收回的保险或过失人赔款，借记"其他应收款"账户，贷记"待处理财产损溢"账户，按上述借方差额，属于管理原因造成的，借记"管理费用"账户，属于非正常损失的，借记"营业外支出"账户。

对于财产清查中各种材料、在产品和产成品的盘盈，贷记"管理费用"或"营业外收入"账户。

对于财产清查中的固定资产盘亏，在按规定报请审批后，其盘亏净值增加营业外支出。对盘盈的固定资产，应调整以前年度的损益，而不应计入本期的"营业外收入"账户。

【例 5-38】　天宇公司 20×7 年 12 月 15 日对原材料进行了盘点，发现 A 材料盘盈，价值 1 800 元；B 材料盘亏，价值 2 000 元。12 月 31 日，经查明，A 材料的盘盈是因为计量仪器不准造成领用时少发多计，经批准冲减本月管理费用；经查明，B 材料的盘亏中，有 500 元属于不可抗力造成的非常损失，经批准列作营业外支出，有 700 元属于管理人员（王某）过失造成，经批准由王某赔偿 700 元，其余 800 元由企业承担，计入管理费用。

对于盘盈的 A 材料，12 月 15 日发现盘盈时，根据实存账存对比表的记录，应做会计分录（37）：

（37）借：原材料——A 材料　　　　　　　　　　　　　　　1 800
　　　　　贷：待处理财产损溢　　　　　　　　　　　　　　　　1 800

12 月 31 日，根据批准文件，应做会计分录（38）：

（38）借：待处理财产损溢　　　　　　　　　　　　　　　　1 800
　　　　　贷：管理费用　　　　　　　　　　　　　　　　　　　1 800

对于盘亏的 B 材料，12 月 15 日发现盘亏时，根据实存账存对比表的记录，应做会计分录（39）：

（39）借：待处理财产损溢　　　　　　　　　　　　　　　　2 000
　　　　　贷：原材料——B 材料　　　　　　　　　　　　　　　2 000

12 月 31 日，根据批准文件，应做会计分录（40）：

（40）借：营业外支出　　　　　　　　　　　　　　　　　　500
　　　　　其他应收款——王某　　　　　　　　　　　　　　　700
　　　　　管理费用　　　　　　　　　　　　　　　　　　　800
　　　　　贷：待处理财产损溢　　　　　　　　　　　　　　　2 000

5.6.3　库存现金清查的核算

5.6.3.1　库存现金的清查方法

库存现金的清查采用实地盘点的方法，即通过清点票数来确定现金的实存数，然后以实存数与现金日记账的账面余额进行核对，以查明账实是否相符及溢余或短缺的情况。

由于库存现金的收支业务十分频繁，容易出现差错，需要出纳人员每日进行清查和定期及不定期地专门清查。每日业务终了，出纳人员都应将现金日记账的账面余额与现金的实存数进行核对，做到账款相符。清查小组清查盘点时，出纳人员必须在场，清查时还应注意有无白条抵库、挪用现金等违反现金管理制度的现象，编制"库存现金盘点报告表"，并由盘点人员和出纳人员签章。"库存现金盘点报告表"的格式如表 5-5 所示。

表 5-5　库存现金盘点报告表

单位名称：　　　　　　　　　　　　　年　月　日

实存金额	账存金额	对比结果		备注
		盘盈	盘亏	

盘点人：　　　　　　　　　　　　　　出纳员：

5.6.3.2　库存现金清查结果的账务处理

对于在库存现金清查中发现的挪用现金、白条抵库情况，应及时予以纠正；对于超限额留存的现金要及时送存银行；如果账款不符，应及时查明原因，并将短款或长款记入"待处理财产损溢"账户。查明原因后，应分别情况处理：属于记账差错的，应及时更正；出纳人员造成的短款应由出纳人员赔偿；无法查明原因的短款可记入"管理费用"账户；无法查明原因的长款应记入"营业外收入"账户。

5.6.4　银行存款清查的核算

5.6.4.1　银行存款的清查方法

银行存款的清查方法是将企业的银行存款日记账与从银行取得的对账单逐笔核对。在实际工作中，企业银行存款日记账余额与银行对账单余额往往不一致，其主要原因：一是双方账目发生错账、漏账，所以在与银行核对账目之前，应先仔细检查企业银行存款日记账的正确性和完整性，然后再将其与银行送来的对账单逐笔进行核对；二是正常的"未达账项"，所谓"未达账项"，是指由于双方记账时间不一致而发生的一方已经入账，而另一方尚未入账的款项。"未达账项"具体有以下四种情况：

（1）企业已收银行未收。例如，企业送存银行的款项，企业已做存款增加入账，但银行尚未入账；

（2）企业已付银行未付。例如，企业开出支票或其他付款凭证，企业已作为存款减少入账，但银行尚未付款、未记账；

（3）银行已收企业未收。例如，银行代企业收进的款项，银行已作为企业存款的增加入账，但企业尚未收到通知，因而未入账；

（4）银行已付企业未付。例如，银行代企业支付的款项，银行已作为企业存款的减少入账，但企业尚未收到通知，因而未入账。

5.6.4.2 银行存款清查结果的账务处理

通过核对企业银行存款日记账与银行对账单的记录，如果发现企业有错账或漏账，应立即更正；如果发现银行有错账或漏账，应及时通知银行查明更正；如果发现有未达账项，则应据以编制"银行存款余额调节表"进行调节，并验证调节后余额是否相等。

如果调节后双方余额相等，则一般说明双方记账没有差错；若不相等，则表明企业方或银行方或双方记账有差错，应进一步核对，查明原因予以更正。

【例5-39】 天宇公司20×7年7月最后3天银行存款日记账和银行对账单的记录见表5-6和表5-7（假定之前的银行存款日记账与对账单核对相符）：

表5-6 中国工商银行××支行对账单

账号：　　　　　　　　　　单位名称：天宇公司　　　　　　　　　　第　页

20×7年		结算凭证		摘 要	借方	贷方	余额
月	日	种类	编号				
7	28			承前页			68 450
7	29	转支	3 641	支付同城货款	35 224		33 226
7	29	银汇	4 864	收到交来汇票，货款		9 750	42 976
7	30	委收	8 264	收回划来款项，货款		7 380	50 356
7	30	特转	2 467	扣付电话费	2 684		47 672
7	31	转支	3 640	购货款	1 480		46 192
7	31	委收	8 265	收回划来款项，货款		8 735	54 927
7	31	特转	2 468	扣付水电费	2 300		52 627

表5-7 天宇公司银行存款日记账

20×7年		凭证号	摘要	结算凭证		借方	贷方	余额
月	日			种类	编号			
7	28		承前页					68 450
7	29	银收35	销售商品	银汇	4 864	9 750		78 200
7	29	银付21	购买设备	转支	3 639		2 700	75 500
7	30	银付22	购办公用品	转支	3 640		1 480	74 020
7	31	银付23	支付上月货款	转支	3 641		35 242	38 778
7	31	银收36	收回前欠货款	委收	8 264	7 380		46 158
7	31	银收37	销售商品	转支	6 532	6 400		52 558
7	31	银付24	扣付电话费	特转	2 467		2 684	49 874

经逐项核对，发现双方不符的原因有：

（1）7 月 29 日，企业开出转账支票一张购买设备，金额 2 700 元，企业已作为存款减少入账，但银行尚未付款；

（2）7 月 29 日，企业支付货款 35 224 元，误记为 35 242 元，多记付款 18 元；

（3）7 月 31 日，银行代企业收回货款 8 735 元，企业尚未收到收款通知而未入账；

（4）7 月 31 日，银行代企业支付水电费 2 300 元，企业尚未收到付款通知而未入账；

（5）7 月 31 日，企业收到支票号是 6 532♯ 的转账支票一张，金额 6 400 元，企业已做存款增加入账，但银行尚未办理有关手续而未入账。

根据上述原因，天宇公司编制 20×7 年 7 月 31 日的银行存款余额调节表如表 5-8 所示。

表 5-8　银行存款余额调节表

20×7 年 7 月 31 日

项目	金额	项目	金额
企业银行存款日记账余额	49 874	银行对账单余额	52 627
加：企业未入账的银行代收货款	8 735	加：银行未入账的企业收来货款	6 400
企业多记的付款（银付 23）	18	减：银行未付的购买设备款	2 700
减：银行已扣水电费	2 300		
调整后的日记账余额	56 327	调整后的存款余额	56 327

调节后如果双方余额相等，表明银行存款核算账实相符；如果双方余额不等，表明银行存款核算中存在差错，在进一步查找原因，进行纠正。银行存款调节表调节后的银行存款余额是企业实际结存余额。

需要注意的是，编制"银行存款余额调节表"是核对记账是否存在差错的一种方法，而不能以"银行存款余额调节表"作为调整银行账面记录的原始凭证，企业只有在结算凭证到达企业以后，才能进行相关会计处理。但对于表 5-8 中因企业记账错误而导致的企业银行存款日记账与银行对账单余额不符，应采用正确的错账更正方法进行会计处理。

5.6.5　往来款项清查的核算

往来款项一般采用函证核对法进行清查。在保证本企业记录的与各个债权、债务单位结算往来款项账目正确性和完整性的基础上，根据有关明细分类账的记录，按用户编制对账单，送交对方单位进行核对。

对于清查过程中发现的问题，应针对具体情况及时采取措施予以解决。对于错误的往来款项，应立即查明予以更正，对于无法收回的款项，应作为坏账损失处理；对于确实无法支付的款项，应转入"营业外收入"账户。以上业务经批准后直接进行转销，无须通过"待处理财产损溢"账户核算。

5.7　期末结账及利润分配的核算

5.7.1　期末结账

企业在一个会计期间结束后，为了了解当期的经营成果及期末的财务状况，必须将企业所有账户的资料予以汇总计算，以便编制会计报表。

由于损益类账户反映的是企业一个会计期间的经营成果，每个会计期末，应当将损益类账户结清，即将收入类和费用类账户的余额期末都结转到"本年利润"账户，以便下期重新登记损益事项，反映下一会计期间的经营成果。另外，企业要想了解当期期末的财务状况，还应将"本年利润"账户余额结转到"利润分配——未分配利润"账户，从而使得期末资产负债表具体项目的金额变动都能得到详细反映。

这种将收入和费用账户结清，转入"本年利润"账户，再将"本年利润"账户结转到"利润分配——未分配利润"账户的工作，称为结账。

对于资产、负债、所有者权益类账户下的具体账户，除了用来记录本期的变动情形外，到了会计期末，还应汇总计算各账户的期末余额。计算出来的期末余额，一方面用来编制资产负债表，另一方面还得结转到下期。这种将资产、负债、所有者权益类账户的余额结转到下期继续记录的工作，也称为结账。

5.7.2　期末收入费用的结转

在结转收入类账户时，收入类账户减少，借记"主营业务收入"、"其他业务收入"、"营业外收入"、"投资收益"等，贷记"本年利润"。

在结转费用类账户时，费用类账户减少，贷记"主营业务成本"、"其他业务成本"、"销售费用"、"营业税金及附加"、"管理费用"、"财务费用"、"营业外支出"、"所得税费用"、"资产减值损失"等，借记"本年利润"。

当"投资收益"出现借方余额、"财务费用"出现贷方余额时，从相反方向转入"本年利润"。"公允价值变动损益"根据余额情况，从相反方向转入"本年利润"。

【例5-40】　经计算，天宇公司20×7年12月31日结账前各损益类账户的余额如表5-9所示。

表5-9　损益类账户余额表

账户名称	借方余额	贷方余额
主营业务收入		4 000 000
其他业务收入		150 000
投资收益		1 600
营业外收入		4 600
公允价值变动损益	5 000	
主营业务成本	3 466 850	

账户名称	借方余额	贷方余额
其他业务成本	120 000	
营业税金及附加	36 550	
销售费用	65 200	
财务费用	1 500	
管理费用	102 580	
营业外支出	20 500	
资产减值损失	11 000	
所得税费用	85 600	

根据表中各损益类账户的余额，应分别编制如下会计分录：

结转收入类账户，应做会计分录（41）：

(41) 借：主营业务收入	4 000 000
其他业务收入	150 000
投资收益	1 600
营业外收入	4 600
贷：本年利润	4 156 200

结转成本费用类账户，应做会计分录（42）：

(42) 借：本年利润	3 914 780
贷：公允价值变动损益	5 000
主营业务成本	3 466 850
其他业务成本	120 000
营业税金及附加	36 550
销售费用	65 200
财务费用	1 500
管理费用	102 580
营业外支出	20 500
资产减值损失	11 000
所得税费用	85 600

用丁字账表示上述损益类账户的结转如图 5-4 所示。

5.7.3　期末利润分配的核算

企业实现的利润应按国家有关法律、法规和公司章程等规定的程序和内容进行分配，发生的亏损应按照规定的方法加以弥补。

年度终了，企业应将全年实现的净利润自"本年利润"账户结转到"利润分配——未分配利润"账户，结转后"本年利润"账户应无余额。

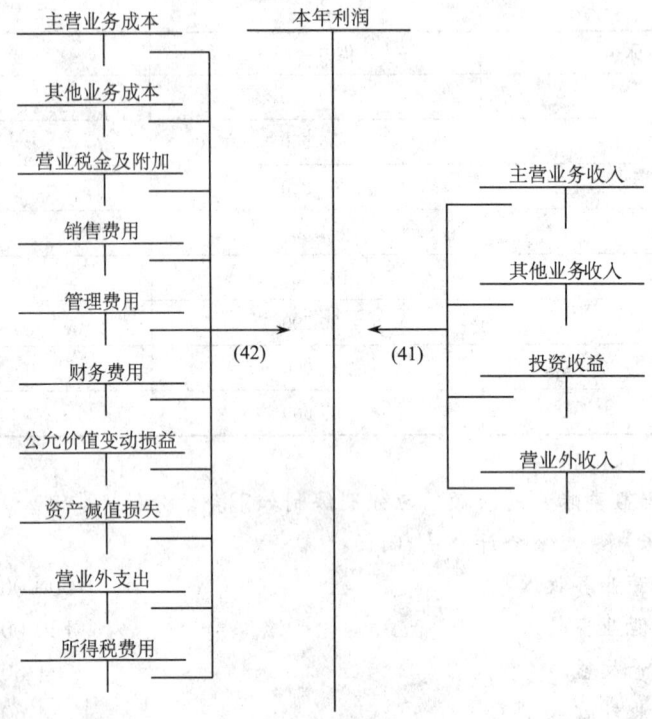

图 5-4　期末结转损益类账户的会计处理

计算并确定应提取的盈余公积时，应借记"利润分配——提取法定盈余公积"、"利润分配——提取任意盈余公积"，贷记"盈余公积——法定盈余公积"、"盈余公积——任意盈余公积"。

计算并确定给股东发放的利润时，应借记"利润分配——应付现金股利或利润"，贷记"应付股利"。

在利润分配完毕，企业需要将利润分配的各明细账户全部结转入"利润分配——未分配利润"，借记"利润分配——未分配利润"，贷记"利润分配——提取法定盈余公积"、"利润分配——提取任意盈余公积"、"利润分配——应付现金股利或利润"等。

年终结转后，除"利润分配——未分配利润"明细账户外，其他"利润分配"的明细账户均无余额。

【例 5-41】　计算天宇公司 20×7 年全年净利润为 1 931 080 元，经股东会决议：按照当年实现净利润的 10% 提取法定盈余公积，按 25% 提取任意盈余公积，向股东分配利润 1 200 000 元。

20×7 年净利润＝1 689 660＋4 156 200－3 914 780＝1 931 080 元

结转本年净利润，应做会计分录（43）：

（43）借：本年利润　　　　　　　　　　　　　　　　1 931 080

　　　　　贷：利润分配——未分配利润　　　　　　　　　　　1 931 080

分配本年净利润，应做会计分录（44）：

应提取的法定盈余公积＝1 931 080×10%＝193 108 元

应提取的任意盈余公积 = 1 931 080 × 25% = 482 770 元

（44）借：利润分配——提取法定盈余公积　　　　　　193 108

　　　　　　　　——提取任意盈余公积　　　　　　482 770

　　　　　　　　——应付现金股利或利润　　　　　1 200 000

　　　　贷：盈余公积——法定盈余公积　　　　　　　193 108

　　　　　　盈余公积——任意盈余公积　　　　　　　482 770

　　　　　　应付股利　　　　　　　　　　　　　　1 200 000

结转利润分配明细账户，应做会计分录（45）：

（45）借：利润分配——未分配利润　　　　　　　　1 875 878

　　　　贷：利润分配——提取法定盈余公积　　　　　193 108

　　　　　　　　　　——提取任意盈余公积　　　　　482 770

　　　　　　　　　　——应付现金股利或利润　　　1 200 000

用丁字账表示上述利润分配的核算如图 5-5 所示。

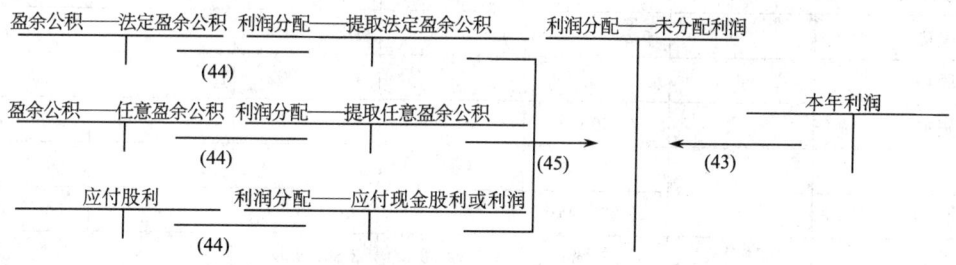

图 5-5　利润分配的会计处理

现根据本章所做会计分录（1）～（45）登记有关总分类账户，并分别结出本期发生额和期末余额，如图 5-6，然后编制总分类账户试算平衡表，见表 5-10。

表 5-10　天宇公司 20×7 年 12 月试算平衡表

会计科目	期初余额		本期发生额		期末余额	
	借方	贷方	借方	贷方	借方	贷方
库存现金	8 000			3 580	4 420	
银行存款	1 970 000		4 910 600	6 192 000	688 600	
交易性金融资产	20 000		85 000	25 000	80 000	
应收账款	603 327		1 345 500		1 948 827	
其他应收款	3 000		700		3 700	
在途物资			2 000 000	2 000 000		
原材料	600 000		2 001 800	2 108 600	493 200	
库存商品	600 000		4 196 700	3 466 850	1 329 850	
生产成本	688 000		4 839 400	4 196 700	1 330 700	
制造费用			572 000	572 000		

续表

会计科目	期初余额		本期发生额		期末余额	
	借方	贷方	借方	贷方	借方	贷方
存货跌价准备				11 000		11 000
可供出售金融资产			71 000		71 000	
固定资产	7 130 000		300 000		7 430 000	
累计折旧		1 646 800		46 000		1 692 800
无形资产	100 000		100 000	100 000	100 000	
累计摊销		30 000	30 000			
待处理财产损溢			3 800	3 800		
短期借款		200 000		300 000		500 000
应付利息				1 500		1 500
应付职工薪酬		1 980 000	2 040 000	1 793 000		1 733 000
应交税费		420 000	1 125 500	1 257 550		552 050
应付股利				1 200 000		1 200 000
实收资本		4 000 000		1 000 000		5 000 000
资本公积		260 000		303 000		563 000
盈余公积		1 238 000		675 878		1 913 878
利润分配		257 867	3 751 756	3 806 958		313 069
本年利润		1 689 660	5 845 860	4 156 200		
主营业务收入			4 000 000	4 000 000		
其他业务收入			150 000	150 000		
主营业务成本			3 466 850	3 466 850		
其他业务成本			120 000	120 000		
营业税金及附加			36 550	36 550		
财务费用			1 500	1 500		
管理费用			104 380	104 380		
销售费用			65 200	65 200		
投资收益			1 600	1 600		
资产减值损失			11 000	11 000		
公允价值变动损益			5 000	5 000		
营业外收入			4 600	4 600		
营业外支出			20 500	20 500		
所得税费用			85 600	85 600		
合计	11 722 327	11 722 327	41 292 396	41 292 396	13 480 297	13 480 297

库存现金

期初余额：	8 000		
		(26)	3 580
借方发生额	0	贷方发生额	3 580
期末余额：	4 420		

银行存款

期初余额：	1 970 000		
(1)	200 000	(6)	100 000
(3)	800 000	(7)	2 340 000
(4)	300 000	(12)	1 980 000
(17)	3 510 000	(13)	1 151 000
(27)	600	(19)	26 000
(28)	21 000	(23)	1 200
(29)	79 000	(30)	20 000
		(32)	420 000
		(34)	153 000
借方发生额	4 910 600	贷方发生额	6 192 000
期末余额：	688 600		

交易性金融资产

期初余额：	20 000		
(34)	85 000	(28)	20 000
		(35)	5 000
借方发生额	85 000	贷方发生额	25 000
期末余额	80 000		

应收账款

期初余额：	603 327		
(18)	1 170 000		
(21)	175 500		
借方发生额	1 345 500	贷方发生额	0
期末余额：	1 948 827		

其他应收款

期初余额：	3 000		
(40)	700		
借方发生额	700	贷方发生额	0
期末余额：	3 700		

在途物资

期初余额：	0		
(7)	2 000 000	(8)	2 000 000
借方发生额	2 000 000	贷方发生额	2 000 000
期末余额：	0		

原材料

期初余额：	600 000		
(8)	2 000 000	(9)	1 986 600
(37)	1 800	(22)	120 000
		(39)	2 000
借方发生额	2 001 800	贷方发生额	2 108 600
期末余额：	493 200		

库存商品

期初余额：	600 000		
(16)	4 196 700	(20)	3 466 850
借方发生额	4 196 700	贷方发生额	3 466 850
期末余额：	1 329 850		

生产成本

期初余额：	688 000		
(9)	1 746 600	(16)	4 196 700
(10)	1 500 000		
(13)	1 020 800		
(15)	572 000		
借方发生额	4 839 400	贷方发生额	4 196 700
期末余额：	1 330 700		

制造费用

期初余额：	0		
(9)	240 000	(15)	572 000
(10)	180 000		
(13)	120 000		
(14)	32 000		
借方发生额	572 000	贷方发生额	572 000
期末余额：	0		

存货跌价准备

		期初余额：	0
		(33)	11 000
借方发生额	0	贷方发生额	11 000
		期末余额：	11 000

可供出售金融资产

期初余额：	0		
(34)	68 000		
(36)	3 000		
借方发生额	71 000	贷方发生额	0
期末余额：	71 000		

图 5-6 天宇公司的总分类账

固定资产

期初余额: 7 130 000			
(2)	300 000		
借方发生额	300 000	贷方发生额	0
期末余额	7 430 000		

累计折旧

		期初余额: 1 646 800	
		(14)	46 000
借方发生额	0	贷方发生额	46 000
		期末余额	1 692 800

无形资产

期初余额: 100 000			
(6)	100 000	(29)	100 000
借方发生额	100 000	贷方发生额	100 000
期末余额	100 000		

累积摊销

		期初余额:	30 000
(29)	30 000		
借方发生额	30 000	贷方发生额	0
		期末余额	0

待处理财产损溢

期初余额:	0		
(38)	1 800	(37)	1 800
(39)	2 000	(40)	2 000
借方发生额	3 800	贷方发生额	3 800
期末余额:	0		

短期借款

		期初余额:	200 000
		(4)	300 000
借方发生额	0	贷方发生额	300 000
期末余额:	0	期末余额	500 000

应付利息

		期初余额:	0
		(5)	1 500
借方发生额	0	贷方发生额	1 500
		期末余额	1 500

应付职工薪酬

		期初余额: 1 980 000	
(11)	60 000	(10)	1 793 000
(12)	1 980 000		
借方发生额	2 040 000	贷方发生额	1 793 000
		期末余额	1 733 000

应交税费

		期初余额:	420 000
(7)	340 000	(11)	60 000
(24)	365 500	(17)	510 000
(32)	420 000	(18)	170 000
		(21)	25 500
		(24)	365 500
		(25)	36 550
		(29)	4 400
		(31)	85 600
借方发生额	1 125 500	贷方发生额	1 257 550
		期末余额	552 050

应付股利

		期初余额:	0
		(44)	1 200 000
借方发生额	0	贷方发生额	1 200 000
		期末余额	1 200 000

实收资本

		期初余额: 4 000 000	
		(1)	200 000
		(2)	300 000
		(3)	500 000
借方发生额	0	贷方发生额	1 000 000
		期末余额	5 000 000

资本公积

		期初余额:	260 000
		(3)	300 000
		(36)	3 000
借方发生额	0	贷方发生额	303 000
		期末余额	563 000

盈余公积

		期初余额: 1 238 000	
		(44)	675 878
借方发生额	0	贷方发生额	675 878
		期末余额	1 913 878

图 5-6　天宇公司的总分类账（续）

利润分配

		期初余额：	257 867
(44)	1 875 878	(43)	1 931 080
(45)	1 875 878	(45)	1 875 878
借方发生额	3 751 756	贷方发生额	3 806 958
		期末余额：	313 069

本年利润

		期初余额：	1 689 660
(42)	3 914 780	(41)	4 156 200
(43)	1 931 080		
借方发生额	5 845 860	贷方发生额	4 156 200
		期末余额：	0

主营业务收入

		(17)	3 000 000
(41)	4 000 000	(18)	1 000 000
借方发生额	4 000 000	贷方发生额	4 000 000

主营业务成本

(20)	3 466 850	(42)	3 466 850
借方发生额	3 466 850	贷方发生额	3 466 850

其他业务收入

(41)	150 000	(21)	150 000
借方发生额	150 000	贷方发生额	150 000

其他业务成本

(22)	120 000	(42)	120 000
借方发生额	120 000	贷方发生额	120 000

营业税金及附加

(25)	36 550	(42)	36 550
借方发生额	36 550	贷方发生额	36 550

财务费用

(5)	1 500	(42)	1 500
借方发生额	1 500	贷方发生额	1 500

管理费用

(10)	86 000	(38)	1 800
(13)	6 000	(42)	102 580
(14)	8 000		
(26)	3 580		
(40)	800		
借方发生额	104 380	贷方发生额	104 380

销售费用

(10)	27 000	(42)	65 200
(13)	5 000		
(14)	6 000		
(19)	26 000		
(23)	1 200		
借方发生额	65 200	贷方发生额	65 200

投资收益

		(27)	600
(41)	1 600	(28)	1 000
借方发生额	1 600	贷方发生额	1 600

营业外收入

(41)	4 600	(29)	4 600
借方发生额	4 600	贷方发生额	4 600

营业外支出

(30)	20 000	(42)	20 500
(40)	500		
借方发生额	20 500	贷方发生额	20 500

所得税费用

(31)	85 600	(42)	85 600
借方发生额	85 600	贷方发生额	85 600

资产减值损失

(33)	11 000	(42)	11 000
借方发生额	11 000	贷方发生额	11 000

公允价值变动损益

(35)	5 000	(42)	5 000
借方发生额	5 000	贷方发生额	5 000

图 5-6　天宇公司的总分类账（续）

本章主要经济业务核算示意图见附录 4 和附录 5。

📖 本章知识点小结

会计核算的对象是企业的经济活动，会计报表是企业经济活动相关信息的集中反映。企业的经济活动具体可分为四大类：筹资活动、资产购置与产品生产活动、资产换取收益活动和利润分配活动。本章按企业经济活动的过程讲解了借贷记账法的应用。

筹资活动分为以股权方式筹资和以债权方式筹资两种。企业以股权方式筹资时，一方面企业的"银行存款"、"原材料"、"固定资产"或"无形资产"等资产增加，另一方面企业的"实收资本"、"资本公积"等所有者权益增加；企业以债权方式筹资时，资产类的"银行存款"与负债类的"短期借款"或"长期借款"同时增加。

在资产购置活动中，制造业企业为了进行产品生产，要进行固定资产、无形资产等投资，要购买生产所需用的原材料，还可能进行股权投资或债权投资等，在这些活动中，"原材料"、"固定资产"、"无形资产"等资产增加，如果支付可款项，"银行存款"等资产减少，如果未支付款项，"应付账款"、"应付票据"等负债增加。企业设置"生产成本"和"制造费用"账户来核算产品的生产活动。

为了更好地体现企业的获利能力，将企业的资产换取收益活动划分为营业活动、投资活动和其他活动，营业活动又分为主营业务和附营业务。这些活动会为企业带来收入，为取得收入也会产生相关的费用，分别通过"主营业务收入"、"其他业务收入"、"主营业务成本"、"其他业务成本"、"销售费用"、"管理费用"、"财务费用"、"投资收益"、"营业外收入"、"营业外支出"和"所得税"等损益类账号核算。

为了提高会计信息的相关性，在会计期末需要分别对以成本计价和以公允价值计价的资产的账面价值进行调整，涉及"资产减值损失"和"公允价值变动损益"等账户。还需对企业货币资金、实物资产和往来款项等财产物资进行清查，并对发现的问题进行处理，以保证账实相符。在此基础上进行期末的结账工作，结清损益类账户，并结计出资产、负债和所有者权益类账户的余额，并进行期末利润分配的核算。

➤ 思考题

1. 企业在筹资活动中一般需要涉及哪些账户？
2. 企业的资产购置活动包括哪些内容？涉及哪些账户？
3. 企业的资产换取收益活动要用到哪些账户？
4. 企业生产过程的核算要用到哪些账户？"生产成本"账户的期末余额表示什么？
5. 以成本计价的资产期末价格如何进行调整？
6. 以公允价值计价的资产期末价格如何进行调整？
7. 企业在会计期末为什么要进行财产清查？
8. 企业在会计期末如何进行结账工作？

➤ **练习题**

习题一

一、目的：练习筹资活动的核算。

二、资料：新设立的德玛公司 20×7 年 1 月份发生下列经济业务：

1. 收到股东李某投入的一项专利，价值 300 000 元，已验收投入使用。

2. 收到股东海天公司投入的生产线两条，价值 700 000 元，该投资投入的生产线已验收并投入使用。

3. 收到股东海立公司投入的 200 000 元的资金，存入银行。

4. 向银行借入 500 000 元，存入银行，该借款借款期限两年。

三、要求：根据上述经济业务编制会计分录。

习题二

一、目的：练习资产购置活动中物资采购的核算。

二、资料：德玛公司 20×7 年 2 月份发生下列经济业务：

1. 购入原材料 5 000 吨，不含税单价 100 元，收到销货方开出的增值税专用发票，原材料已验收入库，货款尚未支付。

2. 以银行承兑汇票支付购料款 35 100 元，其中货款 30 000 元，增值税 51 00 元，材料已验收入库。

3. 以银行存款预付购料款 20 000 元。

4. 收到销货方发出的采用预付货款方式购买的原材料，并取得增值税专用发票，价税合计 40 000 元，其中货款 34 188.03 元，增值税 5 811.97 元；已预付 35 000 元，对方要求补付剩余款项 5 000 元；材料已验收入库，并以银行存款支付剩余款项。

三、要求：根据上述经济业务编制会计分录，并登记相应的总分类账。

习题三

一、目的：练习产品生产活动中产品成本、费用的归集与产品成本计算的核算。

二、资料：德玛公司 20×7 年 3 月份发生下列经济业务：

1. 仓库发出原材料一批，共计 80 000 元，其中生产丙产品耗用 30 000 元，生产丁产品耗用 40 000 元，车间及管理部门各耗用 5 000 元。

2. 经计算本月应付职工工资 60 000 元，其中丙产品生产工人工资 20 000 元，丁产品生产工人工资 30 000 元，车间管理人员和厂部行政管理人员工资分别为 6 000 元和 4 000 元。

3. 本月应计提折旧 30 000 元，其中生产车间应负担 20 000 元，管理部门应负担 10 000 元。

4. 从银行存款支付电费 25 000 元，其中丙产品耗用 8 000 元，丁产品耗用 7 000 元，车间照明用电 6 000 元，管理部门用电 4 000 元。

5. 以银行存款支付下一年度报纸杂志费 24 000 元。

6. 摊销应由本月负担的杂志费 2 000 元。

7. 预提应由本月份负担的短期借款利息费用 3 000 元。

8. 分配并结转本期制造费用（按两种产品生产工人工资的比例分配）。

9. 月末两种产品全部完工，并验收入库，结转完工产品的成本。

三、要求：根据以上经济业务编制会计分录，并登记生产成本和制造费用明细账。

习题四

一、目的：练习资产获取收益活动中销售业务的核算。

二、资料：德玛公司 20×7 年 4 月份发生下列经济业务：（售价均为不含税价）

1. 销售 A 产品 100 件，每件售价 500 元，收到全部款项已存入银行。

2. 以银行存款支付广告费 1 000 元。

3. 以现金支付销售 A 产品运杂费 500 元。

4. 销售 B 产品 200 件，每件售价 300 元，款项以商业承兑汇票结算。

5. 结转已销 A 产品成本 30 000 元，B 产品成本 38 000 元。

6. 出售材料一批，售价 20 000 元，该材料的账面成本为 14 000 元，货款已存入银行。

7. 假设本月进项税额为 6 000 元，计算本月应交的增值税额，并按照 7% 计算城市维护建设税，按 3% 计算教育费附加。

三、要求：根据上述经济业务编制会计分录，并登记相应总分类账。

习题五

一、目的：练习期末损益结转的核算。

二、资料：某企业 20×7 年年末各损益类账户的余额见表 1。

三、要求：根据资料计算营业利润、利润总额和净利润，并做出期末将收入、费用等损益类账户结转到"本年利润"，再转入"利润分配"的会计分录。

表 1　损益类账户余额表　　　　　　　　　　　　　单位：元

账户名称	借方余额	贷方余额
主营业务收入		166 000
其他业务收入		42 000
投资收益		32 000
营业外收入		19 000
公允价值变动损益	2 000	
主营业务成本	124 500	
其他业务成本	29 600	
营业税金及附加	8 460	
销售费用	4 700	
财务费用	4 000	
管理费用	3 000	
营业外支出	15 000	
资产减值损失	11 000	
所得税费用	14 100	

习题六

一、目的：练习利润分配的核算。

二、资料：根据习题五所计算的净利润，按 10% 提取法定盈余公积，按 10% 提取任意盈余公积，支付普通股现金股利 20 000 元。

三、要求：根据资料分别做出计提法定盈余公积，任意盈余公积和应付利润的会计分录，并做出其他利润分配明细账户结转至利润分配——未分配利润账户的全部会计分录。

习题七

一、目的：编制银行存款余额调节表。

二、资料：某公司 20×7 年 7 月 5 日银行存款日记账余额为 110 000 元，银行转来的对账单余额为 144 000 元。经逐笔核对，发现存在下列情况：

（1）银行将其他企业存款利息 2 150 元误记入本公司存款户；

（2）企业于 7 月 4 日将从某单位收到的一张转账支票 3 350 元存入银行，企业已入账，但银行尚未办理有关手续而未入账；

（3）银行代企业收回 25 000 元，银行已入账，而企业尚未收到收账通知而未入账；

（4）银行代企业支付电话费 6 000 元，银行已入账，而企业尚未收到付款通知而未入账；

（5）企业将收回某公司前欠货款 2 400 元，误记为 4 200 元；

（6）企业于 6 月 30 日开出转账支票一张 18 000 元，企业已入账，但银行尚未入账。

三、要求：根据以上资料，编制该企业"银行存款余额调节表"。

习题八

一、目的：练习财产清查结果的会计处理。

二、资料：兴业公司 20×7 年年终财产清查结果如下：

1. 现金短款 160 元，经查明属出纳员责任，经批准应由其赔偿；

2. 有一笔应收货款 66 000 元已超过三年，经批准作为坏账损失处理，该企业采用备抵法核算坏账损失；

3. 盘盈产品 15 000 元，经查属于收发计量差错，经批准冲减管理费用；

4. 盘盈材料 9 000 元，经查明属于日常收发计量差错，经批准转账；

5. 盘亏材料 90 000 元，经查明，其中有 10 000 元属于定额内损耗，有 20 000 元属于收发计量差错，有 30 000 元属于保管人员责任，决定由其赔偿，其余为非常损失，由保险公司赔偿 30 000 元，经批准转账；

6. 应付 A 公司账款 5 000 元，因 A 公司解散无法支付，经批准注销；

7. 盘亏机器设备一台，原值 70 000 元，已提折旧 10 000 元，经查明为管理不善丢失，经批准作为营业外支出处理；

8. 盘盈机器设备一台，重置价值 2 800 元，估计已提折旧 1 000 元，经查明属于账外资产，经批准转账。

三、要求：根据以上资料，编制批准前和批准后的会计分录。

第6章

企业经济活动核算（二）

内容提要

本章在第5章的基础上，进一步按照资产负债表和利润表列示的项目，介绍资产的核算、负债的核算、所有者权益的核算和损益的核算等，资产负债表和利润表中列示的数据是这些项目的核算结果。通过本章的学习，使读者对资产负债表和利润表项目的形成及其内涵有更深的认识。

6.1 资产的核算

6.1.1 货币资金的核算

货币资金是以货币形态存在的资产，是企业流动性最强的资产。按其存放地点和用途的不同，可分为库存现金、银行存款和其他货币资金。

6.1.1.1 库存现金

在我国会计核算中，现金是狭义的概念，仅指企业的库存现金，包括库存的人民币和外币。由于现金在流通过程中灵活方便的特点，可以随时购买其他资产、清偿债务和支付其他费用，这就要求企业在现金结算中要严格遵守国务院发布的《现金管理暂行条例》的规定，以保证现金在企业经营过程中合理、顺畅地流转，提高现金的使用效益，保护现金的安全。

1. 现金管理制度

根据《现金管理暂行条例》的规定，现金管理制度主要有以下三项内容。

（1）现金的使用范围。企业可在下列范围内使用现金：①职工工资、津贴；②个人劳务报酬；③根据国家规定颁发给个人的科学技术、文化艺术、体育等各种奖金；④各种劳保、福利费用以及国家规定的对个人的其他支出；⑤向个人收购农副产品和其他物资的价款；⑥出差人员必须随身携带的差旅费；⑦结算起点（1 000 元）以下的零星支出；⑧中国人民银行确定需要支付现金的其他支出。

（2）库存现金限额。库存现金限额是指经银行核定的，企业日常可以留存的库存现金的最高额度。一般为 3～5 天日常零星开支的正常需要量，特殊情况可适当放宽，但最长不得超过 15 天零星开支需要量。

（3）现金收支的日常管理。企业的现金收入应当于当日送存开户银行；企业支付现金，可以从本单位库存现金限额中支付或者从开户银行提取，不得从本单位的现金收入中直接支付（即坐支）；企业从开户银行提取现金，应当写明用途，由本单位财会部门负责人签字盖章、经开户银行审核后，予以支付现金。此外，不准用不符合财务制度的凭证顶替库存现金（即白条顶库）；不准谎报用途套取现金；不准利用银行账户代其他单位和个人存入或支取现金；不准将单位收入的现金以个人名义存入储蓄；不准保留账外公款（即小金库）等。

2. 库存现金的核算

企业应通过"库存现金"账户总括反映现金的收付和结存情况。企业从银行提取现金、职工交回出差等借款的剩余、小额现金收入等业务而收到现金时，根据审核无误的原始凭证，借记"库存现金"账户，贷记"银行存款"、"主营业务收入"、"其他应收款"等账户；企业因小额现金付款、现金送存银行等业务支出现金时，借记"银行存款"、"管理费用"、"应付职工薪酬"等账户，贷记"库存现金"账户。

下面以企业职工报销费用为例，分三种情况说明库存现金的核算。

（1）员工垫付款项，事后持发票和相应审核单据到财务部门报销。

【例 6-1】　企业员工王某持发票报销购买办公用品款 300 元，以现金支付，办公用品交付使用。

借：管理费用　　　　　　　　　　　　　　　　　　300

　　贷：库存现金　　　　　　　　　　　　　　　　　　300

（2）员工事先向财务部门借款，事后还款报销。

【例 6-2】　企业职工王某预借差旅费 800 元，以现金支付。

借：其他应收款——王某　　　　　　　　　　　　　800

　　贷：库存现金　　　　　　　　　　　　　　　　　　800

【例 6-3】　企业职工王某出差回来报销差旅费 780 元，余款收到现金。

借：管理费用　　　　　　　　　　　　　　　　　　780

　　库存现金　　　　　　　　　　　　　　　　　　 20

　　贷：其他应收款——王某　　　　　　　　　　　　　800

（3）定额备用金制度。

当企业内部的一些部门因为业务需要经常支付现金时，为了避免频繁的报销，财务部门可以事先给这些业务部门拨付备用金，供其零星日常开支使用。备用金使用以后，使用部门收集并保管有关的发票、凭据，在规定的时间内到财务部门集中办理报销，报销时财务部门根据其报销的费用补足备用金的额度。备用金的额度一般由企业财务部门根据业务部门的业务需要量给予核定。

【例 6-4】　开出现金支票一张，支付采购部门经核定的备用金 5 000 元。

借：其他应收款——备用金——采购部门　　　　　　5 000

　　贷：银行存款　　　　　　　　　　　　　　　　　　5 000

【例 6-5】 采购部门持各种费用凭证报销差旅费合计 4 325 元，财务部门审核后支付现金，补足备用金定额。

借：管理费用　　　　　　　　　　　　　　　　　　　　　　　4 325
　贷：库存现金　　　　　　　　　　　　　　　　　　　　　　　　　4 325

3. 企业对现金的管理

由于现金最易被盗窃或被挪用、侵占，为了防止意外的发生，企业应当建立健全内部现金管理制度。主要从以下三个方面入手：

（1）内部牵制制度。企业现金内部牵制制度的核心内容是会计和出纳要合理分工、钱账分管。负责办理现金收付业务、保管库存现金及登记现金日记账的出纳员，不得经营"库存现金"总账，不得兼管稽核、会计档案保管和收入、费用、债权、债务账目的登记工作；而负责"库存现金"总账的记录和计算的会计人员，则不得经管现金。

（2）审核和签证制度。企业应健全现金事项的会计处理程序，在办理现金收付业务之前，应复核原始凭证的手续是否完备、数字是否正确、内容是否合理合法。经查核无误后，才能据以办理现金的收付业务。

（3）定期清查盘点制度。企业内部现金的定期清查盘点制度是以检查现金管理制度的执行情况和现金收付中的问题为目的。其具体内容已在 5.6 节进行了详细介绍，在此不再详述。

6.1.1.2　银行存款

银行存款是指企业存放在银行和其他金融机构的货币资金。企业只有在银行开立了存款账户，才能通过银行同其他单位进行结算，办理资金的收支。因此，企业应按规定在银行开设和使用存款账户。

1. 银行账户的管理

根据《银行账户管理办法》的规定，单位的银行存款账户分为四类，即基本存款账户、一般存款账户、专用存款账户、临时存款账户。

基本存款账户是单位办理日常转账结算和现金收付的账户，每一单位只能在银行开立一个基本存款账户；一般存款账户是单位根据借款转存或其他结算的需要，在基本存款账户以外的银行营业机构开立的账户，该账户可以办理转账结算和现金缴存，但不能提取现金；专用存款账户是单位对其特定用途的资金进行专项管理和使用而开立的账户；临时存款账户是单位因临时需要并在规定期限内使用而开立的账户。

为了加强对基本存款账户的管理，对于单位开立基本存款账户，我国实行开户许可证制度，必须凭中国人民银行当地分支机构核发的开户许可证办理。单位开立的基本存款账户只能用于办理本单位生产经营业务活动的结算，不得出租和出借账户。

2. 银行结算方式

结算是指款项的收付行为，企业对外资金结算除按规定可以采取现金结算外，大部分需要通过银行办理转账结算。根据中国人民银行《支付结算办法》的规定，我国银行结算办法分为两类：一类是票据化的结算方式，包括银行汇票、商业汇票、银行本票、支票等；另一类是银行通过记账形式划转款项的结算方式，包括汇兑、托收承付、委托收款、信用证等方式。此外，还有电子化的结算方式——信用卡。

3. 银行存款的核算

企业应通过"银行存款"账户总括反映银行存款的收付和结存情况，该账户的借方反映企业存入银行或其他金融机构的款项的增加，贷方反映提取和支出引起的存款减少，期末借方余额反映企业存在银行或其他金融机构的各种款项。企业存入款项，借记"银行存款"账户，贷记"库存现金"、"主营业务收入"等相关账户；提取或支付款项时，借记"库存现金"、"管理费用"、"原材料"等账户，贷记"银行存款"账户。

企业应按开户银行和其他金融机构、存款的种类等设置"银行存款日记账"，根据收付款凭证，按照业务的发生顺序逐笔登记。每日终了，应结出余额。有外币业务的企业，应在"银行存款"账户下分别设置人民币和各种外币的"银行存款日记账"进行明细核算。

企业在不同的结算方式下，应当根据有关的原始凭证编制银行存款的收付款凭证，并进行相应的账务处理。

企业在银行的其他存款，如外埠存款、银行本票存款、银行汇票存款、信用证存款等，在"其他货币资金"账户核算，不通过"银行存款"账户进行会计处理。

【例 6-6】 天宇公司收到银行收账通知，收到甲公司汇入的前欠货款，金额80 000元。

借：银行存款　　　　　　　　　　　　　　　　　　80 000
　贷：应收账款——甲公司　　　　　　　　　　　　　80 000

【例 6-7】 天宇公司开出转账支票一张，金额9 000元，支付产品广告费。

借：销售费用　　　　　　　　　　　　　　　　　　9 000
　贷：银行存款　　　　　　　　　　　　　　　　　　9 000

4. 银行存款的清查

银行存款的清查已在5.6节进行了详细介绍，在此不再赘述。

6.1.1.3 其他货币资金

其他货币资金是指企业除现金、银行存款以外的其他各种货币资金，包括外埠存款、银行汇票存款、银行本票存款、在途货币资金、信用证保证金存款、存出投资款等。其中，外埠存款是指企业到外地进行临时或零星采购设备、材料、商品时，汇往采购地银行开立采购专户的款项；银行汇票存款和银行本票存款是企业为取得银行汇票和银行本票，按照规定存入银行的款项；在途货币资金是指企业同所属单位之间和上下级之间的汇、解款项，在月终时尚未到达、处于在途的资金。

其他货币资金同现金和银行存款一样，都属于货币资金，但是由于存放地点和用途不同于库存现金和银行存款，因此在会计上将它另设"其他货币资金"账户进行核算，并按照其他货币资金的种类，设置"外埠存款"、"银行汇票"、"银行本票"、"在途资金"、"信用证保证金"、"信用卡"、"存出投资款"等明细账户进行核算。

【例 6-8】 采购员王某持票面金额80 000元的银行汇票去外地某市采购原材料，采购的原材料的价款60 000元，增值税10 200元，并取得了增值税专用发票。采购完毕,外地银行将剩余款项划回企业开户银行。

(1)企业填制"银行汇票申请书"并将款项交存银行,银行签发银行汇票后:

借:其他货币资金——银行汇票   80 000

 贷:银行存款   80 000

(2)收到采购人员交来的发票账单时:

借:在途物资   60 000

 应交税费——应交增值税(进项税额)   10 200

  贷:其他货币资金——银行汇票   70 200

(3)接银行通知,剩余款项划回时:

借:银行存款   9 800

 贷:其他货币资金——银行汇票   9 800

【例6-9】 天宇公司因货币资金闲置,于3月1日向银河证券公司划出600 000元投资款,3月10日购买股票500 000元。

(1)3月1日,向银河证券公司划出款项时,根据有关单证:

借:其他货币资金——存出投资款   600 000

 贷:银行存款   600 000

(2)3月10日购买股票后:

借:交易性金融资产   500 000

 贷:其他货币资金——存出投资款   500 000

6.1.2 应收及预付款项的核算

应收及预付款项是企业在生产经营活动中发生的各项短期债权,包括应收票据、应收账款、预付账款、其他应收款、应收股利、应收利息等。其中应收股利和应收利息核算企业因对外投资产生的债权,应收利息反映企业因债权投资而应收取的利息,应收股利反映企业因股权投资而应收取的现金股利或利润,对应收股利和应收利息本部分不再详述。

6.1.2.1 应收账款

应收账款是指企业在正常的经营过程中,因以赊销方式销售商品和提供劳务,应向客户收取的款项,包括应该向客户收取的销售价款和代垫的运杂费、包装费等,但不包括非销售原因产生的其他应收款。应收账款不像应收票据那样有书面的承诺,但是会有一些表明商品或劳务提供过程已经完成、双方的债权债务关系已经成立的书面文件,如购销合同、销售发票、发货清单等。

在市场经济条件下,企业之间的商品交易大多是建立在商业信用的基础上,应收账款是企业未来货币资金收入的重要来源。

1. 应收账款入账价值的确定

应收账款一般是在交易发生日或销售收入确认时,按实际发生额入账。在确认应收账款入账价值时,还应当考虑商业折扣和现金折扣等因素。

商业折扣是指企业为促进销售而在商品价格上给予的扣除。此项数额通常用百分比来表示，如10％、15％、20％等，扣减后的净额才是实际销售价格。因此，在存在商业折扣的情况下，企业应收账款的入账金额应按扣除商业折扣以后的实际售价加以确认。

现金折扣是指企业为了鼓励客户在一定时期内早日偿还货款而给予的一种折扣优待。这种折扣的条件，通常写成："2/10，1/20，N/30"的方式，分别表示："10天内付款折扣2％，20天内付款折扣1％，30天内全价付款"。

在现金折扣的情况下，应收账款的入账金额有两种确认方法：总价法和净价法。所谓总价法，是指将未减除现金折扣前的金额作为实际售价，记作应收账款的入账金额，把销售方给予客户的现金折扣看做是一种理财费用；所谓净价法，则是指将扣减现金折扣后的金额作为实际售价，据以记作应收账款的入账金额，而把由于客户超过折扣期限而多收入的金额，视为提供信贷获得的收入，于收到时冲减"财务费用"账户。在我国目前的会计实务中，所采用的是总价法。

2. 应收账款的账务处理

为了反映应收账款的增减变化，企业应设置"应收账款"账户。不单独设置"预收账款"账户的企业，预收的账款也可以在"应收账款"账户核算。本账户应按债务人进行明细核算，借方登记应收账款的增加，贷方登记收回的应收账款、转作商业汇票结算的应收账款和已发生坏账损失注销的应收账款。期末借方余额表示企业尚未收回的应收账款，期末贷方余额反映企业预收的账款。

【例6-10】　6月10日天宇公司向立华公司销售商品一批，货款40 000元，增值税6 800元，代垫运杂费1 000元，已用银行存款支付，货款尚未收到。

借：应收账款——立华公司　　　　　　　　　　　　　　47 800
　　贷：主营业务收入　　　　　　　　　　　　　　　　　40 000
　　　　应交税费——应交增值税（销项税额）　　　　　　6 800
　　　　银行存款　　　　　　　　　　　　　　　　　　　1 000

【例6-11】　6月21日天宇公司收到立华公司货款及代垫运费。

借：银行存款　　　　　　　　　　　　　　　　　　　　47 800
　　贷：应收账款——立华公司　　　　　　　　　　　　　47 800

【例6-12】　7月2日，天宇公司向海天公司销售产品价款10 000元，现金折扣条件为："2/10，1/20，N/30"，现金折扣按货款计算，增值税率为17％，收入已确认，款项未收到。根据上述资料，应编制如下会计分录：

（1）确认收入

借：应收账款——海天公司　　　　　　　　　　　　　　11 700
　　贷：主营业务收入　　　　　　　　　　　　　　　　　10 000
　　　　应交税费——应交增值税（销项税额）　　　　　　1 700

（2）如果上述款项在10天内收到，现金折扣的金额10 000×2％=200（元）

借：银行存款　　　　　　　　　　　　　　　　　　　　11 500
　　财务费用　　　　　　　　　　　　　　　　　　　　　200

　　　　贷：应收账款——海天公司　　　　　　　　　　　　　　　　11 700

（3）如果上述款项在 20 天以后收到

借：银行存款　　　　　　　　　　　　　　　　　　　　　　11 700

　　贷：应收账款——海天公司　　　　　　　　　　　　　　　　11 700

6.1.2.2　应收票据

1. 应收票据概述

应收票据是指企业在采用商业汇票结算方式下，因销售商品、提供劳务而收到的尚未到期的商业汇票。

商业汇票是指收款人或付款人（或承兑申请人）签发，由承兑人承兑，并于到期日向收款人或背书人支付款项的票据。按照承兑人的不同，商业汇票包括银行承兑汇票和商业承兑汇票。商业汇票可以背书转让，当企业在票据到期前急需资金时，也可以到银行贴现。根据我国现行法律的规定，商业汇票的期限不超过 6 个月，因此，我国的应收票据是资产负债表中的一项流动资产。

企业的应收票据来自于两个方面：一是企业在销售时直接要求购货方采用商业汇票结算方式而产生，二是应收账款到期购货方无法按时偿还而开出商业汇票以延期付款而产生。与应收账款相比较，应收票据因有正式的书面承诺，在法律上具有较强的约束力。

2. 应收票据的账务处理

为了反映企业商业汇票的取得、收回和贴现情况，企业应设置"应收票据"账户，该账户属于资产类账户，借方登记企业因销售商品、提供劳务而收到的商业汇票的票面金额，贷方登记到期收回的商业汇票、已背书转让给其他单位的商业汇票或未到期向银行申请贴现的商业汇票，期末余额在借方，反映企业持有的尚未收回商业汇票的票面金额。

应收票据账户应按不同的票据种类设置明细账。企业还应设置"应收票据备查簿"，逐项登记应收票据，应收票据到期结清票款后，应在备查簿内逐项注销。

企业收到商业汇票时，应按票据面额，借记"应收票据"账户，贷记"主营业务收入"或"应收账款"等账户。

票据到期收回货款时，应按实际收到的金额，借记"银行存款"账户，贷记"应收票据"账户。

当票据逾期未能收回货款时，应将应收票据转为应收账款，即借记"应收账款"账户，贷记"应收票据"。

【例 6-13】　6 月 10 日天宇公司向新大公司销售商品一批，收到新大公司一张面值 58 500 元的商业汇票。该批商品的货款为 50 000 元，增值税税额 8 500 元。

借：应收票据——新大公司　　　　　　　　　　　　　　　　58 500

　　贷：主营业务收入　　　　　　　　　　　　　　　　　　　50 000

　　　　应交税费——应交增值税（销项税额）　　　　　　　　　8 500

6.1.2.3 预付账款

预付账款是指按照购货或劳动合同，预先支付给供应方的账款。为了加强对预付账款的管理，一般应单独设置"预付账款"账户进行核算，并按供货单位进行明细核算。该账户借方登记预付给供应商的货款及补付的货款，贷方登记收到货物的预付账款及退回的多付款项，期末如果是借方余额，性质上属于资产，反映企业已付但未收到货物的预付款项；期末如为贷方余额，性质上属于负债，反映企业尚未补付的款项。

在供应商较为稳定的条件下，预付账款应该按照约定转化为存货。

预付账款时，借记"预付账款"账户，贷记"银行存款"账户。收到所购物资时，按发票账单所列物资成本的金额，借记"物资采购"或"原材料"、"库存商品"等账户，按专用发票注明的增值税，借记"应交税费——应交增值税（进项税额）"账户，按应付金额，贷记"预付账款"账户。补付款项时，借记"预付账款"账户，贷记"银行存款"账户。退回多付的款项时，做相反的会计分录。

【例 6-14】 7 月 5 日，天宇公司按照合同规定开出转账支票一张，预付给海星公司购买材料款 50 000 元。7 月 25 日收到海星公司发来的材料并验收入库，增值税专用发票上注明的价款 60 000 元，增值税 10 200 元。7 月 31 日开出转账支票一张，补付海星公司货款 20 200 元。

（1）企业在预付货款时：

借：预付账款——海星公司　　　　　　　　　　　　　　50 000
　　贷：银行存款　　　　　　　　　　　　　　　　　　　　50 000

（2）收到所购货物时：

借：原材料　　　　　　　　　　　　　　　　　　　　　60 000
　　应交税费——应交增值税（进项税额）　　　　　　　　10 200
　　贷：预付账款——海星公司　　　　　　　　　　　　　　70 200

（3）补付货款时：

借：预付账款——海星公司　　　　　　　　　　　　　　20 200
　　贷：银行存款　　　　　　　　　　　　　　　　　　　　20 200

预付账款业务较少的企业，也可以不设"预付账款"账户，将预付的货款记入"应付账款"账户的借方。但在编制资产负债表时，应将"预付账款"和"应付账款"项目的金额分别反映。

企业的预付账款，如有确凿证据表明其不符合预付账款性质，或因供货单位破产、撤销等原因已无望再收到所购货物的，应将原计入预付账款的金额转入其他应收款。企业应按预计不能收到所购货物的预付账款账面余额，借记"其他应收款——预付账款转入"账户，贷记"预付账款"账户。

6.1.2.4 其他应收款

其他应收款项是指企业除应收票据、应收账款、预付账款、应收股利、应收利息等以外的其他各种应收及暂付款项，是企业发生的非购销活动的应收债权。其他应收款主要包括：①应收的各种赔款、罚款；②应收出租包装物租金；③应向职工收取的各种垫付款项；④备用金（适用于不设置"备用金"账户的企业）；⑤存出保证金，如租入包装物支付的押金；⑥预付账款转入；⑦其他各种应收、暂付款项。企业应设置"其他应收款"账户，并按对方单位（或个人）进行明细核算。

企业发生其他各种应收款项时，借记"其他应收款"账户，贷记"库存现金"等账户；收回各种款项时，借记"库存现金"等账户，贷记"其他应收款"账户。

实行定额备用金制度的企业，可以单独设置"备用金"账户核算，也可通过"其他应收款"账户核算。

【例 6-15】 7月5日，天宇公司向海星公司借入包装物，以现金支付押金500元。

借：其他应收款—存出保证金（海星公司） 500
 贷：库存现金 500

6.1.3 存货的核算

存货是企业流动资产的重要组成部分，在企业资产中占有较大的比重。存货的核算包括对存货数量的确定及其价值的计算，其结果将直接影响到资产负债表中期末存货的金额和利润表中营业成本的金额，对报表使用者分析企业财务状况和经营成果意义重大。

6.1.3.1 存货的概念及其分类

存货是指企业在日常生产经营过程中持有以备出售，或者仍然处在生产过程，或者在生产或提供劳务过程中将消耗的材料或物料等，包括各类原材料、商品、在产品、半成品、产成品等。存货是实物形态的资产，日常生产经营中一般使用实物计量单位来衡量存货，而在会计中需要将其他计量单位统一换算为记账本位币。存货的各种明细账账页基本上都采用数量金额式。

不同性质的企业，存货的种类有所不同，制造业企业的存货按其用途的不同，分为原材料、在产品、自制半成品、产成品等。

6.1.3.2 存货数量的确定方法

存货的计价包括数量和金额的确定。确定存货实物数量的方法称为存货盘存制度，有永续盘存制和定期盘存制两种。

（1）永续盘存制。永续盘存制又称账面盘存制，是对各项存货设置明细账，根据凭证逐笔或逐日登记收入、发出数量，并随时结算出账存数量的一种方法。一般企业中各项存货数量的确定，都采用永续盘存制。永续盘存制下可以将账面数和盘点得到的实际数相比较，以检查账实是否相符。永续盘存制下用如下公式计算账存数：

期末账面数量＝期初账面数量＋本期增加数量－本期减少数量

（2）实地盘存制。实地盘存制又称为定期盘存制，是期末通过盘点实物来确定存货数量，然后倒挤出本期减少数量的一种方法。这种方法平时只登记存货的增加数量，存货的减少数量是在期末盘点之后才能倒算出来。因此，在这种存货的记录制度下，平时的会计核算工作量较少，会计核算成本较低。但该制度导致企业会计账簿和记录在平时无法反映存货的库存情况，提供信息不及时，不利于提高存货管理的效率。此外，该制度是以期末盘存数量作为账存数量，不需要账实核对，从而不能发现存货管理中存在的问题，也不利于存货成本的控制。

【例 6-16】 天宇公司 20×7 年 3 月初有 A 材料 100 公斤，金额为 3 280 元，3 月份发生如下业务：

（1）3 月 5 日购入 500 公斤，单价 33.50 元；

（2）3 月 9 日领用 160 公斤；

（3）3 月 14 日购入 400 公斤，单价 33.20 元；

（4）3 月 17 日领用 600 公斤；

（5）3 月 28 日购入 300 公斤，单价 32.50 元；

永续盘存制和定期盘存制下，该企业 A 材料的数量记录分别见表 6-1、表 6-2。

表 6-1　永续盘存制下 A 材料明细账中对数量的记录

日期	摘要	收入	发出	结存
3 月 1 日	期初结存			100
3 月 5 日	购入	500		600
3 月 9 日	领用		160	440
3 月 14 日	购入	400		840
3 月 17 日	领用		600	240
3 月 28 日	购入	300		540
3 月 31 日	本月合计及结存	1 200	760	540

表 6-2　实地盘存制下 A 材料明细账中对数量的记录

日期	摘要	收入	发出	结存
3 月 1 日	期初结存			100
3 月 5 日	购入	500		600
3 月 14 日	购入	400		840
3 月 28 日	购入	300		540
3 月 31 日	月末盘存及发出数量		760	540
3 月 31 日	本月合计及结存	1 200	760	540

6.1.3.3　存货取得的核算

1. 存货的入账价值

企业可以通过外购、自制、投资转入等方式取得存货，我国现行会计准则要求存货应按取得时的成本进行初始计量。由于存货的取得方式不同，其入账价值也不同。以外购存货为例，其入账价值是存货从购买到验收入库前的整个过程中所发生的各项支出，包括购买价款、相关税费、运输费、装卸费、保险费以及其他可归属于存货采购成本的费用。但一般纳税人企业取得的增值税专用发票等完税凭证上注明的可作为进项税额抵扣的税金，不计入外购存货的成本。

2. 存货取得的账务处理

存货的取得方式不同，其账务处理方法也不同。存货的日常核算方法主要有实际成本法和计划成本法两种，本书仅以外购材料实际成本法为例来说明存货取得的账务处理。

在制造企业的实务中，为加强企业材料物资的采购管理和控制，在原材料验收入库前，可通过"在途物资"账户进行核算，"在途物资"账户是过渡性账户，专门用来归集企业外购材料的买价和采购费用，计算确定材料采购实际成本的账户。借方登记购入材料的买价和采购费用，贷方登记材料已验收入库的实际成本，期末借方余额表示尚未验收入库的在途材料的实际成本。

购入的材料物资验收入库后，转入"原材料"账户核算。"原材料"账户是用来核算企业库存材料的增减变动和结存情况的账户。借方登记已验收入库材料的实际成本，贷方登记发出材料的实际成本，期末借方余额表示库存原材料的实际成本。原材料应按材料品种分别设置明细账，进行原材料明细分类核算。

【例 6-17】 天宇公司购入原材料一批，发票价格为 200 000 元，增值税率为 17%，款项已经通过银行存款支付，另以银行存款支付运输及保险费 2 000 元，整理挑选等杂项费用 500 元。相应的会计分录编制如下：

（1）购入原材料支付价款及增值税金时：

借：在途物资	200 000
应交税费——应交增值税（进项税额）	34 000
贷：银行存款	234 000

（2）支付运输、保险及杂项费用时：

借：在途物资	2 500
贷：银行存款	2 500

（3）该批原材料验收入库时：

借：原材料	202 500
贷：在途物资	202 500

6.1.3.4　发出存货的核算

1. 发出存货的计价方法

企业应当根据各类存货的实际情况，确定发出存货的实际成本。由于存货处于不同的流转过程中，会计核算上难以保证各种存货的成本流转与实物流转相一致，于是产生了存货成本的流转假设，包括个别计价法、一次加权平均法、移动加权平均法、先进先出法等，不同的企业应根据自身的特点来选择适合本企业的存货成本流转假设，这些计价方法都是以历史成本为基础的。

（1）个别计价法。个别计价法，又称具体辨认法，是指在能够分别辨认存货批次的情况下，按每一批存货的实际进价确定发出存货的成本和期末存货成本。个别计价法的优点是成本计算准确，符合实际情况。缺点是在存货收发频繁情况下，其记录和辨认成本较高。因此，这种方法适用于不能替代使用的存货，以及为特定项目专门购入或制造的存货，如珠宝、名画等贵重物品。

（2）一次加权平均法。一次加权平均法，就是对发出存货的计价采用本期期初和本期增加的存货的加权平均成本的一种存货发出计价方法。这种方法计算简单、易于操作，但是发出存货的成本只能等到月末算出加权平均成本后才能计算出来，提供信息较为滞后，因此不利于存货成本的日常管理。

$$存货加权平均单位成本=\frac{月初结存存货实际成本+本月收入存货实际成本}{月初结存存货数量+本月收入存货数量}$$

【例 6-18】　根据例 6-16 的资料，如果天宇公司对 A 材料采用一次加权平均法进行存货的计价，通过以上资料，可以编制 A 材料明细账，见表 6-3 所示。

$$加权平均单价=\frac{3\,280+39\,780}{100+1\,200}=33.12$$

发出材料成本＝760×33.12＝25171.20

结存材料成本＝3 280＋39 780－25 171.20＝17 888.80

表 6-3　A 材料明细账（一次加权平均法）

20×7年		摘要	收入			发出			结存		
月	日		数量	单价	金额	数量	单价	金额	数量	单价	金额
3	1	期初结存							100	32.80	3 280.00
3	5	购入	500	33.50	16 750.00				600		
3	9	领用				160			440		
3	14	购入	400	33.20	13 280.00				840		
3	17	领用				600			240		
3	28	购入	300	32.50	9 750.00				540		
3	31	本月合计及结存	1 200		39 780.00	760	33.12	25 171.20	540	33.12	17 888.80

注：结存栏中的金额为倒挤数。

（3）移动加权平均法。移动加权平均法，是在每次存货增加时，计算出当时的加权平均成本，并使用该加权成本作为随后发出存货成本的一种存货发出计价方法。这种方法弥补了加权平均法的缺点，但其核算的工作量要大一些。因此对收发货频繁的企业不适用。

$$移动平均单位成本=\frac{上次结存存货金额+本次收入存货金额}{上次结存存货数量+本次收入存货数量}$$

【例 6-19】　根据例 6-16 的资料，如果天宇公司对 A 材料采用移动加权平均法进行存货的计价，通过以上资料，可以编制 A 材料明细账，见表 6-4 所示。

$$第一批进料后的平均单位成本=\frac{3\,280+16\,750}{100+500}=33.38$$

第一批发出材料的成本＝600×33.38＝5 340.80（元）

第一批发出材料后结存的材料的成本＝3 280＋16 750－5 340.80＝14 689.20（元）

其余计算类同。

表 6-4　A 材料明细账（移动加权平均法）

20×7年		摘要	收入			发出			结存		
月	日		数量	单价	金额	数量	单价	金额	数量	单价	金额
3	1	期初结存							100	32.80	3 280.00
3	5	购入	500	33.50	16 750.00				600	33.38	20 030.00
3	9	领用				160	33.38	5 340.80	440	33.38	14 689.20
3	14	购入	400	33.20	13 280.00				840	33.30	27 969.20
3	17	领用				600	33.30	19 980.00	240	33.30	7 989.20
3	28	购入	300	32.50	9 750.00				540	32.85	17 739.20
3	31	本月合计及结存	1 200		39 780.00	760		25 320.80	540	32.85	17 739.20

注：结存栏中的金额为倒挤数。

（4）先进先出法。先进先出法，是对于发出存货的价格采用假设"先购进的存货先发出"的原则来确定发出存货成本的一种存货发出计价方法。该种方法可以随时结转发出存货的成本，但如果存货收发业务较多，且存货单价不稳定时。其核算工作量较大。

【例 6-20】　根据例 6-16 的资料，如果天宇公司对 A 材料采用先进先出法进行存货的计价，期初库存的 100 公斤材料中，单价 32.60 元的 A 材料 60 公斤，单价 33.10 元的 A 材料 40 公斤。通过以上资料，可以编制 A 材料明细账，见表 6-5 所示。

表 6-5　A 材料明细账（先进先出法）

20×7年		摘要	收入			发出			结存		
月	日		数量	单价	金额	数量	单价	金额	数量	单价	金额
3	1	期初结存							60	32.60	1 956.00
									40	33.10	1 324.00
3	5	购入	500	33.50	16 750.00				60	32.60	1 956.00
									40	33.10	1 324.00
									500	33.50	16 750.00
3	9	领用				60	32.60	1 956.00	440	33.50	14 740.00
						40	33.10	1 324.00			
						60	33.50	2 010.00			
3	14	购入	400	33.20	13 280.00				440	33.50	14 740.00
									400	33.20	13 280.00
3	17	领用				440	33.50	14 740.00	240	33.20	7 968.00
						160	33.20	5 312.00			
3	28	购入	300	32.50	9 750.00				240	33.20	7 968.00
									300	32.50	9 750.00
3	31	本月合计及结存	1 200		39 780.00	760		25 342.00	540		17 718.00

2. 发出存货的账务处理

按照上述存货发出的计价方法，可以确定发出存货的实际成本。存货发出的原始凭证一般包括领料单、限额领料单、出库单、提货单等。制造企业由于材料日常收发业务比较频繁，因此，平时一般只登记材料明细账，以反映各种材料的收发、结存数量及金额；期末根据原材料出库凭证，按领用部门以及用途进行归类，定期（或月末）编制"发出材料汇总表"，计算实际发出材料的数量及金额，据以编制记账凭证，并登记总账。

发出材料要依据其具体用途，分别在不同账户进行核算。生产经营领用的材料，按实际成本借记"生产成本"、"制造费用"和"管理费用"等账户，贷记"原材料"账户。当企业完成生产加工后，完工产品验收合格存放在产成品库房，借记"库存商品"账户，贷记"生产成本"账户。完工产品出售后，企业期末结转产成品销售成本，借记"主营业务成本"账户，贷记"库存商品"账户。

【例 6-21】　天宇公司 20×7 年 9 月根据各部门领料情况编制的发出材料汇总表如表 6-6 所示。

根据发出材料汇总表编制的会计分录为：

```
借：生产成本——甲产品                      124 300
          ——乙产品                       37 075
    制造费用                             8 200
    管理费用                             3 200
  贷：原材料——A 材料                        65 600
          ——B 材料                        15 375
          ——C 材料                        91 800
```

表 6-6　发出材料汇总表

20×7 年 9 月 30 日

用　途	A 材料		B 材料		C 材料		金额合计（元）
	数量（片）	金额（元）	数量（片）	金额（元）	数量（片）	金额（元）	
甲产品	500	40 000	800	12 300	800	72 000	124 300
乙产品	200	16 000	200	3 075	200	18 000	37 075
管理部门耗用	40	3 200					3 200
车间一般耗用	80	6 400			20	1 800	8 200
合　计	820	65 600	1 000	15 375	1 020	91 800	172 775

6.1.3.5　存货的清查和期末计价

按照现行会计准则的要求，企业应定期或至少在年终时对存货进行全面清查，并按成本与可变现净值孰低确定期末存货的价值。

存货的清查和期末计价的相关内容分别参见本书5.5节和5.6节。

6.1.4　对外投资的核算

6.1.4.1　对外投资概述

对外投资是企业为了一定的动机和目的，而将资产让渡给其他单位所获得的股权性或债权性资产的行为。

对外投资包括直接投资和间接投资。直接投资是指直接将资金投入其他单位，从而取得该单位的股权或债权；间接投资是指通过购买其他单位发行的股票、债券等有价证券而形成的投资。

6.1.4.2　对外投资的分类

现行会计准则规定用"交易性金融资产"、"持有至到期投资"、"可供出售金融资产"和"长期股权投资"账户核算企业的对外投资业务。

（1）交易性金融资产主要是指企业为了近期内出售而持有的金融资产，比如，企业以赚取差价为目的从二级市场购入的股票、债券、基金等。交易性金融资产在资产负债表上列于流动资产项下。

（2）持有至到期投资是指到期日固定、回收金额固定或可确定，且企业有明确意图和能力持有至到期的非衍生金融资产。例如，企业从资本市场上购入的3年期国债、委托银行向其他单位贷出的3年期贷款等。持有至到期投资在资产负债表中列于非流动资产之中，不过，当距离到期日不足一年时，需将其转入流动资产部分。

（3）可供出售金融资产通常是指企业没有划分为以公允价值计量且其变动计入当期损益的金融资产、持有至到期投资、贷款和应收款项的金融资产。比如，企业购入的在活跃市场上有报价的股票、债券和基金等，没有划分为以公允价值计量且其变动计入当期损益的金融资产或持有至到期投资等金融资产的，可归为此类。可供出售金融资产在资产负债表上列于非流动资产之中。

（4）长期股权投资是指持有超过一年的股权投资，会计核算中的长期股权投资包括两部分：一是企业持有的对子公司、联营企业及合营企业的投资；二是对被投资单位不具有共同控制或重大影响、在活跃市场中没有报价、公允价值不能可靠计量的权益性投资。企业进行长期股权投资可能基于以下目的：扩张中形成规模优势；多元化（多行业、品种结构、地域结构）分散风险；对产业链整合形成竞争优势，通过对上下游或其他相关企业的控制；单纯寻求投资收益。

6.1.4.3　对外投资的核算

企业的对外投资业务主要包括：投资的取得、投资持有期间收益的确认、投资持有期间的后续计量（属于资产期末价格调整事项）以及投资的出售。

下面以交易性金融资产为例简单介绍企业对外投资业务。

企业取得交易性金融资产，按其公允价值，借记"交易性金融资产"（成本）账户，按发生的交易费用，借记"投资收益"账户，按已到付息期但尚未领取的利息或已宣告但尚未发放的现金股利，借记"应收利息"或"应收股利"账户，按实际支付的金额，贷记"银行存款"等账户。

交易性金融资产持有期间被投资单位宣告发放的现金股利，或在资产负债表日按分期付息、一次还本债券投资的票面利率计算的利息，借记"应收股利"或"应收利息"账户，贷记"投资收益"账户。

资产负债表日，企业应按交易性金融资产的公允价值高于其账面余额的差额，借记"交易性金融资产——公允价值变动"账户，贷记"公允价值变动损益"账户；公允价值低于其账面余额的差额做相反的会计分录。

出售交易性金融资产时，应按实际收到的金额，借记"银行存款"等账户，按该金融资产的账面余额，贷记"交易性金融资产"账户，按其差额，借记或贷记"投资收益"账户。同时，将原计入该金融资产的公允价值变动转出，借记或贷记"公允价值变动损益"账户，贷记或借记"投资收益"账户。

【例 6-22】　20×7 年 4 月 1 日，天宇公司以 220 000 元的价格，买入同年 1 月 1 日发行的、票面利率 4％、面值 200 000 元的公司债券，债券期限 3 年，利息支付日为每年 1 月 1 日和 7 月 1 日，另支付相关手续费 1600 元，价款和手续费均已由银行存款支付。天宇公司不准备长期持有该债券。

购入债券所含有的应计利息为 2 000 元（200 000×4％×3/12），因此，该批债券的实际购入成本应该为 218 000 元（220 000－2 000）。

4 月 1 日取得债券时：

借：交易性金融资产　　　　　　　　　　　　　　218 000
　　应收利息　　　　　　　　　　　　　　　　　　2 000
　　投资收益　　　　　　　　　　　　　　　　　　1 600
　　贷：银行存款　　　　　　　　　　　　　　　　　221 600

7 月 1 日，收到债券利息时：

借：银行存款　　　　　　　　　　　　　　　　　4 000
　　贷：应收利息　　　　　　　　　　　　　　　　　2 000
　　　　投资收益　　　　　　　　　　　　　　　　　2 000

6.1.5　固定资产的核算

6.1.5.1　固定资产概述

固定资产是企业重要的劳动资料，是生产类企业的核心盈利资产。《企业会计准则第 4 号——固定资产》规定，固定资产是指同时具有下列特征的有形资产：①为生产商品、提供劳务、出租或经营管理而持有；②使用寿命超过一个会计年度。

固定资产是有形资产，而且在使用过程中始终保持原有实物形态不变。由于固定资产的使用寿命超过了一个会计年度，所以固定资产属于非流动资产，随着使用和磨损，通过计提折旧方式逐渐减少账面价值。企业的固定资产按其经济性质可分为：房屋及建筑物、动力设备、传导设备、工作机器及设备、运输设备、仪器及生产用具、管理用具及其他固定资产等。

6.1.5.2　固定资产增加的核算

企业通过设置"固定资产"账户，核算企业现有的固定资产的账面原值及其变动情况。其借方登记企业固定资产增加的账面原值，贷方登记因出售、报废、毁损而减少的固定资产的账面原值，期末借方余额，表示期末结存的固定资产账面原值。

企业设置"在建工程"账户核算企业建造或购入需安装固定资产的价值及安装成本。借方登记企业建造、修理和购入需安装固定资产的价值及安装成本，贷方登记建造或安装完毕结转的固定资产账面原值。期末借方余额，反映尚未完工或虽已完工但尚未办理竣工决算的工程实际支出。

企业固定资产的增加可以通过购买、自行建造、接受投资、融资租赁租入、非货币性资产交换、债务重组、接受捐赠等方式，在不同的方式下，其入账价值和会计处理也有所差异。

购入固定资产分两种情况：①不需要安装的固定资产。购入时按买价和支付的包装费、运输费、保险费、税金等，借记"固定资产"账户，贷记"银行存款"等账户。②需要安装的固定资产。购入时，按买价和支付的包装费、运杂费等，借记"在建工程"账户，贷记"银行存款"等账户；支付安装费时，借记"在建工程"账户，贷记"银行存款"、"应付职工薪酬"等账户，安装完毕交付使用后，按买价加上包装费、运杂费、安装费等，借记"固定资产"账户，贷记"在建工程"账户。

【例6-23】　3月10日天宇公司购入不需安装的新设备一台，价税合计351 000元，以银行存款支付，并取得了增值税专用发票。

借：固定资产　　　　　　　　　　　　　　　　　　　300 000
　　应交税费——应交增值税（进项税额）　　　　　　　 51 000
　　贷：银行存款　　　　　　　　　　　　　　　　　　　　　351 000

【例6-24】　3月10日天宇公司购入一台需要安装的设备，价税合计23 400元，款项以银行存款支付，并取得了增值税专用发票。购入后发生安装费用2 000元，其中1 500元为安装人员的劳务报酬、500元为耗用原材料成本。设备安装完成后立即交付使用。上述业务相关的会计处理如下：

（1）购入设备时：

借：在建工程　　　　　　　　　　　　　　　　　　　 20 000
　　应交税费——应交增值税（进项税额）　　　　　　　 34 000
　　贷：银行存款　　　　　　　　　　　　　　　　　　　　　 23 400

（2）发生安装费用时：

借：在建工程　　　　　　　　　　　　　　　　　　　　2 000
　　贷：应付职工薪酬——工资　　　　　　　　　　　　　　　 1 500
　　　　原材料　　　　　　　　　　　　　　　　　　　　　　　 500

（3）设备交付使用时：

借：固定资产　　　　　　　　　　　　　　　　　　　　　　　22 000
　贷：在建工程　　　　　　　　　　　　　　　　　　　　　　22 000

6.1.5.3　固定资产折旧的核算

固定资产在使用过程中，虽然实物形态基本保持不变，但价值却随着固定资产的使用而损耗。固定资产的损耗分为有形损耗和无形损耗。无形损耗是由于技术进步或企业需要变化而造成的原有固定资产的价值降低，会计上一般通过期末资产价值调整来反映，或者通过资产处置体现为处置损益。有形损耗，是由于人们使用或者自然力的侵蚀而产生的损耗，一般通过每期计提折旧来核算。

我国固定资产准则认为，折旧是指在固定资产使用寿命内，按照确定的方法对应计折旧额进行的系统分摊。应计折旧额是指应当计提折旧的固定资产的原价扣除其预计净残值后的金额。

1. 固定资产折旧的计算方法

折旧方法的选用不仅会影响到资产负债表上固定资产净值的大小和利润表上利润的金额，还会影响国家的税收。因此，企业应根据固定资产所含经济利益预期实现方式选择适合的折旧计算方法，可选用的折旧方法主要有平均年限法、工作量法、双倍余额递减法和年数总和法。其中平均年限法和工作量法属于匀速折旧方法，按照时间或使用量在固定资产估计使用年限内平均分摊固定资产价值（固定资产原始价值减去估计的固定资产净残值）；双倍余额递减法和年数总和法属于加速折旧方法，是在固定资产估计使用年限内，前期多提折旧、后期少提折旧的计算方法。

（1）平均年限法。平均年限法又称直线法，是固定资产在其预计折旧年限内，根据原始价值、预计净残值，每年平均计提折旧的方法。直线法的计算公式如下：

年折旧额＝（固定资产原值－预计净残值）/预计使用年限

年折旧率＝（1/预计使用年限）×100%

月折旧额＝年折旧额 ÷12

月折旧率＝年折旧率 ÷12

【例 6-25】　天宇公司有一台设备原价 8 000 元，预计使用年限 8 年，预计净残值800 元。根据直线法，天宇公司折旧额计算如下：

年折旧额＝（8 000－800）/8＝900 元

月折旧额＝900/12＝75 元

（2）工作量法。工作量法是以固定资产的各个会计期间所完成的工作量为依据，计算各期折旧额的方法。工作量法的计算公式如下：

单位工作量折旧额＝（固定资产原值－预计净残值）/预计总工作量

各期折旧额＝单位工作量折旧额×各期实际工作量

【例 6-26】　天宇公司购入小汽车一辆，原始价值 200 000 元，预计净残值为 6 000元，预计可行驶 300 000 公里，20×7 年 11 月实际行驶 5 000 公里，则当月折旧额计算如下：

单位工作量折旧额为＝（200 000－6 000）/300 000＝0.65 元/公里

11 月的折旧额＝5 000×0.65＝3250 元

（3）双倍余额递减法。双倍余额递减法是用平均年限法折旧率的两倍作为固定的折旧率去乘逐年递减的固定资产期初净值，得出各年应提折旧额的一种方法。实行双倍余额递减法的固定资产，应当在其固定资产折旧年限到期前两年内，将固定资产账面净值扣除预计残值后的净额平均摊销。双倍余额递减法的计算公式如下：

$$双倍直线年折旧率＝2×\frac{1}{预计使用年限}×100\%$$

$$年折旧额＝固定资产期初账面价值×双倍直线折旧率$$

由于双倍余额递减法在确定固定资产折旧率时，刚开始不考虑固定资产的净残值因素，待到固定资产使用的最后两年考虑。因此在固定资产使用的最后两年应改为直线法计提折旧。

$$最后两年年均折旧额＝\frac{固定资产年初净值－预计净残值}{2}$$

$$月折旧额＝年折旧额/12$$

【例 6-27】　例 6-25 中，如果天宇公司改用双倍余额递减法计提折旧，则年折旧率为＝2×1/8×100%＝25%，计算出的每年折旧额如表 6-7 所示。

表 6-7　双倍余额递减法折旧计算表　　　　　　　　　单位：元

各年末	折旧率	年折旧额	累计折旧额	账面净值
0				8 000.00
1	25%	2 000.00	2 000.00	6 000.00
2	25%	1 500.00	3 500.00	4 500.00
3	25%	1 125.00	4 625.00	3 375.00
4	25%	843.75	5 468.75	2 531.25
5	25%	632.81	6 101.56	1 898.44
6	25%	474.62	6 576.18	1 423.82
7		311.91	6 888.09	1 111.91
8		311.91	7 200.00	800.00
合　计		7 200.00		

注：最后两年年均折旧额＝$\frac{1\,423.82-800}{2}$＝311.91 元。

（4）年数总和法。年数总和法是以固定资产的原值减去预计净残值后的余额，按递减的折旧率计算折旧的方法。递减的折旧率以固定资产尚可折旧的年限为分子，折旧年限的年序数之和为分母。年数总和法的计算公式如下：

$$年折旧率＝\frac{预计使用年限}{年数总和}×100\%$$

$$＝\frac{预计使用年限－已使用年限}{预计使用年限×(1＋预计使用年限)÷2}×100\%$$

$$年折旧额＝(固定资产原值－预计净残值)×年折旧率$$

$$月折旧额＝年折旧额/12$$

【例6-28】　例6-25中，如果天宇公司改用年数总和法计提折旧，设备预计使用年限的年数总和＝1＋2＋3＋4＋5＋6＋7＋8＝36，计算出的每年折旧额如表6-8所示。

表6-8　年数总和法折旧计算表　　　　　　　　　　单位：元

各年末	折旧率	年折旧额	累计折旧额	账面净值
0				8 000
1	8/36	1 600	1 600	6 400
2	7/36	1 400	3 000	5 000
3	6/36	1 200	4 200	3 800
4	5/36	1 000	5 200	2 800
5	4/36	800	6 000	2 000
6	3/36	600	6 600	1 400
7	2/36	400	7 000	1 000
8	1/36	200	7 200	800
合　计		7 200		

注：第1年年折旧额＝（8 000－800）×8/36＝1 600元，余同。

2. 固定资产折旧的会计处理

固定资产折旧的计提不直接冲减固定资产成本，而是通过设置"累计折旧"账户来核算企业所提取的固定资产的折旧及固定资产折旧的累计数额。贷方登记按月计提固定资产折旧增加数额，借方登记出售、报废、毁损固定资产的折旧额，期末贷方余额表示企业现有固定资产累计折旧数额。

按月计提折旧时，根据固定资产使用部门，借记"制造费用"、"管理费用"和"销售费用"等账户，贷记"累计折旧"。

【例6-29】　天宇公司20×7年9月的固定资产折旧计算汇总表如表6-9所示。

根据表6-8，编制会计分录如下：

借：制造费用——甲车间　　　　　　　　　　　　20 600
　　　　　　——乙车间　　　　　　　　　　　　47 000
　　销售费用　　　　　　　　　　　　　　　　　19 600
　　管理费用　　　　　　　　　　　　　　　　　25 083
　　贷：累计折旧　　　　　　　　　　　　　　　　112 283

表6-9　天宇公司固定资产折旧计算汇总表
20×7年9月

使用部门	固定资产类别	本月计提折旧额
甲车间	房屋及建筑物	1 960
	机器设备	18 640
	小计	20 600

使用部门	固定资产类别	本月计提折旧额
乙车间	房屋及建筑物	2 560
	机器设备	44 440
	小计	47 000
销售机构	房屋及建筑物	2 970
	机器设备	16 630
	小计	19 600
管理部门	房屋及建筑物	3 580
	管理设备	5 292
	运输工具	16 211
	小计	25 083
合　计		112 283

6.1.5.4　固定资产减少的核算

固定资产的减少业务包括固定资产的报废、毁损、出售、对外投资、对外捐赠等。固定资产的减少，一般都存在着一个清理过程，涉及的业务包括：将固定资产的账面价值转入清理；清理过程中收到售价或残料收入，支付清理费用；清理结束后，结转清理损益。

在会计中，对固定资产减少的核算通过设置"固定资产清理"账户予以反映，"固定资产清理"账户借方登记转入清理的固定资产净值及其在清理过程中发生的清理费用；贷方登记收回出售固定资产的价款、残料价值和变价收入等；期末余额反映尚未清理完毕固定资产的价值以及清理净收入。清理完毕后，如果贷方总发生额大于借方总发生额，表示清理后有净收益，应转入营业外收入；反之，则表示有净损失，应转入营业外支出。经过结转后，"固定资产清理"账户余额为零。

【例 6-30】　20×7 年 9 月天宇公司经批准将一台设备做报废处理，该设备原值为 320 000 元，已提折旧 240 000 元；该设备在清理过程中发生运费 2 000 元，以银行存款支付；该设备变卖取得收入 80 000 元，存入银行。

(1) 设备转入清理：

借：固定资产清理　　　　　　　　　　　　　　　　　　　　　80 000
　　累计折旧　　　　　　　　　　　　　　　　　　　　　　　240 000
　　贷：固定资产　　　　　　　　　　　　　　　　　　　　　　　　320 000

(2) 设备在清理过程中发生清理费用：

借：固定资产清理　　　　　　　　　　　　　　　　　　　　　　2 000
　　贷：银行存款　　　　　　　　　　　　　　　　　　　　　　　　2 000

(3) 取得设备变卖收入：

借：银行存款　　　　　　　　　　　　　　　　　　　　　80 000
　　贷：固定资产清理　　　　　　　　　　　　　　　　　　　　　80 000
（4）设备清理完毕，将清理损益转入营业外收支：

借：营业外支出　　　　　　　　　　　　　　　　　　　　2 000
　　贷：固定资产清理　　　　　　　　　　　　　　　　　　　　　2 000

6.1.6 无形资产的核算

6.1.6.1 无形资产概述

无形资产是指企业拥有或者控制的没有实物形态的可辨认非货币性资产。主要包括专利权、非专利技术、商标权、著作权、土地使用权、特许权等。无形资产一般具有的特性为：一是没有实物形态；二是非货币性长期资产；三是具有可辨认性；四是为企业提供经济效益，但具有很大的不确定性。

6.1.6.2 无形资产取得的核算

企业取得无形资产的方式一般包括购入、自创和投资转入等。不同来源取得的无形资产，其成本构成也不尽相同。外购无形资产的成本，包括购买价款、相关税费以及直接归属于使该项资产达到预定用途所发生的其他支出。自行研究开发并依法取得的无形资产，成本包括依法取得时发生的注册费、律师费等费用和符合资本化条件的开发阶段支出。投资者投入的无形资产的成本，应当按照投资合同或协议约定的价值确定，但合同或协议约定价值不公允的除外。

企业应设置"无形资产"账户反映无形资产的增减变化及其结果，因外购等原因而获得无形资产时，按应计入无形资产的成本，借记"无形资产"账户；因处置等原因而减少无形资产时，贷记"无形资产"账户。本账户期末余额应在借方，反映企业期末拥有的无形资产的成本。

【例 6-31】 天宇公司购入一项专利权，价款 200 000 元，另外支付鉴定费、咨询费及其他费用 40 000 元，均以银行存款支付。

借：无形资产——专利权　　　　　　　　　　　　　　240 000
　　贷：银行存款　　　　　　　　　　　　　　　　　　　　240 000

6.1.6.3 无形资产摊销的核算

企业取得无形资产时应分析判断其使用寿命，如果一项无形资产无法预见未来为企业带来经济利益期限的，应当视为使用寿命不确定的无形资产，对其不计算摊销。对于使用寿命有限的无形资产应计算摊销，其残值视为零。无形资产的摊销方法为直线法。所计算的摊销额通过设置"累计摊销"账户予以反映，企业按期计提无形资产的摊销时，借记"管理费用"或"其他业务成本"等账户，贷记"累计摊销"账户。处置无形资产应同时结转累计摊销。本账户期末贷方余额，反映企业无形资产的累计摊销额。

【例 6-32】 假设例 6-31 中天宇公司购入的专利权有效期为 10 年，采用直线法摊销，则每月摊销金额为 2 000 元。

借：管理费用——无形资产摊销　　　　　　　　　　　　　　2 000

　　贷：累计摊销　　　　　　　　　　　　　　　　　　　　　　2 000

6.1.6.4　无形资产转让的核算

无形资产的转让有两种方式：一是使用权转让，二是所有权转让。无形资产使用权转让，从会计核算上看，获得的收入属于让渡资产使用权收入，一般确认为"其他业务收入"，而该无形资产的账面余额、累计摊销等不得转销，只将转让使用权有关的税费和转让期间无形资产的摊销作为转让成本，计入"其他业务成本"。无形资产所有权转让，应当将取得的价款扣除该无形资产账面价值以及与出售该无形资产相关税费后的差额计入"营业外收入"或"营业外支出"账户。

【例 6-33】　20×7 年 5 月 1 日天宇公司将其所拥有的一项特许权的使用权对外转让，每月收取特许权使用费 90 000 元，该特许权每月应摊销 68 000 元。

(1) 收取特许权使用费并存入银行：

借：银行存款　　　　　　　　　　　　　　　　　　　　　　90 000

　　贷：其他业务收入　　　　　　　　　　　　　　　　　　　　90 000

(2) 结转有关的税费：

　　　　应缴纳营业税税额=90 000×5%=4 500 元

　　　　应缴纳城市维护建设税税额=4 500×7%=315 元

　　　　应缴纳教育费附加金额=4 500×3%=135 元

借：营业税金及附加　　　　　　　　　　　　　　　　　　　4 950

　　贷：应交税费——应交营业税　　　　　　　　　　　　　　4 500

　　　　　　　　　——应交城市维护建设税　　　　　　　　　　315

　　　　　　　　　——应交教育费附加　　　　　　　　　　　　135

(3) 当月摊销该项无形资产：

借：其他业务成本　　　　　　　　　　　　　　　　　　　　68 000

　　贷：累计摊销　　　　　　　　　　　　　　　　　　　　　68 000

6.2　负债的核算

6.2.1　负债概述

负债是重要的会计要素之一，企业在业务经营过程中承担的负债，将对企业的经营风险、经济效益和现金流量产生重大的影响。所以正确核算与反映企业的负债，对企业的持续发展具有重要的意义。会计上将负债按其偿还期限分为流动负债和非流动负债。

1. 流动负债

流动负债是指将在一年或超过一年的一个营业周期内偿还的债务。

流动负债按应付金额是否肯定可分为应付金额肯定的流动负债（如短期借款、应付票据、应付账款、预收账款等）和应付金额视经营情况而定的流动负债（如应付职工薪酬、应交税费等）。

流动负债按产生的原因可分为五类：一是借贷形成的流动负债（如短期借款、应付利息等）；二是结算过程中产生的流动负债（如应付票据、应付账款、预收账款）；三是经营过程中产生的流动负债（如应付职工薪酬、应交税费等）；四是利润分配过程中产生的流动负债（如应付股利）；五是因承担法定义务产生的流动负债（如应交税费）等。

2. 非流动负债

非流动负债是指偿还期限在一年或超过一年的一个营业周期以上的债务，包括长期借款、应付债券、长期应付款等。与流动负债相比，非流动负债具有数额较大、偿还期限较长等特点，是企业筹资的一种重要方式。

6.2.2　流动负债的核算

6.2.2.1　短期借款

短期借款是指企业向银行或其他金融机构等借入的期限在一年以下（含一年）的各种借款。企业借入的短期借款无论用于哪方面，只要借入了这笔资金，就构成了一项负债。

对于企业发生的短期借款，应设置"短期借款"账户核算，该账户可按借款种类、贷款人和币种进行明细核算，或用备查簿予以记录。企业借入的各种短期借款，借记"银行存款"账户，贷记"短期借款"账户；归还借款时，做相反的会计分录。该账户的贷方登记取得的借款本金，借方登记偿还的借款本金，期末贷方余额，表示尚未偿还的借款本金。

"短期借款"账户不反映借款利息，资产负债表日，应按计算确定的短期借款利息费用，借记"财务费用"账户，其核算时应分别不同情况处理：

（1）对于按月支付的利息，应计入当月财务费用。如果利息是按季支付或是在借款到期时一次支付，若金额较小，也可将支付的利息全部计入支付当月的财务费用，即借记"财务费用"账户，贷记"银行存款"账户；

（2）如果利息是按季支付或是在借款到期时一次支付，且金额较大，为了合理计算各月损益，企业应当按照应计的金额，借记"财务费用"账户，贷记"应付利息"等账户。

6.2.2.2　应付票据和应付账款

应付票据和应付账款都是由于企业在商品购买过程中取得货物的时间与支付货款的时间不一致而产生的流动负债。应付账款是企业因购买商品、接受劳务等而产生的尚未结清的债务，而应付票据虽然也是企业因购买商品、接受劳务等产生的尚未结清的债务，但它具有商业汇票这一承诺付款的书面证明。

企业应设置"应付票据"账户核算企业对外发生债务时所开出、承兑的商业汇票。该账户的贷方登记企业开出承兑的商业汇票，借方登记汇票到期支付的款项或转作应付账款或短期借款的款项。期末贷方余额表示尚未支付的商业汇票。

企业因商品交易签发、承兑商业汇票以抵付货款时，借记"材料采购"、"原材料"、"库存商品"、"应交税费——应交增值税（进项税额）"等账户，贷记"应付票据"账户。

企业因应付账款到期，双方协定改用商业汇票结算方式时，借记"应付账款"账户，贷记"应付票据"账户。

商业票据到期支付款项时，借记"应付票据"账户，贷记"银行存款"账户。如果企业无力支付到期商业承兑汇票票款，则按应付票据的账面价值，借记"应付票据"账户，贷记"应付账款"账户；如果企业无力支付到期银行承兑汇票票款，则在收到银行转来的"汇票无款支付转入逾期贷款户"的通知等凭证时，借记"应付票据"账户，贷记"短期借款"账户。

企业应设置"应付账款"账户核算企业因采购材料、物资、商品和接受劳务等应付未付的款项。贷方登记应付给供应单位的货款，借方登记已偿还供应单位的货款。期末贷方余额，表示尚未偿还的货款。"应付账款"应按供应单位分别设置明细账，进行明细分类核算。

【例6-34】 天宇公司向C公司购入甲材料一批，双方协商采用商业承兑汇票结算方式结算货款，增值税专用发票上注明的价款为30 000元，增值税税款5 100元。当日材料验收入库，天宇公司开出期限是6个月的商业承兑汇票，票面金额35 100元。

材料验收入库并签发商业承兑汇票时：

借：原材料——甲材料	30 000
应交税费——应交增值税（进项税额）	5 100
贷：应付票据——C公司	35 100

票据到期付款时：

借：应付票据——C公司	35 100
贷：银行存款	35 100

如果票据到期，天宇公司无力付款时，应将其转入应付账款：

借：应付票据——C公司	35 100
贷：应付账款——C公司	35 100

6.2.2.3 预收账款

预收账款是指按照合同规定向购货单位预收的款项。有预收账款业务的企业，一般应设置"预收账款"账户进行核算。贷方登记向购货单位预收的货款；借方登记销售实现时所实现的收入和应交增值税销项税额，以及退回购货单位多付的货款；期末贷方余额，反映企业尚未实现收入的预收货款；期末如为借方余额，反映应由购货单位补付给企业的款项。该账户应按购货单位设置明细账，进行明细核算。

预收款项时，借记"银行存款"账户，贷记"预收账款"账户；预收货款的销售实现时，借记"预收账款"账户，贷记"主营业务收入"、"应交税费——应交增值税（销项税额）"账户。补收款项时，借记"银行存款"账户，贷记"预收账款"账户；退回多收的款项时，做相反的会计分录。预收款项业务较少的企业，也可以不设"预收账款"账户，将预收的款项记入"应收账款"账户的贷方。

6.2.2.4　应付职工薪酬

企业应设置"应付职工薪酬"账户核算企业为获得职工提供的服务而给予各种形式的报酬以及其他的相关支出，借方反映实际支付给职工的薪酬，期末贷方余额反映企业应付未付的职工薪酬。

薪酬是企业的一种支出，各月应付的职工薪酬，需按职工的工作岗位分别计入有关成本费用。其中：生产部门人员的职工薪酬，借记"生产成本"、"制造费用"、"劳务成本"账户；管理部门人员的职工薪酬，借记"管理费用"账户；销售人员的职工薪酬，借记"销售费用"账户；应由在建工程、研发支出负担的职工薪酬，借记"在建工程"、"研发支出"账户；因解除与职工的劳动关系给予的补偿，借记"管理费用"账户；贷记"应付职工薪酬"账户。

企业发放工资、奖金、津贴等职工薪酬时，借记"应付职工薪酬"账户，贷记"银行存款"、"库存现金"等账户；企业从应付职工薪酬中扣还的各种款项（代垫的家属药费、个人所得税等），借记"应付职工薪酬"账户，贷记"应交税费——应交个人所得税"等账户。

企业向职工支付的其他职工薪酬，借记"应付职工薪酬"账户，贷记"银行存款"、"库存现金"等账户。

【例6-35】　3月31日天宇公司计算的本月"工资结算汇总表"如表6-10。

表6-10　天宇公司工资结算汇总表

20×7年3月

部门	工资总额	代扣款项			实发工资
		社会保险	住房公积金	个人所得税	
管理部门	220 000	24 200	17 600	12 600	165 600
销售部门	180 000	19 800	14 400	9 860	135 940
生产部门甲产品工人	120 000	13 200	9 600	3 820	93 380
生产部门乙产品工人	150 000	16 500	12 000	3 990	117 510
生产部门管理人员	40 000	4 400	3 200	2 570	29 830
工程部门	20 000	2 200	1 600	1 200	15 000
合　计	730 000	80 300	58 400	34 040	557 260

（1）根据表中职工薪酬费用的分配：

借：管理费用　　　　　　　　　　　　　　　220 000

销售费用　　　　　　　　　　　　　　　180 000

生产成本——甲产品　　　　　　　　　　120 000

生产成本——乙产品　　　　　　　　　　150 000

　　　　制造费用　　　　　　　　　　　　　　　　　　　40 000

　　　　在建工程　　　　　　　　　　　　　　　　　　　20 000

　　　　贷：应付职工薪酬——工资　　　　　　　　　　　　　　　730 000

（2）代扣个人所得税时：

　　借：应付职工薪酬——工资　　　　　　　　　　　　　34 040

　　　　贷：应交税费——应交个人所得税　　　　　　　　　　　　34 040

（3）以银行存款缴纳个人所得税时：

　　借：应交税费——应交个人所得税　　　　　　　　　　34 040

　　　　贷：银行存款　　　　　　　　　　　　　　　　　　　　34 040

（4）通过银行支付职工工资时：

　　借：应付职工薪酬——工资　　　　　　　　　　　　557 260

　　　　贷：银行存款　　　　　　　　　　　　　　　　　　　　557 260

6.2.2.5　应交税费

　　企业在一定时期内取得的营业收入和实现的利润，要按照国家相关税收法规的规定交纳各种税金和费用，包括增值税、消费税、营业税、企业所得税、个人所得税、资源税、土地增值税、城市维护建设税、房产税、土地使用税、车船税、教育费附加、矿产资源补偿费等。

　　企业纳税义务一般随着其经营活动的进行而产生，在国家规定的纳税期限内缴纳。这些应交的税金和费用在尚未交纳之前，会计上要按照应交税费数额记入有关账户，形成了企业对国家税务机关的一项负债。

　　企业应设置"应交税费"账户反映各项税费的形成和缴纳情况，贷方登记应缴纳的税费，借方登记实际缴纳的税费或可抵扣的税费，期末贷方余额表示企业尚未缴纳的税费，借方余额则表示多交纳或尚未抵扣的税费。该账户应按税种设置明细账，进行明细核算。

　　1. 应交增值税

　　企业应通过"应交税费——应交增值税"账户核算企业在商品或劳务流转过程中的增值税，对于增值税一般纳税人企业，应设置"应交税费——应交增值税"账户，借方核算进项税额、已交税金、转出未交增值税，贷方核算销项税额、进项税额转出、出口退税、转出多交增值税。为了方便管理，企业在月末需要将本月应交或多交的增值税额转入"应交税费——未交增值税"账户，对于留抵下月的进项税额不予结转，则"应交税费——应交增值税"账户的余额为零或在借方。

　　增值税一般纳税人设置"应交税费——未交增值税"账户核算已交或欠交增值税情况，其贷方反映月末从"应交税费——应交增值税"账户转入的未交增值税，借方反映月末从"应交税费——应交增值税"账户转入的多交增值税，期末借方余额，反映多交的增值税，贷方余额则反映未交的增值税。

　　【例6-36】　3月4日天宇公司通过银行缴纳2月份应交的增值税税额104 000元。

　　借：应交税费——未交增值税　　　　　　　　　　　　　　104 000

　　贷：银行存款　　　　　　　　　　　　　　　　　　　　　　　104 000

【例6-37】　3月10日天宇公司购入一批A材料，取得了增值税专用发票，发票上注明销售金额为300 000元，税额为51 000元，款项已付。

借：原材料——A材料　　　　　　　　　　　　　　　　　300 000
　　应交税费——应交增值税（进项税额）　　　　　　　　51 000
　　贷：银行存款　　　　　　　　　　　　　　　　　　　　　351 000

2.应交消费税、营业税、资源税、土地增值税、城市维护建设税和教育费附加

企业在销售商品或提供劳务的过程中，可能涉及的税费有：增值税、营业税、资源税、土地增值税、城市维护建设税和教育费附加等。这些税中，增值税是价外税，其他税种都是价内税。企业在销售商品或提供劳务，应向对方收取的款项中不含增值税的部分确认为销售收入，增值税单独列示为销项税额，价内税则记入与销售收入相对应的损益账户。

当一项销售商品或提供劳务业务是企业的主营业务或附营业务时，这项销售业务应缴纳的相关价内税，应借记"营业税金及附加"，贷记"应交税费——应交营业税"、"应交税费——应交消费税"、"应交税费——应交城市维护建设税"、"应交税费——应交教育费附加"、"应交税费——应交资源税"、"应交税费——应交土地增值税"等。当这项业务不能归属于主营业务或附营业务时，如固定资产清理业务，则借记"固定资产清理"等账户，贷记"应交税费"的相应明细账户。

【例6-38】　天宇公司3月20日销售100辆摩托车，消费税税率为10%，增值税税率为17%，每辆不含税价格5 000元，货款已收到。该业务应作如下分录：

（1）反映收入与增值税销项税额：

借：银行存款　　　　　　　　　　　　　　　　　　　　585 000
　　贷：主营业务收入　　　　　　　　　　　　　　　　　　500 000
　　　　应交税费——应交增值税（销项税额）　　　　　　85 000

（2）计提消费税：

借：营业税金及附加　　　　　　　　　　　　　　　　　　50 000
　　贷：应交税费——应交消费税　　　　　　　　　　　　　50 000

【例6-39】　3月31日，天宇公司计算出本月应交的增值税300 000元。

借：应交税费——应交增值税（转出未交增值税）　　　　300 000
　　贷：应交税费——未交增值税　　　　　　　　　　　　300 000

【例6-40】　3月31日，天宇公司计算本月应交的城市维护建设税和教育费附加。

本月应缴纳的增值税、消费税之和=300 000+50 000=350 000元
本月应缴纳的城市维护建设税税额=350 000×7%=24 500元
本月应缴纳的教育费附加=350 000×3%=10 500元
上述业务应作如下会计分录：

借：营业税金及附加　　　　　　　　　　　　　　　　　　35 000
　　贷：应交税费——应交城市维护建设税　　　　　　　　　24 500
　　　　　　　　——应交教育费附加　　　　　　　　　　　10 500

3. 应交所得税

企业所得税是对企业生产经营活动中的纯所得征收的一种税。企业所得税一般按年计算，按月或季度预交，年末多退少补。企业在计算所得税时，其按照税法计算出来的所得额与按照会计准则、会计制度计算出来的利润额之间存在差异。这种差异有暂时性差异和永久性差异。会计核算中对于永久性差异不予考虑。为使企业收入与费用相配比、合理计算利润，将按照会计利润计算出来的所得税税额，借记"所得税费用"，将按照税法计算出来的所得税税额，贷记"应交税费——应交所得税"，对于两者的暂时性差异，若首次出现在借方或贷方，则借记"递延所得税资产"或贷记"递延所得税负债"。在暂时性差异转回时，则贷记"递延所得税资产"或借记"递延所得税负债"。

6.2.2.6　其他流动负债

企业的流动负债除了上述项目外，还包括其他应付款、应付利息、交易性金融负债、一年内到期的非流动负债等。

其他应付款核算企业除应付票据、应付账款、预收账款、应付职工薪酬、应付利息、应付股利、应交税费、长期应付款等以外的其他各项应付、暂收的款项，包括应付经营租入固定资产和包装物的租金、存入保证金、职工未领取的工资等。发生其他各种应付、暂收款项时，借记"银行存款"、"管理费用"等账户，贷记"其他应付款"账户；支付时，借记"其他应付款"账户，贷记"银行存款"等账户。

6.2.3　非流动负债的核算

6.2.3.1　长期借款

企业应设置"长期借款"账户核算企业长期借款的借入及归还情况。该账户的贷方反映取得的长期借款，借方反映归还的长期借款，余额在贷方，表示尚未归还的长期借款。长期借款的明细账应按借款单位和借款种类，分别设置"本金"、"利息调整"等账户进行明细核算。

企业借入长期借款时，借记"银行存款"账户，贷记"长期借款——本金"账户。长期借款的利息，应区别处理：在固定资产尚未交付使用或已使用但未办理竣工决算之前发生的，计入有关固定资产的购建成本，即借记"在建工程"账户，贷记"应付利息"账户；固定资产竣工以后发生的，计入当期损益，即借记"财务费用"账户，贷记"应付利息"账户。

企业归还长期借款本金和利息时，借记"长期借款"和"应付利息"账户，贷记"银行存款"账户。

【例 6-41】　天宇公司为了建造一幢新厂房，于 20×7 年 1 月 1 日向银行取得期限为 2 年、年利率为 8% 的贷款 1 000 000 元并当即将资金投入到厂房的建设工程中，贷款合同约定利息按年支付到期一次还本。生产线于 20×7 年 12 月 31 日竣工交付使用，则与该长期借款有关的会计分录如下：

(1) 20×7 年 1 月 1 日取得贷款时：

借：银行存款 1 000 000
　　贷：长期借款 1 000 000
（2）20×7年末分别计提和支付利息时：
借：在建工程 80 000
　　贷：应付利息 80 000
借：应付利息 80 000
　　贷：银行存款 80 000
（3）20×8年年末计提利息时：
借：财务费用 80 000
　　贷：应付利息 80 000
（4）20×8年年末还本付息时：
借：长期借款 1 000 000
　　应付利息 80 000
　　贷：银行存款 1 080 000

6.2.3.2　其他非流动负债

应付债券是指企业为筹集长期资金而实际发行的期限在 1 年以上的债券及应付的利息。

企业发行债券应设置"应付债券"账户进行核算。企业发行债券的面值、溢价款、债券利息及分摊的折价款计入贷方，发行债券的折价款、分摊的溢价款及偿付的债券本息计入借方。余额在贷方，反映企业尚未偿还的债券本息。

长期应付款是指企业除长期借款和应付债券以外的其他各种长期应付款项，如采用补偿贸易方式引进国外设备价款、从国外购进大型机器设备的价款、应付融资租入固定资产的租赁费等。

预计负债是因或有事项可能产生的负债，核算企业确认的对外提供担保、未决诉讼、产品质量保证、重组义务、亏损性合同等预计负债。

6.3　所有者权益的核算

6.3.1　所有者权益概述

所有者权益又称股东权益，它是指企业所有者对企业净资产的要求权，在数量上等于企业全部资产减去全部负债后的余额。所有者权益有以下特点：

第一，所有者权益实质上是所有者对企业净资产的所有权、占用权、处置权以及分配权。

第二，所有者权益是一种剩余权。在法律上，债权人对企业资产的要求权优先于所有者权益。即当企业进行清算时，变现后的资产首先用于偿还负债，剩余资产才在投资者之间按出资比例或股份比例进行分配。也就是说，所有者权益的计量属性不明确，它不是直接计量的结果，而是资产计量和负债计量后随之确定的结果。

第三，所有者权益是企业的长期性资本来源。它没有约定的偿还期。

第四，所有者权益表明所有者既是企业资产增值的受益者，也是企业经营风险和投资风险的承担者。

在资产负债表上，所有者权益具体体现为实收资本、资本公积、盈余公积和未分配利润。

6.3.2　实收资本的核算

实收资本是企业所有者投入到企业中的各种资产的价值。我国实收资本的来源包括国家投资、法人投资、个人投资和外商投资等。由于企业的组织形式不同，企业所有者投入资本的称谓也有所不同，股份制企业投资者投入的资本通常称为"股本"，合伙制企业投资者投入的资本通常称为"合伙人资本"，独资企业的业主投入企业的资本通常称为"业主资本"，国有制企业等其他企业及上述各种组织形式的企业所有者投入企业的资本也可以统称为"实收资本"。

我国实行注册资本金制度，投资者投入到企业的资金，属于企业注册资本的部分通过"实收资本"账户予以核算，超出注册资本的部分作为资本溢价或股本溢价计入"资本公积"账户。

"实收资本"账户是核算企业投入资本增加、减少和结存的账户，其贷方登记企业实际收到投资者投入的资本；借方登记投入资本的减少额。期末贷方余额表示该企业实际收到的资本数额。

企业应在收到投资者投入的资金时，借记"银行存款"、"固定资产"、"原材料"等账户，按其在注册资本或股本中所占份额，贷记"实收资本"账户，按其差额，贷记"资本公积"账户。

"实收资本"应当与企业在工商行政管理机关登记的注册资本相一致，一般反映股东之间的权力比例关系，据以参与企业重大决策和收益分红。"实收资本"的增减应该得到相关部门的批准。

股东投入的资本溢价或股本溢价部分，是股东需要向企业多出资的部分，一般在企业新增的股东投入资金和股票发行时出现。

企业按法定程序报经批准减少注册资本的，如果支付的价款（货币资金或非现金资产价值）等于资本份额（股票面值）的，借记"实收资本"账户，贷记"库存现金"、"银行存款"等账户。如果支付的价款大于资本份额的，其差额应作为损失，先冲销（借记）"资本公积"账户，如有不足，再冲销（借记）"盈余公积"、"利润分配——未分配利润"账户。如果支付的价款小于资本份额的，其差额应作为利得，直接贷记"资本公积——股本溢价"账户。

6.3.3　资本公积的核算

资本公积是指企业收到投资者出资额超出其在注册资本或股本中所占份额的部分，以及直接计入所有者权益的利得和损失。

在符合有关法规的条件下，经办理增资手续后，资本公积可以转增资本，一般按投资者在注册资本中所占比例转增各投资者的投资金额。

企业应当设置"资本公积"账户并分别"资本溢价（股本溢价）"、"其他资本公积"进行明细核算。该账户贷方反映资本公积的增加额，借方反映资本公积的减少额，期末贷方余额，反映企业结存的资本公积数额。

【例 6-42】　3 月 31 日某股份有限公司发行股票 12 000 000 股，每股面值 1 元，发行价格为每股 1.2 元，扣除发行费用后，股份有限公司收到 14 100 000 元。

借：银行存款	14 100 000
贷：股本	12 000 000
资本公积	2 100 000

【例 6-43】　12 月 20 日某公司经股东大会同意，并报有关部门审批同意，决定用资本公积 2 300 000 元转增企业注册资本，并于 12 月 31 日办理完相关的手续。

借：资本公积	2 300 000
贷：实收资本	2 300 000

6.3.4　盈余公积的核算

盈余公积是指企业按照规定从税后利润中提取的企业留利，公司制企业的盈余公积分为法定盈余公积和任意盈余公积，按照公司法的规定，法定盈余公积按照税后利润的 10% 提取，法定盈余公积累计额已达注册资本的 50% 时可以不再提取。任意盈余公积主要是上市公司按照股东大会的决议提取。

公司提取的盈余公积主要可以用于弥补亏损和转增资本。公司将盈余公积转增资本时，必须经股东大会决议批准。盈余公积转增资本时，转增后留存的盈余公积的数额不得少于注册资本的 25%。

企业应设置"盈余公积"账户并分别"法定盈余公积"、"任意盈余公积"进行明细核算。该账户贷方登记盈余公积的提取数，借方登记用于弥补亏损、转增资本数，余额一般在贷方，表示盈余公积的期末结存状况。

【例 6-44】　某公司经公司股东大会同意，将盈余公积中的 5 000 000 元用于转增资本，相关手续办理完毕。

借：盈余公积	5 000 000
贷：实收资本	5 000 000

【例 6-45】　某公司经公司股东大会同意，将盈余公积中的 120 000 元用于弥补去年亏损。

借：盈余公积	120 000
贷：利润分配——盈余公积补亏	120 000

6.3.5　未分配利润的核算

未分配利润是企业留待以后年度进行分配的结存利润，从数量上来讲，未分配利润是期初未分配利润，加上本期实现的净利润，减去本年度分配的利润。未分配利润有两层含义：一是留待以后年度处理的利润；二是未指定特定用途的利润。

相对于所有者权益的其他部分来讲，企业对于未分配利润的使用分配有较大的自主权，可以发放现金股利、股票股利，还可用于弥补亏损。

未分配利润核算是通过"利润分配——未分配利润"账户进行的。

未分配利润核算一般在年度终了时进行。年终时，将本年实现的净利润结转到"利润分配——未分配利润"账户的贷方。同时将本年利润分配的数额结转到"利润分配——未分配利润"账户的借方。

年末结转后的"利润分配——未分配利润"账户的贷方期末余额反映累计的未分配利润，借方期末余额反映累计的未弥补亏损。

6.4   收入、费用和利润的核算

6.4.1   收入的核算

6.4.1.1   收入概述

收入有狭义收入和广义收入之分，狭义的收入一般仅指营业收入，广义的收入是指能够导致经济利益流入企业的所有有利属性，包括营业收入、利得等。

我国现行会计准则对收入概念的界定是：收入是指企业在日常活动中形成的、会导致所有者权益增加的、与所有者投入资本无关的经济利益的总流入，包括销售商品收入、提供劳务收入、让渡资产使用权收入。企业代第三方收取的款项，应当作为负债处理，不应当确认为收入。可见，这是狭义的收入概念。

根据收入对企业的重要程度，企业的营业收入可分为主营业务收入（基本业务收入）和其他业务收入（附营业务收入）。各企业主营业务收入（基本业务收入）和其他业务收入（附营业务收入）的划分不是绝对的，也不是一成不变的。

6.4.1.2   收入的账务处理

为了反映和监督企业销售商品、提供劳务和让渡资产使用权所实现的收入，应设置"主营业务收入"、"其他业务收入"账户，并按产品或劳务的种类进行明细核算。企业销售商品、提供劳务等实现营业收入时，按其确定的主营业务收入和其他业务收入的范围，分别计入"主营业务收入"、"其他业务收入"账户的贷方，发生销售退回、销售折让，或退还劳务收入、让渡资产使用权收入时，计入"主营业务收入"、"其他业务收入"账户的借方，期末应将上述账户的余额转入"本年利润"账户，结转后"主营业务收入"、"其他业务收入"和"投资收益"账户无余额。

确认销售商品收入时，企业应按已收或应收的合同或协议价款，加上应收取的增值税额，借记"银行存款"、"应收账款"、"应收票据"等账户，按确定的收入金额，贷记"主营业务收入"、"其他业务收入"等账户，按应收取的增值税额，贷记"应交税费——应交增值税（销项税额）"账户。

6.4.2　费用的核算

6.4.2.1　费用概述

费用的概念有狭义和广义之分，广义的费用泛指企业生产经营过程中发生的各种耗费和损失。会计等式"收入－费用＝利润"中所指的费用就是广义的费用。

我国现行会计准则将费用界定为狭义的费用，即"费用是指企业在日常活动中发生的、会导致所有者权益减少的、与向所有者分配利润无关的经济利益的总流出。"狭义的费用仅包括企业开展日常活动发生的经营费用，包括主营业务成本、营业税金及附加、其他业务成本、管理费用、销售费用、财务费用等，不包括企业非日常活动所发生的损失（营业外支出）。本节讲述的是狭义的费用。

费用是企业资产的耗费或债务的承诺，其目的是为了取得营业收入，获得更多新的资产。按费用与营业收入的相关程度，可将费用分为直接配比费用和期间费用。

（1）直接配比费用是为取得营业收入所发生的直接费用，与各期的营业收入有直接的因果关系，如销售成本、提供劳务的直接成本、销售税金及附加等。

（2）期间费用是仅仅有助于当期营业收入的实现或金额太小不值得在各期间分摊的费用，这类费用在发生时直接作为当期费用，包括管理费用、销售费用、财务费用。

6.4.2.2　费用的账务处理

企业应设置"主营业务成本"账户核算企业确认销售商品、提供劳务等主营业务收入时应结转的成本；设置"其他业务成本"账户核算企业确认的除主营业务活动以外的其他经营活动所发生的支出，包括销售材料的成本、出租固定资产的折旧额、出租无形资产的摊销额、出租包装物的成本或摊销额等；设置"营业税金及附加"账户核算企业经营活动发生的营业税、消费税、城市维护建设税、资源税和教育费附加等相关税费。

企业应设置"销售费用"、"管理费用"、"财务费用"账户核算企业的期间费用。

企业在销售商品过程中发生的包装费、保险费、展览费和广告费、运输费、装卸费等费用，借记"销售费用"账户，贷记"库存现金"、"银行存款"账户。

企业发生的为销售本企业商品而专设的销售机构的职工薪酬、业务费等经营费用，借记"销售费用"账户，贷记"应付职工薪酬"、"银行存款"、"累计折旧"等账户。

企业在筹建期间内发生的开办费，包括人员工资、办公费、培训费、差旅费、印刷费、注册登记费以及不计入固定资产成本的借款费用等在实际发生时，借记"管理费用"账户（开办费），贷记"银行存款"等账户。

行政管理部门人员的职工薪酬，借记"管理费用"账户，贷记"应付职工薪酬"账户。

行政管理部门计提的固定资产折旧，借记"管理费用"账户，贷记"累计折旧"账户。

发生的办公费、水电费、业务招待费、聘请中介机构费、咨询费、诉讼费、技术转让费、研究费用，借记"管理费用"账户，贷记"银行存款"账户。

按规定计算确定的应交房产税、车船使用税、土地使用税、印花税，借记"管理费用"账户，贷记"应交税费"账户。

"财务费用"账户核算企业为筹集生产经营所需资金等而发生的筹资费用，包括利息支出（减利息收入）、汇兑损益以及相关的手续费、企业发生的现金折扣或收到的现金折扣等。

企业发生的财务费用，借记"财务费用"账户，贷记"银行存款"、"应付利息"等账户。发生的应冲减财务费用的利息收入、汇兑损益，借记"银行存款"账户，贷记"财务费用"账户。

6.4.3　利润的核算

6.4.3.1　利润的形成

利润是企业在一定期间生产经营活动的最终成果，包括收入减去费用后的净额、直接计入当期利润的利得和损失等。

1. 营业利润

营业利润是收入减去费用后的净额，是企业经营活动的主要成果，直接反映企业经营者的管理绩效。用公式表示如下：

营业利润＝营业收入－营业成本－营业税金及附加－管理费用－财务费用
－销售费用－资产减值损失＋公允价值变动收益＋投资收益

其中，营业收入是主营业务收入与其他业务收入之和，营业成本是主营业务成本与其他业务成本之和。

2. 利润总额

利润总额是在营业利润的基础上，加上直接计入当期利润的利得减去直接计入当期利润的损失后的结果。用公式表示如下：

利润总额＝营业利润＋营业外收入－营业外支出

利得是企业边缘性或偶发性等交易或事项的结果，属于不经过经营过程就能取得或不曾期望获得的收益。直接计入当期利润的利得通过设置"营业外收入"账户核算，主要包括非流动资产处置利得、非货币性资产交换利得、债务重组利得、政府补助、盘盈利得、捐赠利得等。

直接计入当期利润的损失通过设置"营业外支出"账户核算，主要包括非流动资产处置损失、非货币性资产交换损失、债务重组损失、公益性捐赠支出、非常损失、盘亏损失等。

【例6-46】　天宇公司取得供货商违反合同的违约金5 000元，已存入银行。

借：银行存款　　　　　　　　　　　　　　　　　　　　　5 000
　　贷：营业外收入　　　　　　　　　　　　　　　　　　　　　5 000

【例6-47】　天宇公司以银行存款向希望工程捐款60 000元。

借：营业外支出　　　　　　　　　　　　　　　　　　　60 000
　　贷：银行存款　　　　　　　　　　　　　　　　　　　　　60 000

3. 净利润

企业的净利润是当期利润总额扣除所得税费用后的余额。

$$净利润＝利润总额－所得税费用$$

4. 期末损益的会计处理

期末损益的会计处理见本书 5.7 节，此处不再赘述。

6.4.3.2　利润的分配

1. 利润分配的程序

企业实现的净利润必须按照《中华人民共和国公司法》等相关法规的规定进行分配，发生的亏损应按照规定的方法加以弥补。

企业当期实现的净利润，加上年初未分配利润（或减去年初未弥补的亏损）和其他转入后的余额，为可供分配的利润。企业可供分配的利润，按照下列顺序进行分配：

(1) 提取法定盈余公积；

(2) 分配优先股股利；

(3) 提取任意盈余公积；

(4) 分配普通股股利。

经过上述的利润分配的程序，剩余的利润就形成企业的未分配利润滚存到下一年度。可见，企业净利润的分配是一个过程，留存收益是分配的结果。

2. 利润分配的会计处理

利润分配的会计处理见本书 5.7 节，此处不再赘述。

📖 本章知识点小结

货币资金是以货币形态存在的资产，是企业流动性最强的资产，包括库存现金、银行存款和其他货币资金，正确进行货币资金的核算应建立货币资金的各项管理制度，遵守国家和银行的各项规定。

应收及预付款项是企业在生产经营活动中发生的各项短期债权，包括应收票据、应收账款、预付账款、其他应收款、应收股利、应收利息等。应收账款是指企业在正常的经营过程中，因以赊销方式销售商品和提供劳务，应向客户收取的款项；应收票据是指企业在采用商业汇票结算方式下，因销售商品、提供劳务而收到的尚未到期的商业汇票；预付账款是指按照购货或劳动合同，预先支付给供应方的账款；其他应收款核算企业发生的非购销活动的应收债权；应收股利和应收利息核算企业因对外投资产生的债权。

存货是指企业在日常生产经营过程中持有以备出售，或者仍然处在生产过程，或者在生产或提供劳务过程中将消耗的材料或物料等。存货的盘存制度是指确定存货实务数量的方法，有永续盘存制和定期盘存制两种。企业取得存货的方式有多种，应以其成本进行计量。企业发出存货的计价方法有个别计价法、一次加权平均法、移动加权平均法、先进先出法等，不同的存货计价方法的会计核算结果不同，企业应根据自身的特点来选择适合的方法，一经选定，不能随意更改。

现行会计准则规定用"交易性金融资产"、"持有至到期投资"、"可供出售金融资产"、"长期股权投资"、"投资性房地产"等账户核算企业的对外投资业务。企业对外投资业务的核算主要包括：投资的取得、投资持有期间收益的确认、投资持有期间的后续计量（属于资产期末价格调整事项）以及投资的出售。

固定资产是企业为生产商品、提供劳务、出租或经营管理而持有的使用寿命超过一个会计年度的资产。其会计核算主要包括固定资产的取得、固定资产的折旧以及固定资产的减少。

无形资产是指企业拥有或者控制的没有实物形态的可辨认非货币性资产。其会计核算主要包括无形资产的取得、无形资产的摊销以及无形资产的转让。

负债分为流动负债和非流动负债。流动负债内容较多，会计核算结合分类进行，包括短期借款、应付账款、应付职工薪酬、应缴税费等项目；非流动负债包括长期借款、应付债券与长期应付款等。

在资产负债表上，所有者权益通常由实收资本（股本）、资本公积、盈余公积和未分配利润构成。利润是企业在一定会计期间的经营成果，包括收入减去费用后的净额、直接计入当期利润的利得和损失等。企业当年实现的利润通过"本年利润"账户核算，利润分配时一项政策性很强的工作，必须严格按照国家法律和企业章程的规定进行分配并核算，企业当年实现的利润未指定用途的转入所有者权益的未分配利润。

➢ 思考题

1. 企业的银行存款账户是如何分类的？

2. 你认为实地盘存制和永续盘存制的优点和缺点分别是什么？

3. 实际成本法核算下发出存货的计价方法有哪些？各种方法如何影响企业的财务状况和经营成果？

4. 我国现行会计准则对投资是如何分类的？

5. 流动负债有哪几种？非流动负债有哪几种？在资产负债表上依据什么方式进行列示？

6. 固定资产主要的会计处理有哪些？

7. 无形资产的概念及内容？

8. 无形资产的入账价值如何确定？

9. 所有者权益是由哪几部分构成的？各部分有何区别？

10. 在会计核算时费用如何分类？

11. 营业利润、利润总额、净利润如何计算？

12. 试述利润分配的主要步骤及其会计处理。

➢ 练习题

习题一

一、目的：练习固定资产折旧的计算方法。

二、资料：甲公司 20×6 年 12 月 5 日购入一设备，该设备原值为 601 000 元，预计使用 5 年，预计净残值为 1 000 元。

三、要求：根据以上资料分别采用直线法、年数总和法和双倍余额递减法计算该设备20×7年应计提的折旧额。

习题二

一、目的：练习存货计价方法。

二、资料：乙公司 A 材料 20×7 年 3 月初余额为 5 680 元（200 件），3 月份发生如下业务：

（1）3 月 5 日购入 400 件；单价 28.40 元；

（2）3 月 9 日领用 360 件；

（3）3 月 14 日购入 200 件；单价 28.60 元；

（4）3 月 17 日领用 400 件；

（5）3 月 28 日购入 200 件；单价 28.10 元；

三、要求：根据以上资料分别采用先进先出法、加权平均法和移动平均法计算乙公司 3 月份期末原材料成本和 3 月份发出原材料成本。

习题三

一、目的：练习制造企业基本业务的核算。

二、资料：

（一）德马公司 11 月 30 日有关明细账户和总分类账户的余额如下：

1. 明细分类账户：

原材料——甲材料 50 吨，每吨 1 100 元，共计 55 000 元

原材料——乙材料 50 吨，每吨 1 500 元，共计 75 000 元

库存商品——A 产品 35 件，每件 800 元，共计 28 000 元

库存商品——B 产品 110 件，每件 1 000 元，共计 110 000 元

应收账款——兴业公司 40 000 元

应收账款——巴斯公司 3 000 元

其他应收款——张某 1 000 元

　　　　　——保险公司 10 000 元

应付账款——兴达公司 60 000 元

应交税费——未交增值税 40 000 元

　　　　——应交城市维护建设税 2 800 元

　　　　——应交教育费附加 1 200 元

2. 总分类账户的资料见表 1。

表 1　总分类账户余额表

账户名称	借方余额	账户名称	贷方余额
库存现金	5 000	短期借款	80 000
银行存款	201 000	应付账款	60 000
交易性金融资产	66 000	应付职工薪酬	77 000
应收账款	43 000	应交税费	44 000
其他应收款	11 000	应付利息	2 000

续表

账户名称	借方余额	账户名称	贷方余额
原材料	130 000	长期借款	100 000
库存商品	138 000	实收资本	720 000
长期股权投资	180 000	资本公积	10 000
固定资产	1 100 000	盈余公积	29 200
无形资产	64 000	本年利润	536 000
		累计折旧	239 800
		利润分配	40 000
合　计	1 938 000	合　计	1 938 000

（二）12 月份发生下列经济业务：

1. 收到兴业公司前欠货款 40 000 元，已存入银行。

2. 原借入的短期借款 35 000 元，以银行存款偿还。

3. 购进甲材料 5 吨，每吨 1 000 元；乙材料 5 吨，每吨 1 400 元；发生运费 1 000 元（按材料重量比例分配）；发票进项税额 2 040 元，款项均以银行存款支付，材料已验收入库。

4. 以银行存款支付广告费 4 800 元。

5. 以银行存款上交上月税金及教育费附加。

6. 以银行存款发放工资 46 000 元。

7. 职工报销医药费 1 200 元，以现金支付。

8. 车间职工张某出差借款 1000 元，现报销差旅费 800 元，其余交回现金。

9. 以银行存款偿还前欠兴达公司货款。

10. 销售 A 产品 60 件，每件售价 1 200 元；B 产品 60 件，每件售价 1 500 元，发票上注明的销项税额 27 540 元，款项已存入银行。

11. 向银行借入期限为 6 个月的短期借款 65 000 元存入银行。

12. 接受捐赠设备一台，价值 25 000 元。

13. 购入设备一台，价值 50 000 元，发生运费、保险费 1 000 元，发票进项税额 8 500 元，均以银行存款支付，设备已交付使用。

14. 销售给兴业公司 A 产品 20 件，每件售价 1 200 元；B 产品 60 件，每件售价 1 500 元；货已发出，以银行存款支付代垫运费 3 000 元，发票销项税额 19 380 元，款项尚未收到。

15. 从兴达公司购进甲材料 10 吨，每吨 1 000 元，兴达公司代垫运费 1 000 元，发票进项税额 1 700 元，款项尚未支付，材料已验收入库。

16. 销售给福达公司 B 产品 30 件，每件售价 1 500 元，发票销项税额 7 650 元，款项已存入银行。

17. 销售给兴业公司 B 产品 20 件，每件售价 1 500 元，发票销项税额 5 100 元，款项尚未收到，销售方以现金支付运杂费 200 元。

18. 以银行存款预付租入固定资产一年的租金 2 400 元。

19. 收到兴业公司前欠全部货款，已存入银行。

20. 出售一项非专利技术取得收入 90 000 元已存入银行，该专利技术账面净值为 40 000 元，按规定应交营业税（5%）、应交教育费附加（3%）、应交城市维护建设税（7%）。

21. 以银行存款购入普通股票 20 000 元，该批股票准备在年内变现。

22. 以银行存款支付税务部门罚款 1 000 元。

23. 以现金支付厂部办公用品费 600 元，车间办公用品费 400 元。

24. 摊销应由公司负担的财产保险费 1 500 元（已计入"其他应收款"）。

25. 本月领料汇总见表 2。

材料发出按先进先出法计价。

26. 预提本月应负担的短期借款利息 2 000 元。

27. 本月应付职工工资总额为 56 000 元，见表 3。

表 2

	甲材料	乙材料
A 产品领用	20 吨	20 吨
B 产品领用	30 吨	28 吨
车间一般耗用		4 吨
厂部一般耗用		2 吨

表 3

A 产品生产工人工资	18 000 元
B 产品生产工人工资	18 000 元
车间管理人员工资	6 000 元
厂部管理人员工资	14 000 元

28. 计提厂部固定资产折旧费 4 000 元，车间固定资产折旧费 3 000 元。

29. 分配结转本月制造费用（按生产工人工资比例分配）。

30. 本月投产的 A、B 产品各 100 件，均已完工入库，结转实际生产成本。

31. 结转本月已销 A、B 产品的实际销售成本，其单位成本按加权平均法计算。

32. 计算本月应交的增值税及相应的城建税和教育费附加，税率同前。

33. 按本年利润总额的 25% 计算应交的所得税。

34. 结转各损益类账户。

35. 结转本年利润至利润分配——未分配利润账户。

36. 按本年净利润的 10% 计提法定盈余公积金、5% 计提任意盈余公积金。

37. 按本年净利润的 1/3 计算应付现金股利。

38. 结转利润分配其他各明细账户至利润分配——未分配利润账户。

三、要求：

1. 根据资料开设丁字账户，登记期初余额；

2. 根据资料编制会计分录（为了简化核算，本题运费一律不计算增值税），登记有关账户；

3. 计算各账户的本期发生额及月末余额，编制试算平衡表。

第 7 章

银行主要业务的核算

内容提要

本章介绍商业银行、中央银行的主要经济业务及其会计核算,包括金融会计体系,商业银行存款、贷款和往来结算业务的核算,以及中央银行存款、贷款、结算、货币发行和经理国库业务的核算。

7.1 银行会计概述

7.1.1 金融体系及金融会计体系

我国目前的金融体系主要由中央银行、商业银行、政策性银行、非银行金融机构等构成。

中央银行(即中国人民银行)是国家管理金融的机关,是银行的银行。中央银行在国务院领导下制定和实施货币政策、监管金融业。根据《中国人民银行法》第四条,中国人民银行具有如下职责:发布与履行其职责有关的命令和规章;依法制定和执行货币政策;发行人民币,管理人民币流通;监督管理银行间同业拆借市场和银行间债券市场;实施外汇管理,监督管理银行间外汇市场;监督管理黄金市场;持有、管理、经营国家外汇储备、黄金储备;经理国库;维护支付、清算系统的正常运行;指导、部署金融业反洗钱工作,负责反洗钱的资金监测;负责金融业的统计、调查、分析和预测;作为国家的中央银行,从事有关的国际金融活动等。中央银行的主要经济业务有:货币发行、经理国库、金融机构的存贷款业务、公开市场业务等。

政策性银行是为政府特定的经济政策和产业政策服务的金融机构。政策性银行是按照政府产业导向意图发放贷款,从事有关金融业务。目前,我国有三家政策性银行,国家开发银行、中国进出口银行和中国农业发展银行。国家开发银行主要办理政策性国家重点建设贷款及贴息业务;中国农业发展银行主要承担国家粮、棉、油储备和农副产品合同收购、农业开发等业务中的政策性贷款,以及代理财政支农资金的拨付和监督使用;中国进出口银行主要是为大型机电产品、成套设备、高新技术等的进出口提供买方信贷和卖方信贷,办理贴息、出口信用担保等业务。

　　商业银行是依据《商业银行法》和《公司法》设立的从事资金商业性买卖的金融企业法人，其主要业务有吸收公众存款、发放贷款、办理结算等。我国的商业银行主要有：中国工商银行、中国农业银行、中国建设银行、中国银行、交通银行、中信银行、中国光大银行、华夏银行等。

　　除了上述金融机构外，金融机构还有信托投资公司、融资租赁公司、保险公司、证券公司、财务公司等非银行金融机构。

　　目前我国的金融会计体系，可以用图 7-1 来描述。

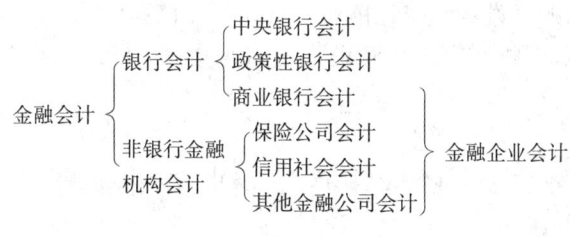

图 7-1　我国金融会计体系

7.1.2　银行业务及其核算的特点

　　商业银行的主要经营对象是货币，其客户多、业务量大、信息化程度较高。与其他类型的企业相比，商业银行的经济业务及其核算具有如下特点：

　　（1）银行业务及其会计核算具有宏观性、社会性。各种企事业单位、个体工商户、个人，一般都在商业银行有存款，都需要通过商业银行办理各种结算。商业银行还肩负着现金开支范围管理、银行账户管理等管理职能。商业银行会计工作的好坏，不仅影响银行自身的工作，还影响国民经济各部门、各企业、各单位的经济活动。

　　（2）会计核算与业务处理紧密结合。银行的各种存款业务、贷款业务、结算业务等的开展，都离不开会计。银行会计核算过程就是银行业务处理过程，银行各项业务活动必须通过会计来实现，由会计来具体办理。银行会计处于银行业务活动的第一线。

　　（3）有严密的内部控制管理机制。商业银行的经营对象是货币、商业银行的业务量大等，都要求银行对其业务和会计处理具有严密的内部控制管理机制。银行会计为了确保会计核算的质量，必须制定和执行各项会计内控制度，如复核制度、账务核对制度、事后监督制度等。

　　（4）银行业务量大，业务处理要求及时、业务处理的准确性要求高。随着我国经济体制改革和经济建设的飞跃发展，银行的业务量急剧增加。另外，经济发展也对银行业务处理的及时性和准确性提出了更高的要求。

　　（5）银行的信息网络化程度较高。为了适应银行业务发展和会计核算的需要，银行目前广泛采用计算机进行各项操作和管理，银行各行处之间已实现计算机联网。目前，银行自动取款机普遍设置，银行卡、网上银行、异地存取等业务发展迅速，也对银行的信息化程度提出了更高的要求。

　　（6）表外科目的单式簿记核算比较规范。企业会计对报表项目之外的其他重要事项，需要设置表外科目采用单式簿记予以核算。与其他企业相比，商业银行中需要记录的表外科目较多，表外科目的核算比较规范。

（7）银行的会计凭证一般既是单式凭证，又是混合凭证和特定凭证。银行业务量大、及时性要求高，为方便登账，银行一般采用单式凭证，即每一张记账凭证只登记分录中的一个借方或一个贷方，每个分录登记到多张单式凭证中去。银行一般采用混合凭证，即银行凭证中既登记经济业务又书写会计分录，兼具有原始凭证和记账凭证的作用，也称为联合凭证。银行的凭证一般都是为了特定业务（如存款、取款等）而专门印制的特定凭证，相比而言，通用凭证则使用相对较少。

（8）银行的会计账簿设置及登记体现了其业务和核算要求。商业银行的各种经济业务，要求每天都予以登账。银行账簿设计时，考虑了利息计算、往来账务等业务的要求。

7.2　商业银行主要业务的核算

商业银行的主要业务有：吸收存款、发放贷款、办理结算。商业银行的收益主要来源于存贷款的利息差，以及结算等业务的手续费。

7.2.1　存款业务的核算

7.2.1.1　存款的分类

吸收存款是商业银行以信用方式吸收社会闲置资金的筹集资金活动。存款是商业银行重要的负债业务和信贷资金的主要来源。银行吸收的存款，按照管理的不同要求，可以采用不同的分类方法，常见的分类有：

（1）按照存款的产生来源，存款可以分为原始存款和派生存款。原始存款，也称直接存款，是企事业单位、金融机构或个人将现金或现金支票送存银行而形成的存款。派生存款，也称间接存款，是银行以贷款方式自己创造的存款。

（2）按照存款的来源性质，存款可以分为一般性存款（单位存款）、居民个人储蓄存款和财政性存款。一般性存款是银行吸收的各单位的暂时闲置资金；居民个人储蓄存款是银行吸收城乡居民的闲置资金形成的存款；财政性存款是各行经办的财政预算内存款以及集中待缴财政的各种款项形成的存款。

（3）按照存款的期限，存款可以分为活期存款和定期存款。活期存款是存入时不确定存期，可以随时存取的存款，主要包括单位活期存款和个人活期存款。定期存款是在存款时约定存款存期，到期支取的存款，主要包括单位定期存款和个人定期存款。

（4）按存款的存取款方式，存款可以分为支票存款、存折存款、存单存款。支票存款，是使用支票办理支取手续的存款方式；存折存款，是使用存折办理存取款手续的存款方式；存单存款，是存款人在存入款项时取得存单的存款方式，譬如定期存单。目前，单位存款一般采用支票存款方式，个人储蓄存款一般采用存折存款方式。

（5）按照存款的货币种类，存款可以分为人民币存款和外币存款。

7.2.1.2　存款业务的科目设置

商业银行存款业务使用的会计科目主要有：

1．"吸收存款"科目

该科目核算商业银行吸收的除同业存放款项以外的其他各种存款，包括单位存款（企业、事业单位、机关、社会团体等）、个人存款、信用卡存款、特种存款、转贷款资金和财政性存款等。该科目是负债类科目，可按存款类别及存款单位，分别"本金"、"利息调整"等进行明细核算。

在实际中，为了方便核算和管理，银行一般将吸收存款的二级科目上升为一级科目。商业银行吸收存款业务设置的一级科目一般有："活期存款"、"定期存款"、"活期储蓄存款"、"定期储蓄存款"、"财政性存款"。有时还将"活期存款"的各明细分类上升为一级科目，一般列为："工业企业存款"、"商业企业存款"等。

2．"利息支出"科目

该科目核算商业银行发生的利息支出，包括吸收的各种存款（单位存款、个人存款、信用卡存款、特种存款、转贷款资金等）、与其他金融机构（中央银行、同业等）之间发生资金往来业务、卖出回购金融资产等产生的利息支出。

另外，存款业务还使用"应付利息"和"应交税费"科目。在商业银行存款业务中，"应付利息"科目，用以核算银行吸收存款而发生的当期应付而未付的利息；"应交税费"科目，用以核算银行在计算存款利息时应代扣代缴的个人所得税。

7.2.1.3　存款业务的核算

吸收存款业务的核算，主要有：①企业、个人等客户开立账户和存入款项的核算；②企业、个人等客户从其账户支取款项的核算；③商业银行定期或到期计算利息的核算。

存款存取的方式有现金存取和转账存取两种方式。转账方式的存取业务主要是通过各种结算方式和票据来办理，在结算往来业务的核算中讲解，下面主要讲解现金存取业务。

【例 7-1】　中国工商银行北京市×支行 20×7 年 2 月 20 日有如下部分经济业务：

（1）储户李某将 200 元现金存入其活期存款户；

（2）储户张某支取到期的定期存款，本金为 1 000 元，含税利息为 12 元，应代扣代缴的个人所得税为 0.6 元；

（3）在本行开户的甲公司持现金支票支取现金 10 000 元。

中国工商银行北京市×支行对上述业务编制如下会计处理：

（1）借：现金　　　　　　　　　　　　　　　　　　　　　200

　　　贷：吸收存款——活期储蓄存款——李某　　　　　　　　200

（2）借：吸收存款——定期储蓄存款——张某　　　1 000

　　　　利息支出　　　　　　　　　　　　　　　12

　　　贷：现金　　　　　　　　　　　　　　　　　　　　1 011.40

应交税费——应交代扣代缴个人所得税		0.60
（3）借：吸收存款——活期存款——甲公司	10 000	
贷：现金		10 000

7.2.2　贷款业务的核算

7.2.2.1　贷款的分类

贷款是金融企业对借款人提供资金，并按约定的利率和期限收取本息的信用活动。贷款业务是商业银行的主要资产业务之一，也是银行资金运用的主要形式。银行发放的贷款，按照管理的不同要求，可以采用不同的分类方法，常见的分类有：

（1）按照贷款期限，贷款可以分为短期贷款、中期贷款和长期贷款。短期贷款是银行根据有关规定发放的、期限在一年以下（含一年）的各种贷款；中期贷款，是银行发放的贷款期限在一年以上五年以下（含五年）的各种贷款；长期贷款，是银行发放的贷款期限在五年以上的各种贷款。

（2）按照贷款对象，贷款可以分为单位贷款和个人贷款。单位贷款，又分为流动资金贷款、固定资金贷款、综合授信贷款等；个人贷款，又分为个人消费贷款和个人住房贷款等。

（3）按照贷款的保障条件，贷款可以分为信用贷款、担保贷款、票据贴现。信用贷款，是银行完全凭借客户的信誉而无须提供抵押物和第三者保证而发放的贷款；担保贷款，是使用一定的财产或信用作为还款保证的贷款，根据还款保证的不同，担保贷款又可以分为抵押贷款、质押贷款和保证贷款；票据贴现，是商业汇票持票人向银行贴付一定利息所作的票据转让行为。

（4）按照贷款的还款方式，贷款可以分为一次性偿还的贷款和分期偿还的贷款。一次性偿还的贷款，在贷款到期时一次性偿还本金，而对于贷款的利息则根据约定，或在整个贷款期间分期支付，或在贷款到期时一次支付；分期偿还的贷款，是按期（年、季或月）以相等的金额还本付息。

（5）按照贷款的风险程度，贷款可以分为正常贷款、关注贷款、次级贷款、可疑贷款和损失贷款。正常类贷款，是借款人能够履行合同、有充分把握足额偿还本息的贷款；关注类贷款是尽管借款人目前有能力偿还本息，但是存在一些可能对偿还产生不利影响的因素的贷款；次级类贷款，是借款人的还款能力出现了明显问题，依靠其正常经营收入已无法足额还本付的贷款；可疑类贷款，是借款人无法足额偿还本息，即使执行抵押或担保也肯定造成一定损失的贷款；损失类贷款，是在采取所有可能的措施或一切必要的法律程序后，本息仍无法收回或只能收回极少部分的贷款。这种分类方式的主要目的，是加强贷款的风险管理，提高贷款质量。

（6）根据贷款的发放方式，贷款可以分为逐笔核贷贷款、授信额度贷款、下贷上转贷款等。逐笔核贷贷款，是在贷款发放时，由借款人向银行申请，银行根据批准的贷款计划，逐笔审核、逐笔发放的贷款。目前，信用贷款、担保贷款、抵押贷款多采用逐笔核贷方式发放。授信额度贷款，是银行与借款人签署协议，约定在一定时期和一定条件下，在授信额度内借款人提出申请就予发放的贷款。下贷上转贷款，是基层银行将贷款发放给某单位的基层分支机构，再由基层银行把贷款定期上划转入该基层机构的上级主管单位开户行的贷款。

7.2.2.2　贷款业务的科目设置

商业银行贷款业务使用的会计科目主要有：

1. "贷款"科目

该科目核算商业银行按规定发放的各种客户贷款，包括质押贷款、抵押贷款、保证贷款、信用贷款等。该科目可按贷款类别、客户，分别"本金"、"利息调整"、"已减值"等进行明细核算。

在实际中，为了方便核算和管理，商业银行一般将贷款的二级科目上升为一级科目。商业银行贷款业务设置的一级科目一般有："短期贷款"、"中长期贷款"、"抵押贷款"、"逾期贷款"等。有时还将"短期贷款"的各明细分类上升为一级科目，一般列为："工业企业贷款"、"商业企业贷款"等。

2. "利息收入"科目

该科目核算商业银行确认的利息收入，包括发放的各类贷款（银团贷款、贸易融资、贴现和转贴现融出资金、协议透支、信用卡透支、转贷款、垫款等）、与其他金融机构（中央银行、同业等）之间发生资金往来业务、买入返售金融资产等实现的利息收入等。该科目可按业务类别进行明细核算。

另外还使用"应收利息"科目。在商业银行贷款业务中，"应收利息"科目，用以核算银行发放贷款而发生的当期应收而未收的利息。

7.2.2.3　贷款业务的核算

商业银行贷款业务的核算，主要有：①向企业、个人等贷款申请人发放贷款的核算；②企业、个人等贷款申请人偿还贷款的核算；③银行定期或到期计算利息的核算。商业银行贷款业务的核算，见例 7-2。

【例 7-2】　中国工商银行北京市×支行 20×7 年 2 月 20 日有如下部分经济业务：

（1）向乙公司发放流动资金贷款 200 000 元；

（2）丙公司偿还到期的 5 年期贷款，贷款本金 400 000 元，利息总计 120 000 元，其中已记入应收利息科目 116 000 元，利息到期支付。

中国工商银行北京市×支行对上述业务编制如下会计处理：

（1）借：贷款——短期贷款——乙公司　　　　　　　　200 000

　　　　贷：吸收存款——活期存款——乙公司　　　　　　　　200 000

（2）借：吸收存款——活期存款——丙公司　　　　　　　520 000

　　　　贷：贷款——中长期贷款——丙公司　　　　　　　　400 000

　　　　　　利息收入　　　　　　　　　　　　　　　　　4 000

　　　　　　应收利息　　　　　　　　　　　　　　　　116 000

7.2.3　结算往来业务的核算

7.2.3.1　结算往来业务概述

结算是经济个体之间的货币收付行为。在现代社会中，各个经济个体之间的各项经济往来，都离不开货币结算。结算，按照支付形式，分为现金结算和转账结算。

转账结算，也即支付结算，包括银行本票、银行汇票、支票、商业汇票等四种票据结算，以及汇兑、委托收款、异地托收承付、信用卡等结算方式。

这些结算方式中，适用于异地的结算方式有：汇兑、银行汇票、异地托收承付、委托收款、商业汇票、信用卡；适用于同城的结算方式有：支票、银行本票、委托收款、商业汇票、信用卡。

结算时，结算双方若均在同一银行的同一行处开户，那么银行只需要将结算双方在银行的存款账户中的数额予以结转就完成结算。若结算双方不在同一银行的同一行处开户，则结算双方的开户行分别调整其在银行存款的数额，但是这时结算双方的开户行之间一般并不立即结清款项，一般会定期或不定期（超过往来限额时）结清款项。这样，在结算当时就形成了两家银行之间的欠款关系，也即往来关系。

因为银行间的欠款一般不具有固定不变的资金流动方向，所以银行间欠款关系，不能像企业那样称为应收或应付，常称为往来。银行间往来，主要是由于银行间办理资金调拨、货币结算、相互代收、代付款项而引起的。

商业银行的往来，分为联行往来、同业往来和与中央银行往来。联行往来，是同一银行系统内各行处之间的资金账务往来，例如中国工商银行的两家行处之间的资金账务往来；同业往来，是不在同一银行系统的两家银行之间的资金账务往来，例如中国工商银行的某一行处和中国农业银行的某一行处之间的资金账务往来；与中央银行往来，是商业银行与中央银行之间的资金账务往来。

两家银行行处之间的资金账务往来（联行往来或同业往来），若金额超过一定数额，就不能直接通过联行往来或同业往来予以处理，必须通过中央银行来处理。为了方便管理和对账，异地的两家不在同一系统的银行之间不能直接处理同业往来，往往需要通过联行往来或与中央银行往来将其转换为同城的同业往来。

7.2.3.2　结算往来业务的科目设置

结算业务需要使用结算双方的"活期存款"科目，并根据情况需要使用如下的银行往来科目。

1. 联行往来的科目

《企业会计准则》（2006）中规定了"清算资金往来"科目，用以核算银行间业务往来的资金清算款项。该科目可按资金往来单位，分别"同城票据清算"、"信用卡清算"等进行明细核算。规定该科目可用于同城票据交换和其他往来。因为联行往来是银行系统内部的事情，会计准则并没有统一规定联行往来的会计科目。

对于联行往来，可以采用"清算资金往来"科目，也可以采用历史上各银行已经形成的联行往来科目，譬如"存放联行款项"、"联行存放款项"，或"联行往账"、"联行来账"、"分行辖内往来"，或"系统内上存款项"、"系统内款项存放"，或"清算资金往来"等。

2. 同业往来的科目

同业往来，使用"存放同业"和"同业存放"科目。"存放同业"科目，用于核算企业（银行）存放于境内、境外银行和非银行金融机构的款项，该科目可按存放款项的性质和存放的金融机构进行明细核算。"同业存放"科目，用于核算企业（银行）吸收的境内、境外金融机构的存款，该科目可按存放金融机构进行明细核算。

3. 与中央银行往来的科目

与中央银行的往来业务，商业银行使用"存放中央银行款项"科目核算，中央银行使用"××银行准备金存款"科目核算。

对于同城票据交换业务，商业银行使用"清算资金往来"科目反映暂时的资金清欠关系，在票据交换时，使用"存放中央银行款项"科目结清款项。

7.2.3.3　结算往来业务的核算

对于结算双方在同一银行的同一行处开户的结算业务，该行处只需要将款项在结算双方的存款账户中予以结转就可以了。

对于结算双方不在同一银行的同一行处开户的结算业务，在具体业务处理时，需要根据情况使用相应的往来科目。

【例 7-3】　中国工商银行北京市×支行 20×7 年 2 月 20 日有如下部分经济业务：

（1）在本行开户的甲公司交来在本行开户的乙公司的转账支票一张，金额 20 000 元；

（2）收到中国工商银行上海市×支行的贷方报单和委托收款凭证第四联，将款项转入在本行开户的乙公司账户，金额 34 000 元；

（3）在本行开户的甲公司前来办理汇兑业务，向在中国农业银行杭州市×支行开户的丙公司汇款 30 000 元。该款项通过中国农业银行北京市×支行转汇。

中国工商银行北京市×支行对上述业务的会计处理如下：

（1）借：吸收存款——活期存款——乙公司　　　　　20 000
　　　　贷：吸收存款——活期存款——甲公司　　　　　　　20 000
（2）借：联行来账/存放联行款项/清算资金往来　　　34 000
　　　　贷：吸收存款——活期存款——乙公司　　　　　　　34 000
（3）借：吸收存款——活期存款——甲公司　　　　　30 000
　　　　贷：同业存放——农业银行北京×支行　　　　　　　30 000

7.3　中央银行主要业务的核算

中央银行的主要业务有：①商业银行及其他金融机构在中央银行的存款业务；②中央银行向商业银行及其他金融机构发放的贷款业务；③商业银行及其他金融机构通过中

央银行的结算业务；④货币发行业务；⑤经理国库业务等。

7.3.1　存款业务的核算

中央银行的存款业务，是指各商业银行、政策性银行、其他金融机构在中央银行的存款业务。其中"××银行准备金存款"科目（如工商银行准备金存款等），核算各商业银行、政策性银行、其他金融机构在中央银行的法定准备金和超额准备金。"商业银行划来财政存款"科目，核算各商业银行向中央银行划来的财政性存款。

与商业银行类似，中央银行吸收存款业务的核算，主要有存入款项时的核算、款项支取时的核算、计算利息时的核算。

中央银行存款存取的方式也有现金存取和转账存取两种方式。转账方式的存取业务主要是通过各种结算方式和票据来办理，在结算往来业务的核算中讲解，下面主要讲解现金存取业务。其中对于现金的存取业务，实际上就是货币回笼和发行业务，因此在阅读本部分时需要结合中央银行货币发行业务的核算。

【例 7-4】　中国人民银行北京市×支行 20×7 年 2 月 20 日有如下部分经济业务：

（1）中国工商银行北京市×支行缴存现金 3 000 000 元；

（2）中国农业银行北京市×支行支取现金 2 000 000 元；

中国人民银行北京市×支行对上述业务处理如下：（此处略去发行基金等的处理）

（1）借：发行基金往来　　　　　　　　　　　　　　　3 000 000

　　　　贷：工商银行准备金存款　　　　　　　　　　　　　3 000 000

（2）借：农业银行准备金存款　　　　　　　　　　　2 000 000

　　　　贷：发行基金往来　　　　　　　　　　　　　　　　2 000 000

中国工商银行北京市×支行对上述第一笔业务的会计处理如下：

借：存放中央银行款项　　　　　　　　　　　　　　3 000 000

　贷：现金　　　　　　　　　　　　　　　　　　　　3 000 000

中国农业银行北京市×支行对以上第二笔业务的会计处理如下：

借：现金　　　　　　　　　　　　　　　　　　　　2 000 000

　贷：存放中央银行款项　　　　　　　　　　　　　　2 000 000

7.3.2　贷款业务的核算

中央银行的贷款业务，是指中央银行向各商业银行、政策性银行、其他金融机构等发放贷款的业务。其中"××银行贷款"科目（如工商银行贷款等），核算中央银行发放给各商业银行、政策性银行、其他金融机构的贷款。

与商业银行类似，中央银行贷款业务的核算，主要有发放贷款时的核算、计算利息时和收回贷款时的核算。

【例 7-5】　中国人民银行北京市×支行 20×7 年 2 月 20 日有如下部分经济业务：

（1）向中国工商银行北京市×支行发放贷款 20 000 000 元，款项已转入；

（2）中国农业银行北京市×支行偿还到期的短期贷款，贷款本金 40 000 000 元，利息 360 000 元。

中国人民银行北京市×支行对上述业务的会计处理如下：

(1) 借：工商银行贷款　　　　　　　　　　　　　　20 000 000

　　　贷：工商银行准备金存款　　　　　　　　　　　　　20 000 000

(2) 借：农业银行存款　　　　　　　　　　　　　　40 360 000

　　　贷：农业银行贷款　　　　　　　　　　　　　　　　40 000 000

　　　　业务收入　　　　　　　　　　　　　　　　　　　　360 000

中国工商银行北京市×支行对上述第一笔业务的会计处理如下：

借：存放中央银行款项　　　　　　　　　　　　　　20 000 000

　贷：向中央银行借款　　　　　　　　　　　　　　　　20 000 000

中国农业银行北京市×支行对以上第二笔业务的会计处理如下：

借：向中央银行借款　　　　　　　　　　　　　　　40 000 000

　　利息支出　　　　　　　　　　　　　　　　　　　　360 000

　贷：存放中央银行款项　　　　　　　　　　　　　　40 360 000

7.3.3　结算往来业务的核算

对于结算双方在中央银行的同一行处开户的结算业务，中央银行的该行处只需要将款项在结算双方的存款账户中予以结转就可以了。

对于结算双方不在中央银行的同一行处开户的结算业务，在具体处理时，需要根据情况使用相应的央行联行往来科目。

【例 7-6】　中国人民银行北京市×支行 20×7 年 2 月 20 日有如下部分经济业务：

(1) 在本行开户的中国农业银行北京市×支行开出支票向在本行开户的中国工商银行北京市×支行支付 2 600 000 元，以清偿前一段时间双方的同业往来款项；

(2) 在本行开户的中国工商银行北京市×支行通过中央银行向中国农业银行上海市×支行汇划 3 700 000 元，以办理在工行的甲公司向在农行开户的乙公司的汇款业务。

中国人民银行北京市×支行对上述业务的会计处理如下：

(1) 借：农业银行准备金存款　　　　　　　　　　　　2 600 000

　　　贷：工商银行准备金存款　　　　　　　　　　　　　2 600 000

(2) 借：工商银行准备金存款　　　　　　　　　　　　3 700 000

　　　贷：联行往账　　　　　　　　　　　　　　　　　　3 700 000

中国农业银行北京市×支行对上述第一笔业务的会计处理如下：

借：同业存放　　　　　　　　　　　　　　　　　　2 600 000

　贷：存放中央银行款项　　　　　　　　　　　　　　2 600 000

中国工商银行北京市×支行对上述两笔业务的会计处理如下：

(1) 借：存放中央银行款项　　　　　　　　　　　　　2 600 000

　　　贷：存放同业　　　　　　　　　　　　　　　　　　2 600 000

(2) 借：吸收存款——活期存款——甲公司　　　　　　3 700 000

　　　贷：存放中央银行款项　　　　　　　　　　　　　3 700 000

7.3.4　货币发行业务的核算

人民币是我国的法定货币，可用于支付我国境内的一切公共和私人债务。《中国人民银行法》规定，中国人民银行是我国的中央银行，发行货币和管理人民币流通是中国人民银行的法定职责。

中国人民银行的货币发行业务主要包括两方面的内容：①发行基金的保管和调拨；②货币的投放和回笼。

7.3.4.1　发行业务的科目设置

发行基金是中国人民银行代替国家保管的尚未发行的票币，是为调剂市场货币流通的准备基金。由印刷厂印刷完成进入中国人民银行但是尚未投入流通的票币，以及从流通领域回笼的票币，均为发行基金。

发行库是发行基金的保管库，它是中国人民银行机构的组成部分。中国人民银行设立人民币发行库，并在其分支机构设立分支库。

中央银行发行库专用的表外会计科目有：分支库发行基金、总行重点库发行基金、分支库发行基金在途、总行重点库发行基金在途、印制及销毁票币。表外科目采用单式簿记，并用收入和付出作为记账符号。

（1）分支库发行基金，用于记载全辖发行基金实物库存增减变化情况。总库按辖属库，分库、中心支库按本库、辖属库分设明细账户。

（2）总行重点库发行基金，该科目由总行重点库和总行代保管库使用，用于记载总行重点库、总行代保管库发行基金实物库存增减变化情况。总库按总行重点库、总行代保管库分设明细账户。

（3）分支库发行基金在途、总行重点库发行基金在途，用于反映发行基金调拨过程中的期末在途问题。

（4）印制及销毁票币，该科目由总库专用，用于反映历年来人民币产品印制及残缺人民币销毁变化情况。该科目总库按版别、券别及年度分设明细账户。

中央银行会计部门使用的表内科目有：发行基金往来、流通中货币。中央银行会计部门使用的表外科目有：发行基金。表外科目采用单式簿记，并用收入和付出作为记账符号。表内科目采用复式簿记，并用"借"、"贷"作为记账符号。

（1）发行基金往来，该科目由中央银行的基层行和总行专用，用于核算货币的投放与回笼，核算各商业银行或央行业务库向发行库支取现金或缴存现金的业务。总行每日以分行电报的投放、回笼数分别记在该科目。

（2）流通中货币，该科目由总行专用，用于核算和反映货币投放和回笼情况。该科目余额反映流通中的货币总量。

（3）发行基金，该科目为中央银行会计的表外科目，核算发行基金出入库金额。发行库入库时记收入，出库时记付出，余额为发行基金的库存数。

发行业务的各科目之间的平衡关系为：

印制及销毁票币＝分支库发行基金＋分支库发行基金在途

$$+总行重点库发行基金$$
$$+总行重点库发行基金在途+流通中货币$$

7.3.4.2　发行基金的保管和调拨

发行基金是非流通中的发行储备，发行库只采用单式记账，采用收入、付出作为记账符号。发行基金保管和调拨业务主要有：①印钞厂向总行重点库交来新票币；②各发行库之间调拨；③各发行库按规定销毁票币。

发行基金调拨是在发行总库、分库、中心支库、支库等上下级库之间，或在同级辖内的不同发行库之间的调拨。

发行基金业务处理时，发行基金科目在上下级发行库同时设账予以反映，发行基金科目在本级发行库和本级央行总行会计部门同时设账予以反映。

【例 7-7】　　××总行重点库 3 月 25 日有如下经济业务：

(1) 收到印钞厂交来合格的新票币 30 000 000 元；

(2) 按规定销毁残缺票币 120 000 元；

(3) 向×省分库调出发行基金 50 000 000 元；

××总行重点库对上述业务处理如下：

(1) 收入：总行重点库发行基金——本库　　　　　　　　　　　30 000 000

(2) 付出：总行重点库发行基金——本库　　　　　　　　　　　　　120 000

(3) 付出：总行重点库发行基金——本库　　　　　　　　　　　50 000 000

总库接到××总行重点库的业务数据电报后，相应处理如下：

(1) 收入：总行重点库发行基金——××总行重点库　　　　　　30 000 000

　　收入：印制及销毁票币——××券别　　　　　　　　　　　30 000 000

(2) 付出：总行重点库发行基金——××总行重点库　　　　　　　 120 000

　　付出：印制及销毁票币——××券别　　　　　　　　　　　　　120 000

(3) 付出：总行重点库发行基金——××总行重点库　　　　　　50 000 000

　　收入：总行重点库发行基金——×省分库　　　　　　　　　50 000 000

×省分库收到调入发行基金，处理如下：

　　收入：分支库发行基金——本库　　　　　　　　　　　　　50 000 000

×省分行收到×省分库交来的发行基金调拨凭证，处理如下：

　　收入：发行基金——本库　　　　　　　　　　　　　　　　50 000 000

7.3.4.3　货币投放与回笼的核算

商业银行业务库或中央银行业务库从中央银行发行库支取现金的业务，表面上只是现金的支取，实质上是货币发行。反之，则是货币的回笼业务。

【例 7-8】　　3 月 25 日 A 县工商银行从其在中国人民银行的账户中支取 2 000 000 元现金，相关各行、各发行库的处理如下：（设 A 县隶属于 B 市，B 市隶属于 C 省）

(1) 中国工商银行 A 县支行开出现金支票支取现金时的处理如下：

借：现金　　　　　　　　　　　　　　　　　　　　　　　　　2 000 000

　　　　　贷：存放中央银行款项　　　　　　　　　　　　　　　　　2 000 000

（2）中国人民银行 A 县支行收到现金支票办理现金支取时的处理如下：

借：工商银行准备金存款　　　　　　　　　　　　　　　2 000 000

　　贷：发行基金往来　　　　　　　　　　　　　　　　　2 000 000

付出：发行基金——本库　　　　　　　　　　　　　　　2 000 000

（3）中国人民银行 A 县发行支库和支行会计部门的处理如下：

　　　　A 县发行支库　　　付出：分支库发行基金——本库　　　　2 000 000

　　　　A 县支行会计部门　付出：发行基金——本库　　　　　　　2 000 000

（4）中国人民银行 B 市中心支库收到 A 县发行支库的上报数据，其行库的处理如下：

　　　　B 市中心支库　付出：分支库发行基金——A 县发行支库　　2 000 000

　　　　B 市中心支行　付出：发行基金——A 县发行支库　　　　　2 000 000

（5）中国人民银行 C 省分库收到 B 市中心支库的上报数据，其行库的处理如下：

　　　　C 省分库　　付出：分支库发行基金——B 市中心支库　　　2 000 000

　　　　C 省分行　　付出：发行基金——B 市中心支库　　　　　　2 000 000

（6）中国人民银行总库收到 C 省分库的上报数据，其行库的处理如下：

　　　　总库　付出：分支库发行基金——C 省分库　　　　　　　　2 000 000

　　　　总行　付出：发行基金——C 省分库　　　　　　　　　　　2 000 000

　　　　总行会计部门还应作如下复式分录：

　　　　　　借：发行基金往来　　　　　　　　　　　　2 000 000

　　　　　　　　贷：流通中货币　　　　　　　　　　　2 000 000

　　【例 7-9】　3 月 25 日 A 县农业银行向其在中国人民银行的账户中存入了 21 000 000 元现金，相关各行、各发行库的处理如下：（设 A 县隶属于 B 市，B 市隶属于 C 省）

（1）中国农业银行 A 县支行办理存入现金时的处理如下：

借：存放中央银行款项　　　　　　　　　　　　　　　21 000 000

　　贷：现金　　　　　　　　　　　　　　　　　　　21 000 000

（2）中国人民银行 A 县支行受理现金存入时的处理如下：

借：发行基金往来　　　　　　　　　　　　　　　　　21 000 000

　　贷：农业银行准备金存款　　　　　　　　　　　　21 000 000

收入：发行基金——本库　　　　　　　　　　　　　　　21 000 000

（3）中国人民银行 A 县发行支库和支行会计部门的处理如下：

　　　　A 县发行支库　　收入：分支库发行基金——本库　　　　21 000 000

　　　　A 县支行　　　　收入：发行基金——本库　　　　　　　21 000 000

（4）中国人民银行 B 市中心支库收到 A 县发行支库的上报数据，其行库的处理如下：

　　　　B 市中心支库　收入：分支库发行基金——A 县发行支库　21 000 000

　　　　B 市中心支行　收入：发行基金——A 县发行支库　　　　21 000 000

(5) 中国人民银行 C 省分库收到 B 市中心支库的上报数据，其行库的处理如下：

C 省分库　　收入：分支库发行基金——B 市中心支库　　　　21 000 000

C 省分行　　收入：发行基金——B 市中心支库　　　　　　21 000 000

(6) 中国人民银行总库收到 C 省分库的上报数据，其行库的处理如下：

总库　　　　　　收入：分支库发行基金——C 省分库　　　21 000 000

总行会计部门　　收入：发行基金——C 省分库　　　　　　21 000 000

总行会计部门还应作如下复式分录：

借：流通中货币　　　　　　　　　　　　　21 000 000

贷：发行基金往来　　　　　　　　　　　　　　21 000 000

若将货币发行的核算省略掉一些细节，就可以将央行会计部门货币发行业务的核算简化为：借记"××银行准备金存款"，贷记"流通中货币"。若将货币回笼的核算省略掉一些细节，就可以将央行会计部门货币回笼业务的核算简化为：借记"流通中货币"，贷记"××银行准备金存款"。流通中货币，体现中央银行发行在外的货币，是中央银行的负债类科目。

7.3.5　经理国库业务的核算

国家金库简称金库，是经营国家预算收入和支出的机构。中国人民银行是经理国库的机关，经理国库业务是中国人民银行行使中央银行职能的体现。国库机构按照国家财政管理体制设立，原则上一级财政设立一级国库，即：①中央设立总库；②省、直辖市、自治区设立分库；③省辖市、自治州设立中心支库；④县与县级市设立支库；⑤支库以下设立经收处。

国库又分为中央国库和地方国库，除中央总库外，其余为地方国库兼办中央国库业务。各级国库机构分别设立，由同级中国人民银行经理。未设立中国人民银行机构的地方，由国有商业银行代理。

7.3.5.1　中央银行国库业务的科目设置

中国人民银行经理的国库，其会计核算纳入中国人民银行会计核算体系；商业银行或信用社代理的国库，其会计核算纳入商业银行或信用社会计核算体系。国库会计核算使用表 7-1 的会计科目。

表 7-1　国库业务会计科目表

会计科目	主要核算内容
中央预算收入	负债类科目，总库专用。核算总库收纳的中央级一般预算收入、基金预算收入、预算收入的退付款项、中央与地方共享收入中央分得部分和中央对地方的预抵税收返还等款项
中央预算支出	资产类科目，总库专用。核算总库办理财政部核准的中央预算资金的支出情况

会计科目	主要核算内容
地方财政库款	负债类科目，各分支库核算地方各级财政预算的固定收入、共享收入、补助收入、专项收入和基金预算收入以及地方预算资金的支出、拨款的缴回、补助支出、专项支出和基金预算支出等款项
财政预算外存款	负债类科目，各分支库核算地方各级财政部门自身的及其代管的未纳入财政预算管理的财政资金
待结算财政款项	资产负债共同类科目，人民银行和商业银行、信用社共用。核算人民银行国库部门因预算收入级次不清等待处理款项；核算商业银行、信用社国库经收处和代理国库当日收纳的、未报解的各项预算收入款项。本科目为过渡性科目
待报解中央预算收入	负债类科目，核算人民银行各分支库当日收纳的、未报解的中央预算收入款项。本科目为过渡性科目
待报解地方预算收入	负债类科目，核算人民银行各分支库当日收纳的、未报解的地方预算收入款项。本科目为过渡性科目
待报解中央与地方共享收入	负债类科目，核算人民银行各分支库当日收纳的、未划分的中央与地方共享收入款项。本科目为过渡性科目
行库往来	资产负债共同类科目，核算人民银行国库部门与会计营业部门的往来款项
代收国家债券款	负债类科目，核算各金融机构缴入的国家债券发行款项
兑付国家债券本息款项	资产类科目，核算本行或商业银行划转的兑付国家债券本息款项
兑付国家债券资金款项	负债类科目，核算财政部拨入人民银行系统的兑付国家债券备付金和通过人民银行总行拨付商业银行总行承销的凭证式国债的还本付息款项

7.3.5.2　预算收入收纳与报解的核算

预算收入收纳与报解是指国库通过各级机构收纳政府预算收入，并对入库的预算收入，按照国家财政管理体制和分成留解的规定，划分各级预算收入和计算分成留解数，并及时向上级国库和各级财政机关报告预算收入和划解财政库款的情况。

以税收收入为例，企业等纳税人将税收等财政收入通过自己的开户行，缴纳给基层国库。基层国库需要分解不同国库的款项，并将本级财政收入转入本级政府存款——"地方财政库款"，将上级各国库的款项予以上报。中央政府在央行的存款，使用"中央预算收入"和"中央预算支出"两个科目来核算。

【例 7-10】　3 月 25 日在 A 县农业银行开户的甲企业通过其开户行缴纳上月税款 30 000 元，其中 20 000 元为某一中央地方共享税，其中县、市、省和中央的分配比例为 5：10：10：75，另 10 000 为该县财政收入。企业纳税过程中，各个相关单位的处理如下：（设 A 县隶属于 B 市，B 市隶属于 C 省）

（1）甲企业，持税收缴款书去其开户行中国农业银行 A 县支行办理缴税时，甲企业的会计处理如下：

借：应交税费——应交××税　　　　　　　　　　　　　30 000

　　　贷：银行存款　　　　　　　　　　　　　　　　　　　　　30 000
（2）中国农业银行A县支行，收取税款时的处理如下：
借：吸收存款——活期存款——甲企业　　　　　　　　　　　30 000
　　贷：待结算财政款项　　　　　　　　　　　　　　　　　　30 000
（3）中国农业银行A县支行，当日结转税款时的处理如下：
借：待结算财政款项　　　　　　　　　　　　　　　　　　　30 000
　　贷：存放中央银行款项　　　　　　　　　　　　　　　　　30 000
（4）中国人民银行A县支行，收到农业银行划来税款时的处理如下：
借：农业银行准备金存款　　　　　　　　　　　　　　　　　30 000
　　贷：待报解地方预算收入——县级库户　　　　　　　　　　10 000
　　　　待报解中央与地方共享收入　　　　　　　　　　　　　20 000
（5）中国人民银行A县支行（库），分解共享收入时的处理如下：
借：待报解中央与地方共享收入　　　　　　　　　　　　　　20 000
　　贷：待报解地方预算收入——县级库户　　　　　　　　　　 1 000
　　　　待报解地方预算收入——市级库户　　　　　　　　　　 2 000
　　　　待报解地方预算收入——省级库户　　　　　　　　　　 2 000
　　　　待报解中央预算收入　　　　　　　　　　　　　　　　15 000
（6）中国人民银行A县支行（库），结转和上划税款时的处理如下：
借：待报解地方预算收入——县级库户　　　　　　　　　　　11 000
　　待报解地方预算收入——市级库户　　　　　　　　　　　 2 000
　　待报解地方预算收入——省级库户　　　　　　　　　　　 2 000
　　待报解中央预算收入　　　　　　　　　　　　　　　　　15 000
　　贷：辖内往来　　　　　　　　　　　　　　　　　　　　　19 000
　　　　地方财政库款　　　　　　　　　　　　　　　　　　　11 000
　　注：中国人民银行A县支行（库）向县财政总预算会计报告当日税款征收情况时，
县财政总预算会计对这11 000元进行如下会计处理：
借：国库存款　　　　　　　　　　　　　　　　　　　　　　11 000
　　贷：一般预算收入　　　　　　　　　　　　　　　　　　　11 000
（7）中国人民银行B市中心支行（库），收到A县支行贷方报单时的处理如下：
借：辖内往来　　　　　　　　　　　　　　　　　　　　　　19 000
　　贷：待报解地方预算收入——市级库户　　　　　　　　　　 2 000
　　　　待报解地方预算收入——省级库户　　　　　　　　　　 2 000
　　　　待报解中央预算收入　　　　　　　　　　　　　　　　15 000
（8）中国人民银行B市中心支行（库），结转和上划税款时的处理如下：
借：待报解地方预算收入——市级库户　　　　　　　　　　　 2 000
　　待报解地方预算收入——省级库户　　　　　　　　　　　 2 000
　　待报解中央预算收入　　　　　　　　　　　　　　　　　15 000
　　贷：辖内往来　　　　　　　　　　　　　　　　　　　　　17 000

　　　　地方财政库款　　　　　　　　　　　　　　　　　　　　　2 000

　　（9）中国人民银行 C 省分行（库），收到 B 市中心支行贷方报单时的处理如下：

　　借：辖内往来　　　　　　　　　　　　　　　　　　　　　　17 000

　　　贷：待报解地方预算收入——省级库户　　　　　　　　　　2 000

　　　　待报解中央预算收入　　　　　　　　　　　　　　　　15 000

　　（10）中国人民银行 C 省分行（库），结转和上划税款时的处理如下：

　　借：待报解地方预算收入——省级库户　　　　　　　　　　　2 000

　　　待报解中央预算收入　　　　　　　　　　　　　　　　　15 000

　　　贷：联行往账　　　　　　　　　　　　　　　　　　　　15 000

　　　　地方财政库款　　　　　　　　　　　　　　　　　　　2 000

　　（11）中国人民银行总行（库），收到 C 省分行（库）贷方报单时的处理如下：

　　借：联行来账　　　　　　　　　　　　　　　　　　　　　17 000

　　　贷：中央预算收入　　　　　　　　　　　　　　　　　　15 000

　　企业纳税后，其开户行将款项从企业账户划转到中央银行，由中央银行转入各级政府的存款中，增加各级政府在中央银行的存款，即"地方财政库款"或"中央预算收入"。各级政府的财政总预算会计则相应增加其在央行的存款，借记"国库存款"（或其他财政存款）；增加其相应收入，贷记"一般预算收入"（或基金预算收入、专用基金收入）。

7.3.5.3　库款支拨的核算

　　库款支拨，即预算拨款，是各级财政部门根据核定的预算计划，将国库收纳的预算款项拨付给各预算单位和拨存建设银行。目前我国的财政管理体制中，国库款的支配权统属财政，各级国库库款的支拨必须凭各级财政机关签发的拨款凭证办理。

　　近年来我国财政资金收付实行国库集中支付制度改革后，财政性资金的支付方式包括财政直接支付和财政授权支付两种方式。财政直接支付是指由用款单位申请，财政部门向中国人民银行和代理银行签发支付指令，代理银行根据支付指令通过国库单一账户体系将资金直接支付到收款人（即商品或劳务的供应商）或用款单位（即具体申请和使用财政性资金的预算单位）账户；财政授权支付是指预算单位按照财政部分的授权，自行向代理银行签发支付指令，代理银行根据支付指令，在财政部门批准的预算单位的用款额度内，通过国库单一账户体系将资金支付到收款人账户。另外，目前对于尚未纳入国库集中支付制度改革的有关部门和单位仍采用实拨资金方式，即由一级财政将预算资金直接拨到预算单位账户。三种支付方式下，中央银行和商业银行的会计处理基本类同。

　　下面，以实拨资金方式举例如下。

　　【例 7-11】　3 月 25 日在 A 县财政局向 A 县中国人民银行下达拨款指令，给在 A 县农业银行开户的农林局拨款 20 000 作为日常经费支出。

　　中国人民银行 A 县支行收到拨款指令拨款时的处理如下：

　　借：地方财政库款　　　　　　　　　　　　　　　　　　　20 000

　　贷：农业银行准备金存款 20 000
　　中国农业银行 A 县支行收到拨款时的处理如下：
　　借：存放中央银行款项 20 000
　　　　贷：吸收存款——财政性存款——农林局 20 000
　　为了便于理解，下面将 A 县财政局的财政总预算会计以及 A 县农业局的行政单位会计对该业务的处理补充如下：
　　（1）A 县财政总预算会计下达拨款指令时的处理如下：
　　借：一般预算支出 20 000
　　　　贷：国库存款 20 000
　　（2）A 县农林局收到拨款时处理如下：
　　借：银行存款 20 000
　　　　贷：拨入经费 20 000

📖 本章知识点小结

　　商业银行的主要业务包括：存款业务、贷款业务、结算业务。这些业务本身不难，但其一些科目的资产负债性质与企业相反，一些科目的借贷与企业相反，再加上银行间往来业务比较难，使得银行业务的核算显得较难。银行间的相互欠款，由于其欠款方向的不固定性，没有采用企业的应收、应付的叫法，而使用了往来。

　　中央银行是银行的银行，负责监管金融体系、货币发行、经理国库。了解货币发行业务的核算，有利于理解货币、货币政策。经理国库业务的了解，特别是对交税过程中企业、商业银行、中央银行、财政总预算等各会计主体的核算的了解，有助于理解经济体系、各种经济活动。

➤ 思考题

　　1. 试叙述我国金融体系和金融会计体系。
　　2. 银行会计具有哪些特点？
　　3. 存款和贷款的种类有哪些？
　　4. 商业银行和中央银行对存款、贷款和结算业务的核算。
　　5. 中央银行货币发行业务的核算。
　　6. 什么是货币和货币发行？
　　7. 中央银行经理国库业务的核算。
　　8. 企业纳税时，企业、商业银行、中央银行、财政总预算等如何核算？

➤ 练习题

习题一
一、目的：商业银行主要业务的核算。
二、资料：中国工商银行北京市×支行 20×7 年 5 月 25 日有如下部分经济业务：
（1）储户王某存现金 10 000 作为 3 年期的定期存款；

（2）储户李某从其活期存款户中取现金 500 元；

（3）在本行开户的 A 公司持进账单缴存现金 20 000 元。

（4）B 公司偿还到期的 3 年期贷款，贷款本金 600 000 元，利息总计 110 000 元，其中已记入应收利息科目 98 000 元，利息到期支付。

（5）向 C 公司发放固定资金贷款 2 000 000 元；

（6）在本行开户的 D 公司交来在本行开户的 E 公司的转账支票一张，金额 20 000 元；

（7）收到中国工商银行太原市×支行的贷方报单和委托收款凭证第四联，将款项转入在本行开户的 F 公司账户，金额 34 000 元；

（8）在本行开户的 G 公司前来办理汇兑业务，向在深圳发展银行青岛市×支行开户的 H 公司汇款 30 000 元。该款项通过深圳发展银行北京市×支行转汇。

三、要求：针对以上业务编制中国工商银行北京市×支行以及其他相关银行的分录。

习题二

一、目的：商业银行结算及往来业务的核算。

二、资料：甲县工商银行开户单位甲农业机械厂电汇 32 000 元，收款单位是乙地中国银行开户的××进出口公司。因甲县没有中国银行机构，通过乙地工商银行划转。

三、要求：编制下列相应银行的会计分录。

（1）甲县工商银行；

（2）乙地工商银行；

（3）乙地中国银行。

习题三

一、目的：中央银行主要业务的核算。

二、资料：中国人民银行北京市×支行 20×7 年 5 月 25 日有如下部分经济业务：

（1）中国建设银行北京市×支行缴存现金 3 200 000 元；

（2）向中国银行北京市×支行发放贷款 42 000 000 元，款项已转入；

（3）中国建设银行北京市×支行偿还到期的短期贷款，贷款本金 40 000 000 元，利息 360 000 元。

（4）在本行开户的中国银行北京市×支行开出支票向在本行开户的中国农业银行北京市×支行支付 2 600 000 元，以清偿前一段时间双方的同业往来款项；

（5）在本行开户的中国建设银行北京市×支行通过中央银行向中国农业银行上海市×支行汇划 3 700 000 元，以办理在工行开户的甲公司向在农行开户的乙公司的汇款业务。

三、要求：针对以上业务编制中国人民银行北京市×支行以及其他相关银行的分录。

习题四

一、目的：中央银行货币发行业务的核算。

二、资料：宝鸡市人民银行收来工商银行送款单，具体业务如下：

5 月 8 日，宝鸡市人民银行收到是工商银行送款单，交来货币 2 500 000 元，计入工商银行账户内，当日电告入库，并处理发行库及人民银行和工商银行账务。

5 月 9 日，陕西省分库收到宝鸡市支库的货币回笼电报，当日处理发行库账务，并电告总库。

5 月 10 日，总库收到陕西省分库报来宝鸡市支库货币回笼电报，于当日处理发行库及人民银行账务。

三、要求：根据以上业务编制下列相应单位的会计处理。

（1）宝鸡市发行支库；

（2）宝鸡市人民银行及发行库；

（3）宝鸡市工商银行；

（4）陕西省人民银行及发行分库；

（5）人民银行总行；

（6）总库。

习题五

一、目的：中央银行国库业务的核算。

二、资料：20×7 年 5 月 25 日在中国农业银行海淀区支行开户的 A 企业通过其开户行缴纳上月税款 60 000 元，其中 40 000 元为某一中央地方共享税，其中海淀区、北京市和中央这三级政府之间的分配比例为 20∶20∶60，另 20 000 为海淀区财政收入。

三、要求：根据以上业务编制下列相应单位的会计处理。

（1）A 企业；

（2）中国农业银行海淀区支行；

（3）中国人民银行海淀区支行（库）；

（4）中国人民银行北京市支行（库）；

（5）中国人民银行总行（库）。

第四篇　会计核算组织形式

本篇内容要点

◇　会计凭证的分类

◇　记账凭证的填制与审核

◇　会计账簿的分类

◇　会计账簿登记的基本要求

◇　会计核算组织程序

◇　科目汇总表核算组织程序

第8章

会计凭证

内容提要

本章在介绍会计凭证的作用与分类的基础上,重点叙述了原始凭证与记账凭证包括的基本内容及其会计审核的要点内容,最后介绍了作为会计档案的会计凭证在传递与保管中的相关问题。通过本章的学习使读者对作为记账重要依据的会计凭证有一个全面的理解与认识。

8.1 会计凭证概述

8.1.1 会计凭证的作用

8.1.1.1 会计凭证的概念

会计凭证,是记录经济业务、明确经济责任和据以登记账簿的书面证明。会计凭证按其填制程序和用途的不同,可以分为原始凭证和记账凭证两大类。

企业发生每一项经济业务必须由经办人将其经济业务的内容和原始数据以书面形式记录下来,并签字或盖章以示对经济业务的真实性负责。如采购部门外购商品必须取得供货方开具的发货票、仓储部门验收商品必须填制收货单等。这种在经济业务发生时取得或填制的、用来载明经济业务发生或完成情况、明确经济责任,并作为记账根本依据的最初书面证明即为原始凭证。

原始凭证虽然对经济业务的发生或完成情况做了记载,并且经手人已经签字或盖章,但在会计的具体工作中,原始凭证并不是会计记账的直接依据。其原因为:一是原始凭证是对经济业务的发生与完成情况的原始记录,不能反映经济业务所涉及的账户和账户之间的对应关系,直接据以记账很容易发生错误;二是企业发生的经济业务内容丰富多样,不同经济业务取得或填制的原始凭证的内容、格式以及大小等方面都有差异,不便于作为记账的直接依据。因此,会计人员需要对原始凭证进行分类、整理和审核合格后,按照复式记账的原理和规则将原始凭证反映的经济业务内容用会计语言表述在记账凭证上,即编制会计分录,并将原始凭证附在记账凭证的后面;再根据记账凭证及所附的原始凭证直接登记账簿。这种通过编制记账凭证,并将原始凭证作为其附件登记账簿的方法，不仅便于记账，而且能有效地防止记账错误的发生。由此可见，记账凭证就是会计部门根据审核无误的原始凭证编制的、用以记载会计分录，并作为记账直接依据的一种会计凭证。

8.1.1.2　会计凭证的作用

填制和审核会计凭证是会计核算工作的基础环节，对加强会计核算、监督企业经济活动具有特别重要的作用。具体表现如下：

（1）会计凭证是记录经济业务的载体。通过取得或填制会计凭证可以将企业发生的经济业务真实地予以记录；并通过对其审核，能够判断企业发生的经济业务是否真实，是否合理与合法，以充分发挥会计的监督作用。

（2）会计凭证是登记账簿的依据。会计部门记账必须有据可依、有据可查。会计部门根据审核无误的原始凭证编制记账凭证，再根据审核后的记账凭证及所附的原始凭证登记账簿。这种将会计凭证经过多级审核后，据以登记账簿的方法，是保障会计账簿资料真实性与正确性的前提条件。

（3）会计凭证是明确经济责任的书面证明。由于每一项经济业务的发生或完成都要填制或取得会计凭证，而且经办单位和有关人员必须在凭证上盖章、签字。对会计凭证进行审核后，审核人员也必须签字或盖章，以示对该程序负责。这样，通过填制和审核会计凭证不仅可以明确经济责任，而且还便于检查、考核经济责任的落实情况，及时发现经营管理上的薄弱环节和管理制度上的漏洞，以采取有效的措施加以改进。

8.1.2　原始凭证的分类

原始凭证是会计核算的原始资料和主要依据，一般可以按其来源或填制内容进行分类。

8.1.2.1　原始凭证按来源的分类

原始凭证按其来源的不同，可分为外来原始凭证和自制原始凭证两种类型。

（1）外来原始凭证是指在经济业务发生或完成后从外单位取得的原始凭证，如某公司购买办公用品从超市取得的销货发票，如表 8-1 所示。

表 8-1　北京市商业企业专用发票
发　票　联

发票代码　111000621XXX

客户名称		支票号			发票号码　238714XX								
编号	商品名称	规格	单位	数量	单价	金　额							
						十万	千	百	十	元	角	分	二付款方收执
小写金额合计													
大写金额			拾	万	仟	佰	拾	元	角	分			

开票单位：（盖章）　　　　　　　　开票人　　　　　年　月　日

（2）自制原始凭证是指由本单位经办业务的部门和人员在执行或完成某项经济业务时填制的凭证，如仓库保管员在验收材料后填制的收料单，如表8-2所示。

表8-2　收料单

供货单位＿＿＿＿＿＿＿＿＿　　　　　　　　　　凭证编号＿＿＿＿＿＿＿＿＿

材料类别＿＿＿＿＿＿＿＿＿　　　　　　　　　　收料仓库＿＿＿＿＿＿＿＿＿

年　　月　　日

材料编号	材料名称	规格	计量单位	数量		实际价格		计划价格		备注
				应收	实收	单价	总价	单价	总价	

供应部门负责人　　　　记账　　　　　　收料　　　　　　　　　　　制单

8.1.2.2　原始凭证按填制内容的分类

原始始凭证按填制内容的不同，可分为一次凭证、累计凭证和汇总原始凭证三种。

（1）一次凭证是指对一项或若干项同类经济业务在发生或完成后一次完成填制手续的原始凭证。大部分原始凭证都是一次凭证。如采购材料所取得的发货票、出差职工填制的差旅费报销单等。一次凭证的优点在于填制简单、使用方便，但是由于数量较多不利于进行汇总核算。

（2）累计凭证是指对在一定时期内连续发生的若干项同类经济业务依次记载的原始凭证。它的填制手续需多次才能完成，主要用于记载某些经常、重复发生的经济业务。即将一定时期内连续发生的若干项同类经济业务在一张凭证中连续进行记载，至期末求出合计数以后，才据以编制记账凭证、登记账簿。如制造企业常用的限额领料单等，如表8-3所示。累计凭证的优点在于所需原始凭证张数少，便于审核和记账。

表8-3　限额领料单

领料单位＿＿＿＿＿＿＿＿＿　　　　　　　　　　凭证编号＿＿＿＿＿＿＿＿＿

用　途＿＿＿＿＿＿＿＿＿　　　　　　　　　　发料仓库＿＿＿＿＿＿＿＿＿

年　　月　　日

材料类别	材料编号	材料名称	计量单位	全月领用限额	全月实发数量	单价	金额	备注

日期	请领		实发			扣除代用		退库		限额结余
	数量	领料单位负责人签章	数量	发料人签章	领料人签章	数量	领料单编号	数量	退库单编号	

供应部门负责人　　　　　　生产计划部门负责人　　　　　　仓库负责人

（3）汇总原始凭证通常称为原始凭证汇总表是对一定时期内记载某些经常、重复发生的经济业务的同类原始凭证加以汇总而编制的一种自制的原始凭证。例如，根据发货单编制的发货汇总表等。

8.1.3 记账凭证的分类

从原始凭证到记账凭证是经营活动信息转换为会计信息的过程，依据记账凭证中反映的会计信息的内容，可以按以下三种方式对记账凭证进行分类。

8.1.3.1 记账凭证按用途的分类

记账凭证按其用途的不同，可分为专用记账凭证和通用记账凭证两种类型。

（1）专用记账凭证是指分类反映经济业务的记账凭证，具体分为收款凭证、付款凭证和转账凭证，三种凭证的格式见表 8-4、表 8-5 和表 8-6 所示。其中，收款凭证和付款凭证用于反映现金、银行存款和其他货币资金增加或减少的经济业务；转账凭证用于反映与现金、银行存款和其他货币资金的增减无关的经济业务，如产品完工验收入库、分配工资费用等。

（2）通用记账凭证是用于反映所有经济业务的记账凭证，即对企业发生的经济业务不进行分类，所有经济业务通用一种记账凭证，其格式见表 8-7 与表 8-8 所示。

表 8-4 收 款 凭 证

借方
科目_____　　　　　　　　年　　月　　日　　　　　　字第　　　号

摘　　要	贷方总账科目	明细科目	记账符号	金　　额									
				千	百	十	万	千	百	十	元	角	分
合　　计													

附单据　　　张

财务主管　　　记账　　　　出纳　　　　　审核　　　　制单

表 8-5 付款凭证

贷方
科目_____   年　月　日   字第　号

摘　要	借方总账科目	明　细　科目	记账符号	金　额										附
				千	百	十	万	千	百	十	元	角	分	单据
														张
合　计														

财务主管　　　　记账　　　　出纳　　　　审核　　　　制单

表 8-6 转账凭证

年　月　日   字第　号

摘　要	总账科目	明细科目	√	借方金额									√	贷方金额									附
				千	百	十	万	千	百	十	元	角	分	千	百	十	万	千	百	十	元	角	分	单据
																							张
合　计																							

财务主管　　　　记账　　　　出纳　　　　审核　　　　制单

表 8-7 记账凭单

附单据　　张　　　年　月　日   顺序第　号

摘　要	借方		贷方		金　额									
	科目	子目	科目	子目	千	百	十	万	千	百	十	元	角	分

复核　　　　制单　　　　记账

表8-8　记　账　凭　证

年　　月　　日　　　　　　　　字第　　号

摘　　要	总账科目	明细科目	√	借方金额												√	贷方金额											附单据
				十	亿	千	百	十	万	千	百	十	元	角	分		十	亿	千	百	十	万	千	百	十	元	角	分	
																													张
合　　计																													

财务主管　　　　　记账　　　　　出纳　　　　　审核　　　　　制单

8.1.3.2　记账凭证按填列的会计科目分类

记账凭证按填列会计科目的数目不同，可分为复式记账凭证和单式记账凭证两种。

（1）复式记账凭证又称多项记账凭证，它是在一张凭证上完整地列出每笔会计分录所涉及的全部会计科目，如表 8-4 至表 8-8 所示的记账凭证都是复式记账凭证。这类记账凭证将一项经济业务所涉及的借贷科目集中填写一张记账凭证，有利于反映经济业务的全貌，附件集中，便于检查与分析。

（2）单式记账凭证又称单项记账凭证，这种凭证是将一项经济业务所涉及的借贷科目分别填写多张记账凭证，每张凭证只填写一个科目，其中填写借方科目的凭证称为借项凭证、填写贷方科目的凭证为贷项凭证。比如，两借一贷的复合会计分录则需要填写两张借项凭证、一张贷项凭证。使用这种凭证可以同时分工记账，但每张凭证只反映经济业务的部分内容，不利于揭示经济业务的全貌。所以在会计实务中，企业通常都选用复式记账凭证。

8.1.3.3　记账凭证按包括的内容分类

记账凭证按其包括的内容不同，可以分为单一记账凭证、汇总记账凭证和科目汇总表（亦称记账凭证汇总表）三类。

（1）单一记账凭证是指只包括一笔会计分录的记账凭证。前述的专用记账凭证和通用的记账凭证，均为单一记账凭证。

（2）汇总记账凭证是指根据一定时期内同类单一记账凭证定期加以汇总而形成的记账凭证，具体分为汇总收款凭证、汇总付款凭证和汇总转账凭证，其格式见表 10-3、表 10-4 和表 10-5，编制汇总记账凭证的目的是为了减少登记总账的工作量。

（3）科目汇总表是指根据一定时期内所有记账凭证定期加以汇总而形成的记账凭证，其格式见表 10-1 和表 10-2，编制科目汇总表的目的同样是为了减少登记总账的工作量。

综合上述，会计凭证的分类如图 8-1 所示。

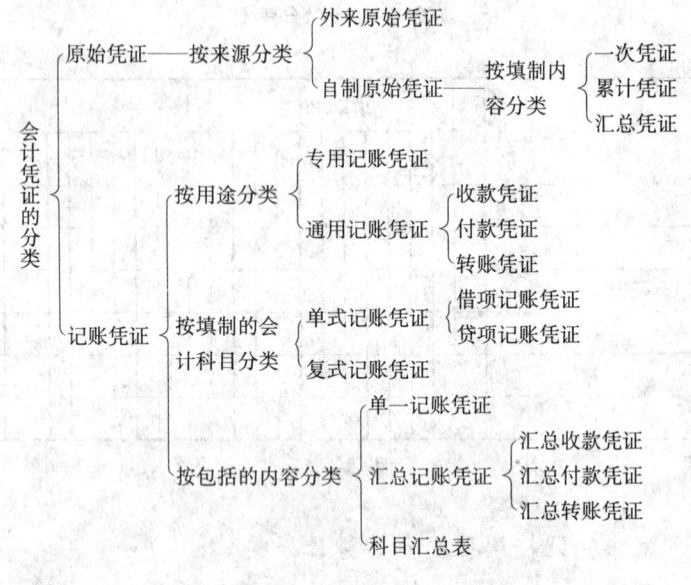

图 8-1　会计凭证的分类

8.2　原始凭证的填制与审核

8.2.1　原始凭证的基本内容

企业经济业务内容的多样性及经营管理的不同要求，记载经济业务发生与完成情况的原始凭证在名称、格式及内容等方面存在着较大的差异，但作为具有法律证明效力的书面凭据，各种原始凭证都表现有以下六个共同要素：①原始凭证的名称：标志着经济业务的类别。②填制凭证的日期及编号：反映经济业务发生或完成的日期。③接受凭证单位的名称：标明使用原始凭证的特定单位，俗称"抬头"。④经济业务的内容摘要：说明经济业务的主要内容。⑤经济业务涉及的数量、单价和金额，这一要素是原始凭证的核心内容，是会计核算的基础数据。⑥填制单位的名称和有关人员的签字或盖章，这一要素标明填制单位与有关人员的责任。此外，为了满足计划、业务管理的需要，有些原始凭证除了填制以上七个方面内容之外，还应填列计划、合同号及定额等项目。

8.2.2　原始凭证的填制

原始凭证作为具有法律效力的书面证明，必须清楚、如实地反映经济业务发生与完成情况，并能明确经济责任。因此，原始凭证的填制应该符合以下基本要求。

1. 记录真实

填制在凭证上的日期、经济业务的内容摘要、有关的数量、单价、金额等各个要素必须与实际发生的经济业务保持一致，不得弄虚作假，不能填列匡算数或估计数，以确保原始凭证为会计核算提供真实可靠的原始资料。

2. 责任明确

企业内部填制或从外部取得的原始凭证必须由经办人签字或盖章，以便于对凭证的真实性和合法性负责；而且，从外单位取得的原始凭证必须加盖填制单位的公章或合同章等，从个人取得的原始凭证必须有填制人的签字或盖章；企业对外开出的原始凭证根据不同的业务类型，必须盖有本单位的公章、合同章或财务章。

3. 内容完整

原始凭证上各个项目的填写手续必须完备，各项内容不可遗漏，而且要符合内部牵制原则。一式数联的原始凭证应注明各联的用途，只能以其中一联作为会计凭证。对于项目和手续不全的原始凭证，不能作为经济业务的合法证明，也不能作为有效的原始凭证据以记账。

4. 填制及时

每项经济业务一经发生或完成，经手人必须按规定及时填制或取得原始凭证，并在签字或盖章后尽快送交会计部门审核、记账，不得随意拖延，以免发生差错或舞弊，影响正常的会计处理工作。

5. 书写规范

填入原始凭证上的文字和数字都必须字迹清楚，易于辨认。文字摘要应简明精炼，书写规范，不能使用自造简化字；数字填写的数量、单价、金额要计算正确，各种大小写的金额必须一致，在小写金额前要冠以币种符号，如人民币符号"￥"。

所有以元为单位的阿拉伯数字，除表明单价等情况外，一律填写到角分，无角分的以"0"补位。汉字大写金额数字，一律用正楷字或行书字书写，如：壹、贰、叁、肆、伍、陆、柒、捌、玖、拾、佰、仟、万、亿、元（圆）、角、分、零、整（正）。大写金额最后为"元"或"角"时，应加写整（正）断尾。

阿拉伯数字中间有"零"时，汉字大写金额要写"零"字，如￥203.50，汉字大写金额应写成人民币贰佰零叁元伍角整。阿拉伯数字中间连续有几个"零"时，汉字大写金额可以只写一个"零"字，如￥4006.78，汉字大写金额应写成肆仟零陆元柒角捌分。阿拉伯数字"元"位是"0"，但角位不是"0"时，汉字大写金额可以写"零"字，也可以不写"零"字，如￥5460.21汉字大写金额应写成伍仟肆佰陆拾元零贰角壹分，或写成伍仟肆佰陆拾元贰角壹分。

原始凭证填错时，不能随意涂改、刮擦、挖补、更不能用褪色墨水或涂改液改写。一般可用画线法更正，即先用红色墨水画线注销，并保持原来的数字、文字清楚可见，再将正确的数字或文字用蓝字写在画线部分上面，并加盖更正人的印章，以示对更正负责。但是，重要的原始凭证，如收据、支票等事先均要连续编号，如果发生填写错误，则不能采用画线法更正，而应采用注销的办法，在填错的原始凭证上加盖"作废"戳记重新填写，并将作废的原始凭证黏附在存根的后面，不得任意撕毁。

8.2.3　原始凭证的审核

为了正确地反映企业各项经济业务的执行或完成情况，保证会计核算资料真实、合法、准确，充分发挥会计工作的监督作用，会计部门必须对各种原始凭证进行严格审核，未经会计部门审核通过的原始凭证不能作为记账的依据。对原始凭证进行审核主要包括以下内容：

1. 合法性和合理性的审核

即审核原始凭证所反映的经济业务内容是否符合国家的政策、法令、制度以及企业的预算、合同和计划的规定，是否符合审批权限等；有无违反财经法纪、滥用职权等异常情况等。对于不符合上述要求的原始凭证，会计人员有权拒绝处理，情节严重的，应报请上级领导处理。

2. 完整性和正确性的审核

即审核原始凭证的各个项目填写是否符合凭证填制的基本要求，如审核原始凭证所列项目是否按规定填写齐全，所记录的经济业务内容和金额是否正常；原始凭证签发单位的经营范围与原始凭证反映的经济业务是否相符；原始凭证签发单位的名称与凭证所盖的公章是否一致；数字和文字填写是否正确、清楚；大小写金额是否一致；更改差错处是否加盖印章等。对于凭证内容填写不全或不正确的原始凭证，应退还经办人进行更正后再予以会计处理。

8.3　记账凭证的填制与审核

8.3.1　记账凭证的基本内容

根据审核无误的原始凭证编制记账凭证的主要目的是：将原始凭证所记载的经济业务内容和原始数据通过编制会计分录的方法转换成初始的会计信息，为登记账簿提供直接的数据。因此，各种记账凭证的内容基本相同，均包括以下八个基本要素：①记账凭证的名称。如专用记账凭证的"收款凭证"、"付款凭证"、"转账凭证"，通用记账凭证的"记账凭证"。②记账凭证的编制日期。③记账凭证编号。④经济业务内容摘要。⑤会计分录。包括会计科目（总分类科目、明细分类科目）、借贷方向及金额。⑥记账标记。⑦所附原始凭证的张数。⑧会计主管、记账、出纳、审核、制单等有关人员的签名或盖章。

8.3.2　记账凭证的填制

在实际工作中，对于使用收、付、转专用记账凭证的企业，应根据发生经济业务的类型分别填制不同的记账凭证：涉及现金、银行存款和其他货币资金收款的业务应填制收款凭证；涉及现金、银行存款和其他货币资金付款的业务应填制付款凭证；未涉及现金、银行存款和其他货币资金收、付款的业务应填制转账凭证。如果一项经济业务同时涉及现金、银行存款和其他货币资金收入和支付两方面内容，为了避免重复记账，一般只填制付款凭证，而不填制收款凭证。例如，从开户银行提取现金的业务，一般只填制银行存款付款凭证，而无须填制现金收款凭证。收款凭证和付款凭证一般由出纳人员填制，并送交有关部门人员审批。出纳人员在根据已审批的收款凭证和付款凭证实际收款或付款后，应在有关凭证上加盖"收讫"或"付讫"戳记。对于使用通用记账凭证的企业，所有经济业务都填制同一种格式的记账凭证。

为了提高记账凭证的编制质量，充分发挥记账凭证的作用，企业在填制各种记账凭证时，一般应该符合以下要求：

（1）摘要简明。记账凭证设置"摘要"一栏，可以为记账和查账提供方便。填写摘要时要求会计人员正确使用专业术语和专有名词，用高度精练的文字准确地概括经济业务的全貌。

（2）会计分录正确。记账凭证中编制的会计分录必须使用正确的会计科目，科目的对应关系应清楚，借贷方向要判断准确，借贷金额必须相等，符合借贷记账法的记账规则。

（3）标注所附原始凭证的张数。记账凭证依据原始凭证编制，其标注的张数应与所附原始凭证的实际数相一致。

（4）凭证连续编号。各种记账凭证应该连续编号，填错的记账凭证可以撕毁重填，但必须保证编号连续。当一项经济业务需要编制多张记账凭证时，应该采用分数编号的方法。即在凭证的顺序号后面标注分数，以分母表示该项业务所需填制记账凭证的张数，分子表示该项业务中填制的记账凭证的顺序号。例如，第 10 项银行收款业务需要填制两张收款凭证，则这两张收款凭证的编号依次为 $10\frac{1}{2}$、$10\frac{2}{2}$。

（5）经济责任明确。每张凭证必须由制单、审核、出纳、记账、财务主管等有关人员签字或盖章，以明确各自的经济责任。

8.3.3　记账凭证的审核

记账凭证必须经过审核无误后，才能据以登记账簿。对记账凭证进行严格审核有利于防止记账错误的发生，保证会计核算资料的质量。其审核的主要内容包括以下几个方面。

1. 一致性审核

记账凭证的一致性审核，一般包括：审核记账凭证后面是否附带有原始凭证、所附的原始凭证张数与记账凭证上注明的张数是否相符；记账凭证反映的业务内容摘要与原始凭证记载的经济业务内容是否一致；原始凭证的合计金额与记账凭证记录的金额是否一致等。

2. 完整性审核

记账凭证的完整性审核，一般包括：审核记账凭证所列的项目是否填写完整，有关人员是否已经签字或盖章。

3. 正确性审核

记账凭证的正确性审核，一般包括：审核记账凭证上编制的会计分录是否正确；即应借应贷的会计科目及其对应关系是否正确、借贷记账符号的运用是否符合借贷记账法的记账规则、借贷金额是否相等。尤其应注意对没有原始凭证的转账凭证上科目对应关系的审核，防止利用转账技巧进行舞弊的现象。

8.4　会计凭证的传递与保管

8.4.1　会计凭证的传递

会计凭证的传递，是指取得或填制原始凭证后，经过审核、记账、装订到归档保管为止在业务所涉及的部门、岗位和人员之间进行处理的过程。

为了加强岗位经济责任制、提高工作效率，企业应该根据经济业务不同的性质，明确、合理地规定各种会计凭证的传递程序和传递时间。一方面，需要确定各项经济业务发生或完成时，需要填制或取得的会计凭证的格式和份数，各份填制完成的会计凭证应该送交哪个部门，又由哪个岗位办理下一步手续，当完成所有手续的会计凭证最终转回到会计部门后，应由何人负责审核、填制记账凭证并登记账簿，会计凭证应由哪些部门整理、装订和保管；另一方面，还应当根据各环节办理业务所需要的必要时间，规定会计凭证在该环节的传递时间，以促使各部门协同工作，保证会计核算工作得以及时进行，充分发挥会计对企业经济活动的监督作用。

综上所述，各单位在组织会计凭证的传递时应注意三个问题：一是制定科学的凭证传递路线，确保会计凭证的传递运行在科学、简捷的流程中；二是合理地确定凭证传递的时间，以保证会计工作的正常秩序和提高工作效率；三是建立有效的凭证传递衔接手续，以保证会计凭证的安全与完整。

8.4.2　会计凭证的保管

会计凭证是企业经营业务活动的原始资料，为了满足有关各方对会计原始资料的查阅与分析，会计部门应定期对会计凭证进行整理与归类，以便归档保管。

会计部门定期整理会计凭证时，应根据企业经济业务量的大小灵活确定，如按天、旬或月进行整理，一般是在月末装订成册。装订的基本步骤如下：

第一步：将会计凭证归类、并按记账凭证的编号进行整理；

第二步：将记账凭证及所附的原始凭证折叠整齐、依左侧边缘对齐、以绳、线等穿孔装订成册，并在装订上加贴封签，以防散失；

第三步：采用粘贴方式加装记账凭证封面、封底；

第四步：在记账凭证封面上写明单位名称、年度、月份、记账凭证的种类、起讫日期、起讫号数等；

第五步：由会计主管或指定的装订人员在凭证的左上角签字或盖章。

年终，装订好的会计凭证应该移交会计档案部门归档管理，以备日后查阅。

会计凭证不仅为企业登记账簿提供依据，而且为国家审计机关、社会审计机构及企业内部审计部门等有关方面的审计、检查等工作提供合法的证明材料。因此，必须按规定将全部会计凭证归档妥善保管。关于会计凭证保管的期限、借阅和销毁等有关规定参见有关章节的内容。

📖 **本章知识点小结**

会计凭证是记录经济业务、明确经济责任和据以登记账簿的书面证明。会计凭证按其填制程序和用途的不同，可以分为原始凭证和记账凭证两大类。

原始凭证是会计核算的原始资料和主要依据。原始凭证按其来源的不同，可分为外来原始凭证和自制原始凭证两种类型。外来原始凭证是指在经济业务发生或完成后从外单位取得的原始凭证，如某公司购买办公用品从超市取得的销货发票。自制原始凭证是指由本单位经办业务的部门和人员在执行或完成某项经济业务时填制的凭证，如仓库保管员在验收材料后填制的收料单。

记账凭证是会计部门根据审核无误的原始凭证编制的、用以记载会计分录，并作为记账直接依据的一种会计凭证。记账凭证按其用途的不同，可分为专用记账凭证和通用记账凭证两种类型。专用记账凭证是指分类反映经济业务的记账凭证，具体分为收款凭证、付款凭证和转账凭证。通用记账凭证是用于反映所有经济业务的记账凭证，即对企业发生的经济业务不进行分类，所有经济业务通用一种记账凭证。无论哪种形式的记账凭证都记载了反映原始凭证业务内容的会计分录。这种通过编制记账凭证，并将原始凭证作为其附件登记账簿的方法，不仅便于记账，而且能有效地防止记账错误的发生，所以说原始凭证与记账凭证之间有着密切的联系。

为了保证会计核算资料真实性、合法性和准确性，充分发挥会计工作的监督作用，会计部门必须对各种原始凭证和记账凭证进行严格审核，主要包括合法性和合理性的审核、完整性和正确性的审核、一致性审核。只有审核无误的原始凭证才能据以编制记账凭证，只有审核无误的记账凭证才能据以登记账簿。

会计凭证是企业经营业务活动的原始资料，为了满足有关各方对会计原始资料的查阅与分析，会计部门应定期对会计凭证进行整理与归类，以便归档保管。

➤ **思考题**

1. 什么是会计凭证？填制会计凭证有何作用？
2. 什么是原始凭证？包括哪些内容？
3. 填制原始凭证的基本要求有哪些？
4. 审核原始凭证有何意义？审核的主要内容是什么？
5. 什么是记账凭证？包括哪些内容？
6. 编制记账凭证的基本要求有哪些？
7. 审核记账凭证有何意义？审核的主要内容是什么？

➤ **练习题**

一、目的：练习编制记账凭证。

二、资料：飞虹商品批发公司 2012 年 2 月份发生下列经济业务：

(1) 2 月 1 日收到东方公司归还所欠部分货款 25 000 元存入银行；

(2) 2 月 2 日从银行借入期限为 9 个月的借款 50 000 元，已存入银行；

(3) 2 月 4 日从异地德华公司购入甲商品 500 件，单价 102 元，货款计 51 000 元，增值税进项税额 8 670 元，价税合计 59 670 元，款项尚未支付；

(4) 2 月 5 日销售甲商品 300 件，单价 156 元，货款共计 46 800 元，增值税销项税额 7 956 元，价税合计 54 756 元，款项已存入银行；

(5) 2 月 8 日以现金购入办公用品 800 元；

(6) 2 月 10 日以现金购入一批包装用纸箱 900 元；

(7) 2 月 12 日公司行政部经理王宏出差预借差旅费 15 000 元，以现金支票支付；

(8) 2 月 13 日销售乙商品 80 件，单价 900 元，货款共计 72 000 元，增值税销项税额 12 240 元，价税合计 84 240 元，另代垫运杂费 500 元，款项尚未收到；

(9) 2 月 16 日以银行存款偿还短期借款 30 000 元；

(10) 2 月 18 日王宏报销借差旅费 14 500 元，剩余 500 元现金交回；

(11) 2 月 20 日从银行提取现金 6 000 元，以备日常开支；

(12) 2 月 22 日收到以前销货应收款项 9 800 元；

(13) 2 月 24 日通过银行转账支付前期购货应付款项 23 650 元；

(14) 2 月 27 日以现金支付本月办公房租 3 000 元；

(15) 2 月 28 日计提短期银行借款利息 600 元；

(16) 2 月 28 日计提管理部门用固定资产折旧费 1 200 元；

(17) 2 月 28 日计算本月管理人员工资 12 000 元、销售人员工资 80 000 元；

(18) 2 月 28 日以银行存款支付电视广告费 20 000 元。

三、要求：

(1) 根据以上经济业务，确定应该编制专用记账凭证的具体类别；

(2) 根据以上经济业务，编制会计分录，并将其填写在相应的收、付、转记账凭证上（格式见表 1 至表 3）。

表 1 收 款 凭 证

借方
科目_____   年   月   日   字第   号

摘 要	贷方总账科目	明 细 科 目	记账符号√	金　额										附单据
				千	百	十	万	千	百	十	元	角	分	
														张
合 计														

财务主管　　　　记账　　　　出纳　　　　审核　　　　制单

表 2　付 款 凭 证

贷方
科目_____　　　　　　　　　年　月　日　　　　　　　　　字第　　号

摘　要	借方总账科目	明细科目	记账符号√	金　额										附单据
				千	百	十	万	千	百	十	元	角	分	
														据
														张
合　计														

财务主管　　　　记账　　　　出纳　　　　审核　　　　制单

表 3　转 账 凭 证

年　月　日　　　　　　　　　转字第　　号

摘　要	总账科目	明细科目	√	借 方 金 额										√	贷 方 金 额										附单据
				千	百	十	万	千	百	十	元	角	分		千	百	十	万	千	百	十	元	角	分	据
																									张
合　计																									

财务主管　　　　记账　　　　出纳　　　　审核　　　　制单

第 9 章

会 计 账 簿

内容提要

本章在介绍会计账簿分类的基础上，重点结合实例解析了各种账簿登记的过程与具体要求、错账的查找与更正的具体方法，最后介绍了期末对账的内容与结账的具体方法。通过本章的学习使读者对分类反映一定时期会计信息的会计账簿有一个全面的理解与认识

9.1 会计账簿概述

9.1.1 会计账簿设置的原则

会计账簿由具有一定格式的账页组成，是以会计凭证为依据，全面、连续地记录一个单位的经济业务，对大量分散在会计凭证上的数据或资料进行分类归集整理，逐步加工成有用的会计信息的工具。形式上会计账簿只是若干账页的组合，实质上会计账簿是会计信息形成的重要工具，通过设置与登记会计账簿所形成的会计信息，是编制会计报表的重要依据。因此设置与登记会计账簿是会计核算的重要基础工作。

我国《会计基础工作规范》第五十六条规定："各单位应当按照国家统一会计制度的规定和会计业务的需要设置会计账簿……"《会计法》第九条和第十六条分别规定："各单位必须根据实际发生的经济业务事项进行会计核算，填制会计凭证，登记会计账簿，编制财务会计报告；各单位发生的各项经济业务事项应当在依法设置的会计账簿上统一登记、核算，不得违反本法和国家统一的会计制度的规定私设会计账簿登记、核算"。可见，各单位会计账簿的设置应遵循以下两条原则：

首先，以国家统一的会计法规为依据。我国会计法规中对会计科目的规定，实际上也是对各个单位具体会计账簿设置的规定。

其次，以单位的实际业务需要为出发点。具体来说，设置的会计账簿要能全面、系统地反映会计主体的经济活动，为经营管理提供会计核算资料；设置的会计账簿要贯彻"单不重填、账不重设"的原则，在满足实际业务需要的前提下，注意人力、物力和财力的节约；设置会计账簿所选择的账页格式要能够提供经营管理所需要的相关指标。

9.1.2　会计账簿的种类

我国《会计基础工作规范》中规定了会计账簿包括总账、明细账、日记账和其他辅助性账簿。这些账簿分别记载不同的经济业务，为提供会计信息起着重要的作用。封面、扉页和账页构成了每一会计账簿的实体，封面主要用来载明账簿的名称；扉页主要用于登载经管人员一览表，其格式见表 9-1；账页是账簿的主体，一般格式见表 9-2。具体来讲，会计账簿可以按以下方式分类。

表 9-1　经管人员一览表

单位名称					
账簿名称					
账簿页数	自第　　　页起至第　　　页止共　　　页				
启用日期	年　　　月　　　日				
单位领导人 签章			会计主管人员 签章		
经管人员职别	姓名	经管或接管日期	签章	移交日期	签章
		年 月 日		年 月 日	
		年 月 日		年 月 日	
		年 月 日		年 月 日	

表 9-2　总　　账

科目名称＿＿＿＿＿＿

年		凭证 号数	摘　要	借　方	贷　方	借 或 贷	余　额
月	日						

9.1.2.1　按照账簿的用途分类

按照账簿的不同用途，可以分为序时账簿、分类账簿和备查账簿三大类。

（1）序时账簿。序时账簿又称日记账，是按照经济业务完成时间的先后顺序进行逐日逐笔登记的账簿，如现金日记账和银行存款日记账。

（2）分类账簿。分类账簿又称分类账，是对全部经济业务按总分类账户和明细分类账户进行登记的账簿。分类账簿按其反映经济业务的详细程度划分为总分类账簿和明细分类账簿两种。

（3）备查账簿。备查账簿又称辅助账簿，是指对以上两类账簿未能记载或记载不全的会计事项进行补充登记的账簿。该账簿应根据各单位的实际需要决定是否开设。

9.1.2.2 按照账簿的格式分类

按照账簿中的账页格式或内容，可将账簿分为三栏式账簿、数量金额式账簿和多栏式账簿。

（1）三栏式账簿。此类账簿是指采用借方、贷方和余额三个主要栏目的账簿，主要用于仅需要反映金额变化情况的项目。其格式见表9-2。

（2）数量金额式账簿。此类账簿是指采用数量和金额双重记录的账簿。适用于既需要反映金额核算，又需要反映实物数量变化情况的各种财产物资。其格式见表9-4。

（3）多栏式账簿。此类账簿是指采用一个贷方栏目、多个借方栏目（表9-5），或采用一个借方栏目、多个贷方栏目的账簿。适用于反映成本、费用项目的变化情况。

9.1.2.3 按照账簿的形式分类

按照账簿的外表形式，可分为订本式账簿、活页式账簿和卡片式账簿三种形式。

（1）订本式账簿。订本式账簿又称订本账，是在账簿未启用前把若干按顺序编号的账页装订在一起的账簿。这种账簿的优点是可以避免散失，防止抽换账页，保证账簿资料的完整。其缺点是不能根据需要增减账页，在同一时间内只能由一人登记，不便于会计人员分工记账。

（2）活页式账簿。活页式账簿又称活页账，是把若干零散的账页根据业务的需要自行组合的账簿。这种账簿的优点是使用方便，其缺点是容易散失。所以活页账页应随时编号并装置在账夹内，在记录完毕或更换新账时，要装订成册，妥善保管。

（3）卡片式账簿。卡片式账簿又称卡片账，是利用卡片进行登记的账簿。卡片式账簿的优缺点与活页账簿基本相同，主要用于记录使用年限较长的财产物质的情况，如固定资产卡片。

综上所述，账簿的分类如图9-1所示。

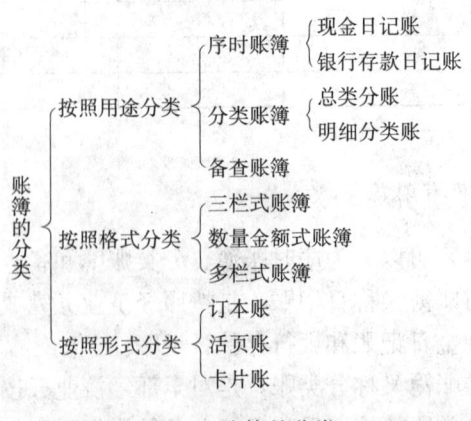

图 9-1 账簿的分类

9.1.3　会计账簿的设置

9.1.3.1　总分类账簿的设置

总分类账簿，亦称总分类账或总账，它是按规定的一级会计科目设置的，外表形式为订本式账簿。用于总括反映资产、负债、所有者权益、收入、费用类项目的变化情况。其账页的格式一般有以下两种。

（1）三栏式。三栏式总账是按每个一级会计科目设立一个账户，单独使用一张账页，其格式见表 9-2，登记总账要按时间顺序连续记载，多数单位根据汇总记账凭证登记，也可以根据记账凭证逐笔登记。

表 9-3　总　　账

年　　月

会计科目	月初余额	1～10 日发生额		11～20 日发生额		21～31 日发生额		月末余额
		借方	贷方	借方	贷方	借方	贷方	
资产类： ： ： ： 小计								
负债类： ： ： 小计								
所有者权益类： ： ： ： 小计								
收入类： ： ： ： 小计								
费用类： ： ： ： 小计								

（2）多栏式。多栏式总账是把全部会计科目合设在一张账页上，根据记账凭证汇总表定期（五天、十天、十五天或一个月）登记，其格式见表9-3。由于多栏式总账把全部会计科目都汇集在一张账页上，因此，能够集中反映企业的资产、负债、所有者权益、收入和费用的综合情况。多栏式总账适应于使用会计科目较少的单位。

9.1.3.2　明细分类账簿的设置

明细分类账簿，亦称明细分类账或明细账，通常根据一级科目所属的明细科目设置，用来分类登记某一类经济业务，提供有关的明细核算资料，从账簿的外表形式看，明细账一般为活页账簿。明细账既可以对经济业务信息或数据做进一步加工整理，又能为了解某一类会计信息的形成提供详细情况和有关线索。根据财产物资管理的要求和需要做明细分类记录的经济内容，明细账账页的格式主要有以下三种。

（1）三栏式。三栏式明细账的账页只设借方、贷方和余额三个金额栏。这种账页适用于只需要进行金额核算的明细核算，如"应收账款"、"应付账款"、"应付职工薪酬"等债权债务的明细核算。其格式见表9-2。

（2）数量金额式。数量金额式明细账的账页按借方、贷方和结存再分别设置数量、单价和金额栏。这种账页适用于既需要进行金额核算，又需要进行实物数量核算的各种财产物资的明细核算，如"原材料"、"库存商品"等财产物资的明细分类核算。其格式见表9-4。

表 9-4　原材料

最高存量＿＿＿＿＿＿＿＿＿

最低存量＿＿＿＿＿＿＿＿＿

编　　　号＿＿＿＿＿＿＿　规格＿＿＿＿＿＿＿　　　　　单位（　　）名称＿＿＿＿＿＿＿

年		凭证号数	摘　　要	借方			贷方			结存		
月	日			数量	单价	金额	数量	单价	金额	数量	单价	金额

（3）多栏式。多栏式明细账的账页按照明细科目或明细项目分设为若干专栏，在一张账页上集中反映有关明细科目的金额。这种账页适用于费用、成本、收入和成果的明细核算。如"制造费用"、"管理费用"、"营业外收入"等科目的明细分类核算。其中"管理费用"明细账的账页格式见表9-5。

表 9-5　管理费用明细账

| 年 | | 凭证号数 | 摘　要 | 借　方 | | | | | | 贷方 |
月	日			工资费	差旅费	折旧费	审计费	……	合计	

9.1.3.3　日记账簿的设置

日记账簿，又称序时账或日记账，账簿的外表形式为订本式账簿。为了加强现金和银行存款的管理和核算，现行会计法规要求各单位必须设置现金与银行存款日记账，以便逐日核算与监督现金与银行存款的收入、付出和结存情况。

现金日记账和银行存款日记账的账页一般采用三栏式。为了清晰反映现金收付业务的账户对应关系，现金日记账账页中应设"对应科目"栏次，见表 9-31，通过对应科目可以了解现金收入与支出的具体情况，检查现金收付业务是否符合国家会计法规的有关规定。为了反映银行存款收付业务所采用的结算方式，银行存款日记账账页中应设"结算方式"栏次，见表 9-30，以反映不同结算方式下银行存款的收付业务。

9.1.3.4　辅助性账簿的设置

辅助性账簿亦称备查账簿，此类账簿可以对某些经济业务的内容提供必要的参考资料，如租入固定资产、代管商品及物资的登记簿，都属于辅助性账簿。辅助性账簿没有固定的格式，也不是必设账簿，各单位可以根据具体情况和实际需要进行设置。

9.2　会计账簿的登记

9.2.1　会计账簿的启用

为了保证会计账簿记录的合法性和资料的完整性，会计账簿应当由专人负责登记，以明确记账责任。会计账簿启用时，应当在账簿封面上写明单位名称和账簿名称。在账簿扉页上应当附启用表，内容包括：启用日期、账簿页数、记账人员和会计机构负责人、会计主管人员姓名，并加盖名章和单位公章。活页账簿可在装订成册后，填写账簿的起止页数。记账人员或者会计机构负责人、会计主管人员调动工作时，应当注明交接日期、接办人员或者监交人员姓名，并由交接双方人员签名或者盖章，以明确有关人员的责任。

在登记会计账簿之前，应当首先审核会计凭证的合法性、完整性和真实性。这是会计内部稽核制度中的一个重要环节，也是确保会计信息质量的重要措施。

9.2.2 会计账簿登记的基本要求

登记账簿是会计核算的一项基础工作，账簿登记是否正确与规范，直接影响到会计核算的质量。因此，依据审核无误的记账凭证登记账簿时，必须符合以下基本要求。

（1）登记会计账簿时，应当将会计凭证日期、编号、业务内容摘要、金额和其他有关资料逐项记入账内，做到数字准确、摘要清楚、登记及时、字迹工整。账簿记录中的日期，应当填写记账凭证上的日期。以自制的原始凭证，如收料单、领料单等作为记账依据的，账簿记录中的日期应按有关自制凭证上的日期填列。

（2）依据记账凭证登记账簿后，同时在记账凭证上签名或者盖章，并标注已经登账的符号，如"√"表示已经记账。

（3）账簿中书写的文字和数字上面要留有适当的空格，一般应占格距的1/2。

（4）登记账簿时要用蓝黑墨水或碳素墨水书写，不得用圆珠笔（银行的复写账簿除外）或者铅笔书写。如果遇到以下几种情况，可以使用红色墨水记账：一是按照红字冲账的记账凭证，冲销错误记录；二是在不设借贷栏的多栏式账页中，登记减少数；三是在三栏式账户的余额前，如未印明余额方向的，在余额栏内登记负数余额；四是根据国家统一会计制度的规定，可以用红字登记的其他会计记录。

（5）登记账簿时，应按页次顺序连续登记，不得跳行、隔页。如果发生跳行、隔页，应当将空行、空页画线注销，或者注明"此行空白"、"此页空白"等字样，并由记账人员签名或者盖章。

（6）对于需要结出余额的账户，应在账页"借或贷"栏内写明"借"或者"贷"等字样。对于没有余额的账户，应当在"借或贷"栏内写"平"字，并在余额栏内用"Ø"表示。现金日记账和银行存款日记账必须逐日结出余额。在余额栏内标注的"Ø"，一般应当放在"元"位。

（7）每一账页登记完毕结转下页时，应当结出本页合计数及余额，写在本页最后一行和下页第一行有关栏内，并在摘要栏注明"过次页"和"承前页"字样；也可以将本页合计数及金额只写在下页第一行有关栏内，并在摘要栏内注明"承前页"字样。

9.2.3 会计账簿登记的实例解析

9.2.3.1 总账的登记

登记总账的依据和方法，取决于所选用的会计核算组织程序。总账可以直接根据各种记账凭证逐笔登记，也可以定期将各种记账凭证汇总，编制出科目汇总表或汇总记账凭证后，再据以进行登记。不管采用哪一种方法，登记总账时只反映金额，不使用其他的非货币计量单位。

【例 9-1】　　兴业公司为生产型的小规模纳税人，增值税实行简易征收，税率为 3%。会计核算执行《小企业会计准则》。2012 年 1 月份的上旬共发生了 4 笔经济业务，其所做的记账凭证见表 9-6 至表 9-9（该记账凭证格式已简化）。

表 9-6　付款凭证

贷方

科目：银行存款　　　　　　　　2012 年 1 月 3 日　　　　　　　　银付字第 1 号

摘　要	借方总账科目	明细科目	金　额
以现金支票支付李某出差预借款	其他应收款	李某	7 000
合　计			7 000

表 9-7　付款凭证

贷方

科目：银行存款　　　　　　　　2012 年 1 月 5 日　　　　　　　　银付字第 2 号

摘　要	借方总账科目	明细科目	金　额
付购货款	原材料	生铁	15 000
合　计			15 000

表 9-8　付款凭证

贷方

科目：银行存款　　　　　　　　2012 年 1 月 8 日　　　　　　　　银付字第 3 号

摘　要	借方总账科目	明细科目	金　额
偿还货款	应付账款	五龙公司	10 000
合　计			10 000

表 9-9　转账凭证

2012 年 1 月 8 日　　　　　　　　转字第 1 号

摘　要	总账科目	明细科目	借方金额	贷方金额
购入圆钢已入库，款未付	原材料	圆钢	8 000	
	应付账款	五星公司		8 000
合　计			8 000	8 000

　　分析以上业务，共涉及其他应收款、银行存款、原材料和应付账款 4 个一级会计科目，即需要设置 4 个总账账户，如果该公司根据记账凭证逐笔登记总账，其登记的结果见表 9-10 至表 9-13；如果该公司根据科目汇总表登记总账，则首先要编制科目汇总表见表 9-14，在科目汇总表中，由于对相同科目的借方发生额进行了加总，即对银行存款和原材料科目的借方发生额进行了加总，所以据以登记的总账只需要反映汇总数（表 9-15 和表 9-16），对于其他应收款总账科目，因为借方只发生了一笔业务，所以登账内容与表 9-11 基本相同（略）。对于应付账款科目，由于在本例中借贷方都有发生额，所以汇总后再登记的借贷方，应反映在同一行（表 9-17）。可见在同类经济业务较多的情况下，根据科目汇总表登记总账，将会减少登记总账的工作量。

表 9-10　总分类账

会计科目：银行存款

2012 年		凭证号数	摘　要	借　方	贷　方	借或贷	余　额
月	日						
			月初余额			借	100 000
1	3	银付 1	李某出差借款		7 000	借	93 000
1	5	银付 2	付购料款		15 000	借	78 000
1	8	银付 3	付前欠货款		10 000	借	68 000

表 9-11　总分类账

会计科目：其他应收款

2012 年		凭证号数	摘　要	借　方	贷　方	借或贷	余　额
月	日						
1	3	银付 1	李某出差借款	7 000		借	7 000

表 9-12　总分类账

会计科目：原材料

2012 年		凭证号数	摘　要	借　方	贷　方	借或贷	余　额
月	日						
			月初余额			借	20 858
1	5	银付 2	购料入库	15 000		借	35 858
1	8	转 1	购料入库	8 000		借	43 858

表 9-13　总分类账

会计科目：应付账款

2012 年		凭证号数	摘　要	借　方	贷　方	借或贷	余　额
月	日						
			月初余额			贷	20 000
1	8	银付 3	偿还前欠货款	10 000		贷	10 000
1	8	转 1	购料未付款		8 000	贷	1 8000

表 9-14　科目汇总表

2012 年 1 月 10 日　　　　　　　　　汇字第 1 号

借方金额	会计科目	贷方金额
	银行存款	32 000
7 000	其他应收款	
23 000	原材料	
10 000	应付账款	8 000
40 000	合　计	40 000

表 9-15　总分类账

会计科目：银行存款

2012 年		凭证号数	摘　要	借　方	贷　方	借或贷	余　额
月	日						
			月初余额			借	100 000
1	10	汇 1	1～10 日发生额		32 000	借	68 000

表 9-16　总分类账

会计科目：原材料

2012 年		凭证号数	摘　要	借　方	贷　方	借或贷	余　额
月	日						
			月初余额			借	20 858
1	10	汇 1	1～10 日发生额	23 000		借	43 858

表 9-17 总分类账

会计科目：应付账款

2012年		凭证号数	摘 要	借 方	贷 方	借或贷	余 额
月	日						
			月初余额			贷	20 000
1	10	汇1	1~10日发生额	10 000	8 000	贷	18 000

9.2.3.2 明细账的登记

单位设置的各种明细账，要根据原始凭证、原始凭证汇总表和记账凭证每天进行登记，也可以定期（3天或者5天）登记。但对于债权债务明细账和财产物资明细账应当每天登记，以便随时与对方单位或个人进行结算和核对库存余额。

【例9-2】 摘录兴业公司2012年1月份下旬所发生的与各种明细账相关的业务7例，说明各种明细账的登记依据及方法，7例业务所编制的记账凭证见表9-18至表9-24。

表 9-18 付款凭证

贷方
科目：库存现金　　　　　　　　　2012 年 1 月 24 日　　　　　　　　　现付字第 1 号

摘 要	借方总账科目	明细科目	金额
购买办公用品	管理费用	办公费	50
合 计			50

表 9-19 转账凭证

2012 年 1 月 25 日　　　　　　　　　转字第 2 号

摘 要	总账科目	明细科目	借方金额	贷方金额
李某报销差旅费	管理费用	差旅费	6 000	
	其他应收款	李某		6 000
合 计			6 000	6 000

表 9-20　收款凭证

借方

科目：库存现金　　　　　　　　2012 年 1 月 25 日　　　　　　　　现收字第 1 号

摘　要	贷方总账科目	明细科目	金额
李某交回余款	其他应收款	李某	1 000
合　计			1 000

表 9-21　收款凭证

借方

科目：银行存款　　　　　　　　2012 年 1 月 26 日　　　　　　　　银收字第 1 号

摘　要	贷方总账科目	明细科目	金额
销售 A 产品 100 件	主营业务收入	A 产品	10 000
	应交税费	应交增值税	300
合　计			10 300

表 9-22　转账凭证

2012 年 1 月 28 日　　　　　　　　转字第 3 号

摘　要	总账科目	明细科目	借方金额	贷方金额
计提本月折旧费	管理费用	折旧费	8 000	
	累计折旧			8 000
合　计			8 000	8 000

表 9-23　转账凭证

2012 年 1 月 28 日　　　　　　　　转字第 4 号

摘　要	总账科目	明细科目	借方金额	贷方金额
A 产品验收入库数量 200 件	库存商品	A 产品	12 000	
单位成本 60 元	生产成本	A 产品		12 000
合　计			12 000	12 000

表 9-24　转账凭证

2012 年 1 月 28 日　　　　　　　　　　　　　　　　　　转字第 5 号

摘　　要	总账科目	明细科目	借方金额	贷方金额
月末结转销售 A 产品 100 件	主营业务成本	A 产品	6 000	
的成本 6 000 元	库存商品	A 产品		6 000
合　　计			6 000	6 000

分析 7 例业务所涉及的明细账的格式，应选用三栏式明细账的格式包括：主营业务收入、主营业务成本、其他应收款、应交税费和累计折旧；应选用数量金额式明细账的格式包括：库存商品；应选用多栏式明细账的格式包括：管理费用和生产成本。现分别以 7 例业务，说明其他应收款、库存商品和管理费用明细账的登记。其登记结果见表 9-25 至表 9-27。

表 9-25　其他应收款分类明细账

明细科目：李某

2012 年		凭证号数	摘　　要	借　方	贷　方	借或贷	余　额
月	日						
1	3	银付 1	出差借款	7 000		借	7 000
1	25	转 2	报销差旅费		6 000	借	1 000
1	25	现收 1	交回出差余款		1 000	平	0

表 9-26　管理费用明细账

2012 年		凭证号数	摘　　要	借　　方					
月	日			工资费	折旧费	办公费	差旅费	……	合计
1	24	现付 1	购买办公用品			50			50
1	25	转 2	差旅费				6 000		6 000
1	28	转 3	本月折旧费		8 000				8 000

表 9-27　库存商品明细账

明细科目：A 产品

2012 年		凭证号数	摘要	借 方			贷 方			结 存		
月	日			数量	单价	金额	数量	单价	金额	数量	单价	金额
			月初结存							200	60	12 000
1	28	转 4	完工入库	200	60	12 000				400	60	24 000
1	28	转 5	销售出库				100	60	6 000	300	60	18 000

在表 9-25 其他应收款明细账中，李某报销时共反映了两笔业务，在会计实务中这两笔业务是同时进行的，即在报销差旅费的同时要交回剩余款项，由于该公司使用收、付、转的记账凭证，所以对于报销的款项要填制转账凭证，交回的余款需填制收款凭证，这样其他应收款的明细账就必须登记两笔业务，见表 9-25。在表 9-26 中，费用项目构成了多栏式明细账的主要内容，其目的是为了满足税务部门和单位内部管理的需要。在表 9-27 中，库存商品明细账既要反映金额，又要反映数量和单价，而这些内容主要是来自于原始凭证，如销售发货票、入库单等，所以有时登记明细账就必须查阅原始凭证，依据原始凭证所提供的信息进行登账。当然有的会计人员在编制记账凭证时，特别注意把登账的有关信息直接反映在记账凭证的摘要栏（表 9-23 和表 9-24），这样就可以减少查阅的工作量，提高登账的工作效率。

9.2.3.3　日记账的登记

1. 现金日记账的登记方法

现金日记账通常是由出纳人员根据审核后的现金收、付款记账凭证，逐日逐笔顺序登记。同时其他会计人员根据收、付款记账凭证的汇总数登记总账。值得注意的是，对于从银行提取现金的业务，由于只填制付款凭证，不填制收款凭证，所以在登记现金日记账时，有时需要根据银行存款的付款凭证进行登记。每日收付款项逐笔登记完毕后，应分别计算现金收入和支出的合计数及账面余额，并将账面余额与库存现金实存数相核对，以此检查每日现金收、支和结存的情况。

2. 银行存款日记账的登记方法

银行存款日记账应按各开户行设置明细账，其登账的依据是出纳员根据审核后的有关银行存款的收、付款记账凭证，逐日逐笔顺序登记。对于现金存入银行的业务，银行日记账的收入数应当根据现金付款凭证登记。每日终了，应分别计算银行存款收入、付出的合计数和本日余额，以便于检查监督各项收支款项，并便于定期同银行对账单逐笔核对。

【**例 9-3**】　兴业公司 2012 年 1 月份的下旬中发生了两笔同时与银行存款、现金日记账相关的业务：一是从银行提取现金，以备日常的零星开支；二是将一部分现金送存银行，对于这两笔业务都只能编制付款凭证，而不能编制收款凭证（表 9-28 和表 9-29）。根据兴业公司 1 月份所做的记账凭证，逐笔登记银行存款和现金日记账（表 9-30 和表 9-31）。在表 9-30 中，结算方式下的"类"是指结算方式的种类，如支票结算、汇兑结算或银行承兑汇票结算等，"号码"是指结算方式所用票据的号码。在表 9-31 中，"对应科目"是指与该账户或科目所对应的另外一个会计科目。

表 9-28 付款凭证

贷方
科目：银行存款   2012 年 1 月 26 日   银付字第 4 号

摘　要	借方总账科目	明细科目	金　额
提取现金	库存现金		5 000
合　计			5 000

表 9-29 付款凭证

贷方
科目：库存现金   2012 年 1 月 28 日   现付字第 2 号

摘　要	借方总账科目	明细科目	金　额
现金送存银行	银行存款		2 000
合　计			2 000

表 9-30 银行存款日记账

2012年		凭证号数	结算方式		摘要	借方	贷方	余额
月	日		类	号码				
					期初余额			100 000
1	3	银付1	略	略	李某出差借款		7 000	93 000
1	5	银付2			付材料款		15 000	78 000
1	8	银付3			付前欠货款		10 000	68 000
1	26	银收1			收销货款	10 300		78 300
1	26	银付4			提现金		5 000	73 300
1	28	现付2			现金送存银行	2 000		75 300

表 9-31　现金日记账

2012 年		凭证号数	摘　要	对应科目	借方	贷方	余额
月	日						
			期初余额				2 000
1	24	现付 1	购买办公用品	管理费用		50	1 950
1	25	现收 1	李某交回余款	其他应收款	1 000		2 950
1	26	银付 4	提现金	银行存款	5 000		7 950
1	28	现付 2	现金送存银行	银行存款		2 000	5 950

9.2.4　总账与明细账的平行登记

9.2.4.1　总账与明细账的关系

从上述实例登记有关账簿可知，总账是根据一级会计科目开设的，它仅以金额提供总括指标，如"原材料"总账账户，只能提供"期初结存"、"本期增加"、"本期减少"及"期末余额"的总金额，而不能提供每一类或每一品种、规格的原材料的具体数量和金额。所以说，总账只能对明细账起控制作用，但无法满足内部经营管理的需要，如哪些原材料积压、哪些原材料供不应求等，总账是不能提供这些信息的，因此，还必须设置明细账。

明细账是按二级科目或三级科目设置的，目前《企业会计准则——应用指南》和《小企业会计准则》中的会计科目只有一级会计科目，《企业会计制度》中的会计科目包括一级、二级和三级科目。所以，明细账的设置除了符合国家会计法规的有关内容外，企业可以按照内部经营管理的需要设置明细科目或明细账。对于企业的实物资产明细账，不仅要反映实物资产的金额，而且还要记载品名、规格、单价和数量，以便于对实物资产的控制和管理，因此说，明细账是对总账的补充和具体化。从而也决定了总账与明细账之间必须按照平行登记的原则进行登记，以便互相制约和相互补充。

9.2.4.2　总账与明细账的平行登记

总账与明细账之间的平行登记是指对每项经济业务，根据会计凭证或汇总记账凭证，一方面要在有关的总账中进行总括登记，另一方面要在其所属的有关明细账中进行明细登记。登记总账与明细账的原始依据应该相同，会计期间应该一致，借贷方向一般应当相同，金额应该相等。平行登记的结果，使总账与明细账之间形成如下相互核对的数量关系：

(1) 某一总账账户的期初余额＝所属各明细账户期初余额合计数；

(2) 某一总账账户的本期发生额＝所属各明细账本期发生额合计数；

(3) 某一总账账户期末余额＝所属各明细账户期末余额合计数。

【例 9-4】 兴业公司 2012 年 1 月末应收账款总账的余额为 8 000 元，明细账的记录为：应收甲公司货款 5 000 元，应收乙公司货款 3 000 元，2 月份上旬发生下列经济业务，编制的记账凭证见表 9-32 和表 9-33。

表 9-32 转账凭证

2012 年 2 月 2 日 转字第 1 号

摘 要	总账科目	明细科目	借方金额	贷方金额
销售商品，货款尚未收到	应收账款	甲公司	1 000	
		乙公司	2 000	
	主营业务收入			2 912.62
	应交税费	应交增值税		87.38
合 计			3 000	3 000

表 9-33 收款凭证

借方
科目：银行存款 2012 年 2 月 8 日 银收字第 1 号

摘 要	贷方总账科目	明细科目	金 额
收前欠货款	应收账款	甲公司	4 000
合 计			4 000

根据表 9-32 中的涉及的应收账款，一方面在应收账款总账的借方登记 3 000 元见表 9-34；另一方面在应收账款甲公司和乙公司的明细账中分别登记 1 000 元和 2 000 元（表 9-35 和表 9-36），这时应收账款总账的余额 11 000 元与甲、乙公司明细账的余额相等，其余业务的登记方法类同。在往来账项较多的情况下，企业还可以编制应收账款明细账发生额及余额对照表，以检查总账余额与所属明细账的余额是否相等（表 9-37）。

表 9-34 总分类账

会计科目：应收账款

2012 年		凭证号数	摘 要	借 方	贷 方	借或贷	余 额
月	日						
			月初余额			借	8 000
2	2	转1	销货未收款	3 000		借	11 000
2	8	收1	收回销货款		4 000	借	7 000

表 9-35　应收账款明细账

明细科目：甲公司

| 2012 年 | | 凭证号数 | 摘　要 | 借　方 | 贷　方 | 借或贷 | 余　额 |
月	日						
			月初余额			借	5 000
2	2	转 1	销货未收款	1 000		借	6 000
2	8	收 1	收前欠货款		4 000	借	2 000

表 9-36　应收账款明细账

明细科目：乙公司

| 2012 年 | | 凭证号数 | 摘　要 | 借　方 | 贷　方 | 借或贷 | 余　额 |
月	日						
			月初余额			借	3 000
2	2	转 1	销货未收款	2 000		借	5 000

表 9-37　应收账款明细账发生额及余额对照表

明细账户	期初余额	本期增加	本期减少	期末余额
甲公司	5 000	1 000	4 000	2 000
乙公司	3 000	2 000		5 000
合　计	8 000	3 000	4 000	7 000

9.3　错账的查找与更正

9.3.1　错账的查找方法

在记账过程中，如果发生借贷方向记反、数字错位、数字颠倒、重记、漏记等，都会影响到试算平衡和报表的编制，所以对于错账应采用有效的方法及时查出，并予以更正，错账查找的方法主要有。

1. 差数法

差数法是按照错账的差数检查错账的一种方法。例如，记账过程中只登记了会计分录的借方或贷方，漏记了另一方，会形成试算平衡中借方合计与贷方合计不相等。如果借方（或贷方）金额遗漏，该金额在贷方（或借方）超出，对于这样的差错，可由会计人员通过回忆相关金额的记账核对来查找。

2. 尾数法

尾数法是对发生的角、分的差错可以只检查小数部分的一种方法。该方法有利于提高查出错误的效率。

3. 除 2 法

除 2 法是以错账的差数除以 2 来查找错账的方法。这种方法适用于会计账簿因借贷方向错记而发生的错误。当某个借方（或贷方）金额错记为贷方（或借方）金额时，出现错账的差数为错误的 2 倍，将差数用 2 去除，得出的商即是反向的金额。如借方总额大于贷方 1 000 元，即应查找有无 500 元的贷方金额误记入借方，如果无此金额，应继续查找差错的原因。

4. 除 9 法

除 9 法是以错账的差数除以 9 来查找错账的方法。这种方法适用于以下三种情况。

一是将数字写小。如将 600 写为 60，错误数字小于正确数字 9 倍，查找时以差数除以 9 后得出的商即为写错的数字，商乘以 10 即为正确的数字。该例差数 540（600－60）除以 9，商 60 为写错的数，乘以 10 后即可得出正确的数字 600。

二是将数字写大。如将 80 写为 800，错误数字大于正确数字 9 倍，查找时以差数除以 9 后得出的商为正确的数字，商乘以 10 即为错误的数字。该例差数 720（800－80）除以 9，商 80 为正确的数字，乘以 10 后得到的 800 即为错误的数字。

三是数字颠倒。如将 26 写为 62，48 写为 84，67 写为 76 等。以 26 写为 62 为例，查找的方法是：用差数 36（即错数），除以 9，得数 4 便是记颠倒了位的数字之差（6－2＝4），根据这个差额 4，可以推断可能是将 15 写成 51，26 写成 62，37 写成 73 等。如果查到记账的金额中有 62，这个数就是 26 颠倒后的数。或者将错数除以 9 的商数，连加 11 去查找错账。如错数为 36，除以 9 的商数是 4，连加 11 后为：15，26，37 等，借以查找这些数的颠倒数。

依据颠倒了位的数字之差最小为 1，最大为 8（9－1）的特点。现将可能颠倒的数字汇集于表 9-38 中，以方便检查或查找。

表 9-38　数字颠倒查错表

颠倒数之差	1		2		3		4		5		6		7		8	
颠倒的数字	12	21	13	31	14	41	15	51	16	61	17	71	18	81	19	91
	23	32	24	42	25	52	26	62	27	72	28	82	29	92		
	34	43	35	53	36	63	37	73	38	83	39	93				
	45	54	46	64	47	74	48	84	49	94						
	56	65	57	75	58	85	59	95								
	67	76	68	86	69	96										
	78	87	79	97												
	89	98														

9.3.2　错账的更正方法

会计账簿记录发生错误，应根据记账差错的具体情况，采用正确的方法进行更正。

绝不能挖、擦、涂、补或用药水消除字迹。常用的错账更正方法有画线更正法、红字更正法和补充登记法等。

1. 画线更正法

画线更正法是用一条单红线把错误记录划掉，表示注销，然后把正确内容写在错账正上方，并加盖责任人印章的一种方法。此方法适用于记账凭证无误，而账簿记录中出现文字或数字发生错误的情况。更正时首先在错误的文字和数字上划一条单红线（更正错误数字时，应将整笔数字划掉），使原来的字迹仍可辨认，以示注销；然后在画线上方空白处填写上正确的文字或数字，并由更正会计人员签章。

【例 9-5】　记账人员在登记账簿时，把"应收账款"误写为"应收货款"，正确的更正方法如下：

账（印）

应收货款

【例 9-6】　记账人员在登记账簿时，把数字 7 879.32，误写为 7 897.23 正确的更正方法如下：

7 879.32（印）

~~7 897.23~~

2. 红字更正法

红字更正法是指用红字金额冲销原有错误科目和金额的记账凭证，并据以更正账簿记录的一种方法。此方法适用于由于记账凭证错误而导致账簿记录错误的情况。更正时，首先用红字金额填写一张内容与原来错误的记账凭证相同的记账凭证，在摘要栏注明"冲销×月×日×号凭证"，并据以用红字金额记账，以冲销原错误记录，然后再填写一张正确的记账凭证，在摘要栏注明"订正×月×日×号凭证"。

【例 9-7】　企业将已达到可使用状态的工程项目所发生的长期借款利息支出 5 000 元，误记为工程成本，并已登记入账。其正确的更正方法如下：

（1）用红字金额填制一张与原错误记录相同的记账凭证，其会计分录为：

借：在建工程　　　　　　　　　　　　　　　　　　　　 5 000
　贷：应付利息　　　　　　　　　　　　　　　　　　　　 5 000

注：□ 表示红字

（2）用蓝字填制一张正确的记账凭证，其会计分录为：

借：财务费用　　　　　　　　　　　　　　　　　　　　 5 000
　贷：应付利息　　　　　　　　　　　　　　　　　　　　 5 000

如果已登记入账的金额大于应记金额，而会计科目并未发生错误，除用上述方法更正外，也可按照正确数字与错误数字的差额用红字金额填制一张凭证，据以登记入账，以冲销多记部分。

【例 9-8】　企业偿还前欠货款 89 000 元，而在填制记账凭证，误写为 98 000 元，并已登记入账，正确的差额冲销法是用红字差额填制一张记账凭证，其会计分录为：

借：应付账款　　　　　　　　　　　　　　　　　　　　 9 000

　　　　贷：银行存款　　　　　　　　　　　　　　　　　　　9 000

根据此记账凭证登记入账后，使原来两科目的错误记录得到了更正。

　　3. 补充登记法

补充登记法是按应记金额和入账金额之差用蓝字填写一张与原记账凭证内容相同的记账凭证，并据以更正账簿记录的一种方法。此方法适用于会计科目无误，但入账金额小于应记金额的情况。更正时将少记金额填制一张与原错误记账凭证内容完全相同的记账凭证，在摘要栏注明"补记×月×日×号凭证少记数"。

　　【例 9-9】　　通过开户银行收到某购货单位偿还的前欠货款 6 500 元在填制记凭证时，将金额误记为 5 600 元，少记了 900 元，并已登记入账。更正时，应将少记的 900元用蓝字填制一张记账凭证，并登记入账。其会计分录为：

　　借：银行存款　　　　　　　　　　　　　　　　　　　900
　　　　贷：应收账款　　　　　　　　　　　　　　　　　　　900

根据此记账凭证登记入账后，使原来两科目的错误金额都得到了更正。

9.4　期末的对账与结账

9.4.1　期末的对账

　　对账就是核对账目。企业在期末编制会计报表之前，需要确保各账项数据的正确性。试算平衡工作是确保会计记录正确的方法之一，但是它只能发现一些常见的简单错误，并不是所有错误都能够通过试算平衡来发现。为此在期末需要进行相应的对账，以便系统地检查可能出现的错误，确保会计记录的正确性，然后才能据以编制会计报表。对账工作的主要内容包括账证核对、账账核对和账实核对三个方面。

　　1. 账证核对

　　账证核对是账簿与相关凭证之间的核对。为确保企业发生的全部经济业务已经正确地登记到各账簿中，应将原始凭证、记账凭证与账簿记录中的各项经济业务进行核对，核对其时间、凭证号、内容、数量、金额是否相符，会计账户、记账方向是否相符。

　　2. 账账核对

　　账账核对是对各种账簿之间有关核算指标的核对。主要包括：①各总账账户的期末余额与其所属各有关明细账账户的期末余额之和核对相符；②库存现金和银行存款总账账户的期末余额分别与现金日记账和银行存款日记账的期末余额核对相符；③会计部门的各种财产物资明细分类账的期末余额与财产物资保管、使用部门的有关财产物资明细分类账或保管账（卡）的期末余额核对相符。

　　总账和明细账之间核对，各相关账户之间核对，这也是确保经济业务正确地登记到各分类账中去的重要核对关系。

　　3. 账实核对

　　账实核对是指各种财产物资等的账面余额与实存数额相核对，一般应采取财产清查的方法。主要包括：①现金日记账的账面余额与现金实际库存数额相核对；②银行存款日记账的账面余额与开户银行提供的对账单相核对；③各种实物资产明细分类账的账面余额与实物资产的实存数相核对；④对各种应收、应付款明细分类账账面余额与有关债务、债权单位或者个人进行核对。

通过以上各项核对才能确保企业整个会计核算资料的正确性和完整性。为了保证账簿记录的正确性，为编制会计报表提供真实可靠的数据资料，会计人员在定期编制会计报表或结账之前，必须做好对账工作，以保证账证、账账和账实相符。

9.4.2　期末的结账

为了总结一定会计期间的财务状况和经营成果，以便于根据账簿记录编制会计报表，会计人员必须定期地做好结账工作。具体来说，结账就是计算并结转各种账簿的本期发生额和期末余额。通过结账，可以检查各种账簿记录是否正确和完整，有利于提高会计报表的质量。

9.4.2.1　结账前的准备工作

(1) 检查本期内发生的经济业务是否已全部登记入账。

(2) 按照权责发生制的要求，对于本期内发生的收入和费用是否已调整入账。

(3) 实行账结法的单位，损益类账户是否已经结转，计算产品生产成本的企业，制造费用是否已经结转。

(4) 对账工作是否已经结束，账证、账账和账实是否已经核对相符。

当上述工作已按规定程序和方法处理完毕后，会计人员就可以对账簿记录进行结账。

9.4.2.2　结账的方法

结账时应当根据不同的账户记录，分别采用不同的结账方法。

(1) 不需要按月结计本期发生额的账户。如各项应收款明细账和各项财产物资明细账等，每次记账之后，都要随时结出余额，每月最后一笔余额即为月末余额。即月末余额就是本月最后一笔经济业务记录的同一行内的余额。月末结账时，只需要在最后一笔经济业务记录之下划一单红线，不需要再结计一次余额。

(2) 需要按月结计发生额的明细账及现金、银行存款日记账。如收入和费用等明细账，每月结账时，需要在最后一笔经济业务记录下面划一单红线，结出本月发生额和余额，在摘要栏内注明"本月合计"字样，在下面再划一条单红线。如果本月只发生了一笔经济业务，结账时只需要在此行记录下划一单红线，不需要另外结出"本月合计"数额。

(3) 需要结计本年累计发生额的明细账。如主营业务收入、成本和费用明细账等，在每月结账时，应在"本月合计"行下结计自年初起至本月末止的累计发生额，登记在月份发生额下面，在摘要栏内注明"本年累计"字样，并在下面再划一单红线。12月末的"本年累计"就是全年累计发生额，全年累计发生额下划双红线。

(4) 平时只需要结计月末余额的总账账户。该类账户在年终结账时，为了反映全年各项资产、负债及所有者权益增减变动的全貌，需要将所有总账账户结计全年发生额和年末余额，在摘要栏内注明"本年合计"字样，并在合计数下划一双红线。

（5）年末账户余额的结转。一般来说，在新的会计年度，总账、日记账和多数明细账应建立新的账簿。但有些财产物资明细账和债权债务明细账，由于材料品种、规格和往来单位较多，更换新账的工作量较大，因此，不必每年更换一次，可以跨年度连续使用。备查账簿也可以连续使用。对于需要建立新账的账户年末余额，在年末结账时，要将其结转下年，并在摘要栏注明"结转下年"字样，在下一年度有关会计账簿的第一行余额栏内填写上年结转的余额，并在摘要栏注明"上年结转"字样。结转的方法是将余额直接记入新账栏内，不需要编制记账凭证，也不需要把结转的余额再计入本年账户的相反方向。

另外，在结账时所划的红线为通栏红线，不应只在金额部分划红线，结账时当某些账户的余额为零时，应在账页中的"借或贷"栏内填"平"字样。在余额栏的"元"位上填列"0"符号，以示账目已结平。

以上结账的方法和要求，仅适用于手工记账方式，对于实行会计电算化的企业，在期末结账后，应定期打印有关会计账簿。

📖 本章知识点小结

会计账簿由具有一定格式的账页组成，是以会计凭证为依据，全面、连续地记录一个单位的经济业务，对大量分散在会计凭证上的数据或资料进行分类归集整理，逐步加工成有用的会计信息的工具。各单位会计账簿的设置，首先应以国家统一的会计法规为依据，其次应以单位的实际业务需要为出发点，具体来说，设置的会计账簿要能全面、系统地反映会计主体的经济活动，为经营管理提供会计核算资料和满足不同会计信息使用者的需要。

我国《会计基础工作规范》中规定了会计账簿包括总账、明细账、日记账和其他辅助性账簿。

总账也称总分类账，它是按规定的一级会计科目设置的，外表形式为订本式账簿。用于总括反映资产、负债、所有者权益、收入、费用类项目的变化情况。

明细账也称明细分类账，通常是根据二级科目或三级科目设置的，外表形式为活页账簿。用于明细反映资产、负债、所有者权益、收入、费用类项目的变化情况。明细账是对总账的补充和具体化，二者之间互相制约与补充，这也是总账与明细账平行登记的必然结果。

日记账又称序时账或日记账簿，日记账的外表形式为订本式账簿。为了加强库存现金和银行存款的管理和核算，现行会计法规要求各单位必须设置库存现金与银行存款日记账，以便逐日核算与监督库存现金与银行存款的收入、付出和结存情况。

辅助性账簿也称备查账簿，此类账簿可以对某些经济业务的内容提供必要的参考资料，如租入固定资产、代管商品及物资的登记簿，都属于辅助性账簿。辅助性账簿没有固定的格式，也不是必设账簿，各单位可以根据具体情况和实际需要进行设置。

　　登记账簿是会计核算的一项基础工作，账簿登记是否正确与规范，直接影响到会计核算的质量。因此，依据审核无误的记账凭证登记账簿时，必须符合会计法规的相关要求。如果会计账簿记录发生错误，应根据记账差错的具体情况，采用正确的方法进行更正。常用的错账更正方法有划线更正法、红字更正法和补充登记法等。

➤ 思考题

1. 设置和登记账簿有何意义？
2. 从外表形式看会计账簿分为几种？各有何优缺点？
3. 会计账簿按内容分为几种，各有何用途？
4. 日记账的登记与其他账簿有何不同？
5. 明细账的格式有哪些？其适用范围如何？
6. 账簿登记的基本要求有哪些？
7. 错账更正的方法有几种，如何选用错账的更正方法。
8. 对账包括哪些内容，有何意义？
9. 账实核对包括哪些内容，有何意义？
10. 结账包括哪些内容，如何结账？

➤ 练习题

习题一

一、目的：练习错账的更正方法。

二、资料：某企业在登记账簿后发现如下记账错误：

1. 销售产品取得含税收入 35 100 元，已存入银行，原记账凭证上的会计分录为：

借：银行存款　　　　　　　　　　　　　　　　31 500
　　贷：应交税费——应交增值税（销项税额）　　　 1 500
　　　　主营业务收入　　　　　　　　　　　　　30 000

2. 以现金购买办公用品 540 元，原记账凭证无误，登账误写为 450 元。

3. 收回上月销货款 8 700 元，已存入银行，原记账凭证上的会计分录为：

借：银行存款　　　　　　　　　　　　　　　　 7 800
　　贷：应收账款　　　　　　　　　　　　　　　 7 800

习题二

一、目的：练习账簿的登记。

二、资料：

1. 银行存款日记账月初余额为 100 000 元；
2. 现金日记账月初余额为 5 000 元；
3. 以银行存款支付广告费 4 000 元；
4. 以现金支付购买办公用品费 500 元；
5. 以银行存款支付购料款及增值税，共计 23 400 元；
6. 销售产品一批，取得货款及增值税 58 500 元，已存入银行；
7. 以现金支付王某报销差旅费 400 元，王某出差时未借款；
8. 李某出差预借差旅费 3 000 元，以现金支付；

9. 从银行提取现金 4 000 元，以备日常零星开支；

10. 以银行存款支付滞纳金 1 000 元。

三、要求：

1. 根据上述经济业务，编制会计分录；

2. 根据会计分录，登记现金和银行存款日记账；

3. 结出现金和银行存款日记账的余额。

习题三

一、目的：练习总账与明细账的平行登记。

二、资料：某公司 8 月份"其他应收款"总账的月初余额为 2 400 元，其所属明细账为：李明 400 元，王英 2 000 元。该月发生的经济业务：

1. 公司管理人员王英出差回来，报销差旅费 1 500 元，其余交回现金。

2. 李明报销购买办公用品发票一张，其金额为 500 元，以现金支付其差额，办公用品直接交付公司管理部门使用。

3. 车间管理人员张红出差预借款，开出现金支票一张，金额为 3 000 元。

三、要求：

1. 根据上述经济业务，编制会计分录；

2. 根据会计分录，平行登记"其他应收款"的总账与明细账，并结出各账户的发生额及月末余额；

3. 编制"其他应收款"明细账发生额与余额对照表，核对总账余额与所属明细账的余额是否相等。

第 *10* 章

会计核算组织程序

内容提要

本章介绍了会计凭证、会计账簿与会计报表之间的有机联系与相互结合所形成的会计核算组织的一般程序。重点叙述了会计实务中运用的五种会计核算组织程序的特点和工作步骤，并通过实例说明了科目汇总表核算组织程序与汇总记账凭证核算组织程序的具体应用。

10.1 会计核算组织程序概述

会计核算组织程序，亦称会计核算账务处理程序。它是指在会计核算中，会计凭证组织、会计账簿组织及记账程序和方法相互结合的方式。会计凭证和账簿组织，是指凭证和账簿的种类和格式，各种凭证之间、各种账簿之间以及各种凭证与各种账簿之间的相互联系；记账程序是指从填制凭证、登记账簿到编制会计报表的步骤。

在会计核算中，只有把记账方法与会计凭证、会计账簿和会计报表结合起来，才能形成完整的处理会计信息的系统。因此，选择或设计合理的会计核算组织程序，对于科学地组织会计核算工作，充分发挥会计的反映与监督职能，为信息使用者提供真实、完整的会计信息有着十分重要的作用。

10.1.1 确定会计核算组织程序的原则

任何一个单位在确定会计核算组织程序时，应重点遵循以下三条原则：

（1）合理适用的会计核算组织程序，应当与本单位业务经营的特点、规模的大小和业务的繁简相适应。

（2）合理适用的会计核算组织程序，应当在保证会计信息质量的前提下，尽可能简化核算手续，提高会计人员的工作效率，节省人力、物力和财力。

（3）合理适用的会计核算组织程序，应当正确、及时提供会计信息，以满足有关各方对会计信息的需求。

10.1.2 会计核算组织程序的种类

根据上述原则，在我国会计实务中，通过长期的实践与总结，归纳了以下五种会计核算组织程序：①记账凭证核算组织程序；②科目汇总表核算组织程序；③汇总记账凭证核算组织程序；④日记总账核算组织程序；⑤多栏式日记账核算组织程序。

上述各种核算组织程序的主要区别是登记总账的依据不同。其共同点都是根据原始凭证编制记账凭证，再依据记账凭证登记账簿，最后根据账簿记录编制会计报表。下面将分别介绍各种核算组织程序的相关内容。

10.2　记账凭证核算组织程序

10.2.1　记账凭证核算组织程序的特点

记账凭证核算组织程序，是根据记账凭证登记总账。它是一种最基本的核算形式，是其他各种核算组织程序产生和演变的基础。与其他核算组织程序相比较，其显著特征是在会计核算工作中直接根据记账凭证登记总账。

采用记账凭证核算组织程序，应当尽可能地将原始凭证编制成原始凭证汇总表，再根据原始凭证汇总表编制记账凭证，以减少记账凭证的数量，从而减轻登记总账的工作量。

在记账凭证核算组织程序下，记账凭证可采用通用式，也可以采用收款凭证、付款凭证和转账凭证。账簿一般设置现金日记账、银行存款日记账、总分类账和明细分类账。现金日记账和银行存款日记账采用三栏式，分别作为现金、银行存款收付业务的序时记录。总分类账根据规定的一级科目设置，使用三栏式账页。明细分类账可根据经营管理的需要，分别采用三栏式、数量金额式和多栏式账页。

10.2.2　记账凭证核算组织程序的工作步骤

第一步：根据各种原始凭证编制汇总原始凭证。
第二步：根据原始凭证和汇总原始凭证填制各种记账凭证。
第三步：根据收、付款凭证（或记账凭单）登记现金日记账和银行存款日记账。
第四步：根据原始凭证、汇总原始凭证和记账凭证登记各种明细分类账。
第五步：根据各种记账凭证逐笔登记总分类账。
第六步：月末现金日记账、银行存款日记账和明细分类账的余额应与总分类账有关账户的余额核对相符。
第七步：月末根据总分类账和明细分类账的资料编制会计报表。
以图示表示上述工作步骤，如图10-1所示。

记账凭证核算组织程序的优点是直观、简单明了，易于理解，在总分类账中能具体反映经济业务的内容，账户对应关系明确，便于查账。其缺点是登记总分类账的工作量较大。因此，这种核算程序一般只适用于一些规模小、业务少、凭证不多的单位。

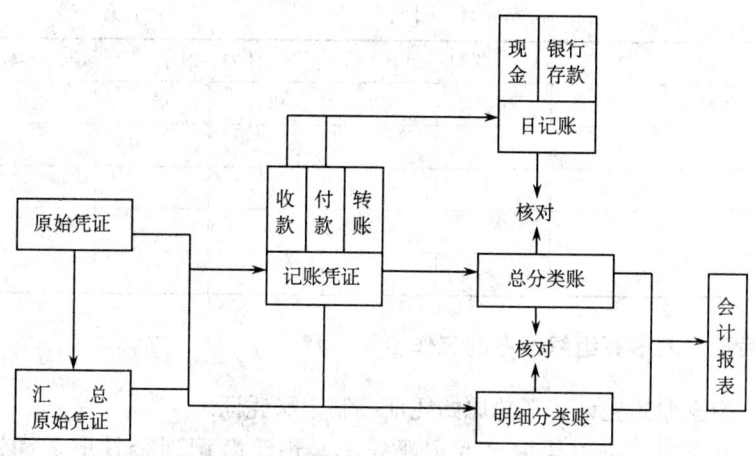

图 10-1　记账凭证核算组织程序图

10.3　科目汇总表核算组织程序

10.3.1　科目汇总表核算组织程序的特点

科目汇总表核算组织程序是根据记账凭证定期编制科目汇总表（记账凭证汇总表），然后根据科目汇总表登记总账。

科目汇总表的编制方法是定期（5 天、10 天或 15 天等）将该期间内的全部记账凭证，按相同的会计科目归类，汇总每一会计科目的借方本期发生额和贷方本期发生额，填写在科目汇总表的相关栏内（一张科目汇总表不能填列两个相同的会计科目），计算出本期全部会计科目的借方本期发生额和贷方本期发生额，并试算平衡。科目汇总表的格式见表 10-1 和表 10-2。可见科目汇总表核算组织程序除了和记账凭证核算组织程序一样，需要编制记账凭证和设置有关的账簿外，还需要另外设置"科目汇总表"。

表 10-1　科目汇总表（格式一）

年　月　日　　　　　　　　　　字第　号

借方金额	会计科目	贷方金额
	合　计	

表 10-2　科目汇总表（格式二）

年　月　日　　　　　　　　　　　字第　号

会计科目	自 1~10 日		自 11~20 日		自 21~31 日		本月合计	
	借方	贷方	借方	贷方	借方	贷方	借方	贷方

10.3.2　科目汇总表核算组织程序的工作步骤

第一步：根据原始凭证、汇总原始凭证编制记账凭证。

第二步：根据收、付款凭证（或记账凭单）逐笔登记现金日记账和银行存款日记账。

第三步：根据原始凭证、汇总原始凭证和记账凭证登记各种明细分类账。

第四步：根据各种记账凭证汇总编制科目汇总表。

第五步：根据科目汇总表登记总分类账。

第六步：月末根据总分类账和各种明细分类账的资料编制会计报表。

以图示表示上述工作步骤，如图 10-2 所示。

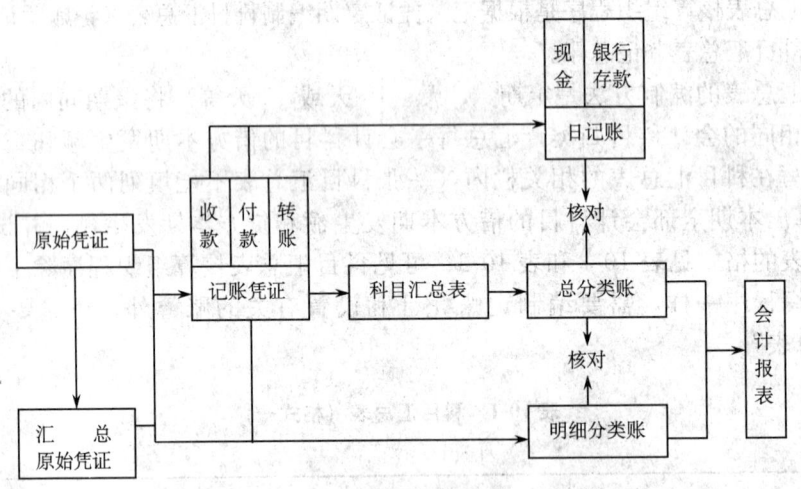

图 10-2　科目汇总表核算组织程序图

科目汇总表核算组织程序的优点是：根据科目汇总表登记总分类账可以大大减少登记总分类账的工作量，而且科目汇总表可以起到试算平衡的作用，从而在一定程度上保证了总分类账登记的正确性。其缺点是：总分类账根据科目汇总表登记，不反映科目的对应关系，因而不便于分析经济业务的来龙去脉，不便于查对账目。因此，这种核算组织程序一般适用于业务量较多的单位。

10.4 汇总记账凭证核算组织程序

10.4.1 汇总记账凭证核算组织程序的特点

汇总记账凭证核算组织程序，是将记账凭证编制成汇总记账凭证，再根据汇总记账凭证登记总账。汇总记账凭证分为汇总收款凭证、汇总付款凭证和汇总转账凭证三种。

（1）汇总收款凭证，是按库存现金及银行存款科目的借方分别设置，根据一定期间（如 5 天、10 天）内的全部库存现金、银行存款的收款凭证，分别按相对应的贷方科目加以汇总，并登记汇总收款凭证，月终结算出汇总收款凭证的合计数，据以登记总账。汇总收款凭证的格式见表 10-3。

表 10-3 汇总收款凭证

借方科目：　　　　　　　　　　　年　月　　　　　　　　　　编号：

贷方科目	金　额			
	1～10 日收款凭证 ×号至×号×张	11～20 日收款凭证 ×号至×号×张	21～31 日收款凭证 ×号至×号×张	合　计
合　计				

（2）汇总付款凭证，是按库存现金及银行存款科目的贷方分别设置，根据一定期间（如 5 天、10 天）内的全部库存现金、银行存款的付款凭证，分别按相对应的借方科目加以汇总，并登记汇总付款凭证，月终结算出汇总付款凭证的合计数，据以登记总账。汇总付款凭证的格式见表 10-4。

表 10-4 汇总付款凭证

贷方科目：　　　　　　　　　　　年　月　　　　　　　　　　编号：

借方科目	金　额			
	1～10 日付款凭证 ×号至×号×张	11～20 日付款凭证 ×号至×号×张	21～31 日付款凭证 ×号至×号×张	合　计
合　计				

（3）汇总转账凭证，通常是按每一会计科目的贷方分别设置，根据一定期间（如 5 天、10 天）内的全部转账凭证，分别按相对应的借方科目加以汇总，并登记汇总转账凭证，月终结算出汇总转账凭证的合计数，据以登记总账。汇总转账凭证的格式见表 10-5。由于汇总转账凭证是一个贷方科目与一个或几个借方科目相对应编制的，因此

所有转账凭证中的科目对应关系，只能按一个贷方科目与一个或几个借方科目相对应，而不能一个借方科目与几个贷方科目相对应。

表 10-5　汇总转账凭证

贷方科目：　　　　　　　　　　　年　月　　　　　　　　编号：

借方科目	金　额			
	1～10 日转账凭证 ×号至×号×张	11～20 日转账凭证 ×号至×号×张	21～31 日转账凭证 ×号至×号×张	合　计
合　计				

10.4.2　汇总记账凭证核算组织程序的工作步骤

第一步：根据原始凭证、汇总原始凭证编制各种记账凭证。

第二步：根据各种记账凭证汇总编制各种汇总记账凭证。

第三步：根据收、付款凭证登记现金日记账和银行存款日记账。

第四步：根据原始凭证、汇总原始凭证及记账凭证登记各种明细分类账。

第五步：根据汇总记账凭证登记总分类账。

第六步：月末根据总分类账和各种明细分类账的资料编制会计报表。

以图示表示上述工作步骤，如图 10-3 所示。

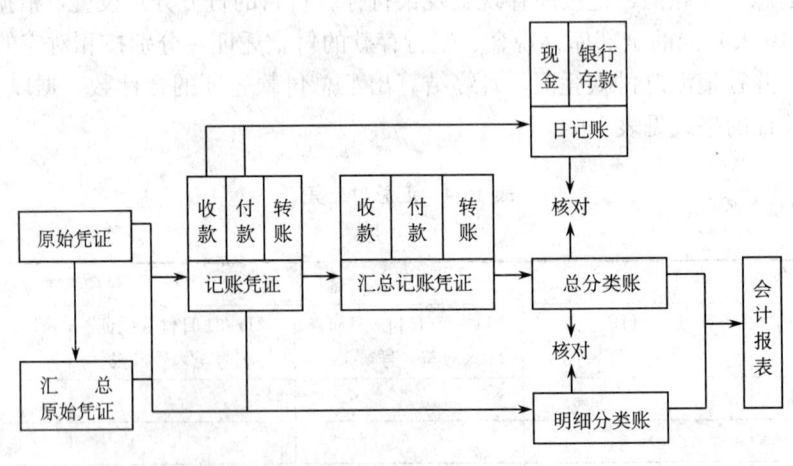

图 10-3　汇总记账凭证核算组织程序图

在汇总记账凭证核算组织程序下，由于作为登记总账依据的汇总记账凭证是根据记账凭证按照科目之间的对应关系进行分类、汇总编制的，因而在汇总记账凭证和总账中，可以清晰地反映科目之间的对应关系，便于查对和分析账目，从而克服了科目汇总表核算组织程序存在的缺点。同时，由于总账是根据汇总记账凭证于月末时一次登记，其与记账凭证核算组织程序相比较，大大地减轻了登记总账的工作量。但是，汇总转账凭证按每一贷方科目归类汇总，不利于日常核算工作的合理分工。而且对于经营规模小、经营业务比较零星的单位，在同一贷方科目的转账凭证为数不多的情况下，不仅没有减少登记总账的工作量，而且增加了凭证的汇总手续。因此，这种核算组织程序一般只适用于经营规模大和经济业务较多的企业。

10.5　日记总账核算组织程序

10.5.1　日记总账核算组织程序的特点

日记总账核算组织程序的特点是根据记账凭证逐笔登记日记总账。

日记总账一方面是日记账，必须根据业务发生的时间顺序进行登记；另一方面又是总账，需要将所有账户的总分类核算集中在一张账页上进行反映。可见，日记总账的格式与前述各种账页有所不同，一部分是进行序时核算，另一部分是进行总分类核算，其具体格式见表 10-6。

表 10-6　日记总账

年		凭证号数	摘　要	发生额	银行存款		库存现金		应收账款		…
月	日				借方	贷方	借方	贷方	借方	贷方	
			本期发生额合计								
			月末余额								

在登记日记总账时，根据记账凭证逐日逐笔所涉及的会计科目的借方发生额和贷方发生额，登记在不同科目而在同一行的借方栏和贷方栏内，并将借贷方发生额登记在发生额栏内，月终时，分别结出各个科目的借贷方发生额及月末余额。核对发生额的合计数与全部科目的借方发生额或贷方发生额的合计数是否相等，各科目的借方余额合计数与贷方余额合计数是否相符。

10.5.2　日记总账核算组织程序的工作步骤

第一步：根据原始凭证或汇总原始凭证填制记账凭证。
第二步：根据收款凭证、付款凭证登记现金日记账和银行存款日记账。
第三步：根据记账凭证并参考原始凭证登记明细分类账。
第四步：根据各种记账凭证或多栏式日记账汇总数登记日记总账。
第五步：月末将现金日记账、银行存款日记账和明细分类账的余额与日记总账有关账户的余额核对。

第六步：月末根据日记总账和各明细分类账的资料编制会计报表。

以图示表示上述工作步骤，如图 10-4 所示。

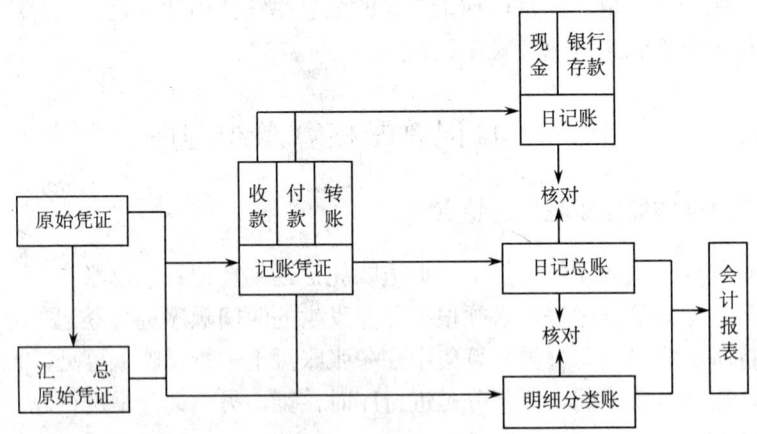

图 10-4　日记总账核算组织程序图

在日记总账核算组织程序下，将日记账与总分类账结合在一起，简化了记账手续，并且所有总分类科目集中在一张账页上，反映了企业经济业务的全貌，为分析和检查资金运动的来龙去脉提供了方便。但这种核算组织程序的缺点是：若业务量较大，涉及的会计科目过多，日记总账的账页就会过长，既不便于使用，也不便于查阅账目。因此，这种核算形式只适用于业务量较少或业务性质单一的小型企业和单位。

10.6　多栏式日记账核算组织程序

10.6.1　多栏式日记账核算组织程序的特点

多栏式日记账核算组织程序的特点，是通过多栏式日记账反映企业的收付业务，并根据其登记总账；而对于转账业务，可以根据转账凭证直接登记总账，也可以通过编制转账凭证汇总表，据以登记总账。

多栏式日记账分为多栏式现金日记账和多栏式银行存款日记账，其格式见表 10-7，表中业务根据表 10-8 至表 10-25 登记。

表 10-7　多栏式现金日记账

| 2012 年 | | 凭证号数 | 摘要 | 借　方 | | 贷　方 | | | 余额 |
月	日			银行存款	……	银行存款	管理费用	其他应收款	
5	10	6	提现金	50 000					
		7	报销开户费			10 000			
		8	报销开办费				1 200		

续表

2012 年		凭证号数	摘要	借方		贷方			余额
月	日			银行存款	……	银行存款	管理费用	其他应收款	
		9	报销验资费				1 000		
		10	报销印花税				400		
		11	支付筹建期间工资				20 000		
		12	支付筹建期间租赁费				8 000		
		13	支付筹建期间差旅费				3 000		
		17	王某出差借款					2 000	4 400

表 10-8　记账凭证

2012 年 5 月 10 日　　　　　　　　　　　　　　字第 1 号

摘　要	总账科目	明细科目	借方金额	贷方金额
注册资本存入开户银行	银行存款		500 000	
	实收资本			500 000
合　计			500 000	500 000

表 10-9　记账凭证

2012 年 5 月 10 日　　　　　　　　　　　　　　字第 2 号

摘　要	总账科目	明细科目	借方金额	贷方金额
购买支票款等	财务费用	手续费	55	
	银行存款			55
合　　计			55	55

表 10-10　记账凭证

2012 年 5 月 10 日　　　　　　　　　　　　　　字第 3 号

摘　要	总账科目	明细科目	借方金额	贷方金额
购买包装箱	周转材料	包装箱	5 550	
	银行存款			5 550
合　　计			5 550	5 550

表 10-11　记账凭证

2012 年 5 月 10 日　　　　　　　　　字第 4 号

摘　要	总账科目	明细科目	借方金额	贷方金额
购买计算机一台	固定资产	计算机	15 000	
	银行存款			15 000
合　　计			15 000	15 000

表 10-12　记账凭证

2012 年 5 月 10 日　　　　　　　　　字第 5 号

摘　要	总账科目	明细科目	借方金额	贷方金额
购买运货卡车一辆	固定资产	卡车	110 000	
	银行存款			110 000
合　　计			110 000	110 000

表 10-13　记账凭证

2012 年 5 月 10 日　　　　　　　　　字第 6 号

摘　要	总账科目	明细科目	借方金额	贷方金额
提现金	库存现金		50 000	
	银行存款			50 000
合　　计			50 000	50 000

表 10-14　记账凭证

2012 年 5 月 10 日　　　　　　　　　字第 7 号

摘　要	总账科目	明细科目	借方金额	贷方金额
李某报销缴存银行开户费	银行存款		10 000	
	库存现金			10 000
合　　计			10 000	10 000

表 10-15　记账凭证

2012 年 5 月 10 日　　　　　　　　　　字第 8 号

摘　要	总账科目	明细科目	借方金额	贷方金额
李某报销办理营业执照	管理费用	开办费	1 200	
等费用	库存现金			1 200
合　计			1 200	1 200

表 10-16　记账凭证

2012 年 5 月 10 日　　　　　　　　　　字第 9 号

摘　要	总账科目	明细科目	借方金额	贷方金额
王某报销事务所验资费	管理费用	开办费	1 000	
	库存现金			1 000
合　计			1 000	1 000

表 10-17　记账凭证

2012 年 5 月 10 日　　　　　　　　　　字第 10 号

摘　要	总账科目	明细科目	借方金额	贷方金额
王某报销购买印花税票款	管理费用	开办费	400	
	库存现金			400
合　计			400	400

表 10-18　记账凭证

2012 年 5 月 10 日　　　　　　　　　　字第 11 号

摘　要	总账科目	明细科目	借方金额	贷方金额
支付筹建期间职工工资	管理费用	开办费	20 000	
	库存现金			20 000
合　计			20 000	20 000

表 10-19　记账凭证

2012 年 5 月 10 日　　　　　　　　　　　字第 12 号

摘　要	总账科目	明细科目	借方金额	贷方金额
张某报销筹建期间房屋租赁费	管理费用	开办费	8 000	
	库存现金			8 000
合　　计			8 000	8 000

表 10-20　记账凭证

2012 年 5 月 10 日　　　　　　　　　　　字第 13 号

摘　要	总账科目	明细科目	借方金额	贷方金额
张某报销筹建期间差旅费	管理费用	开办费	3 000	
	库存现金			3 000
合　　计			3 000	3 000

表 10-21　记账凭证

2012 年 5 月 10 日　　　　　　　　　　　字第 14 号

摘　要	总账科目	明细科目	借方金额	贷方金额
支付广告费	销售费用	开办费	48 000	
	银行存款			48 000
合　　计			48 000	48 000

表 10-22　记账凭证

2012 年 5 月 10 日　　　　　　　　　　　字第 15 号

摘　要	总账科目	明细科目	借方金额	贷方金额
收到 A 单位预付购货款	银行存款		30 000	
	预收账款	A 单位		30 000
合　　计			30 000	30 000

表 10-23 记账凭证

2012 年 5 月 10 日 字第 16 号

摘 要	总账科目	明细科目	借方金额	贷方金额
预付 C 单位购货款	预付账款	C 单位	20 000	
	银行存款			20 000
合 计			20 000	20 000

表 10-24 记账凭证

2012 年 5 月 10 日 字第 17 号

摘 要	总账科目	明细科目	借方金额	贷方金额
以现金支付王某预借差旅费	其他应收款	王某	2 000	
	库存现金			2 000
合 计			2 000	2 000

表 10-25 记账凭证

2012 年 5 月 10 日 字第 18 号

摘 要	总账科目	明细科目	借方金额	贷方金额
支付电汇货款手续费	财务费用	手续费	6.35	
	银行存款			6.35
合 计			6.35	6.35

10.6.2 多栏式日记账核算组织程序的工作步骤

第一步：根据原始凭证或汇总原始凭证编制记账凭证。

第二步：根据收款凭证、付款凭证登记多栏式现金日记账和多栏式银行存款日记账。

第三步：根据记账凭证并参考原始凭证登记明细分类账。

第四步：月末根据多栏式现金日记账和多栏式银行存款日记账登记总分类账，同时，根据转账凭证或转账凭证科目汇总表登记总分类账。

第五步：月末将各种明细分类账的余额合计数分别与总分类账中有关账户的余额核对。

第六步：月末根据总分类账和明细分类账的资料编制会计报表。

以图示表示上述工作步骤，如图 10-5 所示。

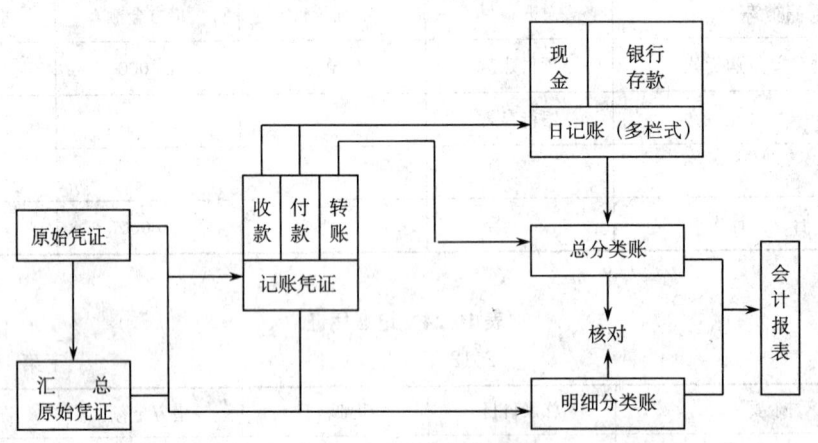

图 10-5　多栏式日记账核算组织程序图

多栏式日记账核算组织程序的优点是，可以简化总分类账的记账工作，一般适用于业务较多的单位；缺点是日记账的栏次在较多的情况下，不便于使用。因此，这种核算程序适用于规模较小，收付款业务比较单一的企业和单位。

以上五种会计核算组织程序，各有优缺点，因此，在具体运用时，一定要遵循第一节叙述的三个原则，选择确定适合本企业的会计核算组织程序。

10.7　会计核算组织程序的应用

下面通过实例，说明科目汇总表核算组织程序与汇总记账凭证核算组织程序的具体应用。

10.7.1　科目汇总表核算组织程序的应用

【例 10-1】　某商贸有限公司在筹建期间（2012 年 2～4 月）和 5 月份发生下列会计事项，该公司于 2012 年 4 月 30 日取得营业执照，5 月 10 日开始建账进行会计处理。假设该公司的会计核算执行《企业会计准则》。

(1) 投资人投入资本 500 000 元，存入开户银行。

(2) 转账支付购买支票款项 50 元，购买电汇凭证 5 元。

(3) 以转账支票支付购买包装箱 10 个，价款合计 5550 元。

(4) 以转账支票支付 15 000 元，购买计算机 1 台。

(5) 以转账支票购买运货卡车 1 辆，价款 110 000 元。

(6) 从银行提取现金 50 000 元，以备报销筹建期间的有关费用。

(7) 以现金支付李某报销缴存银行开户费 10 000 元。

(8) 以现金支付李某报销办理营业执照、税务登记和企业代码证等费用 1 200 元。

（9）以现金支付王某报销会计事务所验资费 1 000 元。

（10）以现金支付王某报销购买印花税票 400 元

（11）以现金支付筹建期间职工工资 20 000 元。

（12）以现金支付张某报销三月份和四月份房屋租赁费 8 000 元。

（13）以现金支付张某报销筹建期间的差旅费 3 000 元。

（14）以银行存款支付广告费 48 000 元。

（15）收到 A 单位预付的购货款 30 000 元，已存入银行。

（16）以银行存款预付 C 单位购货款 20 000 元。

（17）以现金支付职员王某预借差旅费 2 000 元。

（18）转账支付电汇货款手续费等 6.35 元。

1. 根据上述经济业务编制记账凭证

见表 10-8 至表 10-25，该企业选用的记账凭证为通用格式。

2. 根据记账凭证登记银行存款和现金日记账

见表 10-26 至表 10-27。

表 10-26　银行存款日记账

| 2012 年 | | 凭证号数 | 结算方式 | | 摘要 | 借方 | 贷方 | 余额 |
月	日		类	号码				
5	10	1	略	略	投资人投入资本	500 000		
		2			购买支票		55	
		3			购买包装箱		5 550	
		4			购买计算机		15 000	
		5			购买运货卡车		110 000	
		6			提现金		50 000	
		7			存入银行开户费	10 000		
		14			支付广告费		48 000	
		15			收预付购货款	30 000		
		16			预付购货款		20 000	
		18			支付电汇手续费		6.35	291 388.65

注：银行存款日记账每日结出余额。

表 10-27　现金日记账

2012 年		凭证 号数	摘　要	对应 科目	借方	贷方	余额
月	日						
5	10	6	提现金	银行存款	50 000		
		7	报销银行开户费	银行存款		10 000	
		8	报销开办费	管理费用		1 200	
		9	报销验资费	管理费用		1 000	
		10	报销印花税	管理费用		400	
		11	支付筹建工资	管理费用		20 000	
		12	报销筹建期房屋租赁费	管理费用		8 000	
		13	报销筹建期差旅费	管理费用		3 000	
		17	王某出差预借款	其他应收款		2 000	4 400

注：现金日记账每日结出余额。

3. 根据记账凭证登记各种明细账

各种明细账按照明细科目分别设置，其登记方法与日记账相同，故本例略。

4. 根据记账凭证编制科目汇总表

该公司每十天编制一次，见表 10-28。

表 10-28　科目汇总表

2012 年 5 月 10 日　　　　　　　　　　　　　　　汇字第 1 号

借方金额	会计科目	贷方金额
540 000	银行存款	248 611.35
	实收资本	500 000
61.35	财务费用	
5 550	周转材料	
125 000	固定资产	
50 000	库存现金	45 600
2 000	其他应收款	
33 600	管理费用	
48 000	销售费用	
20 000	预付账款	
	预收账款	30 000
824 211.35	合　　计	824 211.35

5. 根据科目汇总表登记总账

见表 10-29 至表 10-39。

表 10-29　总分类账

会计科目：银行存款

2012 年		凭证号数	摘　要	借　方	贷　方	借或贷	余　额
月	日						
5	10	汇 1	1～10 号发生额	540 000	248 611.35	借	291 388.65

表 10-30　总分类账

会计科目：实收资本

2012 年		凭证号数	摘　要	借　方	贷　方	借或贷	余　额
月	日						
5	10	汇 1	1～10 号发生额		500 000	贷	500 000

表 10-31　总分类账

会计科目：财务费用

2012 年		凭证号数	摘　要	借　方	贷　方	借或贷	余　额
月	日						
5	10	汇 1	1～10 号发生额	61.35		借	61.35

表 10-32　总分类账

会计科目：周转材料

2012 年		凭证号数	摘　要	借　方	贷　方	借或贷	余　额
月	日						
5	10	汇 1	1～10 号发生额	5 550		借	5 550

表 10-33   总分类账

会计科目：固定资产

2012 年		凭证 号数	摘　要	借　方	贷　方	借 或 贷	余　额
月	日						
5	10	汇 1	1～10 号发生额	125 000		借	125 000

表 10-34   总分类账

会计科目：库存现金

2012 年		凭证 号数	摘　要	借　方	贷　方	借 或 贷	余　额
月	日						
5	10	汇 1	1～10 号发生额	50 000	45 600	借	4 400

表 10-35   总分类账

会计科目：其他应收款

2012 年		凭证 号数	摘　要	借　方	贷　方	借 或 贷	余　额
月	日						
5	10	汇 1	1～10 号发生额	2 000		借	2 000

表 10-36   总分类账

会计科目：管理费用

2012 年		凭证 号数	摘　要	借　方	贷　方	借 或 贷	余　额
月	日						
5	10	汇 1	1～10 号发生额	33 600		借	33 600

表 10-37　总分类账

会计科目：销售费用

2012 年		凭证号数	摘　要	借　方	贷　方	借或贷	余　额
月	日						
5	10	汇 1	1～10 号发生额	48 000		借	48 000

表 10-38　总分类账

会计科目：预付账款

2012 年		凭证号数	摘　要	借　方	贷　方	借或贷	余　额
月	日						
5	10	汇 1	1～10 号发生额	20 000		借	20 000

表 10-39　总分类账

会计科目：预收账款

2012 年		凭证号数	摘　要	借　方	贷　方	借或贷	余　额
月	日						
5	10	汇 1	1～10 号发生额		30 000	贷	30 000

　　该公司每十天编制一次科目汇总表，并登记总账；月末，结出各总账的余额后，应与现金、银行存款日记账、明细账的余额进行核对，无误后再编制会计报表。如果将 5 月 10 日各总分类账的余额视为月末余额，编制的简易资产负债表和利润表见表 10-72 和表 10-73。

10.7.2　汇总记账凭证核算组织程序的应用

【例 10-2】　资料来源见例 10-1。

1. 根据会计事项编制记账凭证

该企业选用的记账凭证为专用格式，即收款凭证、付款凭证和转账凭证，见

表 10-40 至表 10-57。

表 10-40 收款凭证

借方
科目：银行存款　　　　　　　　　　2012 年 5 月 10 日　　　　　　　　银收字第 1 号

摘　要	贷方 总账科目	明细科目	金额
注册资本存入银行	实收资本		500 000
合　　计			500 000

表 10-41 付款凭证

贷方
科目：银行存款　　　　　　　　　　2012 年 5 月 10 日　　　　　　　　银付字第 1 号

摘　要	借方 总账科目	明细科目	金额
支付购买支票款	财务费用	手续费	55
合　　计			55

表 10-42 付款凭证

贷方
科目：银行存款　　　　　　　　　　2012 年 5 月 10 日　　　　　　　　银付字第 2 号

摘　要	借方 总账科目	明细科目	金额
购买办公家具	周转材料	办公家具	5 550
合　　计			5 550

表 10-43　付款凭证

贷方

科目：银行存款　　　　　　　　　2012 年 5 月 10 日　　　　　　　　银付字第 3 号

摘　要	借方 总账科目	明细科目	金额
购买计算机一台	固定资产	计算机	15 000
合　　计			15 000

表 10-44　付款凭证

贷方

科目：银行存款　　　　　　　　　2012 年 5 月 10 日　　　　　　　　银付字第 4 号

摘　要	借方 总账科目	明细科目	金额
购买卡车一辆	固定资产	卡车	110 000
合　　计			110 000

表 10-45　付款凭证

贷方

科目：银行存款　　　　　　　　　2012 年 5 月 10 日　　　　　　　　银付字第 5 号

摘　要	借方 总账科目	明细科目	金额
提现金	库存现金		50 000
合　　计			50 000

表 10-46　付款凭证

贷方

科目：库存现金　　　　　　　　　2012 年 5 月 10 日　　　　　　　　现付字第 1 号

摘　要	借方 总账科目	明细科目	金额
李某报销缴存银行开户费	银行存款		10 000
合　　计			10 000

表 10-47　付款凭证

贷方

科目：库存现金　　　　　　　　2012 年 5 月 10 日　　　　　　　　现付字第 2 号

摘　要	借方 总账科目	明细科目	金额
李某报销营业执照等费用	管理费用	开办费	1 200
合　　计			1 200

表 10-48　付款凭证

贷方

科目：库存现金　　　　　　　　2012 年 5 月 10 日　　　　　　　　现付字第 3 号

摘　要	借方 总账科目	明细科目	金额
王某报销事务所验资费	管理费用	开办费	1 000
合　　计			1 000

表 10-49　付款凭证

贷方

科目：库存现金　　　　　　　　2012 年 5 月 10 日　　　　　　　　现付字第 4 号

摘　要	借方 总账科目	明细科目	金额
王某报销购买印花税票款	管理费用	开办费	400
合　　计			400

表 10-50　付款凭证

贷方

科目：库存现金　　　　　　　　2012 年 5 月 10 日　　　　　　　　现付字第 5 号

摘　要	借方 总账科目	明细科目	金额
支付筹建期间职工工资	管理费用	开办费	20 000
合　　计			20 000

表 10-51　付款凭证

贷方

科目：库存现金　　　　　　　　　2012 年 5 月 10 日　　　　　　　现付字第 6 号

摘　要	借方 总账科目	明细科目	金额
张某报销筹建期间租赁费	管理费用	开办费	8 000
合　　计			8 000

表 10-52　付款凭证

贷方

科目：库存现金　　　　　　　　　2012 年 5 月 10 日　　　　　　　现付字第 7 号

摘　要	借方 总账科目	明细科目	金额
张某报销筹建期间差旅费	管理费用	开办费	3 000
合　　计			3 000

表 10-53　付款凭证

贷方

科目：银行存款　　　　　　　　　2012 年 5 月 10 日　　　　　　　银付字第 6 号

摘　要	借方 总账科目	明细科目	金额
支付广告费用	销售费用	开办费	48 000
合　　计			48 000

表 10-54　收款凭证

借方

科目：银行存款　　　　　　　　　2012 年 5 月 10 日　　　　　　　银收字第 2 号

摘　要	贷方 总账科目	明细科目	金额
预收 A 单位货款	预收账款	A 单位	30 000
合　　计			30 000

表 10-55　付款凭证

贷方

科目：银行存款　　　　　　　　2012 年 5 月 10 日　　　　　　　银付字第 7 号

摘　要	借方 总账科目	明细科目	金额
预付 C 单位货款	预付账款	C 单位	20 000
合　计			20 000

表 10-56　付款凭证

贷方

科目：库存现金　　　　　　　　2012 年 5 月 10 日　　　　　　　现付字第 8 号

摘　要	借方 总账科目	明细科目	金额
王某出差预借差旅费	其他应收款	王某	2 000
合　计			2 000

表 10-57　付款凭证

贷方

科目：银行存款　　　　　　　　2012 年 5 月 10 日　　　　　　　银付字第 8 号

摘　要	借方 总账科目	明细科目	金额
支付电汇手续费	财务费用	手续费	6.35
合　计			6.35

2. 根据记账凭证编制各种汇总记账凭证

见表 10-58 至表 10-60。

表 10-58　汇总收款凭证

借方科目：银行存款　　　　　　　2012 年 5 月　　　　　　　编号：第 1 号

贷方科目	金　额			合　计
	1~10 日收款凭证 银收 1 号至 2 号 2 张	11~20 日收款凭证 ×号至×号×张	21~31 日收款凭证 ×号至×号×张	
实收资本	500 000	（略）	（略）	500 000
预收账款	30 000			30 000
合　计	530 000			530 000

表 10-59　汇总付款凭证

贷方科目：银行存款　　　　　　　　　　2012 年 5 月　　　　　　　　　编号：第 1 号

借方科目	金　额			
	1～10 日付款凭证 银付 1 号至 8 号 8 张	11～20 日付款凭证 ×号至×号×张	21～31 日付款凭证 ×号至×号×张	合　计
财务费用	61.35	（略）	（略）	61.35
周转材料	5 550			5 550
固定资产	125 000			125 000
库存现金	50 000			50 000
销售费用	48 000			48 000
预付账款	20 000			20 000
合　计	248 611.35			248 611.35

表 10-60　汇总付款凭证

贷方科目：库存现金　　　　　　　　　　2012 年 5 月　　　　　　　　　编号：第 2 号

借方科目	金　额			
	1～10 日付款凭证 现付 1 号至 8 号 8 张	11～20 日付款凭证 ×号至×号×张	21～31 日付款凭证 ×号至×号×张	合　计
银行存款	10 000	（略）	（略）	10 000
管理费用	33 600			33 600
其他应收款	2 000			2 000
合　计	45 600			45 600

3. 根据收、付款凭证登记现金日记账和银行存款日记账

同表 10-26 至表 10-27。

4. 根据记账凭证登记明细账

略。

5. 根据汇总记账凭证登记总账

见表 10-61 至表 10-71。

6. 如果将 5 月 10 日各总分类账的余额视为月末余额，编制的简易资产负债表和利润表

见表 10-72 和表 10-73。

表 10-61　总分类账

会计科目：银行存款

2012 年		凭证号数	摘　要	借　方	贷　方	借或贷	余　额
月	日						
5	10	汇收 1	5 月份发生额	530 000		借	530 000
5	10	汇付 1	5 月份发生额		248 611.35	借	281 388.65
5	10	汇付 2	5 月份发生额	10 000		借	291 388.65

表 10-62　总分类账

会计科目：实收资本

2012 年		凭证号数	摘　要	借　方	贷　方	借或贷	余　额
月	日						
5	10	汇收 1	5 月份发生额		500 000	贷	500 000

表 10-63　总分类账

会计科目：预收账款

2012 年		凭证号数	摘　要	借　方	贷　方	借或贷	余　额
月	日						
5	10	汇收 1	5 月份发生额		30 000	贷	30 000

表 10-64　总分类账

会计科目：财务费用

2012 年		凭证号数	摘　要	借　方	贷　方	借或贷	余　额
月	日						
5	10	汇付 1	5 月份发生额	61.35		借	61.35

表 10-65　总分类账

会计科目：周转材料

2012 年		凭证号数	摘　要	借　方	贷　方	借或贷	余　额
月	日						
5	10	汇付 1	5 月份发生额	5 550		借	5 550

表 10-66　总分类账

会计科目：固定资产

2012 年		凭证号数	摘 要	借 方	贷 方	借或贷	余 额
月	日						
5	10	汇付 1	5 月份发生额	125 000		借	125 000

表 10-67　总分类账

会计科目：库存现金

2012 年		凭证号数	摘 要	借 方	贷 方	借或贷	余 额
月	日						
5	10	汇付 1	5 月份发生额	50 000		借	50 000
5	10	汇付 2	5 月份发生额		45 600	借	4 400

表 10-68　总分类账

会计科目：销售费用

2012 年		凭证号数	摘 要	借 方	贷 方	借或贷	余 额
月	日						
5	10	汇付 1	5 月份发生额	48 000		借	48 000

表 10-69　总分类账

会计科目：预付账款

2012 年		凭证号数	摘 要	借 方	贷 方	借或贷	余 额
月	日						
5	10	汇付 1	5 月份发生额	20 000		借	20 000

表 10-70　总分类账

会计科目：管理费用

2012年		凭证号数	摘　要	借　方	贷　方	借或贷	余　额
月	日						
5	10	汇付 2	5 月份发生额	33 600		借	33 600

表 10-71　总分类账

会计科目：其他应收款

2012年		凭证号数	摘　要	借　方	贷　方	借或贷	余　额
月	日						
5	10	汇付 2	5 月份发生额	2 000		借	2 000

表 10-72　简易资产负债表

2012 年 5 月 31 日

资产	期末数	负债和所有者权益	期末数
库存现金	4 400	负债：	
银行存款	291 388.65	预收账款	30 000
其他应收款	2 000	……	……
预付账款	20 000	所有者权益：	
周转材料	5 550	实收资本	500 000
固定资产	125 000	未分配利润	−81 661.35
合　计	448 338.65	合　计	448 338.65

表 10-73　简易利润表

2012 年 5 月

项　目	金　额
一、营业收入	
减：营业成本	
营业税金及附加	
销售费用	48 000.00
管理费用	33 600.00
财务费用	61.35

续表

项　目	金　额
资产减值损失	
……	
二、营业利润	−81 661.35
加：营业外收入	
减：营业外支出	
三、利润总额	−81 661.35
……	
……	

📖 **本章知识点小结**

　　会计核算组织程序是指在会计核算中，会计凭证组织、会计账簿组织及记账程序和方法相互结合的方式。会计凭证和账簿组织，是指凭证和账簿的种类和格式，各种凭证之间、各种账簿之间以及各种凭证与各种账簿之间的相互联系；记账程序是指从填制凭证、登记账簿到编制会计报表的步骤。在会计核算中，只有把记账方法与会计凭证、会计账簿和会计报表结合起来，才能形成完整的处理会计信息的系统。

　　在我国会计实务中，通过长期的实践与总结，归纳了五种会计核算组织程序：①记账凭证核算组织程序；②科目汇总表核算组织程序；③汇总记账凭证核算组织程序；④日记总账核算组织程序；⑤多栏式日记账核算组织程序。各种核算组织程序的主要区别是登记总账的依据不同。其相同点都是根据原始凭证编制记账凭证，再依据记账凭证登记账簿，最后根据账簿记录编制会计报表。

　　五种会计核算组织程序中，科目汇总表核算组织程序在我国会计实务中应用最为广泛，其优点是：根据科目汇总表登记总分类账不仅可以减少登记总账的工作量，而且科目汇总表可以起到试算平衡的作用，从而在一定程度上保证了总账登记的正确性。其缺点是：总分类账根据科目汇总表登记，不反映科目的对应关系，因而不便于分析经济业务的来龙去脉，不便于查对账目。这种核算组织程序一般适用于业务量较多的单位。

➢ **思考题**

　　1. 我国的会计核算形式主要有哪些种类？
　　2. 确定会计核算形式应遵循哪些原则？
　　3. 记账凭证核算形式有哪些特点？
　　4. 科目汇总表核算形式有哪些特点？
　　5. 汇总记账凭证核算形式有哪些特点？
　　6. 日记总账核算形式有哪些特点？
　　7. 多栏式日记账核算形式有哪些特点？

8. 各种会计核算形式有哪些共同点？

> **练习题**

习题一

一、目的：练习记账凭证的核算形式。

二、资料：见例 10-1 所给的经济业务。

三、要求：假设该公司执行《小企业会计准则》，要求做出会计分录，并运用记账凭证核算形式登记总账，编制简易的会计报表。

习题二

一、目的：练习日记总账核算形式。

二、资料：见习题一所做的会计分录。

三、要求：运用日记总账核算形式登记有关账户，并编制简易会计报表。

第五篇 财务报表的编制与分析

本篇内容要点

◇ 财务报表体系
◇ 资产负债表的编制
◇ 利润表的编制
◇ 财务分析基本方法
◇ 财务比率基本分析
◇ 财务状况综合分析

第 11 章

财务报表的编制

内容提要

本章主要介绍财务报表体系，财务报表的分类，财务报表的编制质量要求，资产负债表、利润表的内容与编制，现金流量表与所有者权益变动表的内容以及财务报表的审计等。通过本章的学习可以系统地掌握财务报表体系的构成及四种主要报表的编制方法。

11.1 财务报表概述

11.1.1 财务报表体系

财务报表是对企业财务状况、经营成果和现金流量的结构性表述，它是会计人员根据日常会计核算资料经收集、加工、汇总而形成的结果，是会计核算的最终产物。财务报表至少应当包括下列组成部分：①资产负债表；②利润表；③现金流量表；④所有者权益（或股东权益，下同）变动表；⑤附注。

1. 四个主要财务报表

四个主要的财务报表包括：资产负债表、利润表、现金流量表、所有者权益变动表。这些财务报表是相互联系的，它们从不同的角度说明企业的财务状况、经营成果和现金流量情况。资产负债表主要反映企业的财务状况；利润表主要反映企业的经营成果，即利润或亏损的情况；现金流量表主要反映现金和现金等价物的流入、流出和现金净变动额的情况；所有者权益变动表主要提供企业在一定会计期间所有者权益各项目的增减变动情况的信息。

2. 财务报表附注

由于上述财务报表格式和项目的局限性，它只能提供一些规定性的会计信息，但在企业生产经营过程中还会产生很多非规定性的会计信息，这些会计信息对于信息的使用者正确理解财务报表和进行预测决策都具有重要的帮助。因此，对财务报表进行说明和通过财务报表的表外项目，对不宜或者不能纳入财务报表的信息进行披露，以及对表内指标进行说明和解释是极为必要的。从理论上来讲，财务报表的说明和表外项目是财务报表的扩展和延伸，是财务报表体系中不可缺少的组成部分。

财务报表的说明和表外项目经常表现为财务报表附注。财务报表附注是对在资产负债表、利润表、现金流量表和所有者权益变动表等报表中列示项目的文字描述或明细资料，以及对未能在这些报表中列示项目的说明等。财务报表附注的主要内容包括：财务报表的编制基础；遵循企业会计准则的声明；重要会计政策的说明，包括财务报表项目的计量基础和会计政策的确定依据等；重要会计估计的说明，包括下一会计期间内很可能导致资产、负债账面价值重大调整的会计估计的确定依据等；会计政策和会计估计变更以及差错更正的说明；对已在资产负债表、利润表、现金流量表和所有者权益变动表中列示的重要项目的进一步说明等；或有和承诺事项、资产负债表日后非调整事项、关联方关系及其交易等需要说明的事项。

11.1.2 财务报表的分类

企业的财务报表可以按照不同的标准进行分类。

1. 按编报期间的不同分类

按照财务报表编报期间的不同，可以分为中期财务报表和年度财务报表。中期财务报表是以短于一个完整会计年度的报告期间为基础编制的财务报表，包括月报、季报和半年报等。中期财务报表至少应当包括资产负债表、利润表、现金流量表和附注。其中，中期资产负债表、利润表和现金流量表应当是完整报表，其格式和内容应当与年度财务报表相一致。与年度财务报表相比，中期财务报表的附注披露可适当简略。一般来说，月报要求简明扼要，反映及时；年报要求列示完整，反映全面；而季报在会计信息的详细程度方面，则介于上述二者之间。

2. 按编制范围分类

按照财务报表编制的范围不同，可以分为个别财务报表和合并财务报表。个别财务报表是指独立核算的企业用来反映其本身财务状况、经营成果及现金流量等情况的财务报表；合并财务报表是指以母公司和子公司组成的企业集团为一会计主体，以母公司和子公司单独编制的个别财务报表为基础，由母公司编制的综合反映企业集团财务状况、经营成果及其现金流量情况的财务报表。

3. 按反映内容分类

按照财务报表反映内容的不同，可以分为静态报表和动态报表。静态报表是指综合反映企业某一特定日期资产、负债和所有者权益状况的报表，一般根据各个账户的"期末余额"填列，如资产负债表；动态报表是指综合反映企业在一定时期的经营情况或现金流动情况的报表，一般根据有关账户的"发生额"填列，如利润表或现金流量表。

此外，按照财务报表的编制单位，可以分为单位报表和汇总报表；按照财务报表的主从关系，可以分为基本报表和附属报表等。

11.1.3 财务报表编制的质量要求

财务报表是传递会计信息的基本形式，为了保证财务报表所提供的信息能够及时、准确、完整地反映企业的财务状况、经营成果和现金流量，最大限度地满足各有关方面的需要，企业在编制财务报表时，应严格遵守企业会计准则和相关会计制度的规定，必须做到真实可靠，相关可比，全面完整，编报及时，便于理解。

1. 真实可靠

财务报表中的各项数据必须真实可靠，如实地反映企业的财务状况、经营成果和现金流量。由于日常的会计核算以及编制财务报表过程中，涉及大量的数字计算，因此只有准确认真地计算，才能保证数字的真实。这就要求编制财务报表必须以核对无误后的账簿记录和其他有关资料为依据，不能使用估计或推算的数据，更不能以任何方式弄虚作假。如果财务报表所提供的资料不真实或者可靠性很差，则不仅不能发挥财务报表的应有作用，而且还会由于错误的信息，导致财务报表使用者对企业的财务状况、经营成果和现金流动情况做出错误的评价与判断，致使报表使用者做出错误的决策。所以，真实可靠是财务报表编制质量中最基本的要求。

2. 相关可比

企业财务报表所提供的财务会计信息必须与报表使用者进行决策所需要的信息相关，并且便于报表使用者在不同企业之间及同一企业前后各期之间进行横向和纵向的比较。只有提供相关并且可比的信息，才能使报表使用者分析企业在整个社会特别是同行业中的地位，了解、判断企业过去、现在的情况，预测企业未来的发展趋势，进而为报表使用者的决策服务。

3. 全面完整

财务报表应当反映企业经济活动的全貌，全面反映企业的财务状况、经营成果和现金流量，才能满足各方面对会计信息的需要。在我国，企业会计准则对财务报表的种类、各报表的内容都做出了统一规定。凡是国家要求提供的财务报表，各企业必须全部编制并报送，不得漏编和漏报；对于应当填列的报表指标，无论是表内项目还是表外补充资料，必须全部填列，不得随意取舍。

4. 编报及时

及时性是信息的重要特征，财务报表信息只有及时地传递给信息使用者，才能为使用者的决策提供依据；否则，即使是真实可靠和内容完整的财务报表，由于编制、报送不及时，对报表使用者来说，也是没有任何价值的。这就要求企业在平时认真做好日常核算工作，做到日清月结；期末，有关会计人员协作配合，及时编制财务报表并及时报送。随着市场经济和信息技术的迅速发展，财务报表的及时性要求将变得日益重要。

5. 便于理解

可理解性是指财务报表提供的信息可以为使用者所理解。企业对外提供的财务报表是为广大财务报表使用者提供企业过去、现在和未来的有关资料，为企业目前或潜在的投资者和债权人等提供决策所需的会计信息，因此，编制的财务报表应清晰明了。

11.2　资产负债表

资产负债表是反映企业在某一特定日期的财务状况的财务报表。它是根据"资产 ＝ 负债 ＋ 所有者权益"这一会计恒等式编制而成的。在持续经营的企业，资产负债表反映各个期末（月末、季末、年末）企业拥有的或者控制的经济资源，企业所承担的债务和企业所有者所享有的权益。资产负债表是企业主要财务报表之一，每个独立核算的企业都应按期单独编制，并及时对外报送。

资产负债表提供的信息资料包括：企业在某一特定日期所拥有的经济资源及其分布情况，企业资产的构成及其状况；企业某一特定日期的负债总额及其结构，目前与未来的需要支付的债务数额；企业所有者权益的情况，企业现有的投资者在企业资产总额中所占的份额等会计信息。总之，通过资产负债表，企业管理者和企业外部的报表使用者，可以全面了解企业编表日的资产、负债和所有者权益的静态状况，总括评价和分析企业的财务状况，预测企业未来财务状况的变动趋势，从而做出相应的决策。

11.2.1　资产负债表的格式和内容

目前，国际上流行的资产负债表格式主要有两种：一种是报告式的，即按上下顺序依次排列资产、负债及所有者权益项目；另一种是账户式的，即报表左右对称结构。我国采用账户式的资产负债表，其格式见表 11-2。

账户式资产负债表分左右两方。左方为资产，全部项目按资产的流动性强弱（即资产的变现能力）排列：流动性强的资产排在前面，流动性弱的资产排在后面。右方为负债及所有者权益，全部项目按偿还期限顺序排列：需要在一年以内或者长于一年的一个营业周期内偿还的流动负债排在前面，在一年以上或者长于一年的一个营业周期以上才能偿还的长期负债排在中间，在企业清算之前不需偿还的所有者权益项目排在最后。

资产负债表中资产类项目金额合计与负债和所有者权益类项目金额合计必须相等。对于资产负债表中有关重要项目的明细资料，以及其他有助于理解和分析资产负债表的重要事项，如企业已抵押资产、融资租入固定资产、或有事项以及会计政策变更等，应在财务报表附注中逐一列示和说明。另外，资产负债表除了列示各项资产、负债和所有者权益项目的期末余额外，还需列示这些项目的年初余额，通过对年初数与期末数的比较，可以了解各项资产、负债及所有者权益的变动。

11.2.2　资产负债表的编制方法

11.2.2.1　资产负债表的资料来源

资产负债表的各项目均需填列"年初数"和"期末数"两栏。其中，"年初数"栏内各项数字，应根据上年末资产负债表的"期末数"栏内所列数字填列，如果上年度资产负债表规定的各个项目的名称和内容同本年度不相一致，应对上年年末资产负债表各项目的名称和数字按照本年度的规定进行调整，填入表中"年初数"栏内。"期末数"则可为月末、季末或年末的数字，其资料来源有以下几个方面：

（1）根据总账科目余额填列。资产负债表中的有些项目，可直接根据有关总账科目的余额填列，如"交易性金融资产"、"短期借款"、"应付票据"、"应付职工薪酬"等项目；有些项目，则需根据几个总账科目的余额计算填列，如"货币资金"项目，需根据"库存现金"、"银行存款"、"其他货币资金"三个总账科目的期末余额合计数填列。

（2）根据明细科目余额计算填列。有些项目，需根据明细科目余额计算填列。如"应付账款"项目，需要根据"应付账款"和"预付款项"两个科目所属的相关明细科目的期末贷方余额计算填列；"应收账款"项目，需要根据"应收账款"和"预收款项"两个科目所属的相关明细科目的期末借方余额计算填列。

（3）根据总账科目和明细账科目余额分析计算填列。如"长期借款"项目，需要根据"长期借款"总账科目余额扣除"长期借款"科目所属的明细科目中将在一年内到期、且企业不能自主地将清偿义务展期的长期借款后的金额计算填列。

（4）根据有关科目余额减去其备抵科目余额后的净额填列。如资产负债表中的"应收账款"项目，应当根据"应收账款"所属各明细科目的期末借方余额合计，减去"坏账准备"科目中有关应收账款计提的坏账准备期末余额后的净额填列。"固定资产"项目，应当根据"固定资产"科目的期末余额减去"累计折旧"、"固定资产减值准备"备抵科目余额后的净额填列等。

（5）综合运用上述填列方法分析填列。如资产负债表中的"存货"项目，需要根据"原材料"、"库存商品"、"委托加工物资"、"周转材料"、"材料采购"、"在途物资"、"发出商品"、"材料成本差异"等总账科目期末余额的分析汇总数，再减去"存货跌价准备"科目余额后的净额填列。

11.2.2.2　资产负债表各项目的填列方法

1. 资产项目的填列方法

（1）"货币资金"项目，反映企业库存现金、银行结算户存款、外埠存款、银行汇票存款、银行本票存款、信用卡存款、信用证保证金存款等的合计数。本项目应根据"库存现金"、"银行存款"、"其他货币资金"科目期末余额的合计数填列。

（2）"交易性金融资产"项目，反映企业为交易目的所持有的债券投资、股票投资、基金投资等交易性金融资产的公允价值。本项目应根据"交易性金融资产"科目的期末余额填列。

（3）"应收票据"项目，反映企业收到的未到期并且未向银行贴现的应收票据，包括商业承兑汇票和银行承兑汇票。本项目应根据"应收票据"科目的期末余额填列。已向银行贴现和已背书转让的应收票据，不包括在本项目内，其中已贴现的商业承兑汇票，应在财务报表附注中单独披露。

（4）"应收账款"项目，反映企业因销售商品、产品和提供劳务等而应向购买单位收取的各种款项，减去已计提的坏账准备后的净额。本项目应根据"应收账款"所属各明细科目的期末借方余额合计，减去"坏账准备"科目中有关应收账款计提的坏账准备期末余额后的金额填列。如"应收账款"科目所属明细科目期末有贷方余额的，应在资产负债表"预收款项"项目内填列。

（5）"预付款项"项目，反映企业预付给供货单位的款项。本项目应根据"预付款项"和"应付账款"科目所属各明细科目的期末借方余额合计数，减去"坏账准备"账户中有关预付账款计提的坏账准备期末余额后的金额填列。如"预付款项"科目所属各明细科目期末有贷方余额的，应在资产负债表"应付账款"项目内填列。

（6）"应收利息"项目，反映企业因债权投资而应收取的利息。企业购入到期还本付息债券应收的利息，不包括在本项目内。本项目应根据"应收利息"科目的期末余额填列。

（7）"应收股利"项目，反映企业因股权投资而应收取的现金股利，企业应收取的其他单位的利润，也包括在本项目内。本项目应根据"应收股利"科目的期末余额填列。

（8）"其他应收款"项目，反映企业对其他单位和个人的应收和暂付款项，减去已计提的坏账准备后的净额。本项目应根据"其他应收款"科目的期末余额，减去"坏账准备"科目中有关其他应收款计提的坏账准备期末余额后的金额填列。

（9）"存货"项目，反映企业期末在库、在途和在加工中的各种存货的可变现净值，包括各种材料、商品、在产品、半成品、委托代销商品、委托加工物资等。本项目应根据"原材料"、"委托代销商品"、"委托加工物资"、"周转材料"、"材料采购"、"在途物资"、"发出商品""生产成本"等科目的期末余额合计，减去"受托代销商品款""存货跌价准备"科目期末余额后的金额填列。材料采用计划成本核算，以及库存商品采用计划成本核算或售价核算的企业，还应按加或减材料成本差异、商品成本差异后的数额填列。

（10）"一年内到期的非流动资产"项目，反映将于一年内（含一年）到期的非流动资产。本项目应根据有关科目的期末余额填列。

（11）"其他流动资产"项目，反映企业除以上流动资产项目外的其他流动资产。本项目应根据有关科目的期末余额填列。如其他流动资产价值较大，应在财务报表附注中披露其内容和金额。

（12）"可供出售金融资产"项目，反映企业持有的可供出售金融资产的公允价值，包括划分为可供出售的股票投资、债券投资等金融资产。本项目应根据"可供出售金融资产"科目的期末余额，减去"可供出售金融资产减值准备"科目的期末余额后的金额填列。

（13）"持有至到期投资"项目，反映企业持有至到期投资的摊余成本，本项目应根据"持有至到期投资"科目的期末余额，减去"持有至到期投资减值准备"期末余额后的金额填列。

（14）"长期应收款"项目，反映企业的长期应收款项，包括融资租赁产生的应收款项、采用递延方式具有融资性质的销售商品和提供劳务等产生的应收款项等。本项目应根据"长期应收款"科目的期末余额，减去相应的"未实现融资收益"和"坏账准备"科目所属相关明细科目期末余额后的金额填列。

（15）"长期股权投资"项目，反映企业不准备在一年内（含一年）变现的各种股权性质的投资。本项目应根据"长期股权投资"科目的期末余额，减去"长期投资减值准备"科目中有关股权投资减值准备期末余额后的金额填列。

（16）"投资性房地产"项目，反映企业采用成本模式计量的投资性房地产的成本。企业采用公允价值模式计量投资性房地产的，也通过本科目反映。本项目应根据"投资性房地产"科目的期末余额，减去"投资性房地产累计折旧（摊销）"科目和"投资性房地产减值准备"科目的期末余额后的金额填列。

(17)"固定资产"项目和"累计折旧"项目，反映企业的各种固定资产原价及累计折旧。融资租入的固定资产，其原价及已提折旧也包括在内。融资租入固定资产原价应在财务报表附注中另行反映。这两个项目应根据"固定资产"科目和"累计折旧"科目的期末余额填列。

(18)"固定资产减值准备"项目，反映企业计提的固定资产减值准备。本项目应根据"固定资产减值准备"科目的期末余额填列。

(19)"工程物资"项目，反映企业各项工程尚未使用的工程物资的实际成本。本项目应根据"工程物资"科目的期末余额填列。

(20)"在建工程"项目，反映企业期末各项未完工程的实际支出，包括交付安装的设备价值、未完建筑安装工程、已经安装完毕但尚未交付使用的建筑安装工程成本等。本项目应根据"在建工程"科目的期末余额，减去"在建工程减值准备"科目期末余额后的金额填列。

(21)"固定资产清理"项目，反映企业因出售、毁损、报废等原因转入清理但尚未清理完毕的固定资产的净值，以及固定资产清理过程中所发生的清理费用和变价收入等各项金额的差额。本项目应根据"固定资产清理"科目的期末借方余额填列；如"固定资产清理"科目期末为贷方余额，以"一"号填列。

(22)"生产性生物资产"项目，反映企业（农业）持有的生产性生物资产的原价。本项目应根据"生产性生物资产"科目的期末余额，减去"生产性生物资产累计折旧"科目和"生产性生物资产减值准备"科目期末余额后的金额填列。

(23)"油气资产"项目，反映企业（石油天然气开采）持有的矿区权益和油气井及相关设施的原价。本项目应根据"油气资产"科目的期末余额，减去"累计折耗"科目的期末余额后的金额填列。

(24)"无形资产"项目，反映企业各项无形资产的原价扣除摊销额后的净额。本项目应根据"无形资产"科目的期末余额，减去"累计摊销"、"无形资产减值准备"科目期末余额后的金额填列。

(25)"商誉"项目反映企业合并中形成的商誉价值。本项目应根据"商誉"科目的期末余额，减去相应减值准备后的金额填列。

(26)"长期待摊费用"项目，反映企业尚未摊销的、摊销期限在一年以上（不含一年）的各种费用，如经营租赁方式租入固定资产发生的改良支出。本项目应根据"长期待摊费用"科目的期末余额扣除将于一年内（含一年）摊销的数额后的余额填列。

(27)"递延所得税资产"项目，反映企业确认的可抵扣暂时性差异产生的递延所得税资产。本项目应根据"递延所得税资产"科目的期末余额填列。

(28)"其他长期资产"项目，反映企业除以上资产以外的其他长期资产。本项目应根据有关科目的期末余额填列。如其他长期资产价值较大的，应在财务报表附注中披露其内容和金额。

2. 负债项目的填列方法

(1)"短期借款"项目，反映企业借入尚未归还的一年期以下（含一年）的借款。

本项目应根据"短期借款"科目的期末余额填列。

（2）"交易性金融负债"项目，反映企业承担的交易性金融性负债的公允价值。本项目应根据"交易性金融负债"科目的期末余额填列。

（3）"应付票据"项目，反映企业为了抵付货款等所开出并承兑的尚未到期付款的应付票据，包括银行承兑汇票和商业承兑汇票。本项目应根据"应付票据"科目的期末余额填列。

（4）"应付账款"项目，反映企业购买材料、商品或接受劳务供应等而应付给供应单位的款项。本项目应根据"应付账款"和"预付款项"科目所属各明细科目的期末贷方余额合计数填列；如"应付账款"科目所属明细科目期末有借方余额的，应在本表"预付款项"项目内填列。

（5）"预收款项"项目，反映企业预收购买单位的货款。本项目应根据"预收款项"和"应收账款"科目所属各明细科目的期末贷方余额合计数填列。如"预收款项"科目所属各明细科目期末有借方余额，应在本表"应收账款"项目内填列。

（6）"应付职工薪酬"项目，反映企业根据有关规定应付给职工的工资、职工福利、社会保险费、住房公积金、工会经费、职工教育经费、非货币性福利、辞退福利等各种薪酬。本项目应根据"应付职工薪酬"科目的期末余额填列。

（7）"应交税费"项目，反映企业按照税法等规定计算应交纳的各种税费，包括增值税、消费税、营业税、所得税、资源税、土地增值税、城市维护建设税、房产税、土地使用税、车船使用税、教育费附加、矿产资源补偿费等。本项目应根据"应交税费"科目的期末余额填列；如"应交税费"科目期末为借方余额，应以"—"号填列。

（8）"应付利息"项目，反映企业按照合同约定应支付的利息，包括吸收存款、分期付息到期还本的长期借款、企业债券等应支付的利息。本项目应根据"应付利息"科目的期末余额填列。

（9）"应付股利"项目，反映企业尚未支付的已分配给股东的现金股利。本项目应根据"应付股利"科目的期末余额填列。

（10）"其他应付款"项目，反映企业所有应付和暂收其他单位和个人的款项，本项目应根据"其他应付款"科目的期末余额填列。

（11）"一年内到期的非流动负债"项目，反映企业将于一年内（含一年）到期的非流动负债。

（12）"其他流动负债"项目，反映企业除以上流动负债以外的其他流动负债。本项目应根据有关科目的期末余额填列，如"待转资产价值"科目的期末余额可在本项目内反映。如其他流动负债价值较大的，应在财务报表附注中披露其内容和金额。

（13）"长期借款"项目，反映企业借入尚未归还的一年期以上（不含一年）的借款本息。本项目应根据"长期借款"科目的期末余额填列。

（14）"应付债券"项目，反映企业发行的尚未归还的各种债券的本息。本项目应根据"应付债券"科目的期末余额填列。

（15）"长期应付款"项目，反映企业除长期借款和应付债券以外的其他长期应付款。本项目应根据"长期应付款"科目的期末余额，减去"未确认融资费用"科目期末余额后的金额填列。

（16）"专项应付款"项目，反映企业各种专项应付款的期末余额。本项目应根据"专项应付款"科目的期末余额填列。

（17）"预计负债"项目，反映企业确认的对外提供担保、未决诉讼、产品质量保证、重组义务、亏损性合同等预计负债。本项目应根据"预计负债"科目的期末余额填列。

（18）"递延所得税负债"项目，反映企业确认的应纳税暂时性差异产生的所得税负债。本项目应根据"递延所得税负债"科目的期末余额填列。

（19）"其他非流动负债"项目，反映企业除以上长期负债项目以外的其他长期负债。本项目应根据有关科目的期末余额减去将于一年内（含一年）到期偿还数后的余额填列。

3. 所有者权益项目的填列方法

（1）"实收资本（或股本）"项目，反映企业实际收到的资本（或股本）总额。本项目应根据"实收资本"（或"股本"）科目的期末余额填列。

（2）"资本公积"项目，反映企业资本公积的期末余额。本项目应根据"资本公积"科目的期末余额填列。

（3）"库存股"项目反映企业收购、转让或注销的本公司股份金额。本项目应根据"库存股"科目的期末余额填列。

（4）"盈余公积"项目，反映企业盈余公积的期末余额。本项目应根据"盈余公积"科目的期末余额填列。

（5）"未分配利润"项目，反映企业尚未分配的利润。本项目应根据"本年利润"科目和"利润分配"科目的余额计算填列。未弥补的亏损在本项目内以"－"号填列。

11.2.3　资产负债表的编制要求

资产负债表是企业对外报送的重要财务报表，各单位在编制资产负债表时都应当遵循公认的会计准则和国家有关规定。具体来讲，资产负债表的编制要求有以下几点：

（1）企业应当按期编制资产负债表，以反映企业在某一特定日期全部资产、负债、所有者权益及其构成情况，资产负债表日为公历月末、季末和年末等。

（2）资产负债表中应当列明企业的名称、资产负债表日、货币单位和报表编号。

（3）资产负债表各项目的金额均以人民币"元"为单位，元以下填至"分"。采用外币作为记账本位币的企业，应当将以外币反映的资产负债表折合为人民币反映的资产负债表。

（4）企业应当编制至少两年期期末的比较资产负债表。前期的项目分类和内容与本期不一致时，应将前期数按本期项目的内容进行调整，使各项目口径可比。

（5）资产负债表的项目应当分为资产、负债和所有者权益三类，并分别结出总额。资产项目应分为流动资产和非流动资产列示；负债项目应分为流动负债和非流动负债列示。所有者权益按照实收资本、资本公积、盈余公积、未分配利润项目分别列示。

（6）资产负债表应采用"账户式"左右对称结构，左方为资产，右方为负债和所有者权益。资产负债表中资产项目金额合计与负债和所有者权益项目金额合计必须相等。各项资产与负债的金额一般不应相互抵消。

（7）资产负债表中有关重要项目的明细资料，以及其他有助于理解和分析资产负债表的事项，应在报表附注中逐一列示和说明。

（8）编制资产负债表前，首先应将本期所发生的经济业务登记入账，不得过期结账；其次，还应做好对账工作，直至账证相符、账账相符、账实相符；再次，按照规定调整有关账项，不得挂账。

11.2.4　资产负债表编制实例

ABC 公司 2011 年 12 月 31 日有关账户的余额见表 11-1，根据其可以计算填列 ABC 公司 12 月 31 日资产负债表有关项目的期末数（年初数为已知数），如表 11-2 所示。

表 11-1　账户余额表

2011 年 12 月 31 日　　　　　　　　　　　　　　单位：万元

账户名称	借方余额	账户名称	贷方余额
库存现金	300	短期借款	8 000
银行存款	10 520	长期借款	5 600
应收票据	820	应付票据	1 200
应收账款	8 000	应付账款	13 000
坏账准备	40（贷方余额）	其他应付款	6 740
其他应收款	80	应付职工薪酬	840
原材料	7 360	应付股利	160
库存商品	4 640	应交税费	180
长期股权投资	960	预计负债	2 400
固定资产	122 000	实收资本	84 000
累计折旧	22 000（贷方余额）	资本公积	2 400
无形资产	1 080	盈余公积	4 400
长期待摊费用	400	利润分配（未分配利润）	5 200
合计	134 120	合计	134 120

表 11-2　资产负债表

编制单位：ABC 公司　　　　　2011 年 12 月 31 日　　　　会企 01 表　单位：万元

资产	年初余额	期末余额	负债和所有者权益	年初余额	期末余额
流动资产：			流动负债：		
货币资金	10 562	10 820	短期借款	8 000	8 000
交易性金融资产			交易性金融负债		
应收票据	760	820	应付票据	1 000	1 200
应收账款	7 000	7 960	应付账款	12 000	13 000

续表

资产	年初余额	期末余额	负债和所有者权益	年初余额	期末余额
预付款项			预收款项		
应收利息			应付职工薪酬	800	840
应收股利			应交税费	150	180
其他应收款	60	80	应付利息		
存货	11 000	12 000	应付股利	140	160
一年内到期的非流动资产			其他应付款	6 600	6 740
其他流动资产			一年内到期的非流动负债		
流动资产合计	29 382	31 680	其他流动负债		
非流动资产：			流动负债合计	28 690	30 120
可供出售金融资产			非流动负债：		
持有至到期投资			长期借款	5 600	5 600
长期应收款			应付债券		
长期股权投资	800	960	长期应付款		
投资性房地产			专项应付款		
固定资产	100 000	100 000	预计负债	2 000	2 400
在建工程			递延所得税负债		
工程物资			其他非流动负债		
固定资产清理			非流动负债合计	7 600	8 000
生产性生物资产			负债合计	36 290	38 120
油气资产			所有者权益（或股东权益）		
无形资产	1 000	1 080	实收资本（或股本）	84 000	84 000
商誉			资本公积	2 400	2 400
长期待摊费用	300	400	减：库存股		
递延所得税资产			盈余公积	3 200	4 400
其他非流动资产			未分配利润	5 592	5 200
非流动资产合计	102 100	102 440	所有者权益（或股东权益）合计	95 192	96 000
资产合计	131 482	134 120	负债及所有者权益（或股东权益）合计	131 482	134 120

11.3 利　润　表

　　利润表是反映企业在一定会计期间经营成果的报表。利润表是根据"收入－费用＝利润"这一公式编制的。通过利润表可以从总体上了解企业收入、成本和费用及净利润（或亏损）的实现及构成情况；同时，通过利润表提供的不同时期的比较数字（本月数、本年累计数、上年数），可以分析评价企业的资本在经营过程中是否得到了保全；考核企业管理者的经营管理水平和经营业绩；预测企业的获利能力；帮助企业管理者进行经营决策；帮助所有者和债权人进行各项决策等。当然，要使利润表自身孤立地发挥上述作用是困难的，它往往需要通过整个财务报表和大量的非财务信息及信息使用者的职业判断来进行。

11.3.1 利润表编制的两种观点

对于利润表的编制，会计界有两种不同的观点，即本期营业观和损益满计观。

（1）本期营业观认为，报表的使用者最关心的是通过本期正常的经营活动而获得的成果，只有正常经营活动的成果才能说明企业真实的经营业绩和获利能力，利用这些资料才能正确判断企业的经营机会和经营风险，从而有利于说明、评价和预测企业的获利能力。因此，在利润表中应只反映本期的由营业而产生的收入、费用和利润，而对非本期的、非营业的收入、费用所形成的利润则不列入利润表。

（2）损益满计观认为，若在利润表中只反映本期的收入、费用和利润，而将非本期的、非营业的收入、费用所形成的利润排斥在利润表之外，在实际操作中非常困难。若人为地将两者区别开来，将使会计信息带有很大的主观性，会造成人为地操纵利润；非常项目与前期损益也是企业利润的组成部分，如果在利润表中不予反映，则经营成果的表达不真实；将全部收入、费用形成的利润在利润表中分项列示，由信息使用者按自身需要选择使用，能够满足所有信息使用者的需要。因此，利润表应将企业的全部收入和费用列入，计算出全部利润。我国现行的利润表基本上是按照损益满计观编制的。

11.3.2 利润表的格式和内容

利润表的格式主要有单步式和多步式两种，我国企业的利润表一般采用多步式。

（1）单步式利润表是只通过一个步骤就能计算出利润的利润表。该种利润表列示方法通常采用报告式，将企业的全部收入列在报表上半部，将本期的全部费用列在报表下半部，收入总额减去费用总额即为本期的利润。单步式利润表的优点在于简单明了、比较直观、编制方便。由于这种利润表营业收入和营业费用的配比是一次性完成的，利润计算过程缺少层次性，因而不能全面而科学地揭示收入与费用之间的联系，不利于报表的使用者进行经营分析和获利能力的评价，同时也不利于企业财务报表之间的比较。单步式利润表主要用于经济业务比较简单的企业，其格式如表 11-3 所示。

（2）多步式利润表的利润计算是通过多步骤来完成的，在这种利润表中不同性质的收入与费用相互配比，计算出不同层次意义上的"利润"指标。它的理论基础是，企业在一定会计期间所实现的利润是由不同性质的收入和费用（或成本）带来的，利润的计算应当反映这种不同性质的收入与费用配比结果，所以利润要经过多次计算来完成。多步式利润表的结构通常采用上下加减的报告式，它将利润的计算划分为多个步骤。根据我国企业会计准则的规定，利润表中净利润的计算通过以下三个步骤：

第一个步骤是计算营业利润：

$$营业利润 = 营业收入 - 营业成本 - 营业税金及附加 - 销售费用$$
$$- 管理费用 - 财务费用 - 资产减值损失$$
$$+ 公允价值变动收益 + 投资收益$$

第二个步骤是计算利润总额：

$$利润总额 = 营业利润 + 营业外收入 - 营业外支出$$

第三个步骤是计算净利润：

$$净利润 = 利润总额 - 所得税费用$$

表 11-3　利润表

编制单位：　　　　　　年　月　　　　　　　　　　会企 02 表　　单位：元

项　目	本期金额	上期金额
一、收入		
营业收入		
营业外收入		
投资净收益		
公允价值变动净收益		
二、费用		
营业成本		
营业税金及附加		
销售费用		
管理费用		
财务费用		
资产减值损失		
营业外支出		
三、利润总额（损失以"—"号填列）		
减：所得税费用		
四、净利润（损失以"—"号填列）		
五、每股收益		
（一）基本每股收益		
（二）稀释每股收益		

我国的利润表除反映上述内容之外，对于普通股或潜在普通股已公开交易的企业，以及正处于公开发行普通股或潜在普通股过程中的企业，还应在利润表中列示每股收益的信息。

多步式利润表的格式如表 11-3 所示。

11.3.3　利润表的编制方法

利润表各项目的填列方法如下。

（1）"营业收入"项目，反映企业确认的销售商品、提供劳务等主营业务的收入以及除主营业务活动以外的其他经营活动实现的收入，包括出租固定资产、出租无形资产等。本项目应根据"主营业务收入"科目和"其他业务收入"科目的发生额分析填列。

（2）"营业成本"项目，反映企业确认销售商品、提供劳务等主营业务收入时应结转的成本以及除主营业务活动以外的其他经营活动所发生的支出，如销售材料的成本、出租固定资产折旧额等。本项目应根据"主营业务成本"科目和"其他业务成本"科目的发生额分析填列。

(3)"营业税金及附加"项目，反映企业经营活动发生的营业税、消费税、城市维护建设税、资源税和教育费附加等相关税费。本项目应根据"营业税金及附加"科目的发生额分析填列。

(4)"销售费用"项目，反映企业在销售商品和材料、提供劳务的过程中所发生的各项费用。本项目应根据"销售费用"科目的发生额分析填列。

(5)"管理费用"项目，反映企业本期发生的管理费用。本项目应根据"管理费用"科目的发生额分析填列。

(6)"财务费用"项目，反映企业本期发生的财务费用。本项目应根据"财务费用"科目的发生额分析填列。

(7)"资产减值损失"项目，反映企业计提各项资产减值准备所形成的损失。本项目应根据"资产减值损失"科目的发生额分析填列。

(8)"公允价值变动收益"项目，反映企业交易性金融资产、交易性金融负债，以及采用公允价值模式计量的投资性房地产、衍生工具、套期保值业务等公允价值变动形成的应计入当期损益的利得或损失。本项目应根据"公允价值变动损益"科目的发生额分析填列，如为净损失，本项目以"一"号填列。

(9)"投资收益"项目，反映企业以各种方式对外投资所提取的扣除投资损失后的净收益，其中包括分得的投资利润、债券投资的利息收入以及认购股票取得的股利和收回投资时发生的收益等。本项目应根据"投资收益"科目的发生额分析填列。如果为投资净损失，本项目用"一"号填列。

(10)"营业利润"项目，反映企业实现的营业利润等。如为亏损，本项目以"一"号填列。

(11)"营业外收入"项目和"营业外支出"项目，反映企业发生的与生产经营无直接关系的各项收入和支出。这两个项目分别根据"营业外收入"和"营业外支出"科目的发生额分析填列。

(12)"利润总额"项目，反映企业实现的利润。如为亏损，以"一"号填列。

(13)"所得税费用"项目，反映企业从当期损益中扣除的所得税。本项目应根据"所得税费用"科目的发生额分析填列。

(14)"净利润"项目，反映企业交纳所得税后的利润。如为净亏损，以"一"号填列。

(15)"每股收益"项目，反映企业一定期间的净收益与期末普通股股数之比，分为基本每股收益和稀释每股收益，其中基本每股收益的计算公式为：

$$基本每股收益 = 净利润 \div 期末普通股股数$$

如果企业除发行普通股外，还发行了可转换为普通股的其他证券，那么在计算每股收益时，应考虑具有稀释作用的约当普通股，经过稀释后的每股收益计算公式为：

$$稀释每股收益 = (普通股净利润 + 普通股当量净利润)$$
$$\div (普通股股数 + 普通股平均当量)$$

11.3.4　利润表的编制要求

利润表是企业对外报送的重要财务报表，各单位在编制利润表时都应当遵循公认的会计准则和国家的有关规定。具体来讲，利润表的编制要求有以下几点：

(1) 利润表应当反映企业在一定会计期间的经营成果情况，并应按月编制。利润表期间为公历月份、季度、半年度和年度。

(2) 利润表应当标明企业的名称和计算损益的会计期间、货币单位和报表编号。

(3) 利润表应以人民币"元"为单位，元以下填制"分"。采用外币作为记账本位币的企业应将以外币反映的利润表折合为人民币反映的利润表。

(4) 企业应当编制比较利润表。如果前期的项目名称和内容与报告期不一致时，应将前期的项目名称和内容按报告期的项目和内容进行调整，以使项目口径可比。

(5) 利润表应按照营业收入、营业利润、利润总额、净利润进行分类，列示企业的利润总额和所得税后净利润。

(6) 利润表中企业发生的营业外收入和支出应当单独列示，本期发生的需要对上年或以前年度损益进行调整的会计事项，应在"以前年度损益调整"项目中列示。

(7) 利润表"上期金额"栏反映上年余年累计实际发生数，"本期金额"栏应反映各项目本年初起至本月末止的累计实际发生数。

(8) 利润表中有关重要项目的明细资料以及有助于理解和分析利润表的事项，应在利润表补充资料中说明。利润表的补充资料中应说明以下有关内容：①有关会计政策的变化；②有关具体项目的补充说明；③难以在利润表表内反映的内容或业务情况；④在报告期内由于会计方法发生变更而产生的影响；⑤未经批准的利润分配方案的说明。

另外，月份利润表和年度利润表在栏目上略有区别：月份利润表包括"本月数"和"本年累计数"两栏，而年度利润表包括"上年数"和"本年累计数"两栏。

11.3.5　利润表编制实例

ABC 公司 2011 年有关损益类账户的资料如表 11-4 所示。

表 11-4　损益类账户发生额　　　　　　　　　　　单位：万元

账户名称	借方发生额	账户名称	贷方发生额
主营业务成本	21 000	主营业务收入	72 000
营业税金及附加	4 800	其他业务收入	5 000
销售费用	9 000	投资收益	2 000
管理费用	6 000	营业外收入	1 200
财务费用	3 000		
其他业务成本	2 000		
营业外支出	8 000		
所得税费用	8 720		

根据上述资料，编制该公司 2011 年的利润表如表 11-5 所示。

表 11-5 利润表

编制单位：ABC 公司 2011 年 单位：万元

项 目	本期累计数	上年数
一、营业收入	77 000	略
减：营业成本	23 000	
营业税金及附加	4 800	
销售费用	9 000	
管理费用	6 000	
财务费用	3 000	
资产减值损失		
加：公允价值变动收益（损失以"－"号填列）		
投资收益（损失以"－"号填列）	2 000	
其中：对联营企业和合营企业的投资收益		
二、营业利润（损失以"－"号填列）	33 200	
加：营业外收入	1 200	
减：营业外支出	8 000	
其中：非流动资产处置损失		
三、利润总额（损失以"－"号填列）	26 400	
减：所得税费用	8 720	
四、净利润（损失以"－"号填列）	17 680	
五、每股收益		
（一）基本每股收益	略	
（二）稀释每股收益	略	

11.4 现金流量表

现金流量表是反映企业一定会计期间现金和现金等价物流入和流出的报表。编制现金流量表的目的是为报表使用者提供一定会计期间内现金流入与流出的有关信息，汇总说明企业在一定会计期间内经营、投资和筹资活动的情况。报表使用者利用这些信息，同时辅之以其他财务报表和有关媒介披露的信息，可以评估企业以下几方面的事项：①企业偿还债务及支付股利的能力以及对外筹资的需要；②企业的净利润与经营活动所产生的净现金流量发生差异的原因；③预测企业未来获取或支付现金的能力；④会计年度内影响或不影响现金的投资活动与筹资活动。

前述的利润表和资产负债表，在提供会计信息方面都具有十分重要的作用，但是也有一定局限性。例如，利润表中提供的净利润，是按照权责发生制原则而不是按照收付实现制原则确认收入和费用而得到的计算结果，所以利润表虽然能够反映企业一定期间营业活动的成果，显示企业的盈利能力，但它不能说明企业从营业活动中获得了多少可供周转使用的现金；虽然能够反映报告期内筹资活动和投资活动的损益，但不能说明筹资活动和投资活动提供了多少或运用了多少现金。至于不涉及现金收支的投资和筹资活动，利润表根本不予反映。资产负债表主要是反映企业某一特定日期的财务状况，说明某一特定日期资产和权益变动的结果，并显示了企业的偿债能力，但它不能反映企业财务状况的变动情况。虽然通过不同时期资产负债表的比较，在一定程度上反映了企业财务状况的变动情况，但不能说明财务状况的变动原因，很难从期末和期初金额的比较中直接提供企业投资和筹资活动提供现金流量的信息。而现金流量表的编制可以弥补这两种财务报表的不足。它不仅综合地反映了企业净利润与现金净流量的关系，而且通过经营活动和投资、筹资业务对现金流入、流出的影响，揭示了企业财务状况变动的原因。因而，现金流量表是反映企业经营全貌、揭示企业现金来源和运用的报表，是连接资产负债表和利润表的纽带和桥梁。

11.4.1　现金的概念

现金流量表是以现金为编制基础、按收付实现制原则编制的。这里的现金是指广义概念上的现金，它包括现金及现金等价物。具体来讲，它由库存现金、银行存款、其他货币资金和现金等价物几个部分组成。其中，现金等价物是指企业所拥有的期限短（到期日在三个月以内）、流动性强、易于转化为已知金额现金的、价值变动风险很小的投资（除特别注明外，以下所指的现金均含现金等价物）。现金等价物虽然不是现金，但当企业需要时往往可以随时变现，具有很强的支付能力，因而可视同为现金。企业应根据具体情况，确定现金等价物的范围，并且要一贯性地保持其划分标准。

11.4.2　现金流量的分类

现金流量表通常将企业一定期间内产生的现金流量归为经营活动产生的现金流量、投资活动产生的现金流量和筹资活动产生的现金流量三类。下面分别说明这三类现金流量的内容。

1. 经营活动产生的现金流量

经营活动是指企业除投资活动和筹资活动以外的所有交易和事项。经营活动的现金流入主要是指销售商品或提供劳务、经营性租赁等所收到的现金；经营活动的现金流出主要是指购买货物、接受劳务、制造产品、广告宣传、推销产品、缴纳各项税费等所支付的现金。通过现金流量表中所列示的经营活动产生的现金流量，可以说明企业经营活动对现金流入和流出净额的影响程度。

在我国，企业经营活动产生的现金流量应当直接法填列。直接法，是指通过现金收入和现金支出的主要类别列示经营活动的现金流量。同时，企业还应在补充资料中披露将净利润调节为经营活动现金流量、不涉及现金收支的重大投资和筹资活动、现金及现金等价物净变动情况等信息。

2. 投资活动产生的现金流量

投资活动，是指企业长期资产的购建和不包括在现金等价物范围内的投资及其处置活动。投资活动的现金流入主要包括收回投资收到的现金，分得股利、利润或取得债券利息收入收到的现金，以及出售固定资产、无形资产和其他长期资产收到的现金等；投资活动的现金流出则是指购建固定资产、无形资产和其他长期资产所支付的现金。以及进行权益性或债权性投资等所支付的现金，所以，投资活动产生的现金流量中不包括将现金转换为现金等价物这类投资活动产生的现金流量。通过现金流量表所反映的投资活动所产生的现金流量，可以分析企业通过投资获取现金流量的能力，以及投资产生的现金流量对企业现金流量净额的影响程度。

3. 筹资活动产生的现金流量

筹资活动是指导致企业资本及债务规模和构成发生变化的活动。筹资活动的现金流入主要包括吸收权益性投资所收到的现金，发行债券或借款所收到的现金，以及接受现金捐赠所收到的现金等；筹资活动的现金流出主要包括偿还债务所支付的现金，发生筹资费用所支付的现金，分配利润或偿付利息所支付的现金，融资租赁所支付的现金，以及捐赠现金所支付的现金等。通过现金流量表中所反映的筹资活动产生的现金流量，可以分析企业筹资的能力，以及筹资产生的现金流量对企业现金流量净额的影响程度。

需要注意的是，并不是所有的现金转换都会引起现金流量净额的变化，例如，现金流量表只需反映同时使现金项目与非现金项目产生增减变动的业务，对于现金形式之间的转换（如企业从银行提现）和仅涉及非现金各项目之间增减变动的业务，不影响现金流量净额，一般不予反映。但是，有些涉及投资和筹资活动的业务，如用固定资产进行长期投资等，尽管不涉及当期的现金收支，却会对以后各期的现金流量产生影响，故也需要在现金流量表的补充资料中予以披露，对于涉及现金收支的投资与筹资活动，应当直接在现金流量表内的"投资活动产生的现金流量或筹资活动产生的现金流量"中予以反映。

11.4.3　现金流量表的格式与内容

现金流量表主要由正表和补充资料两大部分构成，其格式和内容见表 11-6 和表 11-7。

关于现金流量表各项目的具体填列方法将在《中级财务会计》一书中讲解。

表 11-6　现金流量表

编制单位：　　　　　　　　　　　年　　月　　　　　　　　　会企 03 表　　单位：元

项　目	本期金额	上期金额
一、经营活动产生的现金流量：		
销售商品、提供劳务收到的现金		
收到的税费返还		
收到的其他与经营活动有关的现金		
经营活动现金流入小计		
购买商品、接受劳务支付的现金		
支付给职工以及为职工支付的现金		
支付的各项税费		
支付的其他与经营活动有关的现金		
经营活动现金流出小计		
经营活动产生的现金流量净额		

项　目	本期金额	上期金额
二、投资活动产生的现金流量：		
收回投资所收到的现金		
取得投资收益所收到的现金		
处置固定资产、无形资产和其他长期资产所收回的现金净额		
处置子公司及其他营业单位收到的现金净额		
收到的其他与投资活动有关的现金		
投资活动现金流入小计		
购建固定资产、无形资产和其他长期资产所支付的现金		
投资所支付的现金		
取得子公司及其他营业单位支付的现金净额		
支付的其他与投资活动有关的现金		
投资活动现金流出小计		
投资活动产生的现金流量净额		
三、筹资活动产生的现金流量：		
吸收投资所收到的现金		
取得借款所收到的现金		
收到的其他与筹资活动有关的现金		
筹资活动现金流入小计		
偿还债务所支付的现金		
分配股利、利润或偿付利息所支付的现金		
支付的其他与筹资活动有关的现金		
筹资活动现金流出小计		
筹资活动产生的现金流量净额		
四、汇率变动对现金及现金等价物的影响额		
五、现金及现金等价物净增加额		
加：期初现金及现金等价物余额		
六、期末现金及现金等价物余额		

表11-7　现金流量表补充资料

编制单位：　　　　　　　　　年　　月　　　　　　　　　　　　会企03表　单位：元

项　目	行次	金额
1. 将净利润调节为经营活动的现金流量：		
净利润		
加：资产减值准备		
固定资产折旧、油气资产折耗、生产性生物资产折旧		
无形资产摊销		
长期待摊费用摊销		
处置固定资产、无形资产和其他长期资产的损失（收益以"—"填列）		
固定资产报废损失（收益以"—"填列）		
公允价值变动损失（收益以"—"填列）		

续表

项　目	行次	金额
财务费用（收益以"－"填列）		
投资损失（收益以"－"填列）		
递延所得税资产减少（增加以"－"填列）		
递延所得税负债增加（减少以"－"填列）		
存货的减少（增加以"－"填列）		
经营性应收项目的减少（增加以"－"填列）		
经营性应付项目的增加（减少以"－"填列）		
其他经营活动产生的现金流量净额		
2. 不涉及现金收支的投资和筹资活动：		
债务转为资本		
一年内到期的可转换公司债券		
融资租入固定资产		
3. 现金及现金等价物净增加情况：		
现金的期末余额		
减：现金的期初余额		
加：现金等价物的期末余额		
减：现金等价物的期初余额		
现金及现金等价物净增加额		

11.5　所有者权益变动表

11.5.1　所有者权益变动表的结构和内容

所有者权益变动表是反映构成所有者权益的各组成部分当期的增减变动情况的财务报表。所有者权益变动表不仅包括一定时期所有者权益总量的变动情况，还包括所有者权益增减变动的重要结构性信息，特别是要反映直接计入所有者权益的利得和损失，使报表使用者明确理解所有者权益增减变动的根源。

所有者权益变动表以矩阵的形式列示，具体格式见表 11-8 所示。

11.5.2　所有者权益变动表的编制方法

11.5.2.1　"上年年末余额"项目

根据企业上年资产负债表中实收资本（或股本）、资本公积、库存股、盈余公积、未分配利润的年末余额填列。

11.5.2.2　"会计政策变更"、"前期差错更正"项目

分别根据企业采用追溯调整法处理的会计政策变更的累积影响金额和采用追溯重述法处理的会计差错更正的累积影响金额填列。

表 11-8　所有者权益变动表

年度

会企 04 表

编制单位：　　　　　　　　　　　　　　　　　　　　　　　　　　　　　　　　　　　　　　　单位：元

项　目	本年金额						上年金额					
	实收资本（或股本）	资本公积	减：库存股	盈余公积	未分配利润	所有者权益总计	实收资本（或股本）	资本公积	减：库存股	盈余公积	未分配利润	所有者权益总计
一、上年年末余额												
加：会计政策变更												
前期差错更正												
其他												
二、本年年初余额												
三、本年增减变动金额（减少以"一"号填列）												
（一）净利润												
（二）其他综合收益												
上述（一）和（二）小计												
（三）所有者投入和减少资本												
1. 所有者投入资本												
2. 股份支付计入所有者权益的金额												
3. 其他												
（四）利润分配												
1. 提取盈余公积												
2. 对所有者（或股东）的分配												
3. 其他												
（五）所有者权益内部结转												
1. 资本公积转增资本（或股本）												
2. 盈余公积转增资本（或股本）												
3. 盈余公积补亏损												
4. 其他												
四、本年年末余额												

11.5.2.3　"本年增减变动额"项目

1. "净利润"项目

根据企业当年实现的净利润（净亏损）金额，并对应列入"未分配利润"栏。

2. "直接计入所有者权益的利得和损失"项目

根据企业当年直接计入所有者权益的利得和损失金额填列。

（1）"可供出售金融资产公允价值变动净额"项目，根据企业持有的可供出售金融资产当年公允价值变动的金额，并对应列在"资本公积"栏。

（2）"权益法下被投资单位其他所有者权益变动的影响"项目，根据企业对按照权益法核算的长期股权投资，在被投资单位除当年实现的净损益以外其他所有者权益当年变动中应享有的份额，并对应列在"资本公积"栏。

（3）"与计入所有者权益项目相关的所得税影响"项目，根据企业按照《企业会计准则第 18 号—所得税》规定应计入所有者权益项目的当年所得税影响金额，并对应列在"资本公积"栏。

3. "净利润"和"直接计入所有者权益的利得和损失"小计项目

反映企业当年实现的净利润（或净损失）金额和当年直接计入所有者权益的利得和损失金额的合计额。

4. "所有者投入和减少资本"项目

根据企业当年所有者投入的资本和减少的资本金额填列。

（1）"所有者投入资本"项目，根据企业接受投资者投入形成的实收资本（或股本）和资本溢价或股本溢价金额，并对应列在"实收资本"和"资本公积"栏。

（2）"股份支付计入所有者权益的金额"项目，根据企业处于等待期中的权益结算的股份支付当年计入资本公积的金额，并对应列在"资本公积"栏。

5. "利润分配"项目

根据企业当年的利润分配金额填列。

（1）"提取盈余公积"项目，根据企业按照规定提取的盈余公积金额填列。

（2）"对所有者（或股东）的分配"项目，根据企业对所有者（或股东）分配的利润（或股利）金额填列。

6. "所有者权益内部结转"项目

根据企业所有者权益的组成部分之间的增减变动情况填列（表 11-8）。

（1）"资本公积转增资本（或股本）"项目，根据企业以资本公积转增资本或股本的金额填列。

（2）"盈余公积转增资本（或股本）"项目，根据企业盈余公积转增资本或股本的金额填列。

（3）"盈余公积弥补亏损"项目，根据企业以盈余公积弥补亏损金额填列。

关于所有者权益变动表各项目的填列方法，将在《中级财务会计》中讲解。

11.6　财务报表附注

11.6.1　财务报表附注的作用

　　财务报表附注是对在资产负债表、利润表、现金流量表和所有者权益变动表等报表中列示项目的文字描述或明细资料，以及对未能在这些报表中列示项目的说明等，其具体作用体现在以下几个方面：①有利于会计信息使用者全面理解财务报表内所提供的信息；②有利于会计使用者更加详细地了解企业的财务状况和经营成果；③有利于会计信息使用者作出正确的预测和决策。

11.6.2　财务报表附注的内容

11.6.2.1　企业的基本情况

　　(1) 企业注册地、组织形式和总部地址。
　　(2) 企业的业务性质和主要经营活动。
　　(3) 母公司及其最终集团母公司的名称。
　　(4) 财务报告的批准报出者和财务报告批准报出日。

11.6.2.2　财务报表的编制基础

11.6.2.3　遵循企业会计准则的声明

　　企业应当明确说明编制的财务报表符合企业会计准则的要求，真实、公允地反映了企业的财务状况、经营成果和现金流量等有关信息，以此明确企业编制财务报表所依据的制度基础。

　　如果企业编制的财务报表只是部分地遵循了企业会计准则，附注中不得做出这种表述。

11.6.2.4　重要会计政策和会计估计

　　企业应当披露采用的重要会计政策和会计估计，不重要的会计政策和会计估计可以不予披露。

　　1. 重要会计政策的说明
　　由于企业经济业务的复杂性和多样化，某些经济业务可以有多种会计处理方法，也即存在不止一种可供选择的会计政策。企业在发生某项经济业务时，必须从允许的会计处理方法中选择适合本企业特点的会计政策，企业选择不同的会计处理方法，可能极大地影响企业的财务状况和经营成果，进而编制出不同的财务报表。为了有助于使用者理解，有必要对这些会计政策加以披露。

　　需要特别指出的是，说明会计政策时还需要披露下列两项内容：
　　(1) 财务报表项目的计量基础。会计计量属性包括历史成本、重置成本、可变现净值、现值和公允价值，这直接影响报表使用者的分析，这项披露要求便于使用者了解企业财务报表的项目是按何种计量基础予以计量的，如存货是按成本还是可变现净值计量等。

（2）会计政策的确定依据。企业在运用会计政策过程中需要做出判断，这些判断对在报表中确认的项目金额具有重要影响。因此，这项披露要求有助于使用者理解企业选择和运用会计政策的背景，增加财务报表的可理解性。

2. 重要会计估计的说明

企业应当披露会计估计中所采用的关键假设和不确定因素的确定依据。这些关键假设和不确定因素在下一个会计期间内很可能导致对资产、负债账面价值进行重大调整。强调对会计估计的披露要求，有助于提高财务报表的可理解性。

11.6.2.5　会计政策和会计估计变更以及差错更正的说明

披露的主要内容包括：

（1）会计政策变更的性质、内容和原因。

（2）当期和各个列报前期财务报表中受影响的项目名称和调整金额。

（3）无法进行追溯调整的，说明该事实和原因以及开始应用变更后的会计政策的时点、具体应用情况。

（4）会计估计变更的内容和原因。

（5）会计估计变更对当期和未来期间的影响数。

（6）会计估计变更的影响数不能确定的，披露这一事实和原因。

11.6.2.6　重要报表项目的说明

企业对报表重要项目的说明，应当按照资产负债表、利润表、现金流量表、所有者权益变动表及其项目列示的顺序，采用文字和数字描述相结合的方式进行披露。报表重要项目的明细金额合计，应当与报表项目金额相衔接。在披露顺序上，一般应当按照资产负债表、利润表、现金流量表、所有者权益变动表的顺序及其项目列示的顺序。具体的重要项目包括：交易性金融资产；应收账款；存货；其他流动资产；可供出售金融资产；持有至到期投资；长期股权投资；投资性房地产；固定资产；生产性生物资产和公益性生物资产；油气资产；无形资产；商誉的形成来源、账面价值的增减变动情况；递延所得税资产和递延所得税负债；资产减值准备；所有权受到限制的资产；交易性金融负债；应付职工薪酬；应交税费；短期借款和长期借款；应付债券；长期应付款；营业收入；公允价值变动收益；投资收益；资产减值损失；营业外收入；营业外支出；所得税费用；政府补助的种类和金额；每股收益；非倾向性资产交换；股份支付；债务重组；借款费用；外币折算；企业合并；租赁；或有事项；终止经营的年度分部报告；资产负债表日后项目；关联方关系及其交易。

11.6.2.7　其他需要说明的重要事项

1. 或有事项

财务报表附注还应及时披露企业所发生的或有事项。或有事项的披露主要包括以下内容：

（1）预计负债。①预计负债的种类、形成原因以及经济利益流出不确定性的说明；②各类预计负债的期初、期末余额和本期变动情况；③与预计负债有关的预期补偿金额和本期已确认的预期补偿金额。

（2）或有负债（不包括极小可能导致经济利益流出企业的或有负债）。①或有负债的种类及其形成原因，包括已贴现商业承兑汇票、未决诉讼、未决仲裁、对外提供担保等形成的或有负债；②经济利益流出不确定性的说明；③或有负债预计产生的财务影响，以及获得补偿的可能性；无法预计的，应当说明原因。

（3）企业通常不应当披露或有资产。但或有资产很可能会给企业带来经济利益的，应当披露其形成的原因、预计产生的财务影响等。

2. 资产负债表日后事项

具体包括：①每项重要的资产负债表日后非调整事项的性质、内容，及其对财务状况和经营成果的影响，无法做出估计的，应当说明原因；②资产负债表日后，企业利润分配方案中拟分配的以及经审议批准宣告发放的股利或利润。

3. 关联方关系及其交易

在企业财务决策和经营决策中，一方控制、共同控制另一方或对另一方施加重大影响，以及两方或两方以上同受一方控制、共同控制或重大影响的，构成关联方。关联方之间的相互关系即为关联方关系，关联方之间发生转移资源、劳务或义务的事项，不论是否收取价款均被视为关联方交易。由于关联方的特殊关系，可能会对会计信息的质量产生重大影响，为了不使会计信息使用者产生误导，应对关联方及其交易的情况在财务报表附注中，即通过财务报表的说明和表外项目中进行披露。按照企业会计制度规定，关联方关系及交易应披露以下主要内容：

（1）企业无论是否发生关联方交易，均应当在附注中披露与母公司和子公司有关的下列信息：

① 母公司和子公司的名称。母公司不是该企业最终控制方的，还应当披露最终控制方名称。母公司和最终控制方均不对外提供财务报表的，还应当披露母公司之上与其最相近的对外提供财务报表的母公司名称。

② 母公司和子公司的业务性质、注册地、注册资本（或实收资本、股本）及其变化。

③ 母公司对该企业或者该企业对子公司的持股比例和表决权比例。

（2）企业与关联方发生关联方交易的，应当在附注中披露该关联方关系的性质、交易类型及交易要素。交易要素至少应当包括：

① 交易的金额。

② 未结算项目的金额、条款和条件，以及有关提供或取得担保的信息。

③ 未结算应收项目的金额、条款和条件，以及有关提供或取得担保的信息。

④ 定价政策。

（3）关联方交易应当分别关联方以及交易类型予以披露。类型相似的关联方交易，在不影响财务报表阅读者正确理解关联方交易对财务报表影响的情况下，可以合并披露。

(4) 企业只有在提供确凿证据的情况下，才能披露关联方交易是公平交易。

11.7　财务报表的审计

从目前的情况来看，对企业财务信息质量的评价，首先体现在注册会计师出具的审计报告上。为此，会计信息使用者在分析企业相关的会计信息时，应首先关注企业的审计报告。

我们这里所说的审计报告，是指注册会计师根据中国注册会计师审计准则的规定，在实施审计工作的基础上对被审计单位财务报表发表审计意见的书面文件。正确认识和理解财务审计报告的目标、作用、类型及内容，对财务信息使用者正确判断企业的财务状况有着重要的影响。

11.7.1　财务报表审计的委托人

现代企业普遍采用经营权与所有权相分离的形式。企业的所有者向企业注入资本后，由经营者经营企业，使企业的资产增值并获利，并向所有者分配利润。大多数所有者不参与企业的经营活动，他们只能通过阅读其投资的企业的财务报表来了解企业的经营状况，做出自己的决策（持有或转让投资）。企业的经营者往往在报表的编制中粉饰企业的财务状况和经营成果，误导企业所有者的决策。因此，企业的所有者只能聘请公正的第三者，也就是注册会计师对企业所编制的财务报表进行审计，并对财务报表是否按照适用的会计准则和相关的会计制度编制，是否在所有重大方面公允地反映了被审计单位的财务状况、经营成果和现金流量。

11.7.2　审计报告的作用

一般认为，注册会计师签发的对企业年度财务报表出具的审计报告，具有鉴证作用、保护作用和证明作用。

1. 鉴证作用

注册会计师签发的审计报告，不同于政府审计和内部审计的审计报告，是以超然独立的第三者身份，对被审计单位财务报表合法性、公允性发表意见。这种客观意见，具有鉴证作用。这种鉴证作用，得到了政府及其各部门和社会各界的普遍认可。政府有关部门，如财政部门、税务部门等了解、掌握企业的财务状况和经营成果的主要依据是企业提供的财务报表。财务报表是否合法、公允，主要依据注册会计师的审计报告做出判断。股份制企业的股东，主要依据注册会计师的审计报告来判断被投资企业的财务报表是否公允地反映了财务状况和经营成果，以进行投资决策等。

2. 保护作用

注册会计师通过审计，可以对被审计单位财务报表出具不同类型审计意见的审计报告，以提高或降低财务报告信息使用者对财务报表的信赖程度，能够在一定程度上对被审计单位的财产、债权人和股东的权益及企业利害关系人的利益起到保护作用。如投资者为了减少投资风险，在进行投资之前，必须要查阅被投资企业财务报表和注册会计师的审计报告，了解被投资企业的经营情况和财务状况。投资者根据注册会计师的审计报告做出投资决策，可以降低其投资风险。

3. 证明作用

审计报告是对注册会计师审计任务完成情况及其结果所做的总结，它可以表明审计工作的质量并明确注册会计师的审计责任。因此，审计报告可以对审计工作质量和注册会计师的审计责任起证明作用。通过审计报告，可以证明注册会计师在审计过程中是否实施了必要的审计程序，是否以审计工作底稿为依据发表审计意见，发表的审计意见是否与被审计单位的实际情况相一致，审计工作的质量是否符合要求。通过审计报告，可以证明注册会计师审计责任的履行情况。

11.7.3　注册会计师出具的审计报告

财务报表审计是注册会计师的一项法定审计业务。财政部制定的《中国注册会计师审计准则第 1101 号——财务报表审计的目标和一般原则》和《中国注册会计师审计准则第 1501 号——审计报告》，对企业财务报表审计的目标、范围和审计报告做出了详细规定。

1. 财务报表审计的目标

财务报表审计的目标是注册会计师通过审计工作，对被审计单位财务报表的以下方面发表审计意见：

（1）财务报表是否按照适用的会计准则和相关会计制度的规定编制；

（2）财务报表是否在所有重大方面公允反映被审计单位的财务状况、经营成果和现金流量。

财务报表审计属于鉴证业务，注册会计师的审计意见旨在提高财务报表的可信赖程度。

2. 财务报表的审计范围

财务报表的审计范围是为实现财务报表的审计目标，注册会计师根据审计准则和职业判断实施的恰当的审计程序的总和。注册会计师应当根据审计准则和职业判断确定审计范围。审计准则在规定注册会计师承担的责任和所要实现的目标的同时，还规定了为履行责任和实现目标所须实施的审计程序。

审计中的职业判断是指注册会计师在审计准则的框架下，运用专业知识和经验在备选方案中做出决策。被审计单位的具体情况千差万别，审计准则不可能针对所有可能遇到的情况规定对应的审计程序。因此，在审计过程中，注册会计师运用职业判断至关重要。注册会计师在确定审计程序的性质、时间和范围，评价审计证据，得出审计结论和形成审计意见时，都离不开职业判断。离开了职业判断，审计就成为简单机械地执行审计程序的过程。注册会计师在确定拟实施的审计程序时，除需要考虑审计准则中规定的审计程序外，还需要根据职业判断实施为实现审计目标而需要执行的其他审计程序。

3. 审计的实施

企业与注册会计师事务所就财务报表的审计达成协议后，还应签订审计业务约定书，以明确审计目的、范围及双方的责任与义务等事项。

审计实施过程中，被审计单位应及时提供注册会计师所要求的全部资料，并保证会计资料的真实、合法、完整；为注册会计师提供必要的条件及合作，随时介绍有关情况，及时解释注册会计师提出的问题；并按照约定条件向会计师事务所及时足额支付审计费用。

注册会计师在执业过程中，要严格遵循独立、客观、公正的审计原则，按照审计计划，实施必要的审计程序。对发现的被审计单位会计账目和财务报告中数据、内容或处理方法方面的错误，应提出改正意见和调整说明；对发现的被审计单位对重要会计事项的会计处理与国家有关规定相抵触、会计处理直接损害报告使用者或其他利害关系人的利益、财务会计处理会导致报告使用者或其他利害关系人产生重大误解、财务报表中的有关重要事项有其他不实的内容等问题，要向委托人明确提出。另外，对执行业务过程中知悉的商业秘密要严格保密。

4. 审计报告

注册会计师应当在审计报告中说明被审计单位的财务报表是否按照适用的会计准则和相关会计制度的规定编制，是否在所有重大方面公允反映了被审计单位的财务状况、经营成果和现金流量。因此，当注册会计师完成审计工作，获取了充分、适当的审计证据，应当就上述内容对财务报表发表审计意见。

审计报告的基本类型有四种：

(1) 无保留意见的审计报告。如果认为财务报表符合下列所有条件，注册会计师应当出具无保留意见的审计报告：①财务报表已经按照适用的会计准则和相关会计制度的规定编制，在所有重大方面公允反映了被审计单位的财务状况、经营成果和现金流量；②注册会计师已经按照中国注册会计师审计准则的规定计划和实施审计工作，在审计过程中未受到限制。

(2) 保留意见的审计报告。如果认为财务报表整体是公允的，但还存在下列情形之一，注册会计师应当出具保留意见的审计报告：①会计政策的选用、会计估计的做出或财务报表的披露不符合适用的会计准则和相关会计制度的规定，虽影响重大，但不至于出具否定意见的审计报告；②因审计范围受到限制，不能获取充分、适当的审计证据，虽影响重大，但不至于出具无法表示意见的审计报告。

(3) 否定意见的审计报告。如果认为财务报表没有按照适用的会计准则和相关会计制度的规定编制，未能在所有重大方面公允反映被审计单位的财务状况、经营成果和现金流量，注册会计师应当出具否定意见的审计报告。

(4) 无法表示意见的审计报告。如果审计范围受到限制可能产生的影响非常重大和广泛，不能获取充分、适当的审计证据，以至于无法对财务报表发表审计意见，注册会计师应当出具无法表示意见的审计报告。

📖 本章知识点小结

财务报表是对企业财务状况、经营成果和现金流量的结构性表述，它是会计人员根据日常会计核算资料经收集、加工、汇总而形成的结果，是会计核算的最终产物。财务报表至少主要包括下列组成部分：①资产负债表；②利润表；③现金流量表；④所有者权益（或股东权益，下同）变动表；⑤附注。

资产负债表是反映企业在某一特定日期的财务状况的财务报表。它是根据"资产＝负债＋所有者权益"这一会计恒等式编制而成的。资产负债表提供的信息资料包括：企业在某一特定日期所拥有的经济资源及其分布情况，企业资产的构成及其状况；企业某一特定日期的负债总额及其结构，目前与未来的需要支付的债务数额；企业所有者权益的情况，企业现有的投资者在企业资产总额中所占的份额等会计信息。

利润表是反映企业在一定会计期间经营成果的报表。利润表是根据"收入－费用＝利润"这一公式编制的。通过利润表可以从总体上了解企业收入、成本和费用及净利润（或亏损）的实现及构成情况。

现金流量表是反映企业一定会计期间现金和现金等价物流入和流出的报表。编制现金流量表的目的是为报表使用者提供一定会计期间内现金流入与流出的有关信息，汇总说明企业在一定会计期间内经营、投资和筹资活动的情况。

所有者权益变动表是反映构成所有者权益的各组成部分当期的增减变动情况的财务报表。所有者权益变动表不仅包括一定时期所有者权益总量的变动情况，还包括所有者权益增减变动的重要结构性信息，特别是要反映直接计入所有者权益的利得和损失，使报表使用者明确理解所有者权益增减变动的根源。

财务报表附注是对在资产负债表、利润表、现金流量表和所有者权益变动表等报表中列示项目的文字描述或明细资料，以及对未能在这些报表中列示项目的说明等。

审计报告是指注册会计师根据中国注册会计师审计准则的规定，在实施审计工作的基础上对被审计单位财务报表发表审计意见的书面文件。审计报告的类型有：无保留意见的审计报告、保留意见的审计报告、否定意见的审计报告和无法表示意见的审计报告。

➤ 思考题

1. 简述财务报表体系。
2. 财务报表的种类有哪些？
3. 财务报表的编制要求是什么？
4. 什么是财务报表附注？
5. 什么是资产负债表？什么是利润表？什么是现金流量表？
6. 简述财务报表审计的四种意见类型。

➤ 练习题

习题一

一、目的：练习资产负债表和利润表的编制。

二、资料：见第 5 章表 5-2 和表 5-10。

三、要求：编制天宇公司的资产负债表和利润表。

习题二

一、目的：练习资产负债表和利润表的编制。

二、资料：见第 6 章习题三。

三、要求：编制德马公司的资产负债表和利润表。

第 *12* 章

财务报表的分析

内容提要

在企业的经营活动中，只有运用科学的分析方法，提供有说服力的量化数据和指标，才能评价企业的财务状况及经营成果，预测企业未来的经营活动。因此，本章通过介绍财务报表分析的概念、财务分析常用的基本方法、企业财务比率基本评价、企业财务状况的综合评价等方法，以使读者全面了解财务分析的框架体系。

12.1 财务分析概述

12.1.1 财务分析的概念

财务分析是指对企业财务报表中的有关数据资料进行比较、分析、整理和研究，从而为了解企业财务状况、发现生产经营中的问题，挖掘企业潜力，预测企业未来发展趋势，进行科学决策提供可靠依据的过程。

任何一个企业都要按规定编制财务报表，而企业编制财务报表的目的也绝不仅仅是为了向外界传递信息。财务报表的使用者也都要对企业编制的财务报表进行必要的分析，以期获得更多、更准确、更科学的会计信息，并以这些信息来帮助其进行决策。在现实生活中，由于财务报表的使用者众多，出发点各不相同，关心的问题不尽一致，因此，企业提供的财务报表很可能不能满足各方的要求，财务报表的利用者都要根据自己的需要，运用一些专门的方法来对财务报表进行加工和研究，从中提炼出自己所需要的信息。可以说，无论对经营管理当局，还是投资者、债权人以及政府管理部门等所有利害关系集团，财务分析都是非常必要的。

12.1.2 财务分析的目的

财务分析的总目标是评价和判断企业的财务能力，而企业的财务能力主要是指企业在经营过程中的偿债能力、营运能力和盈利能力。当然，不同的财务分析主体，由于特定决策目标不同，其审视财务信息的角度也不尽相同。合理界定具体的财务分析目标，有利于提高财务分析的效率和效果。下面主要从债权人、投资者、政府部门和企业管理者四个方面表述其财务分析目标：

1. 债权人的财务分析目标

企业债权人是主动或被动提供资金给企业的团体或个人。由此，形成企业能以货币计量的需要以资产或劳务偿付的债务。企业债权人包括银行、其他企业和个人等，他们极为关注企业的财务状况。在短期债务中，债权人主要考察企业资产的变现质量和营业现金流量；在长期债务中，债权人还需分析企业资本结构、利息支付能力和资产营运能力等。

2. 投资者的财务分析目标

投资者作为所有者或股东，也是企业风险的承担者，必然高度关心企业资本的保值和增值状况，即对企业投资的回报率极为关注。对于一般投资者来讲，更关心企业提高股息、红利的发放；而对于拥有企业控制权的投资者，考虑更多的是如何增强竞争实力、扩大市场占有率、降低财务风险和纳税支出，以追求长期利益的持续、稳定增长。所以，投资人进行财务分析的目的是：为决策是否投资，分析企业的资产和盈利能力；为决策是否转让股份，分析盈利状况、股价变动和发展前景；为考查经营者业绩，要分析资产盈利水平、破产风险和竞争能力；为决定股利分配政策，要分析筹资状况等。

3. 政府部门的财务分析目标

政府部门包括工商管理部门、税收征管部门和业务指导与监督部门。它们一般要求全面地了解企业的财务状况和经营能力，掌握经济动态、社会就业和职工收入情况，考察企业遵守政府法规情况，以维护市场秩序，保证国家税收。

4. 企业管理者的财务分析目标

财务分析是对企业财务经营状况的判断和评估，财务分析所需的资料大部分也是从企业内部取得的，因此，财务分析是具有企业经营权的企业各级管理人员的主要工作内容和任务。企业管理人员通过财务分析，应达到如下基本目的：一是对企业财务能力做出综合评价，对企业经营管理各环节的工作业绩及协调程度做出正确考核，以落实经营管理责任，提高经营实力；二是通过对外部报表分析和内部报表分析的结合，对各项主要财务经营指标变动情况进行控制和检查，寻找影响指标变动的原因及成绩和问题；三是通过财务分析，科学地规划未来，预测财务经营状况的变动趋势，提出合理的建议和措施，引导企业经营处于良性的循环状态。

12.1.3　财务分析的一般程序

对于财务分析而言，不同的人根据自己的分析目的采用的程序可能不同，但是一般的程序应为：第一步，搜集分析资料；第二步，鉴别分析资料；第三步，选择和计算相关财务比率；第四步，进行比较分析和因素分析；第五步，形成综合评价结论。

12.2　财务分析的基本方法

财务分析方法是完成财务评价目标的手段和方式，应当将全面分析与重点分析相结合，定量分析与定性分析相结合，以达到系统、全面、客观地反映并评断企业财务状况和经营成果的目的。在整个财务分析方法体系中，比较分析法、因素分析法、比率分析法是最基本的分析方法。

12.2.1　比较分析法

比较分析法是对不同时间和空间的同质财务指标进行对比，以确定其增减差异，用以评价财务指标状况优劣的方法。比较分析法的作用在于揭示客观存在的差异，利用这种差异可以考察任务完成情况，显示财务指标变动趋势，从而评价企业经营管理的工作绩效。由于所考察的对象和分析要求不同，比较分析法一般可以分为直比分析法和趋势分析法。

12.2.1.1　财务指标的对比标准

(1) 预定标准，即企业为改进经营活动和管理工作而预先确定的指标比率。如预算指标、设计指标、定额指标、理论指标等。这种标准可以由企业内部制定，或者由其主管部门规定，主要目的在于强化对有关经济活动的管理和监督。预算标准是否先进合理，对分析结果有直接的影响。当企业的实际财务指标达不到目标标准时，应进一步分析原因，以便改进财务管理工作。

(2) 历史标准，即根据企业过去实际历史资料而产生的连续性财务比率标准。如上期实际、上年同期实际、历史先进水平以及有典型意义的时期实际水平等。由于企业标准基于企业实际情况，因而在运用时有较强的可比性。通过现时指标与过去指标的比较，从中判断企业经营和管理的业绩。另外，根据按时间序列所整理的历史标准，可以预计现在和未来的变化趋势。但是，企业如发生重大变化，如吸收大规模投资或与其他企业合并等，就需要考虑变化所带来的影响来调整历史标准，以便于比较和分析，对无法调整的历史标准则不能运用。

(3) 行业标准，即行业所规定的平均财务比率标准。如主管部门或行业协会颁布的技术标准、国内外同类企业的先进水平、国内外同类企业的平均水平等。这种标准一般按不同的企业规模及不同的地区详细规定，因而在比率分析中被广泛采用。采用行业标准的目的在于增加比率分析的可比性。通过和行业标准的比较，可以为企业提供重点分析的范围。但是，行业标准往往也无法统一行业内部的所有指标。由于各个企业会计科目的具体内容不同，就会导致比较口径的不一致。另外，企业产品结构、地区条件、经营环境不同，也会影响其可比性。

(4) 公认标准，即社会一般公认的标准。其特点是，不分行业、规模、时间及分析目的，标准是唯一的。在西方财务中，典型的公认标准是 2∶1 的流动比率和 1∶1 的速动比率，利用这些标准能揭示企业短期偿债能力及财务风险的一般状况。运用绝对标准进行比较分析很方便，但这种完全抽象的绝对标准不可能使分析的结果完全与客观实际相符。

12.2.1.2　直比分析法

直比分析法是指将同一指标两个数值进行直接对比。在直比分析中，用以比较的数值为基数，它是比较的依据和标准，被比较的数值叫比较数。则有：

$$绝对差异 = 比较数 - 基数$$

将指标数值进行绝对数比较，主要揭示指标数值的变化数量，直观地判断指标变动规模的大小。所以，绝对差异也就是指标的增减额。

$$相对差异 = 绝对差异 \div 基数 \times 100\%$$

将指标数值进行相对数的比较，主要揭示指标数值的变动程度或幅度，判断指标相对变动的水平。因此，相对差异也就是指标的增减率。

12.2.1.3　趋势分析法

趋势分析法是指通过观察连续数期的财务报表，比较各期的有关项目金额，分析有关指标的增减变动情况，并在此基础上预测其发展趋势的一种方法。

在进行趋势分析时，确定好基期是首要的问题。分析实务中一般有两种选择：一种是以某一选定时期为基期，即固定基期，以后各期与相同的基期数值进行比较，这种比较说明了各期累积变化情况，称为定比；另一种是以相邻上期为基期，即移动基期，各期数值分别与前期数值比较，基期不固定而且顺次移动，这种比较说明了各期逐期变化情况，称为环比。具体计算公式如下：

$$定基比率 = 分析期金额 \div 固定基期金额$$

$$环比比率 = 分析期金额 \div 前期金额$$

在采用趋势分析法时，必须注意以下问题：①用于进行对比的各个时期的指标，在计算口径上必须一致；②应考虑偶发性项目的影响，使作为分析的数据能反映正常的经营状况；③应用例外原则，应对某项有显著变动的指标做重点分析，研究其产生的原因，以便采取对策，趋利避害。

12.2.2　因素分析法

因素分析法是用以分析测算指标受哪些因素的影响，各因素对总体指标的影响程度和方向的分析方法。其作用在于揭示指标差异的成因，以便更深入、全面地理解和认识企业的财务状况及经营情况。

因素分析法也称连环替代法，其基本思想是：总体指标是受各种有相互依存关系的连锁因素的相互影响的。首先，把总体指标分解为各项有次序性的连锁因素；然后，顺次地把其中一个因素视为可变，其他因素暂视为不变，依次逐项进行替代，每一次替代在上一次基础上进行；最后，将每一次替代后的结果反向两两相减，测算出各项因素变动对总体指标的影响程度和影响方向。

假设某财务指标 M 受三个连锁因素 X、Y、Z 的影响，计划指标和实际指标同有关因素的关系如下：

基期指标：$M_0 = X_0 \times Y_0 \times Z_0$

实际指标：$M_n = X_n \times Y_n \times Z_n$

第一步，确定分析对象。对总体指标的因素分析，一般是分析该指标用比较分析法所计算出的绝对差异，即分析对象为：

$$M_n - M_0$$

第二步，进行因素替代。假定影响指标的因素是依次变动的，当某个因素由基期数值变为实际数值时，就会引起指标数值的变动。则：

基期数值：$X_0 \times Y_0 \times Z_0$

替代 X 因素：$X_n \times Y_0 \times Z_0 = M_1$

替代 Y 因素：$X_n \times Y_n \times Z_0 = M_2$

替代 Z 因素：$X_n \times Y_n \times Z_n = M_n$

第三步，测算各因素的影响。各因素变化后总体指标的数值与因素变化前总体指标的数值的差额，就是该因素变动对总指标的影响。即：

X 因素变动程度的影响：$(X_n - X_0) \times Y_0 \times Z_0 = M_1 - M_0$

Y 因素变动程度的影响：$X_n \times (Y_n - Y_0) \times Z_0 = M_2 - M_1$

Z 因素变动程度的影响：$X_n \times Y_n \times (Z_n - Z_0) = M_n - M_2$

总影响即为 $M_n - M_0$

其中，下标为 0 的数为基期数，下标为 n 的数为实际数，M_1、M_2 分别为第一、第二个因素变动后的结果。

因素分析法可以帮助我们了解引起某一财务或非财务数据与预计的标准发生差异的各种原因造成的影响大小，从而让我们能够把重点放在那些引起了较大差异、并且可控的因素上。

12.2.3　比率分析法

比率分析法是通过计算互为相关的经济指标之间的相对数值，从而考察和衡量企业经营活动效果的分析方法。比率分析法与比较分析法虽然都是将两个数据进行对比，但比较分析法一般主要是对同质的指标进行比较，而比率分析法主要是将不同质但相关的不同指标进行比较。而且比较分析法的分析结果主要强调绝对差异的大小，相对差异只是绝对差异的辅助说明。比率分析法的分析结果则纯粹以相对数值表示，以说明指标数值之间的相互关系。

在比率分析中，常用的财务比率有如下几个。

1. 相关比率

它是以某个项目和与其有关、但又不同的项目加以对比所得的比率，反映有关经济活动的相互关系。利用相关比率指标，可以考察有联系的相关业务安排得是否合理，以保障企业运营活动能够顺畅进行。这类比率包括：反映偿债能力的比率、反映营运能力的比率、反映盈利能力的比率等。

2. 结构比率

它是财务报表中某项目的数值与各项目总和的比率。这类比率揭示了部分与整体的关系；通过不同时期结构比率的比较还可以揭示其变化趋势。其计算公式为

构成比率 ＝ 某个组成部分数额 ÷ 总体数额

在比率分析中，动态趋势比率要求计算的是同一指标不同时期数比值，是一种同质关系。结构比率要求分子指标是分母指标的组成部分，是一种部分与整体的包含关系。比如，在对财务报表分析时，趋势比率是对财务报表中某一财务指标进行横向分析，而报表的结构比率可以显示出报表中各指标项目相互间垂直关系，是对财务指标进行的纵向分析。趋势分析与结构分析可以相互配合、相互补充，以更深入地揭示经营成果和问题。

12.3　财务比率基本分析

财务比率的优点是可以消除规模的影响，用来比较不同企业的收益和风险，从而帮助投资者和债权人以及其他企业利益相关者做出理性的决策。它可以评价某项投资在各年之间收益的变化，也可以在某一时点比较某一行业的不同企业的收益变动。由于不同的决策者信息需求不同，所以使用的分析技术也不同。

作为一个潜在的投资者，无疑最关注的是企业的盈利能力。在一个市场经济的环境下，资本市场的作用就是将社会资源集中起来，投入到那些需要资金的企业中去。而企业的作用就是有效地使用这些资源，让它们创造出更多的价值。因此，盈利是建立在资源的基础上的，从某种程度上讲，企业运用资源的效率决定了它的盈利能力。所以，为了更深入地了解一个企业的盈利能力，我们还需要了解企业的营运能力。

另外，对偿债能力的分析也是不可或缺的。从长期看，企业的偿债能力决定于盈利能力，但是从短期来看，盈利能力强不一定是偿债能力的有效保证。这是因为会计计量的基本原则是权责发生制。在权责发生制下，我们从一个企业的权利和义务的角度衡量收入和费用，因此我们说某个企业具有良好的盈利能力，并不一定意味着该企业已经获得了大量的现金收入，而有可能是一种未来的盈利前景，即使这个未来可能并不遥远。这样就可能出现一个问题，虽然企业会有可观的盈利，但当前极度地缺乏资金，甚至无法偿还到期的债务。这样的企业就可能陷入财务危机，甚至破产。从这个角度来说，即使对那些盈利能力和营运能力都比较有保证的企业来说，偿债能力仍然是一个需要关注的问题。

所以一般用三类比率来衡量一个企业的经营状况及财务状况，即偿债能力比率、营运能力比率和盈利能力比率。

12.3.1　偿债能力比率

企业的偿债能力是指企业偿还到期债务的能力。债权人十分关心企业的偿债能力，往往把偿债能力的高低视为企业信用状况好坏的标志。企业债务的增减变化还直接影响投资人的利益大小，只要投资报酬率大于借款利息率，举债融资对股东就会有利；但债务过多会增加企业的风险。

企业偿付债务的能力按分析要求，可以划分为长期偿债能力和短期偿债能力。长期偿债能力，是企业保证未来到期债务（一年以上）及时偿付的可靠程度。在资产负债表中对长期偿债能力的分析，主要是通过负债比率、权益比率等财务结构比率反映的。短期偿债能力是企业对一年内到期债务的清偿能力。企业到期债务一般均应以现金清偿，因此，短期偿债能力本质上是一种资产的变现能力，因此，对短期偿债能力的分析主要是通过对流动资产与短期债务的对比关系进行的。

12.3.1.1　短期偿债能力比率

反映短期偿债能力的比率通常有以下几个。

1. 流动比率

流动比率是企业流动资产与流动负债的比率，其计算公式为：

$$流动比率 = 流动资产 \div 流动负债$$

根据表 11-2 中的数据，2011 年末 ABC 公司的流动比率为：

$$流动比率 = 31\ 680 \div 30\ 120 = 1.05$$

根据经验，流动比率一般应维持在 1.5～2.0 之间比较合适，在这个比例下，企业既能保持必要的偿债能力，又能使流动资产得到充分利用。一般来说，流动比率越高，资产的流动性越大，短期偿债能力越强。但从投资经营的观念出发，过高的流动比率并不完全是件好事。流动比率过高，显示出企业对资金没有做最有效的利用，这可能是现金余额过多，也可能是信用太宽，造成了过多的应收账款，也可能是存货超储积压，这些都是浪费资金的现象。有时，尽管企业现金流量出现红字，但是企业可能仍然拥有一个较高的流动比率。当然，流动比率过低，企业陷入无力清偿到期债务的可能性就过大，从而会增加企业的财务风险。

2. 速动比率

速动比率是指速动资产同流动负债的比率，它反映企业短期内可变现资产偿还短期内到期债务的能力。速动比率是对流动比率的补充。其计算公式如下：

$$速动比率 = 速动资产 \div 流动负债$$

其中，速动资产是企业在短期内可变现的资产，等于流动资产减去存货后的金额，包括货币资金、短期有价证券和应收款项净额等。

在计算速动资产时，之所以将存货从流动资产中剔除，是因为存货不具备速动资产的性质。存货相对于其他流动资产项目来说，不仅变现速度慢，而且可能由于积压、变质以及抵押等原因使其变现金额具有不确定性，甚至无法变现。因此，在分析中将存货从流动资产中减去，可以更好地反映一个企业偿还短期债务的能力。

根据表 11-2 中的数据，2011 年末 ABC 公司的速动比率为：

$$速动比率 = (31\ 680 - 12\ 000) \div 30\ 120 = 0.65$$

一般认为，速动比率应维持在 1 左右较为理想，它说明 1 元流动负债有 1 元的速动资产作保证。如果速动比率大于 1，说明企业有足够的能力偿还短期债务，但同时也说明企业拥有过多的不能获利的现款和应收账款；如果速动比率小于 1，企业将依赖出售存货或举借新债偿还到期债务，这就可能造成急需售出存货带来的削价损失或举借新债形成的利息负担。如同流动比率，各企业的速动比率应该根据行业特征和其他因素加以评价。

速动比率要求保持在 1 左右是正常的。当然，也要视行业性质而定，如日杂百货店一般只作现金销售，没有应收账款，因此保持一个远低于 1 的速动比率，也不会对正常营业产生不良影响。另外，在对流动比率和速动比率进行分析时，还要注意对应收账款变现能力这一因素的考虑，要扣除坏账准备后的应收账款净额计算，并结合应收账款周转期指标进行综合分析评价。

3. 现金比率

现金比率是企业现金类资产与流动负债的比率。现金类资产包括企业所拥有的货币资金和持有的有价证券（即资产负债表中的交易性金融资产），它是速动资产扣除应收账款后的余额。由于应收账款存在着发生坏账损失的可能，某些到期的账款也不一定能按时收回，因此，速动资产扣除应收账款后计算出来的金额最能反映企业直接偿付流动负债的能力。其计算公式为：

$$现金比率 = 现金及其等价物 \div 流动负债$$

根据表 11-2 中的数据，2011 年末 ABC 公司的现金比率为：

$$现金比率 = 10\ 820 \div 30\ 120 = 0.36$$

这项指标近年来随着现金流量信息在财务分析中受到关注而被日益重视。运用它可评估企业短期偿债能力。但需注意的是：企业不可能、也无必要保留过多的现金类资产。如果这一比率过高，就意味着企业的现金资产未能得到合理的运用。

12.3.1.2　长期偿债能力比率

长期偿债能力是指企业清偿长期债务的能力。企业对长期债务的清偿义务主要包括两个方面，一是财务本金的清偿，二是债务利息的支付。因此，用于评价长期偿债能力的基本财务指标主要的资产负债率和利息保障倍数两项。

1. 资产负债率

资产负债率，也叫负债比率、举债经营比率，是指负债总额对全部资产总额之比，用来衡量企业利用债权人提供的资金进行经营活动的能力，同时，从债权人的角度来看，反映了债权人发放贷款的安全程度。其计算公式为：

$$资产负债率 = 负债总额 \div 资产总额 \times 100\%$$

根据表 11-2 中的数据，ABC 公司 2011 年末的资产负债率为：

$$资产负债率 = 38\ 120 \div 134\ 120 \times 100\% = 28\%$$

一般来说，企业的资产总额应大于负债总额，资产负债率应小于 100%。如果企业的资产负债率较低（50% 以下），说明企业有较好的偿债能力和负债经营能力。

企业利益主体的身份不同，看待该项指标的立场也不尽相同。

从债权人的立场看，他们所关心的是贷款的安全程度，即能否按期足额地收回贷款本金和利息，至于其贷款能给企业股东带来多少利益，在他们看来则是无关紧要的。由于资产负债率与贷款安全程度具有反向线性关系，即资产负债率越高，其贷款的安全程度越低；反之，资产负债率越低，则贷款的安全程度越高。因此，作为企业债权人，他们总是希望企业的资产负债率越低越好。

从股东的立场看，他们所关心的主要是举债的杠杆收益，即总资本报酬率是否高于借入资本的利息率。若全部资本的报酬率高于借入资本利息率，则举债愈多，企业收益就愈多，股东可望获得的利益相应也就愈大；反之，若全部资本的报酬率低于借入资本利息率，则举债愈多，企业损失就会愈大，股东因此遭受的损失也相应愈大。可见，从股东方面看，当总资本报酬率高于借款利率时，资产负债率越大越好。

从经营者的立场看，他们所关心的通常是如何实现收益与风险的最佳组合，即以适度的风险获取最大的收益。在他们看来，若负债规模过大，资产负债率过高，将会给人以财务状况不佳、融资空间和发展潜力有限的评价；反之，若负债规模过小，资产负债率过低，又会给人以经营者缺乏风险意识、对企业发展前途信心不足的感觉。因此，他们在利用资产负债率进行借入资本决策时，将会全面考虑和充分预计负债经营的收益和风险，并在二者之间权衡得失，以求实现收益和风险的最佳组合。

2. 利息保障倍数

利息保障倍数又称为已获利息倍数，是指企业息税前利润与利息费用的比率。其计算公式为：

$$利息保障倍数 = 息税前利润 \div 利息费用$$

$$= (利润总额 + 利息费用) \div 利息费用$$

公式中利息费用是支付给债权人的全部利息，不仅包括财务费用中的利息，而且包括计入固定资产的利息，因为利息作为企业对债权人的一项偿付义务，其性质并不因为企业的会计处理不同而变更，也就是说，无论是计入财务费用的利息，还是包括在资产价值中的利息，到期均需企业偿付，并且在正常情况下，这种偿付的资金来源不是现实的存量资产，而是与经营利润相对应的增量资产。

根据表 11-5 中的数据，ABC 公司的利息保障倍数（假设表中财务费用全部为利息费用，并且企业无其他利息费用）为：

$$利息保障倍数 = (26\,400 + 3\,000) \div 3\,000 = 9.80$$

一般来说，利息保障倍数至少应等于 1。这项指标越大，说明支付债务利息的能力越强。就一个企业某一时期的利息保障倍数来说，应与本行业该项指标的平均水平比较，或与本企业历年该项指标的水平比较，评价企业目前的指标水平。

上述资产负债率和利息保障倍数是评价企业长期偿债能力的两项基本指标。其中，资产负债率是以资产负债表资料为依据，用于从静态方面评价企业的长期偿债能力，利息保障倍数则是以利润表资料为依据，用于从动态方面评价企业的长期偿债能力。

12.3.2　营运能力比率

营运能力是企业的经营运行能力，它是通过企业的资金周转状况反映出来的。资金周转状况良好，说明企业经营管理水平高、资金利用效率高。企业的资金周转状况与供、产、销各个生产经营环节密切相关，任何一个环节出现问题，都会影响到企业资金的正常周转。资金只有顺利地通过各个生产经营环节，才能完成一次循环。在财务管理上，企业不仅仅能筹资、投资、用资，而且还要收回比原先投资额更多的资金。营运能力说明企业对经济资源的开发、使用以及资本的有效利用程度。常用的分析营运能力的比率有应收账款周转率、存货周转率、流动资产周转率、总资产周转率和固定资产周转率等。

1. 应收账款周转率

应收账款周转率是反映应收账款周转速度的比率，一般有如下两种表示方法：

（1）应收账款周转次数，反映年度内应收账款平均变现的次数。其计算公式为：

$$应收账款周转次数 = 销售收入 \div 应收账款平均余额$$

$$应收账款平均余额 = （期初应收账款 + 期末应收账款）\div 2$$

应收账款周转次数计算公式中的分子从理论上说应为赊销收入，但赊销收入属于企业的商业机密，因此，这里用销售收入代替赊销收入。这里的销售收入为企业当期营业收入中的主营业务收入。

（2）应收账款周转天数，反映年度内应收账款平均变现一次所需要的天数（即应收账款平均收现期 ）。其计算公式为：

$$应收账款周转天数 = 360 \div 应收账款周转次数$$

公式中的 360 为一年的法定天数。

根据表 11-2 和表 11-4 的数据，ABC 公司的应收账款周转次数和周转天数分别为：

$$应收账款周转次数 = \frac{72\,000}{(7\,000 + 7\,960) \div 2} = 9.63 \text{次}$$

$$应收账款周转天数 = 360 \div 9.63 = 37 \text{天}$$

应收账款周转率是分析企业资产流动情况的一项指标。应收账款周转次数多、周转天数少，表明应收账款周转快、企业信用销售严格；反之，表明应收账款周转慢、企业信用销售放宽。信用销售严格，有利于加速应收账款周转、减少坏账损失，但可能丧失销售商品的机会、减少销售收入；信用销售放宽，有利于扩大商品销售、增加销售收入，但应收账款周转会减慢，更多的营运资金会占用在应收账款上，还可能增加坏账损失。衡量应收账款周转率的标准是企业的信用政策。如果实际收现期与标准收现期有较大的不利差异，说明企业有过多的营运资金占用在应收账款上，而且可能发生较多的坏账损失，此时，企业应加强应收账款的管理。

2. 存货周转率

存货周转率是反映存货周转速度的比率，一般有如下两种表示方法：

（1）存货周转次数，反映年度内存货平均周转的次数。其计算公式为：

$$存货周转次数 = 销售成本 \div 平均存货$$

其中，平均存货＝（期初存货 + 期末存货）÷2；销售成本为营业成本中的主营业务成本。

（2）存货周转天数，反映年度内存货平均周转一次所需要的天数。其计算公式为：

$$存货周转天数 = 360 \div 存货周转次数$$

根据表 11-2 和表 11-4 中的数据，ABC 公司的存货周转次数和周转天数分别为：

$$存货周转次数 = \frac{21\,000}{(11\,000 + 12\,000) \div 2} = 1.83\ 次$$

$$存货周转天数 = 360 \div 1.83 = 197\ 天$$

存货周转率是分析企业存货流动情况的一项指标。存货周转次数多、周转天数少，说明存货周转快，企业实现的利润会相应增加；否则，存货周转缓慢，往往会造成企业利润下降。存货周转加快，可能是由于商品适销、质量优良、价格合理，从而增加了销售数量；也可能是由于企业生产和存货政策变更，致使存货库存减少、存货资金占用降低。如果存货周转速度缓慢，企业应采取必要的措施，加快存货的周转。

3. 流动资产周转率

流动资产周转率，是销售收入与全部流动资产的平均余额的比率，实际上是指流动资产的周转次数。其计算公式为：

$$流动资产周转率 = 销售收入 \div 平均流动资产$$

其中，平均流动资产＝（年初流动资产＋年末流动资产）÷ 2

根据表 11-2 和表 11-4 中的数据，ABC 公司的流动资产周转率为：

$$流动资产周转率 = \frac{72\,000}{(29\,382 + 31\,680) \div 2} = 2.36$$

流动资产周转率反映流动资产的周转速度。周转速度快，会相对节约流动资产，等于相对扩大资产投入，增强企业盈利能力；而延缓周转速度，需要补充流动资产参加周转，形成资金浪费，降低企业盈利能力。

4. 总资产周转率

总资产周转率是销售收入与平均资产总额的比值，实际上指总资产的周转次数。其计算公式为：

$$总资产周转率 = 销售收入 \div 平均资产总额$$

其中，平均资产总额 ＝（年初资产总额 ＋ 年末资产总额）÷2

根据表 11-2 和表 11-4 中的数据，ABC 公司的总资产周转率分别为：

$$总资产周转率 = \frac{72\,000}{(131\,482 + 134\,120) \div 2} = 0.54$$

该项指标反映资产总额的周转速度。周转越快，反映销售能力越强。企业可以通过薄利多销的办法，加速资产的周转，带来利润绝对额的增加。

5. 固定资产周转率

固定资产周转率，是指企业销售收入与固定资产平均净值的比率，实际上是指固定资产的周转次数。它是反映企业固定资产周转情况，从而衡量固定资产利用效率的一项指标。其计算公式为：

$$固定资产周转率 = 销售收入 \div 固定资产平均净值$$

其中，固定资产平均净值 ＝（ 年初固定资产净值 ＋ 年末固定资产净值）÷2

根据表 11-2 和表 11-4 中的数据，ABC 公司的固定资产周转率为：

$$固定资产周转率 = \frac{72\,000}{(100\,000 + 100\,000) \div 2} = 0.72$$

固定资产周转率高，表明企业固定资产利用充分，同时也能表明企业固定资产投资得当、固定资产结构合理，能够充分发挥效率；反之，如果固定资产周转率不高，则表明固定资产使用效率不高、提供的生产成果不多、企业的营运能力不强。运用固定资产周转率时，需要考虑固定资产因计提折旧的影响其净值在不断地减少，以及因更新重置，其净值突然增加的影响。同时，由于折旧方法的不同，可能影响其可比性。因此，在分析时，一定要剔除掉这些不可比因素。

12.3.3　盈利能力比率

盈利能力是企业获取利润的能力，获利是企业经营的直接目的，因而盈利能力评价是企业财务分析的核心内容。在分析盈利能力时，应排除非正常因素影响，比如，证券买卖等非正常项目、会计准则带来的累积影响等。通常，反映盈利能力的指标有：营业利润率、总资产报酬率、净资产报酬率等。

1. 营业利润率

$$营业利润率 = 本期营业利润 \div 本期营业收入 \times 100\%$$

根据表 11-5 的数据，ABC 公司的营业利润率为：

$$营业利润率 = 33\,200 \div 77\,000 \times 100\% = 43\%$$

该项指标的意义在于从营业利益的角度说明企业营业业务的获得水平，其比率愈高，表明企业的获利水平愈高；反之，获利水平则低。

构建该项指标的依据在于，企业利润在正常情况下主要来自于营业利润，而营业利润尽管不是由营业收入所创造，但却是以营业收入的实现为前提，并且，当企业的成本水平一定时，营业利润的增减主要取决于营业收入的变化。因此，将营业利润与营业收入比较不仅能够反映营业利润与营业收入之间的内在逻辑联系，而且能够揭示营业收入对企业利润的贡献程度。不仅如此，营业收入的变化取决于销量和价格两个因素，而这两个方面又是企业的市场营销状况所决定的。因此，通过营业利润率还可以反映市场营销对企业利润的贡献程度，有助于评价营销部门的工作业绩。

2. 总资产报酬率

$$总资产报酬率 = 息税前利润 \div 总资产平均总额 \times 100\%$$

其中，总资产平均总额 =（期初资产总额 + 期末资产总额）÷ 2

根据表 11-2 和表 11-5 中的数据，ABC 公司的总资产报酬率为：

$$总资产报酬率 = \frac{26\,400 + 3\,000}{(131\,482 + 134\,120) \div 2} \times 100\% = 22\%$$

该指标的意义在于说明企业每占用百元资产所能获取的利润，用于从投入和占用两方面说明企业的获利能力，其比率值愈高，表明企业的获利能力愈高；反之，企业的获利能力低。

总资产报酬率视行业性质不同而不同，但长时期的总资产平均报酬率各行业呈趋于一致的倾向。这是因为，如果某一部门的利润率高于其他部门，就必然引起社会资本向该部门流动，引起本部门总资本扩大、利润率下降。一般来说，各行业部门的总资产报酬率基本是一致的，该指标可以用于各行业之间的比较。

3. 净资产报酬率

净资产报酬率反映所有者对企业投资部分的获利能力，也叫所有者权益报酬率。其计算公式为：

$$净资产报酬率 = 净利润 \div 净资产平均余额 \times 100\%$$

其中，净资产平均余额 =（期初净资产 + 期末净资产）÷ 2

根据表 11-2 和表 11-5 中的数据，ABC 公司的净资产报酬率为：

$$净资产报酬率 = \frac{17\,680}{(95\,192 + 96\,000) \div 2} \times 100\% = 18\%$$

净资产报酬率越高，说明企业所有者权益的获利能力越强。影响该指标的因素，除了企业的获利水平以外，还有企业所有者权益的大小。对所有者来说，这个比率很重要。该比率越大，投资者投入资本获利能力越强。在我国，该指标既是上市公司对外必须披露的信息内容之一，也是决定上市公司能否配股的重要依据。

4. 市盈率

市盈率是普通股每股市价与每股盈利的比率。其计算公式为：

$$市盈率 = 普通股每股市场价格 \div 普通股每股净利润$$

市盈率比较高，表明投资者对公司的未来充满信心，愿意为每一元盈余多付买价。一般情况下，平均市盈率在 10～20 之间。人们认为，市盈率在 5～ 20 之间是正常的。当股市受到不正常因素干扰时，某些股票的市价被哄抬到不应有的高度，市盈率会过高。超过 20 的市盈率被认为是不正常的，很可能是股价下跌的前兆，风险很大。股票的市盈率比较低，表明投资者对公司的前景缺乏信心，不愿为每一元盈余多付买价。一般认为，市盈率在 5 以下的股票风险比较大。不同行业股票市盈率的正常值是不相同的，而且会经常发生变化。当人们预期将发生通货膨胀或提高利率时，股票的市盈率会普遍下降；当人们预期公司利润将增长时，市盈率会上升。此外，债务比重大的公司，股票市盈率较低。

5. 股票获利率

股票获利率是指每股股利与每股市价的比率，即：

$$股票获利率 = 每股现金股利 \div 每股市价 \times 100\%$$

股票获利率是衡量股票投资价值的指标，即股票购买者在股票上每投入 100 元，所能取得的收益。股东从股票上所获取的收益部分包括两个部分，一部分是股利收入，另一部分是股票本身市价上涨。没有一个经验数据可以衡量股票收益率要达到多大者合理，股票市价上涨程度超过股利上升速度可以造成股票获利率下降，如果企业为了再投资而多留存了利润，股票获利率也可以很低。在证券交易市场里，经常都编制了若干股票的平均收益率指标，以反映股价股息的变动趋势。如果某种股票在某一段时期的收益率高于平均收益率，人们就会踊跃购买这种股票，这时有利于企业或股票持有者出售这种股票。企业外部投资者在对某种股票大量投资之前，首先要考虑这种股票的当前收益率、平均收益率以及收益率的变动趋势，以提高投资的价值。

该比率用于衡量投资者按现行市价投资于公司可望从公司获得的投资报酬率。但在具体运用该项比率则应注意以下几点：

（1）除非公司采用稳定股利政策，否则该比率可能难以反映股票投资的预期收益率，具体说，若公司因有较好的投资机会而采取低股利政策时，运用该比率评价将会低估股票投资的预期收益；相反，若公司因资金充裕而无投资机会，而采取高股利政策时，据以计算的股票获利率可能高估股票投资的预期收益。

（2）股票获利率仅是从股利的角度说明股票投资收益，而事实上，股票投资收益除股利收益外，还包括股价上涨的收益（即资本利得），因此，在进行股票投资决策和投资收益预测时，不应仅看股票获利率的高低，还应关注股价的预期变化，只在预期股价上涨的潜力不大时，才能将股票获利率作为衡量股票投资价值的主要依据。

12.4　财务状况综合分析

12.4.1　财务综合分析的含义和特点

单独分析任何一项财务指标，都难以全面评价企业的财务状况和经营成果，而财务分析的最终目的在于全方位地表达和披露企业的经营理财状况，并据以对企业经济效益做出系统的、恰当的评价，为企业资金的筹集、投入、运用、分配等一系列财务活动的决策提供有力的支持。在本章第三节中，已经分别对企业的偿债能力、营运能力和盈利能力做出分析，但它们只能反映企业经济效益的一个侧面，因此，只有进行多种指标或比率之间的相关分析或者采用适当的标准对企业状况进行综合的评价，才能得出整体意义上的对企业财务状况和经营成果的客观评定。

所谓财务综合分析就是将营运能力、偿债能力和获利能力等诸方面的分析纳入一个有机的整体之中，认真分析其相互关系，全方位地对企业经营状况、财务状况进行分析，从而对企业经济效益做出准确的评价与判断。财务综合分析的特点，体现在其对财务指标体系的要求上。一个健全有效的综合财务指标体系必须具备以下基本条件：

（1）指标体系的完整性。这是要求所设置的评价指标必须能够涵盖企业偿债能力、营运能力和获利能力等诸方面总体考核的要求，缺少任何一方面，该指标体系都是不完整的。

（2）指标体系中各指标的主次地位。这是要求在确立偿债能力、营运能力和获利能力诸方面评价的主要指标与次要指标的同时，进一步明晰总体结构中各项指标的主要和次要地位；不同范畴的主要考核指标应反映企业经营状况、财务状况的不同侧面与不同层次的信息，应当能够全面、详实地揭示出企业经营理财的业绩。

（3）提供信息的多维性。这是要求评价指标体系必须能够提供多层次、多角度的信息资料，既能满足企业内部管理当局实施决策的需要，又能满足外部投资者和政府经济管理机构等相关利害集团据以决策和实施宏观调控的要求。

12.4.2　财务综合分析的方法

要想对企业财务状况和经营成果有一个总的评价，就必须采用适当的标准进行综合性的评价。综合分析的方法有很多，其中应用比较广泛的有杜邦分析法和沃尔评分法。下面分别阐述这两种方法。

12.4.2.1 杜邦分析法

前已述及，除了要对企业的偿债能力、营运能力和获利能力单独进行分析外，还需要将企业的多种财务活动、多种财务指标联系起来，根据其内在关系结合起来加以研究。杜邦分析法则抓住了企业各主要财务指标之间的紧密联系，来综合分析企业的财务状况和经营成果。因其最先是由美国杜邦公司经理首创并成功运用的，所以称为杜邦分析法。

利用该方法可把各种财务指标间的关系，绘制成简洁、明了的杜邦分析图，如图 12-1所示。在该分析系统中，包括有以下主要指标之间的关系：

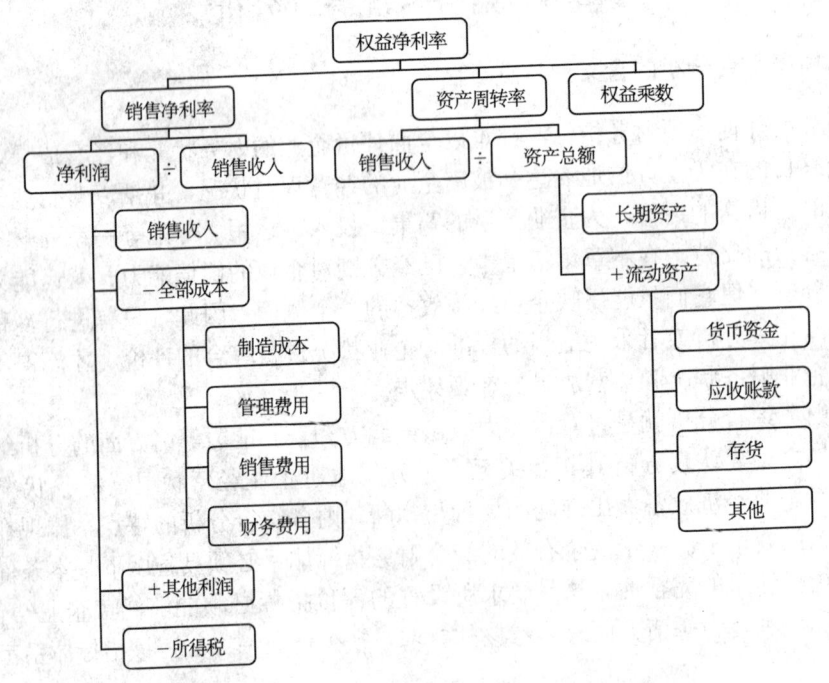

图 12-1 杜邦分析图

权益净利率 ＝ 净利润 ÷ 所有者权益总额 ＝ 总资产净利率 × 权益乘数

总资产净利率 ＝ 净利润 ÷ 资产总额

＝ （净利润 ÷ 销售收入）× （销售收入 ÷ 资产总额）

＝ 销售净利率 × 资产周转率

权益乘数 ＝ 资产总额 ÷ 所有者权益总额

＝ 资产总额 ÷ （资产总额 － 负债总额）

＝ 1 ÷ （1 － 资产负债率 ）

这里在计算周转率时，资产总额、负债总额、所有者权益总额未使用平均余额，而是使用会计期期末的余额。

杜邦分析是对企业财务状况的综合分析。它通过几种主要的财务指标之间的关系，全面系统地反映出企业的财务状况。杜邦分析图可以提供下列主要的财务指标关系：

（1）权益净利率，是一个综合性最强的财务比率，也是杜邦财务分析系统的核心指标。权益净利率反映所有者投入资金的获利能力，反映企业筹资、投资、资产运营等活动的效率，提高权益净利率是所有者利润最大化的基本保证。从公式看，权益净利率的高低，取决于总资产净利率和权益乘数。

（2）总资产净利率，也是综合性较强的重要的财务比率，它是销售净利率和资产周转率的乘积，因此，需要进一步从销售成果和资产运营两方面来分析。

（3）销售净利率反映了企业净利润与销售收入的关系，提高销售净利润率是提高企业盈利能力的关键所在。影响销售净利润率的主要因素：一是销售收入，二是成本费用。分析时，要从这两个方面入手进行详尽分析。

（4）资产周转率是反映运用资产以产生销售收入能力的指标。对资产周转率的分析，要从影响资产周转的各因素进行分析。除了对资产的各构成部分从占用量上是否合理进行分析外，还应对流动资产周转率、存货周转率、应收账款周转率等各有关资产组成部分的使用效率做深入分析，以找出影响资产周转的问题所在。

（5）权益乘数，反映所有者权益同企业总资产的关系，它主要受资产负债率的影响。负债比例大，权益乘数就高，说明企业有较高的负债程度，既可能给企业带来较多的杠杆利益，也可能带来较大的财务风险。该指标要联系企业的资本结构进行深入分析。

从杜邦分析图中可以看出，权益净利率与企业的销售规模、成本水平、资产运营、资本结构有着密切的关系，这些因素构成一个相互依存的系统。只有把这个系统内的各个因素协调好，才能保证权益净利率最大，进而实现企业的理财目标。

应当指出，杜邦分析方法是一种分解财务比率的方法，而不是另外建立新的财务指标，它可以用于各种财务比率的分解。前面的举例，是通过资产净利率的分解来说明问题的，我们也可以通过分解利润总额和全部资产的比率来分析问题。为了显示正常的盈利能力，我们还可以使用营业利润和营业资产的比率的分解来说明问题。总之，杜邦分析方法和其他分析方法一样，关键不在于指标的计算，而在于对指标的理解。

12.4.2.2　沃尔评分法

沃尔评分法是财务分析的一种重要方法，它不仅能够获得高度概括、综合的分析结果，而且方法本身具有直观、易于理解的优点。

沃尔分析法是由财务状况综合分析的先驱者之一亚历山大·沃尔于 20 世纪初在其出版的《信用晴雨表研究》和《财务报表比率分析》中提出的信用能力指数的概念，它把若干个财务比率用线性关系结合起来，以此评价企业的信用水平。他选择了 7 种财务比率，即流动比率、产权比率、固定资产比率、存货周转率、应收账款周转率、固定资产周转率和自有资金周转率，分别给定了各个比率在总评价中占的比重，总和为 100 分。然后确定标准比率，并与实际比率相比较，评出每项指标的得分，最后求出总评分

(表 12-1)。

表 12-1　沃尔评分法

财务比率	分值权重	标准比率	实际比率	相对比率	实际得分
	1	2	3	4＝3÷2	5＝1×4
流动比率	25	2	2.5	1.25	31.25
净资产/负债	25	1.5	0.9	0.6	15
资产/固定资产	15	2.5	3	1.2	18
销售成本/存货	10	8	10.4	1.3	13
销售额/应收账款	10	6	8.4	1.4	14
销售额/固定资产	10	4	3	0.75	7.5
销售额/净资产	5	3	1.5	0.5	2.5
合计	100				101.25

对于沃尔评分法，一般认为它存在两个弱点：一是理论上的弱点，即所选定的 7 项指标缺乏证明力；二是技术上的弱点，即当某项指标严重异常时，会对总评分产生不合逻辑的重大影响。尽管沃尔的方法在理论上还有待证明，在技术上也不完善，但它还是在实践中被广泛应用。

12.5　财务报表分析的局限性

尽管对企业财务报表的分析可以使信息使用者获得许多关于企业财务状况和经营成果等的信息，但是，对财务报表的财务分析仍不足以对企业的财务状况等整体作出全面评价。主要原因有以下几个方面。

1. 报表信息并未完全反映企业可以利用的经济资源

我们已经知道，列入报表的仅是可以利用的，可以用货币计量的经济资源。实际上，企业有许多经济资源或是受客观条件制约或是受会计惯例的制约并未在报表中得到体现。例如，企业的人力资源、历史悠久的企业账外存在的大量无形资产，均不在报表中予以反映。因此，可以说，报表仅反映了企业经济资源的一部分。

2. 受历史成本惯例的制约，企业的报表资料对未来决策的价值受到限制

会计信息处理中广泛坚持的历史成本惯例，使会计信息在通货膨胀面前的信任度大大降低。坚持历史成本原则，将不同时点的货币数据简单相加，会使信息使用者不知道他所面对的会计信息的实际含义，也就很难对其现在和未来的经济决策有实质性参考价值。

3. 企业会计政策运用上的差异使企业自身的历史与未来对比、企业间的对比难以有意义

由于会计政策运用上的差异，企业在不同会计年度间采用不同的会计方法以及不同企业以不同会计方法为基础形成的信息具有极大的不可比性。

4. 企业对会计信息的人为操纵可能会误导信息使用者

在企业对外形成其财务报告之前，信息提供者往往对信息使用者所关注的财务状况

进行仔细分析与研究，并尽力满足信息使用者对企业财务状况的期望。这就难免形成"你想看什么，我尽力提供什么"的思维与实践。其结果极有可能使信息使用者所看到的报表信息与企业实际状况相差甚远，从而误导信息使用者作出错误决策。

因此，对企业财务状况等的全面分析与评价，除考虑货币因素外，还应注意非货币性因素，并加强信息使用者对误导信息的抵御与防范。

📖 本章知识点小结

财务分析方法是完成财务评价目标的手段和方式，应当将全面分析与重点分析相结合，定量分析与定性分析相结合，以达到系统、全面、客观地反映并评断企业财务状况和经营成果的目的。在整个财务分析方法体系中，比较分析法、因素分析法、比率分析法是最基本的分析方法。一般财务分析的程序为：第一步，搜集分析资料；第二步，鉴别分析资料；第三步，选择和计算相关财务比率；第四步，进行比较分析和因素分析；第五步，形成综合评价结论。

企业的偿债能力是指企业偿还到期债务的能力。企业偿付债务的能力按分析要求，可以划分为长期偿债能力和短期偿债能力。长期偿债能力，是企业保证未来到期债务（一年以上）及时偿付的可靠程度。在资产负债表中对长期偿债能力的分析，主要是通过负债比率、权益比率等财务结构比率反映的。短期偿债能力是企业对一年内到期债务的清偿能力。企业到期债务一般均应以现金清偿，因此，短期偿债能力本质上是一种资产的变现能力，因此，对短期偿债能力的分析主要是通过对流动资产与短期债务的对比关系进行的。短期偿债能力比率主要有：流动比率、速动比率、现金比率等。

营运能力是企业的经营运行能力，它是通过企业的资金周转状况反映出来的。常用的分析营运能力的比率有应收账款周转率、存货周转率、流动资产周转率、总资产周转率和固定资产周转率等。

盈利能力是企业获取利润的能力，获利是企业经营的直接目的。通常，反映盈利能力的指标有：营业利润率、总资产报酬率、净资产报酬率等。

财务综合分析就是将营运能力、偿债能力和获利能力等诸方面的分析纳入一个有机的整体之中，认真分析其相互关系，全方位地对企业经营状况、财务状况进行分析，从而对企业经济效益做出准确的评价与判断。综合分析的方法有很多，其中应用比较广泛的有杜邦分析法和沃尔评分法。

➤ 思考题

1. 简述财务分析的方法。
2. 简述财务分析的内容。
3. 简述财务分析的指标体系构成。
4. 反映偿债能力的指标有哪些？
5. 反映营运能力的指标有哪些？
6. 反映盈利能力的指标有哪些？
7. 简述杜邦分析法的主要内容。

➤ 练习题

习题一

一、目的：练习财务指标的计算。

二、资料：某公司资产负债表和利润表相关项目的金额见表1和表2。

表1 资产负债表

2011年12月31日 单位：元

资产	年初数	年末数	负债及所有者权益	年初数	年末数
流动资产：			流动负债：		
货币资金	800	900	短期借款	2 000	2 300
交易性金融资产	1 000	500	应付账款	1 000	1 200
应收账款	1 200	1 300	预收款项	300	400
应收票据	60	80	其他应付款	100	100
预付款项	40	70	流动负债合计	3 400	4 000
存货	4 000	5 200	长期借款	2 000	2 500
			负债合计	5 400	6 500
流动资产合计	7 100	8 050	所有者权益：		
长期股权投资	400	400	实收资本	12 000	12 000
固定资产净值	12 000	14 000	盈余公积	1 600	1 600
无形资产	500	550	未分配利润	1 000	2 900
			所有者权益合计	14 600	16 500
资产合计	20 000	23 000	负债及所有者权益合计	20 000	23 000

表2 利润表相关项目金额

2011年 单位：元

项目	上年数	本年数
主营业务收入	18 000	20 000（赊销占50%）
主营业务成本	10 700	12 200
营业税金及附加	1 080	1 200
其他业务利润	600	1 000
管理费用	800	1 000
销售费用	1 620	1 900
财务费用（利息）	200	300
营业利润	4 200	4 400
投资收益	300	300
营业外收入	100	150
营业外支出	600	650
利润总额	4 000	4 200
所得税费用	1 320	1 386
净利润	2 680	2 814

假设无所得税纳税调整项目,所得税税率为 25%。

三、要求:根据上述资料计算如下指标:

(1) 流动比率;

(2) 速动比率;

(3) 现金比率;

(4) 资产负债率;

(5) 利息保障倍数

(6) 应收账款周转率;

(7) 存货周转率;

(8) 流动资产周转率;

(9) 总资产周转率;

(10) 净资产报酬率;

(11) 总资产报酬率。

习题二

一、目的:通过财务指标的计算,对企业的财务状况作出评价。

二、资料:某公司资产负债表和利润表相关项目的金额见表 3 和表 4。

表 3　资产负债表

2011 年 12 月 31 日　　　　　　　　　　　　　　　　单位:万元

资产	金额	负债及所有者权益	金额
货币资金(年初 764)	310	应付账款	516
应收账款(年初 1 156)	1 344	应付票据	336
存货(年初 700)	966	其他流动负债	468
流动资产合计	2 620	流动负债合计	1 320
固定资产净额(年初 1 170)	1 170	长期负债	1 026
		实收资本	1 444
资产总额(年初 3 790)	3 790	负债及所有者权益总额	3 790

表 4　利润表相关项目金额

2011 年　　　　　　　　　　　　　　　　单位:万元

销售收入	6 430
销售成本	5 570
毛利	860
管理及销售费用	580
财务费用	98
税前利润	182
所得税	72
净利润	110

三、要求：

（1）计算填表 5 中该公司的财务比率（天数计算结果取整）；

（2）与行业平均财务比率比较，说明该公司经营管理可能存在的问题；

（3）试说明应从哪些方面改善公司的财务状况和经营业绩。

表 5　财务比率计算表

比率名称	本公司	行业平均数
流动比率		1.98
资产负债率		62%
利息保障倍数		3.8
存货周转率		6 次
平均收现期（360÷应收账款周转率）		35 天
固定资产周转率（销售收入÷平均固定资产净额）		13 次

第六篇 会计基础工作

本篇内容要点

◇ 会计人员从业的要求

◇ 会计档案的管理

◇ 会计电算化的内容

◇ 电算化内部控制的设计

◇ 内部会计控制的措施

◇ 内部会计控制的内容

第13章

会计工作组织

内容提要

本章重点介绍与会计工作的开展有密切关系的会计工作组织，具体包括会计机构的设置、会计人员的从业资格要求、在会计工作中会计人员的职责和权限、合格的会计人员应具备的职业道德，以及如何进行会计工作交接和会计档案管理等。

13.1 会计机构和会计人员

13.1.1 会计机构的设置

会计机构是各单位办理会计事务的职能部门，会计人员是直接从事会计工作的人员。建立健全会计机构，配备与工作要求相适应、具有一定素质和数量的会计人员，是做好会计工作、充分发挥会计职能作用的重要保证。

根据《会计法》第三十六条的规定，一个单位是否设置会计机构，往往取决于单位规模的大小、经济业务和财务收支的繁简，以及经营管理的需要等因素，而不论是企业、事业或行政机构等不同性质的单位。对于不具备单独设置会计机构的单位，如财务收支数额不大、会计业务比较简单的企业、机关、团体、事业单位和个体工商户等，为了适合这些单位的内部客观需要和组织结构特点，允许其在有关机构中配备专职会计人员。没有设置会计机构和配备专职会计人员的单位，应当委托会计师事务所或者持有代理记账许可证书的其他代理记账机构进行代理记账。如果设置会计机构的单位规模过大，在设置会计机构时，应贯彻分散与集中相结合的原则，根据"统一领导，分级管理"的原则，在单位内部设置各级、各部门的会计组织。

我国基层企事业单位的会计工作，受到财政部门和单位主管部门的双重领导，财政部门的领导包括主管全国会计工作的财政部会计司和地方财政部门设置的会计局、处、科等，单位主管部门则指的是企业主管部门所设置的会计局、处、科等。对于需要设置会计机构的基层企事业单位来说，其所设置的会计机构为会计处、科、股等，直接受到厂长、经理或单位行政领导人的领导。大中型规模的企业需要设置总会计师行政职位，由总会计师直接领导会计机构，总会计师再受厂长、经理或单位行政领导人的领导。对于不具备设置专门会计机构的单位，应由有代理记账业务资格的机构代其完成记账业务，根据相关规定，从事代理记账业务的机构，应至少有三名持有会计从业资格证书的专职人员，主管代理记账业务的负责人必须有会计师以上专业技术资格。

由于会计工作和财务工作都是综合性经济管理工作，它们之间的关系非常密切，因此在实际工作中，通常将二者的职能机构合并，统一设置一个财务会计机构。

13.1.2　会计人员从业的要求

设置了会计机构，就必须配备一定数量的会计人员，并选出合适的会计机构负责人。会计人员是从事会计工作、处理会计业务、完成会计任务的人员。会计机构负责人或会计主管人员，是在一个单位内具体负责会计工作的中层领导人员。在单位负责人的领导下，会计机构负责人（会计主管人员）负有组织、管理本单位所有会计工作的责任。合理地配置会计人员，是做好会计工作的先决条件，因为人的因素在会计信息系统中起到了重要的作用。

13.1.2.1　会计人员的从业资格

会计是一项专业性很强的工作，因此会计人员必须具备必要的专业知识。衡量会计人员具备专业资格的标准是会计证的取得。未取得会计证的人员，不得从事会计工作。持证者才能上岗，这既是对用人单位的要求，也是对用人单位利益的保护。因为用人单位一般难以对拟聘用的会计人员的专业素质进行考核；同时，对已经持证的人员来说，这项规定在一定的程度上保护了他们的工作权利。而对希望从事会计工作尚不具备条件的人员来说，这项规定也为他们确立了努力的方向。

对于具备规定学历的人员，可直接获取会计从业资格。具备大学专科以上会计专业学历的（含大学专科），同时符合基本条件的，可直接获得会计从业资格。对于不具备大学专科以上会计专业学历的人员，要从事会计工作，必须通过考试取得会计从业资格。

担任会计机构负责人的，除取得会计从业资格证书外，还应当具备会计师以上专业技术职务资格或从事会计工作三年以上。会计专业技术职务资格的取得同样需要通过全国统一考试。资格考试分为助理会计师考试和会计师考试两种。我国会计专业职务分为高级会计师、会计师、助理会计师、会计员；高级会计师为高级职务，会计师为中级职务，助理会计师和会计员为初级职务。另外，值得注意的是，大家耳熟能详的注册会计师并不是专业技术资格，而是一种执业资格。总会计师也不是一种专业技术职务，而是单位行政领导成员，是单位财务会计工作的主要负责人，单位主要行政领导人的参谋和助手，其参与单位的重大经营决策活动，属于单位中的高层领导。

13.1.2.2　会计人员的职责和权限

会计人员的职责主要体现在以下几个方面：

（1）进行会计核算。会计核算一般指记账、算账和报账的相关工作，是会计人员最本职的工作。在进行会计核算时，会计人员要以实际发生的经济业务进行会计核算，填制会计凭证、登记会计账簿、编制财务会计报告，如实反映单位的财务状况、经营成果和财务状况变动。根据《会计法》第十条规定，会计核算的具体内容包括：①款项和有价证券的收付；②财物的收发、增减和使用；③债权、债务的发生和结算；④资本、基金的增减和经费的收支；⑤收入、费用、成本的计算；⑥财务成果的计算和处理；⑦其他会计事项。

（2）实行会计监督。它是指会计人员对本单位的经济行为进行监督。具体包括不受理不真实、不合法的原始凭证；制止和纠正伪造、变造、故意毁灭会计账簿或账外设账行为；不予办理违法的收支；建立财产清查制度，监督实物和款项；制止和纠正编造、篡改财务报告的行为；对单位内部相关管理制度的执行情况、经济计划和财务预算的执行情况进行监督；配合相关如财政、税务和审计部门进行监督等。

（3）建立本单位会计事务处理的具体办法。在会计准则实施以后，国家只对会计工作管理和会计事务处理办法做原则性的规定，而具体到各单位，则需要以国家的一般性规定为基础，结合各单位的特点，建立适合本单位使用的会计事务处理具体办法。例如，建立会计岗位责任制、钱账分管的制度、内部稽核制度、会计核算程序和方法、费用开支报销手续办法等。

（4）编制单位的经济计划和财务预算并分析计划和预算的执行情况。会计人员应遵照相关规定，对单位的经济计划和财务预算加以编制，并跟踪经济计划和财务预算的执行，对偏离目标的行为加以纠正，在最终计划和预算完成之际，对计划和预算的执行结果加以考核、分析。

同时，为了使得会计人员履行职责得到一定的保障，国家也给予了会计人员一定的权限，具体体现在如下几个方面：

（1）会计人员有权要求本单位各有关部门及相关人员认真执行国家、上级主管部门等批准的计划和预算、遵守国家财经纪律及相关财务会计制度。如对上述规定有所违背，会计人员有权拒绝付款、拒绝报销或拒绝执行。对于属于会计人员职权范围内的违规行为，在自己的权责范围进行纠正，对于超出权责范围的舞弊、欺骗和作假行为，应及时向单位领导和有关部门汇报，并请求依法处理。

（2）会计人员有权参与本单位编制计划、制定定额和签订合同，参加有关的生产、经营管理会议，并从专业角度就相关事项向领导提出自己的意见和建议。

（3）会计人员有权监督、检查本单位有关部门的财务收支、资金使用和财产保管、收发、计量、检验等情况。在需要的时候，有关部门要通过提供资料等方式支持和协助会计人员的工作。

13.1.2.3　会计人员的职业道德

一个合格的会计人员除了具备一定的专业素质外，还需要有良好的职业道德修养。因为技术性规范是由会计人员来执行的，而会计人员的职业道德水平，在很大程度上影响着他们对业务的主观判断以及对技术规范的执行，从而影响会计工作的质量。会计职业道德是会计职业人员应当遵循的道德准则和正确处理人与人之间关系的行为规范。与会计人员应当具备的其他素质相比，职业道德属于自律范畴，它通过公约、守则等对职业活动中的行为加以规范，贯穿于会计工作的方方面面。

一般情况下，从事专业会计工作的人员有两类：一是在某单位内部从事会计核算工作的人员；二是从事中立鉴证工作的注册会计师。本书重点介绍企业内部的会计核算，因此我们将更多地讨论会计核算人员的职业道德。我国的《会计基础工作规范》（下称《规范》）中对会计人员职业道德作出了以下规定：

1. 爱岗敬业

爱岗就是热爱本职工作，这是做好一切工作的出发点，会计人员只有为自己建立了这个出发点，才会勤奋、努力钻研业务技术，使自己的知识和技能适应具体从事的会计工作的要求。敬业就是会计人员应该充分认识本职工作的社会意义和道德价值，具有会计职业的荣誉感和自豪感，在职业活动中具有高度的劳动热情和创造性，以强烈的事业心和责任感，从事会计工作。

2. 诚实守信

诚实是指言行与内心思想一致，不弄虚作假、不欺上瞒下。守信就是遵守自己所做出的承诺，讲信用、重信用、信守诺言、保守秘密。诚实守信是做人的基本准则，是人们在古往今来的交往中产生出的最根本的道德规范，也是会计职业道德的精髓。会计工作在现代经济生活中居于重要的地位，通过综合的财务信息来反映单位的方方面面的工作，因此更需要会计人员的诚实守信。

3. 廉洁自律

廉洁就是不贪污钱财，不收受贿赂，保持清白。自律是指自律主体按照一定的标准，自己约束自己、自己控制自己的言行和思想。廉洁自律是会计职业道德的前提，也是会计职业道德的内在要求，这是会计工作的特点决定的。会计人员与金钱打交道，是否能够做到廉洁自律，是能否做好会计工作的最重要的前提之一。

4. 客观公正

会计人员在办理会计事务中，应当实事求是、客观公正。这是一种工作态度，也是会计人员追求的一种境界。做好会计工作，仅凭专业知识和专门技能是不足以保证会计工作的质量的，有没有实事求是的精神和客观公正的态度也同样重要，否则，就很容易把知识和技能用错了地方，甚至参与弄虚作假或者共同作弊。

5. 坚持准则

坚持准则是指会计人员在处理业务过程中，要严格按照会计法律制度办事，不为主观或他人意志左右。这里所说的"准则"不仅指会计准则，而且包括会计法律、法规、国家统一的会计制度以及与会计工作相关的法律制度。坚持准则是会计职业道德的核心。会计人员在进行核算和监督的过程中，只有坚持准则，才能以准则作为自己的行动指南，做到在自己处理各项经济业务时知法依法、知章循章，依法把关守口，在发生道德冲突时，应坚持相关准则，以维护国家利益、社会公众利益和正常的经济秩序。坚持准则包括：熟悉准则、遵循准则、坚守准则。

6. 提高技能

会计人员是会计工作的主体。会计工作质量的好坏，一方面受会计人员职业技能水平的影响；另一方面受会计人员道德品行的影响。会计人员的道德品行是会计职业道德的根本和核心，会计人员的职业技能水平则是会计人员职业道德水平的保证。会计工作是一门专业性和技术性很强的工作，从业人员必须具备一定的会计专业知识和技能，才能胜任会计工作。而且，随着外在环境的发展，会计也在不断地发展以适应环境的变化，作为一名会计工作者必须不断地提高其职业技能，这既是会计人员的义务，也是在职业活动中做到客观公正、坚持准则的基础，是参与管理的前提。

7. 参与管理

参与管理简单地讲就是参加管理活动，为管理者当参谋，为管理活动服务。会计管理是企业管理的重要组成部分，在企业管理中具有十分重要的作用。但会计工作的性质决定了会计在企业管理活动中，更多的是从事间接管理活动。参与管理就是要求会计人员积极主动地向单位领导反映本单位的财务、经营状况及存在的问题，主动提出合理化建议，积极地参与市场调研和预测，参与决策方案的制订和选择，参与决策的执行、检查和监督，为领导的经营管理和决策活动当好助手和参谋。如果没有会计人员的积极参与，企业的经营管理就会出现问题，决策就可能出现失误。

8. 强化服务

强化服务就是要求会计人员具有文明的服务态度、强烈的服务意识和优良的服务质量。服务态度是服务者的行为表现，文明服务、以礼待人，不仅仅是对服务行业提出的道德要求，而是对所有职业活动提出的道德要求。在我们的社会生活中，各岗位上的就业者都处于服务他人和接受他人服务的地位。在服务他人的过程中，人们承担对他人的责任和义务的同时，也接受着他人的服务。

13.1.2.4 会计人员的任免

会计工作是一项重要的工作，对于会计工作人员的任免必须慎重。针对这个问题，《会计法》中专门作出了规定，具体体现在以下方面：

（1）会计人员按照干部管理权限的规定任免，企业事业单位的会计机构负责人、会计主管人员的任免应经过上级主管单位同意，由单位的领导正式任免。这意味着，会计主管人员的任免并不完全是本单位的行为，需要经过上级主管单位的同意，需先由本单位的领导提名报上级主管单位，经上级主管单位考核，得到行政领导人同意后，最后通知上报单位按规定程序任免。

（2）会计人员忠于职守，坚持原则，受到错误处理的，上级主管单位应当责成所在单位予以纠正；玩忽职守，丧失原则，不宜担任会计工作的，上级主管单位应当责成所在单位予以撤换。

此外，由于国有企业是我国的经济命脉，在我国经济中占很大比重，国家机关和行政事业单位是公共事业部门，也具有特殊的性质，因此为了保证国家经济的顺利进行，对国家机关、国有企业、事业单位任用会计人员应当实行回避制度。结合会计工作的实际情况，《规范》规定：国家机关、国有企业、事业单位任用会计人员应当实行回避制度。单位领导人的直系亲属不得担任本单位的会计机构负责人、会计主管人。其中，直系亲属指的是夫妻关系、直系血亲关系、三代以内旁系血亲以及近姻亲关系。会计机构负责人、会计主管人员的直系亲属不得在本单位会计机构中担任出纳工作。

13.2　会计档案管理和会计工作交接

会计档案管理和会计工作交接是会计工作组织中很重要的两个环节，会计档案管理保证了会计资料的有证可循，会计工作交接则保证了会计工作中责任的明确。

13.2.1　会计档案管理

会计档案是指记录和反映经济业务事项的重要历史资料和证据，一般包括会计凭证、会计账簿、财务会计报告以及其他会计资料等四个部分，其中的其他会计资料是指与会计核算、会计监督紧密相关的，由会计部门负责办理的有关数据资料，具体包括：经济合同、财务数据统计资料、财务清查汇总资料、核定资金定额的数据资料、会计档案移交清册、会计档案保管清册、会计档案销毁清册等。其一般是在机关和企事业单位日常经营的会计处理过程中形成，并按规定保存备查的会计信息载体等其他重要的文件资料。会计档案管理具体包括会计档案的立卷、归档、保管、调阅和销毁等具体内容。

13.2.1.1　会计档案的整理立卷

会计年度终了后，对会计资料要进行整理立卷。会计档案的整理一般采用"三统一"的办法，即：分类标准统一、档案形成统一、管理要求统一，并分门别类按各卷顺序编号。其中分类标准统一，指的是统一将财务会计资料分成一类账簿、二类凭证，三类报表、四类文字资料及其他；档案形成统一，指的是案册封面、档案卡夹、存放柜和存放序列统一；管理要求统一，也就是建立财务会计资料档案簿、会计资料档案目录，会计凭证一般每月装订一次，装订好的凭证按年分月妥善保管归档，各种会计账簿年度结账后，除跨年使用的账簿外，其他账簿应按时整理立卷，会计报表编制完成及时报送后，留存的报表应按月装订成册谨防丢失，小企业可按季装订成册。

13.2.1.2　会计档案的归档

会计档案由单位会计机构负责整理立卷归档，并在一年保管期满后移交单位的会计档案管理机构，没有专门档案管理机构的单位应由会计机构指定专人继续保管。在保管期间时，若档案需要移交，需按一定的手续进行。会计档案的保管需满足一定的要求，具体包括会计档案室的选择、会计档案的包装和存放、归档登记簿的设置等。

13.2.1.3　会计档案的保管期限

按照《会计档案管理办法》的规定，会计档案的保管有永久保管和定期保管两类，其中定期保管期限又有 3 年、5 年、10 年、15 年、25 年之分，时间从会计年度终了后的第一天算起，例如，2011 年度终了日为 12 月 31 日，保管期限按 2012 年 1 月 1 日开始计算。凡是在立档单位会计核算中形成的，记述和反映会计核算的，对工作总结、查考和研究经济活动具有长远利用价值的会计档案，应永久保存。各种会计档案的保管期限见表 13-1。

表 13-1　企业和其他组织会计档案保管期限表

序号	档案名称	保管期限	备注
一	会计凭证类		
1	原始凭证	15 年	
2	记账凭证	15 年	
3	汇总凭证	15 年	
二	会计账簿类		
4	总账	15 年	包括日记总账
5	明细账	15 年	
6	日记账	15 年	现金和银行存款日记账保管 25 年
7	固定资产卡片		固定资产报废清理后保管 5 年
8	辅助账簿	15 年	
三	财务报告类		包括各级主管部门汇总财务报告
9	月、季度财务报告	3 年	包括文字分析
10	年度财务报告（决算）	永久	包括文字分析
四	其他类		
11	会计移交清册	15 年	
12	会计档案保管清册	永久	
13	会计档案销毁清册	永久	
14	银行余额调节表	5 年	
15	银行对账单	5 年	

13.2.1.4　会计档案的借阅

会计档案在归档保管之后，如存在借阅需求的，应当办理一定的手续。会计档案为本单位提供利用，原则上不得借出，有特殊需要须经上级主管单位或单位领导、会计主管人员批准。外部借阅会计档案时，应持有单位正式介绍信，经会计主管人员或单位领导人批准后，方可办理借阅手续；单位内部人员借阅会计档案时，应经会计主管人员或单位领导人批准后，办理借阅手续。单位应设置"会计档案借阅登记簿"，借阅人应认真填写档案借阅登记簿，将借阅人姓名、单位、日期、数量、内容、归期等情况登记清楚。借阅会计档案人员不得在案卷中乱画、标记，拆散原卷册，也不得涂改抽换、携带、外出或复制原件（如有特殊情况，须经领导批准后方能携带外出或复制原件）。借出的会计档案，会计档案管理人员要按期如数收回，并办理注销借阅手续。

13.2.1.5　会计档案的销毁

会计档案超过规定的保管期限时，需予以销毁。会计档案的销毁应当按规定程序进行。其程序如下：

（1）对于保管期满的会计档案，需要销毁时，应由单位档案管理机构提出销毁意见，会同会计机构共同鉴定，严格审查，编造销毁清册，报单位负责人批准后，由单位档案管理机构和会计机构共同派员监销；

（2）机关、团体、事业单位和非国有企业会计档案要销毁时，报本单位领导批准后销毁；国有企业经企业领导审查，报请上级主管单位批准后销毁。

（3）保管期满但未结清的债权债务原始凭证及其他未了事项的原始凭证，不得销毁，应当单独抽出立卷，保管到未了事项完结时为止；正在项目建设期间的建设单位，其保管期满的会计档案不得销毁。

（4）销毁档案前，应按会计档案销毁清册所列的项目逐一清查核对；各单位销毁会计档案时应由档案部门和财会部门共同派员监销，各级主管部门销毁会计档案时，应由同级财政部门、审计部门派员参加监销；会计档案销毁后经办人在"销毁清册"上签章，注明"已销毁"字样和销毁日期，以示负责，同时将监销情况写出书面报告一式两份，一份报本单位领导，一份归入档案备查。

采用电子计算机进行会计核算的单位，应当保存打印出的纸制会计档案。具备采用磁带、磁盘、光盘、微缩胶片等磁性介质保存会计档案条件的，由国务院业务主管部门统一规定，并报财政部、国家档案局备案。关、停、并、转单位的会计档案，要根据会计档案登记簿编制移交清册，移交给上级主管部门或指定的接收单位接收保管。

13.2.2 会计工作交接

会计人员工作交接是会计工作中的一项重要内容。做好会计交接工作，可以使会计工作前后衔接，保证会计工作连续进行；可以防止因会计人员的更换出现账目不清、财务混乱等现象；同时也是分清移交人员和接管人员责任的有效措施。与接管人员办清交接手续，是会计人员应尽的职责，也是做好会计工作的要求。

13.2.2.1 需要办理会计工作交接的情况

除《会计法》规定的"会计人员调动工作或离职，必须与接管人员办清交接手续"的情形之外，会计人员在临时离职或其他原因暂时不能工作时，也应办理会计工作交接，《会计基础工作规范》对此作了较为详细的规定：

（1）临时离职或因病不能工作、需要接替或代理的，会计机构负责人（会计主管人员）或单位负责人必须指定专人接替或者代理，并办理会计工作交接手续。

（2）临时离职或因病不能工作的会计人员恢复工作时，应当与接替或代理人员办理交接手续。

（3）移交人员因病或其他特殊原因不能亲自办理移交手续的，经单位负责人批准，可由移交人委托他人代办交接，但委托人应当对所移交的会计凭证、会计账簿、财务会计报告和其他有关资料的真实性、完整性承担法律责任。

13.2.2.2　会计工作交接的程序

1. 交接前的准备工作

会计人员工作调动或者因故离职，必须将本人所经管的会计工作全部移交接替人员。没有办清交接手续的不得调动或离职。根据《会计基础工作规范》规定，会计人员办理移交必须作好以下准备工作：

（1）已经受理的经济业务尚未填制会计凭证的，应当全部填制会计凭证。

（2）尚未登记账目应当登记完毕，结出余额，并在最后一笔余额后加盖经办人员印章。

（3）整理应该移交的各项资料，对未了事项和遗留问题要写出书面说明材料。

（4）编制移交清册，列明移交凭证、账簿、会计报表、公章、现金、有价证券、支票簿、发票、文件、其他会计资料和物品等内容；实行会计电算化的单位，从事该项工作的移交人员应在移交清册上列明会计软件及密码、会计软件数据盘、磁带等内容。

（5）会计机构负责人、会计主管人员移交时，应将财务会计工作、重大财务收支问题和会计人员的情况等向接替人员介绍清楚。

2. 移交点收

移交人员离职前必须将本人经管的会计工作，在规定的期限内，全部向接替人员移交清楚。接替人员应认真按照移交清册逐项点收。具体要求是：

（1）现金要根据会计账簿记录余额进行当面点交，不得短缺，接替人员发现不一致或"白条抵库"现象时，移交人员在规定期限内负责查清处理。

（2）有价证券的数量要与会计账簿记录一致，有价证券面额与发行价不一致时，按照会计账簿余额交接。

（3）会计凭证、会计账簿、财务报告和其他会计资料必须完整无缺，不得遗漏。如有短缺，必须查明原因，并在移交清册上注明，由移交人负责。

（4）银行存款账户余额要与银行对账单核对一致，如有未达账项，应编制银行存款余额调节表调节相符；各种财产物资和债权债务的明细账户余额要与总账有关账户余额核对相符；对重要实物要实地盘点，对余额较大的往来账户要与往来单位、个人核对。

（5）公章、收据、空白支票、发票、科目印章以及其他物品等必须交接清楚。

（6）实行会计电算化的单位，交接双方应在电子计算机上对有关数据进行实际操作，确认有关数字正确无误后，方可交接。

3. 专人负责监交

会计人员在办理交接手续时，必须有人监交。通过监交，保证双方都按照国家有关规定认真办理交接手续，防止流于形式，保证会计工作不因人员变动而受影响，保证交接双方处在平等的法律地位上享有权利和承担义务，不允许任何一方以大压小、以强凌弱，或采取不正当乃至非法手段进行威胁。移交清册应当经过监交人员审查和签名、盖章，作为交接双方明确责任的证据。通常情况下，一般会计人员办理交接手续，由会计机构负责人（会计主管人员）监交；会计机构负责人（会计主管人员）办理交接手续，由单位负责人监交，必要时主管单位可以派人会同监交。

4. 交接后的有关事宜

（1）会计工作交接完毕后，交接双方和监交人要在移交清册上签名盖章，并在移交清册上注明：单位名称、交接日期以及交接双方和监交人的职务、姓名，移交清册页数及需要说明的问题和意见等。

（2）接管人员应继续使用移交前的账簿，不得擅自另立账簿，以保证会计记录前后衔接，内容完整。

（3）移交清册填制一式三份，交接双方各持一份，存档一份。

此外，会计工作交接中，合理、公正地区分移交人和接替者的责任是非常必要的。移交人员对移交的会计凭证、会计账簿、会计报表和其他会计资料的合法性、真实性承担法律责任。这就是说如果移交人员所移交的会计资料是在其经办会计工作期间内发生的，那么他就应当对这些会计资料的合法性、真实性负责，即使接替人员在交接时因疏忽没有发现所接受的会计资料在合法性、真实性方面的问题，如事后发现，也应由原移交人员负责，原移交人员不应以会计资料已经交接而推卸责任；如果所发现的会计资料真实性、合法性方面的问题不在原移交人员的经办期间发生，而是在其后，则不应由原移交人员承担责任，而应由接管人员承担责任。

本章知识点小结

会计机构是各单位办理会计事务的职能部门，一个单位是否设置会计机构，往往取决于单位规模的大小，经济业务和财务收支的繁简，以及经营管理的需要等因素，而不论是企业、事业或行政机构等不同性质的单位。

衡量会计人员是否具备专业资格的标准是会计证的取得。未取得会计证的人员，不得从事会计工作。对于具备规定学历的人员，可直接获取会计从业资格。具备大学专科以上会计专业学历的（含大学专科），同时符合基本条件的，可直接获得会计从业资格。对于不具备大学专科以上会计专业学历的人员，要从事会计工作，必须通过考试取得会计从业资格。担任会计机构负责人的，除取得会计从业资格证书外，还应当具备会计师以上专业技术职务资格或从事会计工作三年以上。会计专业技术职务资格的取得同样需要通过全国统一考试。资格考试分为助理会计师考试和会计师考试两种，其中会计师考试又有中级会计师和高级会计师。

会计档案是指记录和反映经济业务事项的重要历史资料和证据，一般包括会计凭证、会计账簿、财务会计报告以及其他会计资料等四个部分。会计档案管理具体包括会计档案的立卷、归档、保管、调阅和销毁等具体内容。按照档案的不同性质，履行不同的管理程序。

➤ 思考题

1. 简述会计人员的任职要求。

2. 简述会计机构的设置原则。

3. 会计人员的职责和权限各是什么?

4. 会计人员的职业道德规范有哪些内容?

5.《会计法》中对会计人员的任免有何规定?

6. 简述会计工作交接中应注意的问题。

7. 简述会计档案的保管期限。

8. 简述会计档案的销毁程序。

第14章

会计电算化

内容提要

本章系统地介绍会计电算化的内容,首先为读者厘清了会计电算化的概念,在此基础上,从硬件和软件两方面讨论了会计电算化工作的组织,最后进一步介绍了会计电算化的相关规章制度,包括会计电算化的内部控制制度和会计电算化档案的管理制度。

14.1 会计电算化概述

14.1.1 会计电算化的概念及内容

随着信息技术的日益发展,其向各领域的渗透越来越强,会计工作也毫不例外地受到了影响。信息技术使得会计由原来的手工、机械手段的信息处理,逐渐演变成由计算机来作为信息处理手段,从而使得会计工作的效率得到了大大地提高。

14.1.1.1 会计电算化的概念

会计电算化是指采用电子计算机技术和其他信息技术替代人工记账、算账、报账,以及代替部分由大脑完成的对会计信息的处理、分析和判断的过程。也就是由专业人员编制会计软件,由会计人员及有关的操作人员操作会计软件,指挥计算机替代人工来完成会计工作的活动。因为会计电算化从根本上改变了传统的会计信息处理技术,是满足现代企业管理对会计数据信息及时性、准确性要求,加强管理,提高经济效益的根本需要的,所以会计电算化是会计基础工作的重要内容之一。

会计电算化的开展,减轻了财会人员的工作强度;促进了会计工作的规范化,提高了会计工作的质量;促进了会计工作职能的转变,提高了财会人员的素质;为整个管理工作现代化奠定了基础;同时也促进了会计理论的研究,推进了会计管理制度的改革。由此可见,会计电算化将是会计工作的发展趋势。虽然我国推进会计电算化的历史并不很长,但发展至今,已有了很大的进步。1981年8月,长春第一汽车制造厂联合其他单位和高校召开了"财务、会计、成本应用电子计算机问题讨论会",第一次正式提出了"电子计算机在会计工作中的应用"的问题,我国初次引入了"会计电算化"的概念。在近几年中，会计电算化得到了迅速发展和普及。很多企业购买通用会计电算化软件或量身定做适合自身的电算化软件，并培养出很多电算化人才。同时电算化软件开发的发展也很迅速，如今国产会计电算化软件已在我国市场上占据了一定的份额。

14.1.1.2　会计电算化的内容

会计电算化可以从不同的角度进行归纳。目前对于会计电算化的理解主要有三种，即会计核算电算化、会计管理电算化和会计决策电算化。

1. 会计核算电算化

会计核算电算化是会计电算化的第一个层次，主要内容包括在设置会计科目、填制会计凭证、登记会计账簿、进行成本计算、编制会计报表等方面运用会计核算软件，实现会计数据处理电算化。其中，设置会计科目电算化是通过会计核算软件的初始化功能实现的；填制会计凭证电算化是指在计算机上实现会计凭证的编制；在电算化环境下，会计账簿的登记是通过系统自动进行的，只要电子凭证的编制正确，记账的过程就不会出现问题；成本费用计算电算化指的是通过编制计算机程序，按照会计制度规定的方法自动对经营过程中发生的采购费用、生产费用、销售费用和管理费用，进行成本费用核算，许多通用会计软件提供了多种成本计算的方法供用户选用；编制会计报表电算化则是指通过计算机程序定义报表生成功能模块，通过设置各种公式，从之前的账务处理系统中取数，最终形成所需要的报表。

2. 会计管理电算化

会计管理电算化是指在会计核算电算化的基础上，利用会计核算提供的数据和其他有关数据，借助于计算机会计管理软件提供的功能，帮助会计人员合理地筹措和运用资金，节约生产成本和经费开支，提高经济效益的电算化。会计管理电算化主要有以下几个任务：第一，进行会计预测，即根据计算机内已储存的数据和补充输入的数据，在会计软件的指挥下，由计算机进行预测并输出预测结果，如根据前几年的销售收入预测本年度的销售收入；第二，编制财务计划，财务计划是预测的结果和具体化，在会计软件的指挥下，计算机根据预测结果和一定的方法，自动编制财务计划，如根据预测的销售量和期初期末的库存数，确定本期的生产任务；第三，进行会计控制，会计电算化以后，利用数据处理的及时性特点，不断与计划数对比分析，找出计划执行过程中存在的问题，确保计划目标和有关规章制度的贯彻执行；第四，进行会计分析，会计电算化以后，利用会计软件进行偿债能力分析、盈利能力分析、营运能力分析以及计划执行情况的分析。

3. 会计决策电算化

会计决策电算化是会计电算化的最高阶段。在这个阶段，由会计软件指挥计算机根据有关预测资料完成决策工作，为最终的决策提供支持。相关决策包括长期投资决策、产品定价决策、资金筹集决策、短期生产经营决策等。

14.1.1.3　会计电算化和手工会计的比较

无论是何种层次的会计电算化，其核心皆落在"电算化"这三个字上。这也正是信息技术渗透到会计工作后，信息化会计较原先的手工会计更先进之处。事实上，现阶段的会计电算化和手工会计并不存在核算原理上的区别，二者运用的都是传统的复式记账原理。会计电算化突出的优点是在信息化环境下，使用电子计算机技术进行会计信息的处理使得会计摆脱了原来手工会计下的数据处理量大、数据处理效率低和出错率高的困境，而只需要会计凭证的电算化录入正确，通过正确的计算机程序，最后就可以输出正确的账簿和报表。

14.1.2 会计电算化工作的组织

一般认为会计电算化的内容由人员、计算机硬件、计算机软件和规章制度构成。人员是指从事会计电算化的人员。它应当由以下几个部分组成：电算主管、软件操作员、审核员、电算维护、电算审查、数据分析等。计算机硬件是指进行会计电算化所需要的各种电子设备，如键盘、鼠标器、扫描仪等输入设备和显示器、打印机等输出设备，以及存储器和中央处理器等。

14.1.2.1 配备合格的会计电算化工作人员

各单位要积极支持和组织本单位会计人员分期分批进行会计电算化知识培训，逐步使多数会计人员掌握会计软件的基本操作技能。具备条件的单位，使一部分会计人员能够负责会计软件的维护，以使得在必要的时候可以自行进行硬件和软件的维护；并培养部分会计人员逐步掌握会计电算化的系统分析和系统设计工作，从而可以在需要的时候，根据实际情况，提出信息需求，自行设计新系统，或者在聘请专业软件公司时，可以做到心中有数，和软件公司的专业分析人员、设计人员、程序员等相关人员进行更好的沟通。另外对于积极钻研电算化业务、技术水平高的会计人员，应该给予物质和精神奖励。

14.1.2.2 配置合适的会计电算化硬件

电子计算机和会计软件是实现会计电算化的重要物质基础，各单位可根据实际情况和今后的发展目标，投入一定的财力，以保证会计电算化工作的正常进行。各单位应根据实际情况和财力状况，选择与本单位会计电算化工作规划相适应的计算机机种、机型和系统软件及有关配套设备。实行垂直领导的行业、大型企业集团，在选择计算机机种、机型和系统软件及有关配套设备时，应尽量做到统一，为实现网络化打好基础。具备一定硬件基础和技术力量的单位，可充分利用现有的计算机设备建立计算机网络，做到信息资源共享和会计数据实时处理。客户机/服务器体系具有可扩充性强、性价比高、应用软件开发周期短等特点，大中型企事业单位可逐步建立客户机/服务器网络结构；采用终端/主机结构的单位，也可根据自身情况，结合运用客户机/服务器结构。由于财务会计部门处理的数据量大、数据结构复杂、处理方法要求严格和安全性要求高，各单位用于会计电算化工作的电子计算机设备，应由财务会计部门管理，硬件设备比较多的单位，财务会计部门可单独设立计算机室。

14.1.2.3　会计电算化软件的选择

计算机软件是指计算机运行所需要的各种数据程序以及与之相关的文档资料。包括系统软件和应用软件。系统软件包括操作系统、数据库管理系统、语言处理系统和软件工具。应用软件是为解决特定的具体问题而设计开发的软件。会计电算化软件是一种应用软件，是专门用于会计数据处理的软件。会计软件是否合适，是决定会计电算化工作能否正常开展的关键。

1. 会计软件的概念

会计软件是以会计理论和会计方法为核心，以会计制度为依据，以计算机及其应用技术为技术基础，以会计数据为处理对象，为会计核算、财务管理和企业经营管理提供信息资料为目的，将计算机技术应用于会计工作的软件系统。会计软件属于计算机应用软件的范畴，一般应有以下几种软件：①账务处理系统；②工资核算系统；③固定资产核算系统；④材料核算系统；⑤销售核算系统；⑥采购核算系统；⑦往来账核算系统；⑧成本核算系统；⑨报表处理系统；⑩财务分析系统。

2. 会计软件的取得方式

通常会计软件的取得方式有三种，分别为：选购通用化会计软件、定点开发软件和二次开发。采用通用化会计软件的优点是见效快、成本低、质量高、维护有保障，缺点是不一定能完全满足管理需要，对会计人员素质要求较高。定点开发软件有自己开发、委托开发和联合开发，优点是针对性好、适用性强、操作容易，缺点是投资大、周期长、难以保持技术先进、需要有相应的技术改进和技术支持人员。二次开发即先购买通用软件，再在其基础上根据本单位需要进行二次开发，以克服通用软件不能完全满足本单位需要的缺点，采用这种方式最大的缺点就是软件的系统性不强。

3. 通用会计软件的选择

在上述三种取得方式中，选用商品化会计软件的显著优点是通用性强、成本低、见效快、软件质量高、维护有保障，解决了会计软件低水平、重复开发的问题。所以，购买商品化会计软件已成为目前企事业单位实现会计电算化的一条重要途径。各单位在选择商品化会计软件时可以从以下几个方面对会计软件进行考察。

（1）会计软件所需的运行环境。商品化会计软件对计算机硬件环境的要求包括型号、内存、硬盘、显示器和打印机等，对计算机软件环境的要求主要包括操作系统、中文环境以及数据库等。

（2）会计软件功能。企事业单位在选择会计软件时，首先应根据本单位所处行业，选择适合本行业特点的会计软件；其次，企事业单位选择的会计软件所提供的功能必须基本满足本单位会计业务处理的要求，这是选择会计软件的关键；最后，还要分析会计软件是否能够通过相应的设置以满足企事业单位经济业务发展变化的需要。

（3）会计软件操作的方便性。商品化会计软件操作是否方便，直接影响会计软件的使用，影响会计核算的及时性，因此在选择会计软件时应该认真考察和评价会计软件操作的方便性。对会计软件的操作方便性进行的考察和评价应该从会计软件的操作是否便于学习和会计软件的操作是否简单方便这两个方面进行。

（4）会计软件的安全可靠性。会计软件的安全可靠性是指会计软件防止会计信息被泄露和破坏的能力，以及会计软件防错、查错和纠错的能力。会计软件是通过指挥计算机完成会计信息的加工处理，会计信息处理的第一个基本要求就是要保障信息的真实、正确、可靠，防止信息被随意泄露破坏。安全可靠的会计软件对保证会计核算工作的安全正常运行非常重要。会计软件为了保证其安全可靠性，通常在软件中设计了各种安全可靠性措施。因此，在选择会计软件时要对会计软件的安全可靠性进行认真的考察。

（5）会计软件使用手册通俗易懂性。在购买会计软件前，还需对会计软件使用手册通俗易懂性进行评价。评价手册通俗易懂性主要从以下几个方面进行：内容是否完整；手册是否实用；各种命令、功能的用法解释是否清楚；手册中的范例是否实用。会计软件厂家是否能够提供通俗易懂的会计软件使用手册，也是选择会计软件所要考虑的重要因素之一。

（6）会计软件售后服务的可靠性。会计软件售后服务的可靠性对用户来说是至关重要的。会计信息系统是一个连续运行的系统，任何时候均不能间断，一旦系统中断正常运行，就会给国家、集体和个人带来重大的经济损失。因此，仔细考查会计软件售后服务情况，是企事业单位选择会计软件时十分重要的方面。考查会计软件售后服务的可靠性可从以下几方面进行：①会计软件公司的日常维护和用户培训；②会计软件公司能否根据形势的发展不断推陈出新，并为用户进行版本升级；③会计软件开发公司是否为会计软件再开发提供良好的接口。

另外，由于会计软件是一种特殊的产品，如果运用过程中产生的问题不能及时解决，将直接影响会计工作能否正常进行，影响管理工作的及时开展，因此，购买商品化会计软件时必须购买本地有维护点的软件。

14.2　会计电算化的规章制度

会计电算化的规章制度是指与会计电算化有关的所有法律和规范的总称。为了保证电算化工作的健康发展，按照《会计法》的规定，财政部指定并发布了一系列制度、规范性文件，主要有《会计电算化管理办法》、《会计核算软件基本功能规范》、《会计电算化工作规范》、《会计基础工作规范》等，实行会计电算化必须遵守上述有关法律和法规的规定。此外还应遵守会计主体根据上述法律和行政法规自行制定的会计电算化的工作制度和规定，如会计电算化内部控制制度、硬件管理制度、数据管理制度、保密制度、操作人员的运行权限和岗位责任制度。在此，我们重点介绍会计电算化的内部控制制度和会计电算化档案的管理制度。

14.2.1　会计电算化的内部控制制度

使用计算机进行会计工作，虽然是会计工作发展的必然方向，但同时也给内部控制带来了一定的困难。所以在设计电算化内部控制时尤其要关注这些特殊的问题。

14.2.1.1　电算化内部控制存在的困难

（1）识别身份和控制权限变得困难。在手工会计中，职责分工的关系是公开的，很难越权处理。但是在计算机系统中，会计处理是面向计算机进行的，单纯的职责分工会导致混乱。通常，操作权限是通过口令赋予的，但是计算机本身无法通过其他途径识别访问的个体。

（2）账簿体系间的互相牵制关系变弱。计算机处理时，通常是只输入一次数据，被各个系统所使用，虽然有很多计算机程序帮助确保数据的有效性，但是账簿间的勾稽关系已经不如手工条件下那么明显。

（3）磁性存储介质由于修改不留痕迹，对于计算机高手来说甚至能够做到不在操作日志中留下记录，所以缺乏证据能力。

（4）内部控制依赖于计算机系统：首先，计算机系统由于处理工具的改变使得人日益失去控制作用，只有通过计算机软件才能实现内部控制功能，比如对于用户身份的识别和修改的限制；另外，会计信息的正确性也依赖于软件的质量，如果在软件设计中存在漏洞，则会计信息的可靠性是难以保证的。

14.2.1.2　电算化内部控制设计的内容

（1）设计识别不相容的职能以及进行适当的职责分工的控制。具体可以分为职责分工、人事和监督等三个方面。

（2）在会计电算化中，倘若应用程序设计不当，则系统难以有效工作，甚至可能导致企业经营活动的中断，因此，对各种应用程序及计算机系统的作业流程必须建立完整的记录控制，为信息系统的分析、运作、修订提供必要的参考依据。

（3）设计合理的资产接触控制，重点在于保证资产的正确记录和核算，具体包括明细账记录控制、定期盘点控制、责任记录控制、作业清单控制、独立审核控制。

（4）设计管理过程控制。广义的管理过程控制包括一切管理行为，比如企业的人事管理制度、产品质量标准、审计政策等，狭义的管理过程控制仅指计算机系统开发和维护的控制。系统开发应该按照软件工程方法进行组织，要有周密的计划、科学的方法和严格的标准，要分阶段进行。系统的开发与维护过程必须注意人员的分工和使用；有关文档的记录规范编写，利于阅读（特别是源程序）；源程序不能驻留计算机系统中，必须由专人妥善保管，防止未经授权的人接触，保管期截至该系统停止使用或有重大更改之后的 1～3 年；系统要能自动生成操作日志，记录系统使用的情况，包括操作者和操作，这也是重要审计线索；软件修改维护都要按照规定的程序进行，即经过使用部门申请、主管批准并经过测试和封装源程序才能重新启用。

（5）设计数据处理中心控制，具有包括安全控制、软件和硬件的安全以及数据的安全。

（6）进行输入控制。其目的是确保各个交易系统的正确性，接收有关资料的及时和准确，并且将交易资料过入适当期间的会计记录，及时发现与更正进入信息系统的各种异常资料，或是反馈至使用部门处理。具体措施有显示校验、按键校验和编辑校验。

（7）进行处理控制。具体涉及文件标签控制、数据合理性控制、业务时序控制、交互核对。

（8）确保输出控制。目标在于保证输出资料的完整和准确，控制发放的对象。报告应该由使用部门的主管人员严格复核，以保证报告的总体合理性与质量。应对所有输出结果执行程序数据加以校验。相关措施包括输出权限控制、检查输出文件的勾稽关系、进行输出资料核准和登记、限制资料打印的份数等。

14.2.2　会计电算化档案的管理

会计电算化档案指存储在计算机中的会计数据（以磁性介质或光盘存储的会计数据）和计算机打印出来的书面形式的会计数据。会计电算化档案管理的主要任务是：监督和保证按要求生成各种档案，保证各种会计档案的安全与保密，保证各种会计档案得到合理和有效的利用，并安全保存。会计电算化档案的相关管理制度应主要包括如下内容：

14.2.2.1　记账凭证的生成与管理

电算化后，记账凭证的生成与管理与记账凭证的生成有关：①根据原始凭证在计算机上直接编记账凭证，由计算机打印输出。在这种情况下，记账凭证上应有录入员、稽核人员和会计主管人员的签名或盖章。收付款记账凭证还应由出纳人员签名或盖章。打印生成的记账凭证视同手工填制的记账凭证，按《规范》、《会计档案管理办法》的有关规定立卷归档保管；②手工事先作好记账凭证，向计算机录入记账凭证，然后进行处理，在这种情况下，保存手工记账凭证与机制凭证皆可。在保证记账凭证清晰的条件下，计算机打印输出凭证中的表格线可适当减少。

14.2.2.2　会计账簿和报表的生成与管理

对电算化后的会计账簿和会计报表的打印和保管，《规范》有明文规定，即应当打印出书面形式，其保存期限按《会计档案管理办法》的规定办理。考虑到计算机打印的特殊情况，在《会计电算化工作规范》中对会计资料生成作了一些灵活规定，包括：①现金日记账和银行存款日记账要每天登记并打印输出，做到日清月结。现金日记账和银行存款日记账的打印，由于受到打印机条件的限制，可采用计算机打印输出的活页账页装订成册。如果每天业务较少、不能满页打印的，可按旬打印输出。②一般账簿可以根据实际情况和工作需要按月或按季、按年打印；发生业务少的账簿，可满页打印。③在所有记账凭证数据和明细分类账数据都存储在计算机内的情况下，总分类账可用"总分类账本期发生额及余额对照表"替代。④在保证账簿清晰的条件下，计算机打印输出的账簿中表格线可适当减少。

14.2.2.3　关于磁性介质及其他介质的管理

存储计算机中的会计数据（以磁性介质或光盘存储的会计数据），是在会计电算化情况下新的会计档案形式。在未打印成书面形式输出之前，应妥善保管并留有副本。一般说来，为了便于利用计算机进行查询及在电算化系统出现故障时进行恢复，这些介质都应视同会计资料或档案进行保存。采用磁带、磁盘、光盘、微缩胶片等介质存储会计账簿、报表，具有磁性化和不可见的特点。因此，在存储时，必须注意以下几点：①采用磁带、磁盘、光盘、微缩胶片等介质存储会计数据，不再定期打印输出会计账簿，应征得同级财政部门的同意。②保存期限长短与打印输出的书面形式的会计账簿、报表相同。③记账凭证、总分类账、现金日记账和银行存款日记账仍需要打印输出，还要按照有关税务、审计等管理部门的要求，及时打印输出有关账簿、报表。

14.2.2.4　安全和保密措施

安全和保密措施包括：①对会计电算化档案管理要做好防磁、防火、防潮、防尘、防盗、防虫蛀、防霉烂和防鼠咬等工作。重要会计档案应准备双份，存放在两个以上不同的地点，最好在两个不同建筑物内。②采用磁性介质存贮会计档案，要定期进行检查、定期进行复制，防止由于磁性介质损坏而使会计档案丢失。③严格执行安全和保密制度，会计档案不得随意堆放，严防毁损、散失和泄密。对任何伪造、非法涂改变更、故意毁坏数据文件、账册、软盘等行为，都要进行相应的处理。④各种会计资料包括打印出来的会计资料以及存储会计资料的软盘、硬盘、计算机设备、光盘、微缩胶片等，未经单位领导同意，不得外借和拿出单位。⑤借阅会计资料，应该履行相应的借阅手续，经手人必须签字记录。存放在磁介质上的会计资料借阅归还时，还应该认真检查，防止感染病毒。

📖 本章知识点小结

会计电算化是指采用电子计算机技术和其他信息技术替代人工记账、算账、报账，以及代替部分由大脑完成的对会计信息的处理、分析和判断的过程。也就是由专业人员编制会计软件，由会计人员及有关的操作人员操作，指挥计算机替代人工来完成会计工作的活动。

关于会计电算化有三个不同层次的理解：会计核算电算化、会计管理电算化和会计决策电算化。会计核算电算化是会计电算化的第一个层次，主要内容包括在设置会计科目、填制会计凭证、登记会计账簿、进行成本计算、编制会计报表等方面运用会计核算软件，实现会计数据处理电算化。会计管理电算化是指在会计核算电算化的基础上，利用会计核算提供的数据和其他有关数据，借助于计算机会计管理软件提供的功能，帮助会计人员合理地筹措和运用资金，节约生产成本和经费开支，提高经济效益的电算化。会计决策电算化是会计电算化的最高阶段。在这个阶段，由会计软件指挥计算机根据有关预测资料完成决策工作，为最终的决策提供支持。相关决策包括长期投资决策、产品定价决策、资金筹集决策、短期生产经营决策等。

电算化给会计工作带来了便利，却也因此给会计工作带来一些困难。故通过电算化内部控制设计克服相关困难就显得更为重要，电算化内部控制设计的内容包括：①设计识别不相容的职能以及进行适当的职责分工的控制。②对各种应用程序及计算机系统的作业流程必须建立完整的记录控制，为信息系统的分析、运作、修订提供必要的参考依据。③设计合理的资产接触控制，重点在于保证资产的正确记录和核算。④设计管理过程控制。⑤设计数据处理中心控制。⑥进行输入控制。⑦进行处理控制。⑧确保输出控制。

> **思考题**

1. 会计电算化工作的含义是什么？
2. 会计电算化工作的组织包括哪些内容？
3. 电算化内部控制存在哪些问题？
4. 会计电算化档案的管理包括哪些内容？
5. 你认为应如何选择会计电算化软件？

第 15 章

内部会计控制

内容提要

我国政府对企业建立健全内部会计控制非常重视。所以设计好企业内部的会计控制制度是企业的一项重要基础工作。本章从内部会计控制设计的基本原则、内部会计控制具体措施与内容等方面对内部会计控制进行了简单的介绍。

15.1　内部会计控制概述

监督是会计除了反映之外的另一个重要基本职能。根据《会计法》的规定，各单位应当建立、健全本单位内部会计监督制度，以便能更好地起到会计监督的作用。而内部会计控制是会计监督的重要组成部分，是会计监督职能得以有效实施的重要前提条件和基础。

15.1.1　内部会计控制的概念

内部会计控制是指单位为了提高会计信息质量，保护资产的安全、完整，保证会计信息的真实性、完整性以及经济活动的合法性、有效性，确保有关法律、法规和规章制度的贯彻执行而制定和实施的一系列相互联系、相互制约、相互监督的控制方法、措施和程序。做好内部会计控制，就能够更好地保证财产物资的安全性、会计信息的真实性和完整性以及财务活动的合法性。在实务中，我国政府对内部会计控制也很重视。结合《会计法》等相关法律的规定，财政部制订了一系列内部会计控制规范，主要包括《基本规范》、《货币资金》、《销售与收款》、《采购与付款》、《实物资产》、《工程项目》等。这些规范的实施促进了我国各单位的内部控制建设，加强了内部会计监督，为维护社会主义市场经济秩序奠定了基础。

实施合理有效的内部会计控制，可以：①规范企业会计行为，保证会计资料真实、完整；②堵塞漏洞、消除隐患，防止并及时发现、纠正错误及舞弊行为，保护企业资产的安全、完整；③确保国家有关法律法规和企业内部规章制度的贯彻执行。

15.1.2　内部会计控制设计原则

从我国会计工作实际情况出发，为保证会计监督制度的合理性、科学性和实施的可行性，在设计内部会计控制制度时，除了清楚内部会计控制的目标外，单位一般还应当遵循以下基本原则：

（1）合法性原则。内部控制应当符合法律、行政法规的规定和有关政府监管部门的监管要求。

（2）全面性原则。内部控制在层次上应当涵盖企业董事会、管理层和全体员工，在对象上应当覆盖企业各项业务和管理活动，在流程上应当渗透到决策、执行、监督、反馈等各个环节，避免内部控制出现空白和漏洞。

（3）重要性原则。内部控制应当在兼顾全面的基础上突出重点，针对重要业务与事项、高风险领域与环节采取更为严格的控制措施，确保不存在重大缺陷。

（4）有效性原则。内部控制应当能够为内部控制目标的实现提供合理保证。企业全体员工应当自觉维护内部控制的有效执行。内部控制建立和实施过程中存在的问题应当能够得到及时地纠正和处理。

（5）制衡性原则。企业的机构、岗位设置和权责分配应当科学合理，并符合内部控制的基本要求，确保不同部门、岗位之间权责分明和有利于相互约束、相互监督。履行内部控制监督检查职责的部门应当具有良好的独立性。任何人不得拥有凌驾于内部控制之上的特殊权力。

（6）适应性原则。内部控制应当合理体现企业经营规模、业务范围、业务特点、风险状况以及所处具体环境等方面的要求，并随着企业外部环境的变化、经营业务的调整、管理要求的提高等不断改进和完善。

（7）成本效益原则。内部控制应当在保证内部控制有效性的前提下，合理权衡成本与效益的关系，争取以合理的成本实现更为有效的控制。

15.2　内部会计控制措施与内容

内部控制措施多种多样，针对不同的经济业务和不同的控制内容可以采取不同的内部控制措施，即使同样的经济业务，不同的单位、不同的时期，所采用的控制措施也不完全相同。此外，对同一经济业务或控制内容，也可同时采用几种不同的控制措施。

15.2.1　内部会计控制措施

控制措施通常包括职责分工控制、授权控制、审核批准控制、预算控制、财产保护控制、会计系统控制、内部报告控制、经济活动分析控制、绩效考评控制、信息技术控制等。

（1）职责分工控制。职责分工控制要求根据企业目标和职能任务，按照科学、精简、高效的原则，合理设置职能部门和工作岗位，明确各部门、各岗位的职责权限，形成各司其职、各负其责、便于考核、相互制约的工作机制。企业在确定职责分工过程中，应当充分考虑不相容职务相互分离的制衡要求。不相容职务通常包括：授权、批准、业务经办、会计记录、财产保管、稽核检查等。

（2）授权控制。授权控制要求企业根据职责分工，明确各部门、各岗位办理经济业务与事项的权限范围、审批程序和相应责任等内容。企业内部各级管理人员必须在授权范围内行使职权和承担责任，业务经办人员必须在授权范围内办理业务。授权一般包括常规性授权和临时性授权。常规性授权是指企业在日常经营管理活动中按照既定的职责和程序进行的授权，临时性授权是指企业在特殊情况、特定条件下进行的应急性授权。

（3）审核批准控制。审核批准控制要求企业各部门、各岗位按照规定的授权和程序，对相关经济业务和事项的真实性、合规性、合理性以及有关资料的完整性进行复核与审查，通过签署意见并签字或者签章，做出批准、不予批准或者作其他处理的决定。

（4）预算控制。预算控制要求企业加强预算编制、执行、分析、考核等各环节的管理，明确预算项目，建立预算标准，规范预算的编制、审定、下达和执行程序，及时分析和控制预算差异，采取改进措施，确保预算的执行。

（5）财产保护控制。财产保护控制要求企业限制未经授权的人员对财产的直接接触和处置，采取财产记录、实物保管、定期盘点、账实核对、财产保险等措施，确保财产的安全完整。

（6）会计系统控制。会计系统控制要求企业依据《会计法》、国家统一的会计制度，制定适合本企业的会计制度，明确会计凭证、会计账簿和财务报告以及相关信息披露的处理程序，规范会计政策的选用标准和审批程序，建立、完善会计档案保管和会计工作交接办法，实行会计人员岗位责任制，充分发挥会计的监督职能，确保企业财务报告真实、可靠和完整。

（7）内部报告控制。内部报告控制要求企业建立和完善内部报告制度，明确相关信息的收集、分析、报告和处理程序，及时提供业务活动中的重要信息，全面反映经济活动情况，增强内部管理的时效性和针对性。内部报告方式通常包括例行报告、实时报告、专题报告、综合报告等。

（8）经济活动分析控制。经济活动分析控制要求企业综合运用生产、购销、投资、财务等方面的信息，利用比较分析、比率分析、因素分析、趋势分析等方法，定期对企业经营管理活动进行分析，发现存在的问题，查找原因，并提出改进意见和应对措施。

（9）绩效考评控制。绩效考评控制要求企业科学设置业绩考核指标体系，对照预算指标、盈利水平、投资回报率、安全生产目标等方面的业绩指标，对各部门和员工当期业绩进行考核和评价，兑现奖惩，强化对各部门和员工的激励与约束。

（10）信息系统控制。信息系统控制要求企业结合实际情况和计算机信息技术应用程度，建立与本企业经营管理业务相适应的信息化控制流程，提高业务处理效率，减少和消除人为操纵因素，同时加强对计算机信息系统开发与维护、访问与变更、数据输入与输出、文件储存与保管、网络安全等方面的控制，保证信息系统安全、有效运用。

15.2.2　内部会计控制内容

内部会计控制总是围绕着企业经济业务的各个环节和为了顺利进行经济业务而建立的企业组织的各个方面展开的。因此，一般来说，要具体为某个企业设计内部控制制度，首先需要进行业务分析和组织分析。但综合来看，一个企业的经济运营活动脱不开采购、付款、销售、收款、筹资、投资、成本计算等常规的业务，因此一般情况下，内部会计控制涵盖的主要内容有货币资金、存货、对外投资、筹资、采购与付款、销售与收款、工程项目、成本费用和担保等诸方面。

(1) 货币资金的控制。货币资金是企业流动性最强的资产，稍有疏忽，就容易导致货币资金的流失，因此对货币资金的控制具有非常重要的意义。在控制过程中，主要运用不相容职务相互分离、授权批准、会计系统等控制方法，针对收入、保管、支付等全过程中的关键控制点进行严格的规范，最终使得与货币资金相关的不相容岗位得到合理的分离，相关机构和人员可以相互牵制，货币资金的支付和保管都有严格的授权审批保证，对货币资金的处理过程都通过会计系统反映。

(2) 存货控制。存货是内部控制的主要对象和内容。加强对存货的控制，主要是从存货的取得、保管、领用、发出、盘点、处理等环节找出关键控制点，采用授权批准、建立存货管理的岗位责任制、会计记录与存货的接触相互分离和制约、非存货保管人员无权领发货物等一系列控制方法，防止资产的被盗、偷拿、毁损和流失。

(3) 对外投资控制。对外投资是单位经营过程中的一项特殊的扩张业务，随着市场经济的完善和发展，单位对外投资也日趋增加，而且如果控制措施不力或不得当，一旦造成损失，就会非常严重甚至无可挽回。对外投资控制的重点是要建立规范的决策机制和程序，对于重大的对外投资决策要实行集体审议联签制度，建立重大投资决策的责任制，要致力于减少投资风险，着重加强投资项目立项、评估、决策、实施、投资处置等环节的控制。

(4) 筹资控制。一些单位往往重视对外投资等资金支出的管理和控制，却忽视或相对弱化对筹资的控制，实际上这是非常错误和有害的认识。因为筹资的时机或方式选择不当，一方面会加大资本成本，另一方面甚至会延误投资时机。实际工作中，由于忽视对筹资环节的控制，结果造成重大损失或浪费的事例并不少见。筹资控制的重点在于合理确定筹资规模和结构、选择恰当的筹资方式，尽可能降低资金成本，严格防范和控制财务风险，并确保筹措资金的投向合理、使用有效。

(5) 采购与付款控制。采购与付款业务是一个单位最重要的业务循环之一，其往往发生频繁、涉及的部门和环节也较多。各单位应当根据各自的实际业务工作情况，合理设置并规划采购与付款业务的机构和岗位，建立和完善采购与付款的会计控制程序，重点加强对请购、审批、合同订立、采购、验收、付款等环节的控制。

(6) 销售与收款控制。销售与收款业务与采购与付款业务有类似之处，也是发生频繁、环节复杂。除此之外，销售与收款涉及单位的销售政策，在当今市场竞争日益激烈的情况下，制订合适的销售政策，是单位增加收入的重要途径。因此其控制的重点是定价原则、信用标准和条件、收款方式等销售政策的制定，要明确销售机构和人员的职责权限，加强合同订立、商品发出和账款回收的控制，防范销售过程中的舞弊行为，避免或减少坏账损失。

(7) 工程项目控制。工程项目是较为复杂的大型投资项目，其不但耗资大，而且具有很强的技术性，并涉及施工、质量监理等方方面面，内部控制方面稍有差错就可能造成巨大的损失。加强对过程项目的控制，除了规范工程项目决策程序和责任制度外，要重点做好对工程项目预算、招投标、质量管理等环节的控制，防止决策失误及工程发包、承包、施工、验收等过程中的舞弊行为。

(8) 成本费用控制。成本费用控制效果如何直接关系到单位的经济效益好坏，各单位应充分重视并采取多种措施加强对成本费用的控制。需建立成本费用控制系统，通过实行预算管理，制订成本费用标准，分解成本费用指标、控制成本费用差异、考核指标完成情况、兑现奖惩措施等降低成本费用，以提高单位的经济效益。

(9) 担保控制。近几年，一些企业尤其是一些国有企业，由于盲目对外提供担保造成损失的情况十分突出，因此，加强对担保活动的控制非常必要。单位应当建立健全担保决策程序和责任制度，明确担保原则、担保标准和条件、担保责任等相关内容，同时要加强对担保合同订立的管理，及时了解和掌握被担保人的经营和财务状况，防范潜在风险，避免或减少可能发生的损失。

综上所述，内部会计控制的内容涉及的范围很广，各个单位要在财政部制定实施的内部控制的相关规范的框架下，结合自己的特点制定出符合本单位管理要求的内部控制制度体系。总体看来，无论一个单位性质如何、业务规模有多大，一般应重点关注如下几个方面的内容：

(1) 记账人员与经济业务或会计事项的审批人员、经办人员、财物保管人员的职责权限应当明确，并相互分离、相互制约。

(2) 重大对外投资、资产处置、资金调度和其他重要经济业务，应当明确其决策和执行程序，并体现相互监督、相互制约的要求。

(3) 对会计资料的生成和审批程序做出具体规定，以保证会计资料的真实、完整。

(4) 对定期对账和财产清查的要求做出明确规定，以保证账证相符、账账相符、账表相符、账实相符。

(5) 对会计资料定期进行内部审查的办法和程序做出规定。

(6) 对内部会计控制制度的制定、执行、检查、奖惩等做出规定。

📖 本章知识点小结

内部会计控制是指单位为了提高会计信息质量，保护资产的安全、完整，保证会计信息的真实性、完整性以及经济活动的合法性、有效性，确保有关法律、法规和规章制度的贯彻执行而制定和实施的一系列相互联系、相互制约、相互监督的控制方法、措施和程序。

实施合理有效的内部会计控制，可以起到如下的作用：①规范企业会计行为，保证会计资料真实、完整；②堵塞漏洞、消除隐患，防止并及时发现、纠正错误及舞弊行为，保护企业资产的安全、完整；③确保国家有关法律法规和企业内部规章制度的贯彻执行。

内部控制措施多种多样，针对不同的经济业务和不同的控制内容可以采取不同的内部控制措施，即使同样的经济业务，不同的单位、不同的时期，所采用的控制措施也不完全相同。此外，对同一经济业务或控制内容，也可同时采用几种不同的控制措施。控制措施通常包括职责分工控制、授权控制、审核批准控制、预算控制、财产保护控制、会计系统控制、内部报告控制、经济活动分析控制、绩效考评控制、信息技术控制等。

　　内部会计控制总是围绕着企业经济业务的各个环节和为了顺利进行经济业务而建立的企业组织的各个方面展开的，而一个企业的经济运营活动脱不开采购、付款、销售、收款、筹资、投资、成本计算等常规的业务，因此内部会计控制涵盖的主要内容有货币资金、存货、对外投资、筹资、采购与付款、销售与收款、工程项目、成本费用和担保等诸方面。

> 思考题

　　1. 简述内部会计控制的作用。

　　2. 简述内部会计控制设计的原则。

　　3. 简述内部会计控制措施。

　　4. 简述内部会计控制的内容。

　　5. 简述内部会计控制应重点关注的内容。

参 考 文 献

财政部会计司编写组 . 2007. 企业会计准则讲解（2006）. 北京：人民出版社

财政部会计资格评价中心 . 2011. 初级会计实务 . 北京：经济科学出版社

财政部会计资格评价中心 . 2011. 中级会计实务 . 北京：经济科学出版社

陈国辉，迟旭升 . 2003. 基础会计 . 大连：东北财经大学出版社

程婵娟 . 2004. 银行会计学 . 北京：科学出版社

丁元霖 . 2004. 财务会计 . 第六版 . 上海：立信会计出版社

丁元霖 . 2004. 会计学基础 . 第 2 版 . 上海：立信会计出版社

葛家澍，刘峰 . 1999. 会计理论 . 北京：中国财政经济出版社

葛家澍，刘峰 . 1999. 会计学导论 . 上海：立信会计出版社

葛家澍 . 2002. 财务会计理论方法准则 . 北京：中国财政经济出版社

康国彬 . 2004. 银行会计学 . 北京：清华大学出版社

栾甫贵，尚洪涛 . 2007. 基础会计 . 北京：机械工业出版社

企业会计准则审编委员会 . 2006. 最新企业会计准则讲解与运用 . 2 版 . 上海：立信会计出版社

企业会计准则研究组 . 2006. 企业会计准则讲解（资产分册）. 大连：东北财经大学出版社

宋平，明洪盛，张立华 . 2006. 会计学基础 . 武汉：武汉理工大学出版社

王世定 . 1996. 我的会计观——关于会计理论的探讨 . 北京：人民出版社

王允平，车玉英 . 1996. 新编银行会计（增补本）. 上海：立信会计出版社

王允平，李晓梅 . 2007. 商业银行会计 . 第二版 . 上海：立信会计出版社

魏素艳 . 2007. 新编会计学 . 北京：清华大学出版社

吴水澎 . 2004. 会计学原理 . 沈阳：辽宁人民出版社

西德尼·戴维森 . 1982. 现代会计手册（第一册）. 娄尔行译 . 北京：中国财政经济出版社

杨周南，张瑞君 . 2000. 会计信息系统 . 北京：经济科学出版社

中国注册会计师协会 . 2012. 会计 . 北京：中国财政经济出版社

中华人民共和国财政部 . 2006. 企业会计准则 . 北京：经济科学出版社

中华人民共和国财政部 . 2006. 企业会计准则——应用指南 . 北京：中国财政经济出版社

朱小平，徐泓 . 2005. 初级会计学 . 第四版 . 北京：中国人民大学出版社

Daoidson S，Weil R L. 1977. Handbook of Modern Accounting. New York：McGraw-Hill.

Littleton A C. 1933. Accounting Evolution to 1990. New York：Russell Si Russell.

International Accounting Standards Board. 2005. International Accounting Standards，IASB Publications Department.

附录 1　小企业会计报表

附录 1A　小企业资产负债表

资产负债表

会小企 01 表

编制单位：　　　　　　　　　　　　年　　　　月　　　　日　　　　　　　　　　单位：元

资　产	行次	期末余额	年初余额	负债和所有者权益	行次	期末余额	年初余额
流动资产：				流动负债：			
货币资金	1			短期借款	31		
短期投资	2			应付票据	32		
应收票据	3			应付账款	33		
应收账款	4			预收账款	34		
预付账款	5			应付职工薪酬	35		
应收股利	6			应交税费	36		
应收利息	7			应付利息	37		
其他应收款	8			应付利润	38		
存货	9			其他应付款	39		
其中：原材料	10			其他流动负债	40		
在产品	11			流动负债合计	41		
库存商品	12			非流动负债：			
周转材料	13			长期借款	42		
其他流动资产	14			长期应付款	43		
流动资产合计	15			递延收益	44		
非流动资产：				其他非流动负债	45		
长期债券投资	16			非流动负债合计	46		
长期股权投资	17			负债合计	47		
固定资产原价	18						
减：累计折旧	19						
固定资产账面价值	20						
在建工程	21						
工程物资	22						
固定资产清理	23						
生产性生物资产	24			所有者权益（或股东权益）：			
无形资产	25			实收资本（或股本）	48		
开发支出	26			资本公积	49		
长期待摊费用	27			盈余公积	50		
其他非流动资产	28			未分配利润	51		
非流动资产合计	29			所有者权益（或股东权益）合计	52		
资产总计	30			负债和所有者权益（或股东权益）总计	53		

附录1B 小企业利润表

利润表

会小企 02 表

编制单位：　　　　　　　　　　年　　　　月　　　　日　　　　　　　单位：元

项　目	行次	本年累计金额	本月金额
一、营业收入	1		
减：营业成本	2		
营业税金及附加	3		
其中：消费税	4		
营业税	5		
城市维护建设税	6		
资源税	7		
土地增值税	8		
城镇土地使用税、房产税、车船税、印花税	9		
教育费附加、矿产资源补偿费、排污费	10		
销售费用	11		
其中：商品维修费	12		
广告费和业务宣传费	13		
管理费用	14		
其中：开办费	15		
业务招待费	16		
研究费用	17		
财务费用	18		
其中：利息费用（收入以"－"号填列）	19		
加：投资收益（损失以"－"号填列）	20		
二、营业利润（亏损以"－"号填列）	21		
加：营业外收入	22		
其中：政府补助	23		
减：营业外支出	24		
其中：坏账损失	25		
无法收回的长期债券投资损失	26		
无法收回的长期股权投资损失	27		
自然灾害等不可抗力因素造成的损失	28		
税收滞纳金	29		
三、利润总额（亏损总额以"－"号填列）	30		
减：所得税费用	31		
四、净利润（净亏损以"－"号填列）	32		

附录1C 小企业现金流量表

小企业现金流量表

会小企03表

编制单位： _____年_____月_____日

单位：元

项　目	行次	本年累计金额	本月金额
一、经营活动产生的现金流量：			
销售产成品、商品、提供劳务收到的现金	1		
收到其他与经营活动有关的现金	2		
购买原材料、商品、接受劳务支付的现金	3		
支付的职工薪酬	4		
支付的税费	5		
支付其他与经营活动有关的现金	6		
经营活动产生的现金流量净额	7		
二、投资活动产生的现金流量：			
收回短期投资、长期债券投资和长期股权投资收到的现金	8		
取得投资收益收到的现金	9		
处置固定资产、无形资产和其他非流动资产收回的现金净额	10		
短期投资、长期债券投资和长期股权投资支付的现金	11		
购建固定资产、无形资产和其他非流动资产支付的现金	12		
投资活动产生的现金流量净额	13		
三、筹资活动产生的现金流量：			
取得借款收到的现金	14		
吸收投资者投资收到的现金	15		
偿还借款本金支付的现金	16		
偿还借款利息支付的现金	17		
分配利润支付的现金	18		
筹资活动产生的现金流量净额	19		
四、现金净增加额	20		
加：期初现金余额	21		
五、期末现金余额	22		

附录 2　上市公司会计科目表

附录 2A　上市公司常用会计科目表

序号	编号	科目名称	序号	编号	科目名称
		一、资产类			二、负债类
1	1001	库存现金	70	2001	短期借款
2	1002	银行存款	77	2101	交易性金融负债
5	1012	其他货币资金	79	2201	应付票据
8	1101	交易性金融资产	80	2202	应付账款
10	1121	应收票据	81	2203	预收账款
11	1122	应收账款	82	2211	应付职工薪酬
12	1123	预付账款	83	2221	应交税费
13	1131	应收股利	84	2231	应付利息
14	1132	应收利息	85	2232	应付股利
18	1221	其他应收款	86	2241	其他应付款
19	1231	坏账准备	94	2501	长期借款
26	1401	材料采购	95	2502	应付债券
27	1402	在途物资	100	2701	长期应付款
28	1403	原材料	104	2901	递延所得税负债
29	1404	材料成本差异			四、所有者权益类
30	1405	库存商品	110	4001	实收资本
31	1406	发出商品	111	4002	资本公积
33	1408	委托加工物资	112	4101	盈余公积
34	1411	周转材料	114	4103	本年利润
40	1471	存货跌价准备	115	4104	利润分配
41	1501	持有至到期投资			五、成本类
42	1502	持有至到期投资减值准备	117	5001	生产成本
43	1503	可供出售金融资产	118	5101	制造费用
44	1511	长期股权投资	120	5301	研发支出
45	1512	长期股权投资减值准备			六、损益类
46	1521	投资性房地产	124	6001	主营业务收入
47	1531	长期应收款	129	6051	其他业务收入
50	1601	固定资产	131	6101	公允价值变动损益
51	1602	累计折旧	132	6111	投资收益
52	1603	固定资产减值准备	136	6301	营业外收入
53	1604	在建工程	137	6401	主营业务成本
54	1605	工程物资	138	6402	其他业务成本
55	1606	固定资产清理	139	6403	营业税金及附加
62	1701	无形资产	149	6601	销售费用
63	1702	累计摊销	150	6602	管理费用
64	1703	无形资产减值准备	151	6603	财务费用
65	1711	商誉	153	6701	资产减值损失
66	1801	长期待摊费用	154	6711	营业外支出
67	1811	递延所得税资产	155	6801	所得税费用
69	1901	待处理财产损溢	156	6901	以前年度损益调整

注：本表摘录《企业会计准则——应用指南》会计科目表。为了方便查找，序号为《企业会计准则——应用指南》会计科目表中的序号。

附录 2B　上市公司其余会计科目表

顺序号	编号	会计科目名称	顺序号	编号	会计科目名称
		一、资产类			二、负债类
3	1003	存放中央银行款项	92	2314	代理业务负债
4	1011	存放同业	93	2401	递延收益
6	1021	结算备付金	96	2601	未到期责任准备金
7	1031	存出保证金	97	2602	保险责任准备金
9	1111	买入返售金融资产	98	2611	保户储金
15	1201	应收代位追偿款	99	2621	独立账户负债
16	1211	应收分保账款	101	2702	未确认融资费用
17	1212	应收分保合同准备金	102	2711	专项应付款
20	1301	贴现资产	103	2801	预计负债
21	1302	拆出资金			三、共同类
22	1303	贷款	105	3001	清算资金往来
23	1304	贷款损失准备	106	3002	货币兑换
24	1311	代理兑付证券	107	3101	衍生工具
25	1321	代理业务资产	108	3201	套期工具
32	1407	商品进销差价	109	3202	被套期项目
35	1421	消耗性生物资产			四、所有者权益类
36	1431	贵金属	113	4102	一般风险准备
37	1441	抵债资产	116	4201	库存股
38	1451	损余物资			五、成本类
39	1461	融资租赁资产	119	5201	劳务成本
48	1532	未实现融资收益	121	5401	工程施工
49	1541	存出资本保证金	122	5402	工程结算
56	1611	未担保余值	123	5403	机械作业
57	1621	生产性生物资产			六、损益类
58	1622	生产性生物资产累计折旧	125	6011	利息收入
59	1623	公益性生物资产	126	6021	手续费及佣金收入
60	1631	油气资产	127	6031	保费收入
61	1632	累计折耗	128	6041	租赁收入
68	1821	独立账户资产	130	6061	汇兑损益
		二、负债类	133	6201	摊回保险责任准备金
71	2002	存入保证金	134	6202	摊回赔付支出
72	2003	拆入资金	135	6203	摊回分保费用
73	2004	向中央银行借款	140	6411	利息支出
74	2011	吸收存款	141	6421	手续费及佣金支出
75	2012	同业存放	142	6501	提取未到期责任准备金
76	2021	贴现负债	143	6502	提取保险责任准备金
78	2111	卖出回购金融资产款	144	6511	赔付支出
87	2251	应付保单红利	145	6521	保单红利支出
88	2261	应付分保账款	146	6531	退保金
89	2311	代理买卖证券款	147	6541	分出保费
90	2312	代理承销证券款	148	6542	分保费用
91	2313	代理兑付证券款	152	6604	勘探费用

注：本表摘录《企业会计准则——应用指南》会计科目表。为了方便查找，序号为《企业会计准则——应用指南》会计科目表中的序号。

附录3 小企业会计科目表

会计科目表

顺序号	编号	会计科目名称	顺序号	编号	会计科目名称
		一、资产类			二、负债类
1	1001	库存现金	33	2001	短期借款
2	1002	银行存款	34	2201	应付票据
3	1012	其他货币资金	35	2202	应付账款
4	1101	短期投资	36	2203	预收账款
5	1121	应收票据	37	2211	应付职工薪酬
6	1122	应收账款	38	2221	应交税费
7	1123	预付账款	39	2231	应付利息
8	1131	应收股利	40	2232	应付利润
9	1132	应收利息	41	2241	其他应付款
10	1221	其他应收款	42	2401	递延收益
11	1401	材料采购	43	2501	长期借款
12	1402	在途物资	44	2701	长期应付款
13	1403	原材料			三、所有者权益类
14	1404	材料成本差异	45	3001	实收资本
15	1405	库存商品	46	3002	资本公积
16	1407	商品进销差价	47	3101	盈余公积
17	1408	委托加工物资	48	3103	本年利润
18	1411	周转材料	49	3104	利润分配
19	1421	消耗性生物资产			四、成本类
20	1501	长期债券投资	50	4001	生产成本
21	1511	长期股权投资	51	4101	制造费用
22	1601	固定资产	52	4301	研发支出
23	1602	累计折旧	53	4401	工程施工
24	1604	在建工程	54	4403	机械作业
25	1605	工程物资			五、损益类
26	1606	固定资产清理	55	5001	主营业务收入
27	1621	生产性生物资产	56	5051	其他业务收入
28	1622	生产性生物资产累计折旧	57	5111	投资收益
29	1701	无形资产	58	5301	营业外收入
30	1702	累计摊销	59	5401	主营业务成本
31	1801	长期待摊费用	60	5402	其他业务成本
32	1901	待处理财产损溢	61	5403	营业税金及附加
			62	5601	销售费用
			63	5602	管理费用
			64	5603	财务费用
			65	5711	营业外支出
			66	5801	所得税费用

注：本表来自《小企业会计准则》附录中的会计科目。

附录 4 企业主要经济业务核算示意图（一）

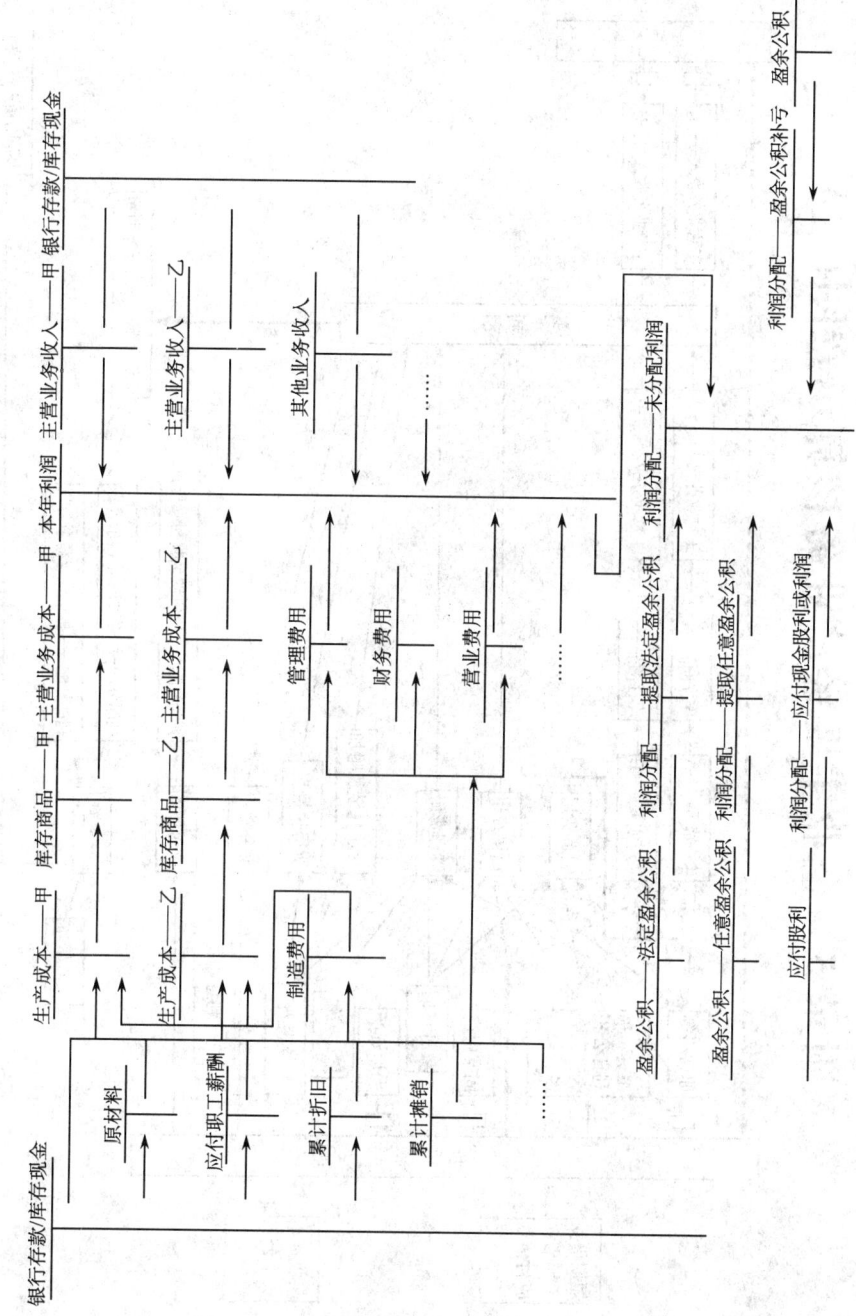

附录 5 企业主要经济业务核算示意图（二）

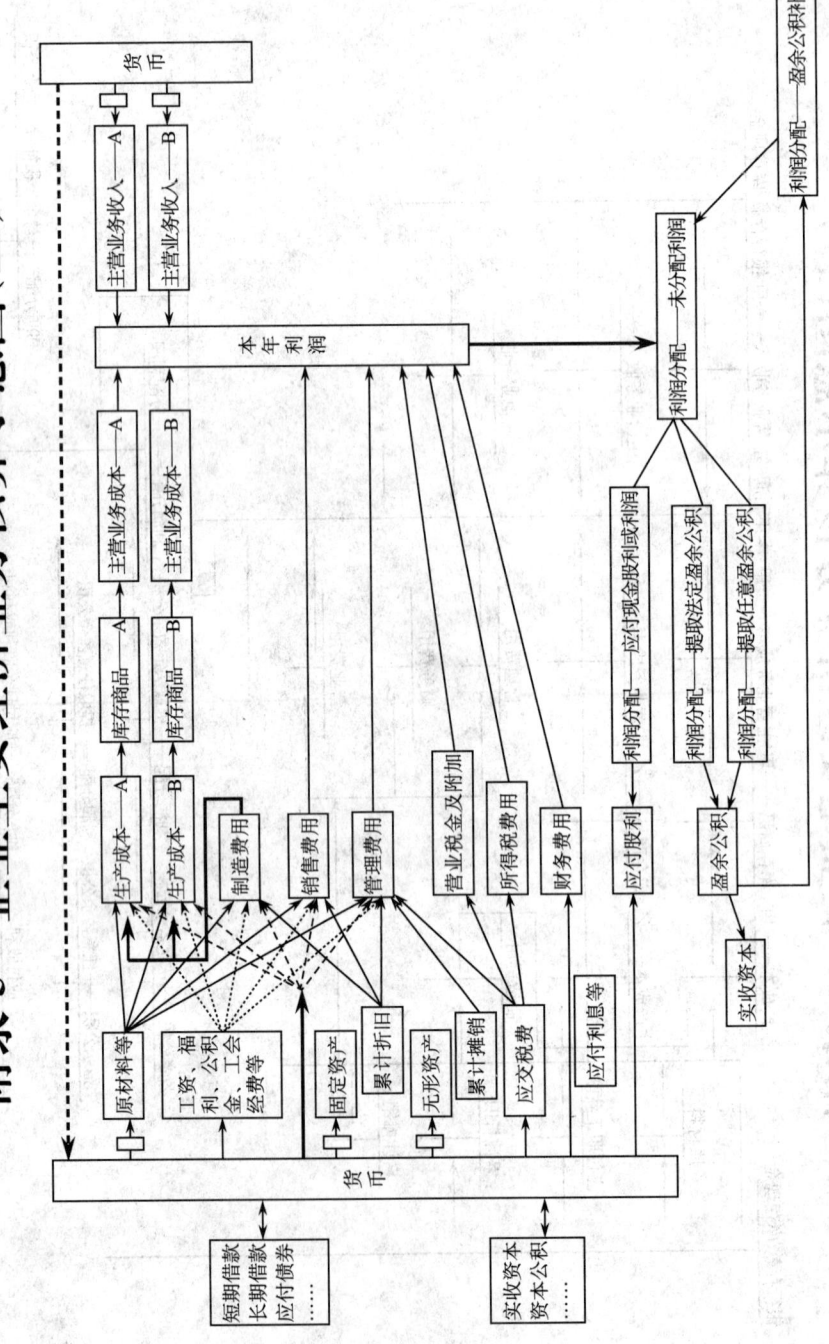

注：□ 表示有应收、应付、购买过程、建设过程或研发过程等。